慧保天下精选集

保险新时代 2023

慧保天下 编

中国财经出版传媒集团
中国财政经济出版社
北京

图书在版编目（CIP）数据

保险新时代.2023／慧保天下编. －－北京：中国财政经济出版社，2024.1

ISBN 978－7－5223－2797－6

Ⅰ.①保… Ⅱ.①慧… Ⅲ.①保险业－中国－文集 Ⅳ.①F842－53

中国国家版本馆 CIP 数据核字（2024）第 006796 号

责任编辑：翁晓红　　　　　　　责任校对：徐艳丽
封面设计：孙俪铭　　　　　　　责任印制：党　辉

保险新时代 2023

BAOXIAN XINSHIDAI 2023

中国财政经济出版社 出版

URL：http：//www.cfeph.cn

E－mail：cfeph@cfeph.cn

（版权所有　翻印必究）

社址：北京市海淀区阜成路甲 28 号　邮政编码：100142
营销中心电话：010－88191522　编辑部门电话：010－88190983
天猫网店：中国财政经济出版社旗舰店
网址：https：//zgczjjcbs.tmall.com
北京时捷印刷有限公司印刷　各地新华书店经销
成品尺寸：185mm×260mm　16 开　28.25 印张　461 000 字
2024 年 1 月第 1 版　2024 年 1 月北京第 1 次印刷
定价：108.00 元
ISBN 978－7－5223－2797－6
（图书出现印装问题，本社负责调换，电话：010－88190548）
本社质量投诉电话：010－88190744
打击盗版举报热线：010－88191661　QQ：2242791300

2024 年，愿共勉、共进、共担、共享！

序

当时间走进 2024 年，回首思量，2023 年是金融业发展史上决不能绕过的一年，大量重磅政策和急剧变化都见证了历史，深刻影响了金融市场的格局和从业者的预期，旧有的发展理念和驱动因素被打破，金融高质量发展模式正在蓄力构建之中。具体到保险业，也正迎来一个新时代长周期发展的开端。道阻且长，虽远必至。

这一年，金融业顶层设计和底层逻辑深刻变化。年初的党和国家机构改革方案、年末的中央金融工作会议，都在强调走中国特色金融之路，强化金融管理中央事权这一主题，金融监管总局的成立，更是将"五大监管""五篇大文章"的理念贯穿到行业监管始终。建设金融强国、服务实体经济、防范化解风险……倒逼整个保险业在遵循市场化竞争的同时，重新思考战略定位问题。展望未来，只有看懂变化的逻辑，不畏浮云遮望眼，才能有确定的眼界和策略。

这一年，保险业高质量发展的有利条件和向好趋势已基本具备。在眼前的困难之下，一些有利因子也在快速成长。财产保险业在抗洪救灾中发挥的作用亮眼，成为国家社会治理的有效工具，带来结构性增长机遇；监管规则不断查漏补缺，为行业未来可持续健康发展织牢织密制度保障网，行业发展稳定性大为提升；改革化险步伐加快，多家高风险保险机构已被新资本全盘承接，兜底处置稳住了行业最为薄弱的一环。保险业的发展"失血点"正在快速修复。

这一年，保险公司纷纷进入人事和战略的调整期。三年疫情后，保险业面临的困难不少。代理人力继续下滑，个险营销急需转型升级；监管"报行合一"倒逼银保业务重新出发，政策在市场各方犹疑之下执行坚决；预定利率下调，防止利差损同时也弱化了产品竞争力。新环境倒

逼新思路,头部机构纷纷进行了人事调整,年富力强的高管走马上阵,蓄力转型已然趋于明确,适应存量市场逻辑,深耕健康养老领域,强化财富管理能力,成效也开始初步显现。

如此之多的调整和变化发生在2023年,历史的车轮虽已驶过,但保险业的人和事都已经成为行业发展的注脚和印记。"慧保天下"在2023年继续做行业的观察者和发展的建言者,为行业发展记录、思辨和宣传。我们认为,拨开事件表面纷繁芜杂的表象,思想才是真正能够留下的财富。

2024年,"慧保天下"继续汇编了《保险新时代2023》精选集,精选出2023年原创的65篇文章,以飨读者。共分为"大事件·顶层设计再定位""严监管·静水流深新牵引""公司志·人事流转深蓄力""人身险·重塑经营破与立""财产险·服务大局稳与进""中介录·棋至中盘再抉择""小趋势·进退之间新融合"七个板块,每一篇文章都是有的放矢,记录了保险业应对变化的认识和举措,算得上言之有物,希望能够给读者朋友再多一份启示。

2024年,对于保险业来说绝不轻松。对于行业而言,需要做的是从不确定中寻找确定,从确定中寻找行业发展的春天。"慧保天下"认为,保险业要树立长期主义的思维,不急于一时的业绩,才能筑牢长期发展的基石;保险业要树立以义取利的理念,坚持把消费者的利益放在第一位,切切实实服务好消费者的保险需求,站稳"以人民为中心"的发展立场;保险业要有革故鼎新的勇气,制定强有力的经营方略,建设人才队伍,重新构建保险与销售渠道的力量平衡,强化科技赋能和数字化运营,认真谋划客户需求第二增长曲线。

2024年已经来了,每一天都是新的。"慧保天下"将继续与保险业一起:学透精神、吃透政策;凝聚信心、坚定意志;拥抱变化、增强韧性;回归保障、莫向外求。

2024年,愿共勉、共进、共担、共享!

目录 MU·LU

第一部分 大事件·顶层设计再定位

页码	标题
3	保险监管再迎大变局！强化金融管理中央事权，银保监会升格，组建金融监管总局
13	25年后中央金融工委再现，新顶层设计促使保险业找准定位再出发
16	金融监管总局正式揭牌，李云泽任首位党委书记
29	金融监管总局机构改革再推进：342个派出机构齐换牌
32	金融监管总局"三定"方案出炉！撤销保险中介部，职能并入财险司，资金部改组为资管机构司
42	保险视角下的中央金融工作会议："报行合一"后，且看全监管时代的严格与机遇
53	天安人寿迎终局，中汇人寿正式获批开业，成中央汇金控股第二家人身险公司
57	6000亿元华夏人寿迎终局："国寿领衔11家国资寿险公司＋保险保障基金"，565亿元出资或创注册资本新高
60	2400亿元恒大人寿迎终局！海港人寿获批开业，"保险保障基金＋太平人寿＋地方国资"150亿元联手接盘
64	天安财险终落幕！上海浙江8家国企筹建申能财险接盘，揭示了什么样的风险机构处置模式转变

| 69 | 信泰人寿披露增资方案，四家浙江国资出资近百亿元合计持股51%，存款保险基金首度现身保险机构风险处置 |

第二部分 严监管·静水流深新牵引

77	车险手续费率逼近35%，恶性竞争再抬头，监管新规五大方面严禁盲目拼规模抢份额
81	像管车险一样管银保！监管重磅新规亮剑银保手续费乱象，"报行合一"精准打击小账问题
85	提升负债质量管理，重塑寿险经营逻辑，看"报行合一"这场触及灵魂的改革
89	重磅新规松绑保险业！偿付能力或提升15.2P，释放资金有望超2000亿元，增资发债难仍亟待破解
94	保险保障基金新规亮底牌：长期健康险、寿险、年金险费率翻番，24家偿付能力不足险企须多缴
99	处置"爆雷"险企，又一基本大法即将出炉！监管可更换董监高，股东掩盖实际控股权或被追究刑责
107	人身险进入精准监管3.0阶段，监管风险导向实质推进，监管评级挂钩产品、资金运用范围
116	一文读懂金融监管总局"三定"逻辑：既管合法又管非法，弱化单一部门对机构的全面掌控
122	金融监管机构改革未来5年深推演：保险资管或独立，车险中介大萎缩，市场入口持续封印
129	保险业灵魂之问：如何判断一家险企会否"爆雷"？

第三部分　公司志·人事流转深蓄力

139	王廷科出任人保集团党委书记，赵鹏出任党委副书记
143	国寿寿险新任总裁花落利明光，3 月内两度调任，服务 27 载精算一哥担重任
146	平安联席 CEO 陈心颖离职，郭晓涛接任；龙泉任平安产险党委书记，孙建平任集团首席人力资源官
156	中国太保傅帆升任党委书记，搭档"70 后"赵永刚，将如何作答"低利率、老龄化"等时代命题
161	新华保险大变局？杨玉成首秀直指内部七大问题，大股东亲自诊断风险或倒逼改革提速
169	阳光人寿换将！王润东离任，"老将"李所义拟升第 6 任总裁
173	20 年仅两任总经理，中英人寿迎新帅，崔巍履新，俞宁转战复星集团
178	一文读懂国寿平安人保最新战略：适应存量市场逻辑，深耕新营销模式、综合金融、风险减量管理
183	平安代理人迎第三次跃迁：打造 MVP，重新定义差异化服务逻辑
188	两大要素激发全新战略机遇，太平人寿持续着力高质量组织发展
193	泰康之家获中国养老产业首件"驰名商标"认定，"保险+医养"再迎里程碑

第四部分　人身险·重塑经营破与立

201	寿险 30 余年未有之大变局：破除产品、渠道思维定式，聚焦资本、战略与效率回归

214	寻根商业保险转型难，富德生命方力发出灵魂"三问"：在社会保障体系中的定位不够清晰
222	成本上升，资本撤退，困顿寿险业何以突围？这里有一份全球范围转型指南总结
235	国内首家因利差损破产的险企会是谁？复盘25年前日本寿险公司破产潮，发现了这些内忧与外患
247	3.5%时代终结在即，严防日式破产潮，低利率助推保险业从"海派"转型"山派"
254	诀别3.5%，万能险又迎"双限"：保底收益不得高于2%，前6个月超四成产品下调结算利率
259	后3.5%时代亟待"新银保"：解决银行客户挖潜难题，开启不一样的双向奔赴
264	重拳整治银保费用乱象，2023年的银行中收还值得期待吗？上半年个别机构期缴保费收入增超80%，依然难掩颓势
271	全面"报行合一"撼动保险业格局：银保经代费用锐减、个险优势凸显，市场份额或进一步集中
275	监管重磅新规严控"开门红"：严禁大幅提前收取保费，杜绝实际费用过高"报行不一"
279	政策性惠民保产品的六大趋势详解，保险"二开"和商业带病体保险成"保后"市场最大价值所在
293	惠民产品大发展，改善多层次医疗保障水平，8600亿元商业健康险需要的不只是银保监会
300	平安破千亿元，泰康破百亿元，保险金信托狂飙，打响高净值客户争夺战

第五部分 财产险·服务大局稳与进

页码	标题
307	汽车巨头情迷保险屡败屡战，比亚迪豪掷 36 亿元能否改写历史
312	又一爆款产品将至？普惠型家财险落地 14 城，三大创新模式试图复制惠民保奇迹
317	人保平安等八大财险公司主动规范手续费，车险渐别猫鼠游戏，展现了什么样的深层次变化
322	64% 非上市财险公司承保亏损：比亏损更可怕的，是股东伤心资本灰心
324	近六成财险公司承保亏损！"减震器"功能获肯定，难解中小机构盈利困境

第六部分 中介录·棋至中盘再抉择

页码	标题
331	券商龙头开卖保险，竞逐 600 万亿元超级赛道，金融业跨界合作全面提速
337	泛华重走"平台"路，3 天连收 2 家保险中介，中国式 MGA 走到哪步了
342	水滴 3.6 亿元收购深蓝保，新一轮中介巨头兼并潮再起：泛华慧择，明亚大童策略各不同
348	激进费用带飞保险经代，明亚业绩碾压多数险企，两大挑战或拖累渠道后续发展
354	数百万保险代理人再迎大考：拟划分四大等级剑指财富管理，推动升级还是加速脱落
359	波士顿咨询：预计保险专业中介体量 5 年翻倍，合作双方亟待破除手续费迷思，从博弈走向共赢

第七部分 小趋势·进退之间新融合

373	20年风险处置模式更迭，未来还能怎么改？18家未披露年报险企资产超1.5万亿元
378	142家险企508名独董全梳理：48家未落实到位，平安薪酬最高人均超50万元
382	保险业有多"缺钱"？34家险企陷偿付能力困局，协会总结15大难点，谏言降低增资发债门槛
388	25万亿元保险资金引争抢，成各地政府"宠儿"，规模更大、范围更广外还有这些因素
393	不只是银保渠道！银行理财、券商、基金等纷纷"降费"，为业务发展更为实体经济
398	国务院重磅新规支持"保险+养老"，共同富裕大旗下，还有这些改变正在发生
403	赴港投保狂飙27倍：保费折扣空前，回佣、高价挖角频现，国际巨头让利押注中国市场
409	撼动市场格局？央企拟45亿元底价清仓部分险企，地方国资逆势挺进
414	李云泽谈保险业，首提"潜力巨大"，明确政策红利，释放了怎样的重磅信号

419	**附录一　2023年监管政策梳理**
438	**附录二　慧保天下保险大会相关介绍**

第一部分

大事件·顶层设计再定位

2023年注定是金融业需要铭记的一年，金融监管机构再度改革，金融监管总局取代银保监会，成为真正的超级监管机构，人身险司、财产险司也都实现了职能的空前扩容。中央金融工作会议的召开，更为金融业重新定位，"血脉论""五篇大文章"倒逼行业重新思考战略问题。

当然，风险机构的处置依然牵动人心，华夏人寿、天安人寿、天安财险、恒大人寿等正式改头换面，然而，故事还在继续……

保险监管再迎大变局！强化金融管理中央事权，银保监会升格，组建金融监管总局

慧保天下　2023 年 3 月 7 日

2018 年至今，成立仅 5 年的银保监会，又迎重大变局！

3 月 7 日，据新华社消息，党的二十届二中全会通过了《党和国家机构改革方案》，根据国务院关于提请审议国务院机构改革方案的议案，此次改革方案中提到：

不再保留中国银行保险监督管理委员会。

而是要组建金融监管总局，在中国银行保险监督管理委员会基础上组建，将中国人民银行对金融控股公司等金融集团的日常监管职责、有关金融消费者保护职责，中国证券监督管理委员会的投资者保护职责划入金融监管总局。

中国证券监督管理委员会仍保留，但其部分职能被剥离，且将被调整为国务院直属机构。

自改革开放以来，中国分别在 1982 年、1988 年、1993 年、1998 年、2003 年、2008 年、2013 年和 2018 年进行了八次规模较大的政府机构改革。

银保监会诞生于 2018 年的改革。2018 年 3 月 21 日，中共中央正式印发《深化党和国家机构改革方案》，其中提到，将中国银行业监督管理委员会和中国保险监督管理委员会的职责整合，组建中国银行保险监督管理委员会，作为国务院直属事业单位。同时，将中国银行业监督管理委员会和中国保险监督管理委员会拟订银行业、保险业重要法律法规草案和审慎监管基本制度的职责划入中国人民银行，不再保留中国银行业监督管理委员会、中国保险监督管理委员会。

有观点指出，银行和保险都属于间接融资的范畴，而证券属于直接融资，在业务性质上确实差别较大，银保监会的成立第一次强化了间接融资与直接融资的区别，而此次机构改革，则无疑是从更深层进一步强化了两种融资的区别。

由于《关于国务院机构改革方案的说明》(以下简称《说明》)给出的只是改革方向,具体细节尚未出炉,新一轮改革对于具体金融业态的影响因此也难以预测。但无论如何,改革的主题思路是明确的,即强化金融管理的中央事权,推动银保监会升格,并在此基础上组建金融监管总局,统一负责除证券业之外的金融业监管,强化机构监管、行为监管、功能监管、穿透式监管、持续监管等。

一、最新国务院机构改革核心内容一览

(一)组建金融监管总局

根据国务院关于提请审议国务院机构改革方案的议案,其中提到,要重新组建金融监管总局。

统一负责除证券业之外的金融业监管,强化机构监管、行为监管、功能监管、穿透式监管、持续监管,统筹负责金融消费者权益保护,加强风险管理和防范处置,依法查处违法违规行为,作为国务院直属机构。

金融监管总局在中国银行保险监督管理委员会基础上组建,将中国人民银行对金融控股公司等金融集团的日常监管职责、有关金融消费者保护职责,中国证券监督管理委员会的投资者保护职责划入金融监管总局。

不再保留中国银行保险监督管理委员会。

(二)深化地方金融监管体制改革

根据国务院关于提请审议国务院机构改革方案的议案,深化地方金融监管体制改革。

建立以中央金融管理部门地方派出机构为主的地方金融监管体制,统筹优化中央金融管理部门地方派出机构设置和力量配备。地方政府设立的金融监管机构专司监管职责,不再加挂金融工作局、金融办公室等牌子。

(三)中国证券监督管理委员会调整为国务院直属机构

根据国务院关于提请审议国务院机构改革方案的议案,中国证券监督管理委员

会调整为国务院直属机构。

中国证券监督管理委员会由国务院直属事业单位调整为国务院直属机构。强化资本市场监管职责，划入国家发展和改革委员会的企业债券发行审核职责，由中国证券监督管理委员会统一负责公司（企业）债券发行审核工作。

（四）统筹推进中国人民银行分支机构改革

根据国务院关于提请审议国务院机构改革方案的议案，统筹推进中国人民银行分支机构改革。

撤销中国人民银行大区分行及分行营业管理部、总行直属营业管理部和省会城市中心支行，在31个省（自治区、直辖市）设立省级分行，在深圳、大连、宁波、青岛、厦门设立计划单列市分行。中国人民银行北京分行保留中国人民银行营业管理部牌子，中国人民银行上海分行与中国人民银行上海总部合署办公。

不再保留中国人民银行县（市）支行，相关职能上收至中国人民银行地（市）中心支行。对边境或外贸结售汇业务量大的地区，可根据工作需要，采取中国人民银行地（市）中心支行派出机构方式履行相关管理服务职能。

（五）完善国有金融资本管理体制

根据国务院关于提请审议国务院机构改革方案的议案，完善国有金融资本管理体制。按照国有金融资本出资人相关管理规定，将中央金融管理部门管理的市场经营类机构剥离，相关国有金融资产划入国有金融资本受托管理机构，由其根据国务院授权统一履行出资人职责。

（六）加强金融管理部门工作人员统一规范管理

根据国务院关于提请审议国务院机构改革方案的议案，加强金融管理部门工作人员统一规范管理。中国人民银行、金融监管总局、中国证券监督管理委员会、国家外汇管理局及其分支机构、派出机构均使用行政编制，工作人员纳入国家公务员统一规范管理，执行国家公务员工资待遇标准。

（七）重新组建科学技术部

根据国务院关于提请审议国务院机构改革方案的议案，重新组建科学技术部。

加强科学技术部推动健全新型举国体制、优化科技创新全链条管理、促进科技成果转化、促进科技和经济社会发展相结合等职能，强化战略规划、体制改革、资源统筹、综合协调、政策法规、督促检查等宏观管理职责，保留国家基础研究和应用基础研究、国家实验室建设、国家科技重大专项、国家技术转移体系建设、科技成果转移转化和产学研结合、区域科技创新体系建设、科技监督评价体系建设、科研诚信建设、国际科技合作、科技人才队伍建设、国家科技评奖等相关职责，仍作为国务院组成部门。

将科学技术部的组织拟订科技促进农业农村发展规划和政策、指导农村科技进步职责划入农业农村部。

将科学技术部的组织拟订科技促进社会发展规划和政策职责分别划入国家发展和改革委员会、生态环境部、国家卫生健康委员会等部门。

将科学技术部的组织拟订高新技术发展及产业化规划和政策，指导国家自主创新示范区、国家高新技术产业开发区等科技园区建设，指导科技服务业、技术市场、科技中介组织发展等职责划入工业和信息化部。

将科学技术部的负责引进国外智力工作职责划入人力资源和社会保障部，在人力资源和社会保障部加挂国家外国专家局牌子。

深化财政科技经费分配使用机制改革，完善中央财政科技计划执行和专业机构管理体制，调整科学技术部的中央财政科技计划（专项、基金等）协调管理、科研项目资金协调评估等职责，将科学技术部所属中国农村技术开发中心划入农业农村部，中国生物技术发展中心划入国家卫生健康委员会，中国 21 世纪议程管理中心、科学技术部高技术研究发展中心划入国家自然科学基金委员会。

国家自然科学基金委员会仍由科学技术部管理。

科学技术部不再保留国家外国专家局牌子。

（八）组建国家数据局

根据国务院关于提请审议国务院机构改革方案的议案，组建国家数据局。

负责协调推进数据基础制度建设，统筹数据资源整合共享和开发利用，统筹推进数字中国、数字经济、数字社会规划和建设等，由国家发展和改革委员会管理。

（九）优化农业农村部职责

根据国务院关于提请审议国务院机构改革方案的议案，优化农业农村部职责。

将国家乡村振兴局的牵头开展防止返贫监测和帮扶，组织拟订乡村振兴重点帮扶县和重点地区帮扶政策，组织开展东西部协作、对口支援、社会帮扶，研究提出中央财政衔接推进乡村振兴相关资金分配建议方案并指导、监督资金使用，推动乡村帮扶产业发展，推动农村社会事业和公共服务发展等职责划入农业农村部，在农业农村部加挂国家乡村振兴局牌子。

不再保留单设的国家乡村振兴局。

（十）完善老龄工作体制

根据国务院关于提请审议国务院机构改革方案的议案，完善老龄工作体制。

实施积极应对人口老龄化国家战略，推动实现全体老年人享有基本养老服务，将国家卫生健康委员会的组织拟订并协调落实应对人口老龄化政策措施、承担全国老龄工作委员会的具体工作等职责划入民政部。全国老龄工作委员会办公室改设在民政部，强化其综合协调、督促指导、组织推进老龄事业发展职责。

中国老龄协会改由民政部代管。

（十一）完善知识产权管理体制

根据国务院关于提请审议国务院机构改革方案的议案，完善知识产权管理体制。

加快推进知识产权强国建设，全面提升知识产权创造、运用、保护、管理和服务水平，将国家知识产权局由国家市场监督管理总局管理的国家局调整为国务院直属机构。商标、专利等领域执法职责继续由市场监管综合执法队伍承担，相关执法工作接受国家知识产权局专业指导。

（十二）国家信访局调整为国务院直属机构

根据国务院关于提请审议国务院机构改革方案的议案，国家信访局调整为国务院直属机构。

贯彻落实新时代党的群众路线，加强和改进人民信访工作，更好维护人民根本

利益，将国家信访局由国务院办公厅管理的国家局调整为国务院直属机构。

（十三）精减中央国家机关人员编制

根据国务院关于提请审议国务院机构改革方案的议案，精减中央国家机关人员编制。

中央国家机关各部门人员编制统一按照 5% 的比例进行精减，收回的编制主要用于加强重点领域和重要工作。

二、银保监会升级：强化中央事权、充实基层力量，机构改革大潮中的保险监管新节点

此轮改革整体上体现的仍然是"强监管"的逻辑，一切都是为了更好地进行金融监管，防范金融风险。

尽管目前只有《说明》，缺乏进一步的细节，但通过《说明》的一些表述，我们仍能管窥未来的金融监管变局，以下几点值得所有从业者关注以及深思：

（一）金融监管改革至关重要：《说明》涵盖 13 项主要内容，6 条直接与金融业有关

金融监管改革工作到底有多重要？根据《说明》，此轮国务院机构改革总共包括 13 项主要内容，其中 6 项内容，也就是接近一半的内容都与金融业直接相关：

1. 重新组建科学技术部。
2. 组建国家金融监督管理总局。
3. 深化地方金融监管体制改革。
4. 中国证券监督管理委员会调整为国务院直属机构。
5. 统筹推进中国人民银行分支机构改革。
6. 完善国有金融资本管理体制。
7. 加强金融管理部门工作人员统一规范管理。
8. 组建国家数据局。
9. 优化农业农村部职责。

10. 完善老龄工作体制。

11. 完善知识产权管理体制。

12. 国家信访局调整为国务院直属机构。

13. 精减中央国家机关人员编制。

这集中凸显了当前金融监管改革的重要性，而重要性也一定伴随着迫切性。

中国经济发展进入新阶段，从过去的高速度发展进入高质量发展阶段，这对于金融业改革发展也提出了更高要求。

一方面，实体经济发展模式从过去的要素驱动转向创新驱动，但目前国内银行占据绝对主导地位的间接融资体系对于风险容忍度低，与创新活动高风险的特征并不十分兼容。相较之下，以证券市场为代表的直接融资体系，对于创新的包容度要更高。这就要求在经济转型发展的关键时刻，金融业也要做出相应的变革。

另一方面，经济多年快速发展后，社会财富快速积累，尤其是在房地产红利褪去之后，人们借助金融产品实现资产保值增值，共享经济发展成果的诉求愈发强烈，这也倒逼金融业、金融监管拥有更扎实的根基、更高效的体系。

更重要的是，近年来金融业高速发展，规模快速扩大的同时，其复杂程度也在快速上升，并因此暴露了一系列的风险。例如，或明或暗的金控平台大量出现，不同金融机构间交叉持股、治理机构、资金来源、关联交易等都存在诸多疑问，大大增加了有效监管的难度。

这些都显示，复杂的金融业发展现况需要更强大高效的金融监管体系。而这些或许就是此次国务院机构改革中金融相关事项占比如此之高的最主要的原因。

（二）银保监会升格：在其基础上组建国家金融监督管理总局，将强化机构监管、行为监管、功能监管、穿透式监管、持续监管

聚焦此次国务院机构改革，很多人关注的重点是"不再保留中国银行保险监督管理委员会"，常常忽略的是"在中国银行保险监督管理委员会基础上组建国家金融监督管理总局"，且按照改革规划，"国家金融监督管理总局"的权力要远远大于银保监会。

简单理解，国家金融监督管理总局＝银保监会＋中国人民银行对金融控股公司等金融集团的日常监管职责、有关金融消费者保护职责＋中国证券监督管理委员会的投资者保护职责。

整体来看,国家金融监督管理总局的职责是"统一负责除证券业之外的金融业监管,强化机构监管、行为监管、功能监管、穿透式监管、持续监管,统筹负责金融消费者权益保护,加强风险管理和防范处置,依法查处违法违规行为"。

国家金融监督管理总局的成立,将意味着此前金融监管格局从原来的"一行两会一局",变为"一行一总局一会一局"。

且值得关注的是,此前银保监会、证监会都是"国务院直属事业单位",而未来将变成"国务院直属机构",单位性质直接从事业单位变成行政单位。事业单位是社会服务组织,没有行政权力,经行政单位授权行事,从事业单位变成行政单位,意味着其政治地位获得实质性提升。

根据《说明》,改为行政单位后,银保监会、证监会系统人事编制或也将从事业编制改为行政编制,执行国家公务员工资待遇标准,这也意味着其收入或将受到一定的影响。

此外,"统一负责除证券业之外的金融业监管,强化机构监管、行为监管、功能监管、穿透式监管、持续监管"的表述也在一定程度上概述了国家金融监督管理总局未来的监管理念以及工作重点。原保监会时期,强调的是功能监管,银保监会成立后,则更突出机构监管,未来,国家金融监督管理总局成立后,是功能监管还是机构监管,或是机构监管、功能监管相结合,值得关注。

(三)强化金融管理中央事权,深化地方金融监管体制改革,地方金融监管局将不再加挂金融工作局、金融办公室等牌子

现行的金融监管体系下,除了"一行两会一局"及其在地方的派出机构外,地方政府也会设立地方金融监督管理局,主要负责推动完善区域金融市场和要素市场体系建设;财富管理、融资性担保、小额借款、民间资本管理、民间融资登记服务及其他新型地方金融组织的监督管理;协调指导企业上市;对接当地金融监管机构等。

可以看到,地方金融监督管理局既代表了地方政府发展金融业的意志,又肩负部分金融监管职责,二者没有严格区分。

此次国务院机构改革显然注意到了这其中的问题,提出要"深化地方金融监管

体制改革"：

深化地方金融监管体制改革。针对地方金融监管部门存在的监管手段缺乏、专业人才不足等问题，强化金融管理中央事权，建立以中央金融管理部门地方派出机构为主的地方金融监管体制，统筹优化中央金融管理部门地方派出机构设置和力量配备。同时，压实地方金融监管主体责任，地方政府设立的金融监管机构专司监管职责，不再加挂金融工作局、金融办公室等牌子。

这或许意味着，此次金融监管改革一个重要的逻辑就是"强化金融管理中央事权"，金融监管权力将向中央金融管理部门集中，其派出机构也将在地方金融监管中发挥最主要作用。

而地方金融监督管理局也将因此迎来重大变革，"不再加挂金融工作局、金融办公室等牌子""专司监管职责"或意味着其代表地方政府的行政职能与金融监管职能将进行更彻底的分离，让发展的归发展，让监管的归监管。

业内人士认为，这样的职能划分相较之前更加清晰，权力也更加集中，能够更好地降低地方政府对于金融业的干预，防范地方金融风险。

（四）央行分支机构裁撤，人才分流或进一步充实基层金融监管力量

关于央行分支机构的改革也同样值得关注。

按照《说明》，此次改革将调整中国人民银行大区分行体制，按照行政区设立分支机构。具体而言，"撤销中国人民银行大区分行及分行营业管理部、总行直属营业管理部和省会城市中心支行，在 31 个省（自治区、直辖市）设立省级分行，在深圳、大连、宁波、青岛、厦门设立计划单列市分行"。

个别地区例外，"中国人民银行北京分行保留中国人民银行营业管理部牌子，中国人民银行上海分行与中国人民银行上海总部合署办公"。

除上述内容外，一律"不再保留中国人民银行县（市）支行，相关职能上收至中国人民银行地（市）中心支行。对边境或外贸结售汇业务量大的地区，可根据工作需要，采取中国人民银行地（市）中心支行派出机构方式履行相关管理服务职能"。

目前，央行系统大量人力分布在县（市）支行，当央行对分支机构进行大刀阔斧改革，势必涉及人员分流的问题，而结合前文"统筹优化中央金融管理部门地方

派出机构设置和力量配备"理解,或不排除国家金融监督管理总局、证监会在各地的派出机构大量接收这些分流人员的可能,一则解决人员分流问题,二则充实基层金融监管力量。

(五)推进管办分离、政企分开,金融监管部门剥离市场经营类机构,"会管单位"去向待解

《说明》中,有关"完善国有金融资本管理体制"的表述也备受关注。其明确表示,"为厘清金融监管部门、履行国有金融资本出资人职责的机构和国有金融机构之间的权责关系,推进管办分离、政企分开,把中央金融管理部门管理的市场经营类机构剥离,相关国有金融资产划入国有金融资本受托管理机构,由其根据国务院授权统一履行出资人职责,促进国有金融机构持续健康发展"。

众所周知,长期以来一直有所谓"会管单位"的存在。以银保监会为例,目前尚有14家"会管单位",包括华融、东方、长城、信达四大资产管理公司,以及中国保险保障基金有限责任公司、中国银行保险信息技术管理有限责任公司、中央国债登记结算有限责任公司、中国信托登记有限责任公司、中国信托业保障基金有限责任公司、民生银行、农村金融杂志社、中国银行保险报、上海保险交易所、中保投资有限责任公司等。

此轮改革一经落地,这些机构将何去何从引发业界高度关注。值得注意的是,14家"会管单位"均带有一定的市场经营性质,但其中一些机构又兼具行业平台作用,甚至有些机构的主要出资人是市场主体,例如上海保险交易所股东多为保险公司,中保投资有限责任公司股东也主要是保险公司以及保险资管公司。

从目前的理解来看,华融、东方、长城、信达四大资产管理公司以及民生银行等,是纯粹的"市场经营类机构",其资产大概率将划入国有金融资本受托管理机构。而其他"会管单位"的性质将如何界定,仍有待进一步关注。

但可以肯定的是,"完善国有金融资本管理体制"其核心还是在于"管办分离、政企分开",方向是彻底剥离监管单位的经营属性,彻底隔离市场与监管,杜绝"政商旋转门"。在这种大的指导思想下,未来监管机构干部能否进入这些单位任职有待观察。

25年后中央金融工委再现，新顶层设计促使保险业找准定位再出发

慧保天下　2023年3月17日

3月16日，《党和国家机构改革方案》（以下简称《方案》）正式发布，对党中央、国务院新一轮机构改革方案一并进行公开，新的金融监管顶层设计也因此正式出炉。

纵观《方案》，此轮改革之后，金融行业的顶层设计权限将由国务院上升至党中央层面，这有助于加强党中央对金融工作的集中统一领导。

对于包括保险行业在内的金融行业而言，需要思考的是，这样的顶层设计变革会对保险业监管格局产生怎样的影响，又将在未来如何深层次影响保险行业发展趋势。

根据《方案》，除国务院机构改革，不再保留银保监会，而是在其基础上组建国家金融监管总局外，党中央层面的机构也将进行相应改革，最核心就是：

不再保留国务院金融稳定发展委员会及其办事机构，而是组建中央金融委员会，设立中央金融委员会办公室作为办事机构，将原国务院金融稳定发展委员会办公室职责划入成立之后的中央金融委员会办公室。

此外，还包括组建中央金融工作委员会，同中央金融委员会办公室合署办公，将中央和国家机关工作委员会的金融系统党的建设职责划入中央金融工作委员会。

具体而言：

（一）组建中央金融委员会。加强党中央对金融工作的集中统一领导，负责金融稳定和发展的顶层设计、统筹协调、整体推进、督促落实，研究审议金融领域重大政策、重大问题等，作为党中央决策议事协调机构。

设立中央金融委员会办公室，作为中央金融委员会的办事机构，列入党中央机

构序列。

不再保留国务院金融稳定发展委员会及其办事机构。将国务院金融稳定发展委员会办公室职责划入中央金融委员会办公室。

（二）组建中央金融工作委员会。统一领导金融系统党的工作，指导金融系统党的政治建设、思想建设、组织建设、作风建设、纪律建设等，作为党中央派出机关，同中央金融委员会办公室合署办公。

将中央和国家机关工作委员会的金融系统党的建设职责划入中央金融工作委员会。

从上述表述来看，此轮党和国家机构改革后，以下几点变化尤其值得保险业界关注：

一是党对金融工作的集中统一领导将进一步强化。

此次改革后，针对金融行业的顶层设计权限将由目前的国务院上升至党中央层面，这有助于加强党中央对金融工作的集中统一领导。

二是中央金融委员会、中央金融工作委员会职能更丰富。

新组建的中央金融委员会及其办事机构中央金融委员会办公室，以及负责党建的中央金融工作委员会，在职能上相较原来的国务院金融稳定发展委员会及其办事机构要更加丰富。

三是更有助于金融行业集中力量办大事。

金融行业至关重要，金融监管工作同样至关重要，此次改革，无疑有助于在更高层面上对于金融业发展改革进行"顶层设计、统筹协调、整体推进、督促落实"等。换句话说，管理的层次更高了，更有助于集中力量办大事了。

就保险行业高度关注的人口老龄化提速问题，以及由此产生的养老三支柱建设、多层次医疗保障体系建设等问题而言，商业养老险、商业长期护理险、商业带病体保险等长期发展难见起色，很大程度上就是因为缺乏更高层面的协调统筹，不同部门之间的利益藩篱难以彻底打破，商业保险在自身功能发挥方面也将受到更多掣肘。

从这个意义出发，更高的统筹层次，或有利于保险业更好地发挥自身优势。

一是对保险监管的深远影响值得关注。

党中央成立中央金融委员会，国务院设立金融监管总局，"一会一行一局"格局下，保险业监管逻辑也势必发生变化。

如果说中央金融委员会侧重"顶层设计、统筹协调、整体推进、督促落实，研究审议金融领域重大政策、重大问题等"，那么金融监管总局的职责中，"强化机构监管、行为监管、功能监管、穿透式监管、持续监管，统筹负责金融消费者权益保护，加强风险管理和防范处置，依法查处违法违规行为"，又将如何占据监管精力？

从原保监会时代的职能监管为主，到原银保监会时代的机构监管为主，都对监管思路乃至保险行业发展产生了深远影响。而如今，伴随中央金融委员会、国家金融监管总局的成立，保险监管工作思路又将发生哪些变化、又将如何影响保险行业发展，同样值得关注。

二是金融大时代，保险行业更须找好站位。

金融行业发展逻辑在变，金融监管逻辑也在改变，在"集中力量办大事"的逻辑下，在"服务实体经济""服务社会保障体系"等的号召下，保险业势必面临来自其他金融行业的"贴身肉搏"，保险业必须在这种激烈竞争中重新进行定位，发挥自身优势，努力提升效率，在市场上拥有自己的一席之地。

历史轮回，上一次设立中央金融工委还是在亚洲金融危机期间。

值得注意的是，此次《方案》涉及"深化党中央机构改革"的内容中，除明确组建中央金融委员会、组建中央金融工作委员会之外，还规定要组建中央科技委员会、中央社会工作部、中央港澳工作办公室。

其中，中央金融工作委员会、中央社会工作部两者均非第一次出现。

中央金融工作委员会第一次出现是在1998年，彼时成立的背景是"亚洲金融危机"，最初该机构由时任国务院总理朱镕基主导成立。

1998年6月16日，中共中央金融工委正式成立，目的是为了建立和完善现代金融体系，并负责领导、保证、管理、监督、协调金融机关的运作业务。

在2003年3月的机构改革中，中共中央决定撤销中共中央金融工委，同时成立银监会，并调整证监会和保监会的职责。

此次，党中央层面再度成立中央金融工委，值得思考的是，这是不是意味着国内金融行业又走到了深度转型的边缘？

金融监管总局正式揭牌，李云泽任首位党委书记

慧保天下　2023 年 5 月 18 日

自 3 月 16 日，《党和国家机构改革方案》正式下发，宣布组建中央金融委员会，加强党中央对金融工作的集中统一领导；组建中央金融工作委员会，统一领导金融系统党的工作；同时，明确不再保留中国银保监会，而是要在中国银保监会基础上重新组建金融监管总局以来，中央金融委员会、中央金融工作委员会、金融监管总局何时正式挂牌就一直备受关注。

当然，人们更关注的，还有谁将成为这些机构的第一位负责人。

2023 年 5 月 10 日下午，银保监会官微消息，金融监管总局召开领导干部会议。中央组织部有关负责同志宣布了中央决定：李云泽同志任金融监管总局党委书记。

另据媒体报道，5 月 10 日上午，多位银保监局局长赴京，参加下午举行的相关会议，且有较多人士在银保监会门前与"中国银行保险监督管理委员会"的牌子合影。

5 月 18 日上午，金融监管总局举行了正式的揭牌仪式，金融监管总局党委书记李云泽在现场发布重要讲话。

一、李云泽出任金融监管总局首任党委书记

李云泽，1970 年 9 月生，此次出任金融监管总局党委书记后，一举成为首位"70 后"正部级干部。

李云泽是山东烟台人，在银行系统工作多年。他 1993 年 7 月参加工作，2001 年 5 月加入中国共产党，中国社会科学院研究生院国民经济学专业毕业，研究生学

历，经济学博士，高级经济师。系第二十届中央委员会候补委员，此前任四川省委常委，省政府副省长、党组副书记。

他 1993 年 7 月毕业于天津大学基本建设管理工程专业、马克思主义基础专业。毕业后进入建设银行天津和平支行工作，从基层开始做起，曾任计划科干部、资产保全部主任科员等，后进入建设银行天津市分行工作，任计划财务处处长，行长助理、副行长、党委委员等职，期间还一度借调总行重组办、管理机制改革推进办公室任职。2008 年正式进入建设银行总行工作，历任计划财务部副总经理、战略规划与股权投资部总经理，期间，不仅获得北京大学光华管理学院工商管理硕士学位，还曾赴美参加美国银行跟岗培训。2015 年出任中国建设银行重庆市分行行长、党委书记。

2016 年 7 月，李云泽调任中国工商银行副行长、党委委员，这期间，其还在中国社会科学院研究生院国民经济学专业在职研究生学习，获经济学博士学位。

2018 年 9 月，李云泽任四川省人民政府副省长、党组成员，2021 年成为四川省委常委，2022 年成为党组副书记。

同年，当选中国共产党第二十届中央委员会候补委员，中共二十大代表。

二、金融监管总局揭牌，李云泽讲话称全面强化"五大监管"

为了 5 月 18 日的揭牌仪式，早在前一天下午，鑫茂大厦就开始进行一系列的准备工作，晚上 10—11 点，"中国银行保险监督管理委员会"的牌子正式撤下，金融监管总局正式挂牌成立。几乎同一时间，中国银保监会官微也进行了更名操作，正式更名为金融监管总局。

"中国银行保险监督管理委员会"正式成为历史。

李云泽做代表发言时表示：

组建金融监管总局是以习近平同志为核心的党中央统揽全局、审时度势，为实现新时代新征程战略目标而作出的重大战略决策。中共中央政治局委员、国务院副总理何立峰同志亲临现场为我们揭牌，是对我们的巨大鼓舞，让我们以热烈的掌声，欢迎何副总理的到来！同时，我们也荣幸地邀请到了国务院副秘书长丁学东同志、中央金融办分管日常工作的副主任王江同志、人民银行行长易纲同志、人民银行党

委书记郭树清同志、证监会主席易会满同志、外汇局局长潘功胜同志，以及中央金融办筹备组办公室、国务院研究室有关同志出行揭牌仪式，我谨代表金融监管总局，对各位领导和来宾的光临，表示诚挚的欢迎和衷心的感谢！

同志们，今天何副总理亲自莅临揭牌，标志着金融监管总局正式成立，我们深感责任重大、使命光荣，必须以强烈的政治责任感和历史使命感，深入学习贯彻习近平新时代中国特色社会主义思想，认真落实党中央国务院各项决策部署，奋力开创新时代金融监管工作新局面。

一是做到对党绝对忠诚，始终坚持党中央对金融工作的集中统一领导，深刻领悟两个确立的决定性意义，增强四个意识，坚定四个自信，做到两个维护，旗帜鲜明加强党的政治建设，不断提高政治判断力、政治领悟力、政治执行力，坚定不移走好中国特色金融发展之路。

二是转变职能，提升效能。坚定践行总书记提出的恪尽职守，敢于监管、精于监管，严格问责的监管精神，不断完善具有中国特色时代特征的监管体系、监管规则，全面强化机构监管、行为监管、功能监管、穿透式监管、持续监管，为构建新发展格局，推动高质量发展提供有力支撑和坚强保障。

三是全力以赴履职尽责，全面落实服务实体经济、防控金融风险、深化金融改革三大任务，依法将各类金融活动全部纳入监管，努力消除监管空白和盲区，大力推进当地监管协同，牢牢守住不发生系统性金融风险底线，担当负责，敢于斗争，善于斗争，积极营造良好的金融法治环境，坚决维护人民群众的合法权益，筑牢守卫国家金融安全的钢铁长城。

四是深化全面从严治党，深入开展主题教育，大兴调查研究，切实转变监管作风，当好贯彻党中央国务院决策部署的执行者、行动派、实干家，一体推进不敢腐、不能腐、不想腐，坚决查处金融风险背后的腐败，从严从实加强自身建设，着力打造一支政治过硬、作风过硬、能力过硬的监管铁军。

同志们，新时代奉献奋进新征程，新机构展现新气象，让我们更加紧密地团结在以习近平同志为核心的党中央周围，戮力同心，顽强奋斗，以新担当、新作为、新业绩，为全面推进中国现代化建设，实现中华民族伟大复兴作出新的更大贡献。

目前，各地的银保监局尚未统一换牌，回顾 2018 年 4 月 8 日，银保监会挂牌后，一直到 2018 年 12 月 17 日，也就是 8 个多月后，各地银保监局才统一挂牌。按照这一进度，各地银保监局换牌或也需要一段比较长的时间。

2018年4月8日，中国银行保险监督管理委员会在京揭牌，标志着新组建的中国银行保险监督管理委员会正式挂牌运行，到今天2023年5月18日，整整5年1个月10天。

从央行负责监管，到成立中国银行监督管理委员会、中国保险监督管理委员会，到组建中国银行保险监督管理委员会，再到现在的金融监管总局，国内金融监管格局不断变化，而这背后揭示的是国内金融业发展形势的演变，同时也是人们对于金融业发展规律、金融业监管本身理解的不断深入。

银保监会成立5年，从保险行业视角出发看到的，是原保监系统人力与原银监系统人力在规模上的巨大差距，是保险监管理念开始更多借鉴银行监管理念，恰逢保险行业步入转型期，发展速度显著降低，失落感愈发强烈。

5年后的新一轮国务院机构改革，整体上体现的仍然是"强监管"的逻辑，一切都是为了更好地进行金融监管，防范金融风险。

由于具体细节尚未出炉，新一轮改革对于具体金融业态的影响因此也难以预测。但无论如何，改革的主题思路是明确的，即强化金融管理的中央事权，推动银保监会升格，并在此基础上组建金融监管总局，统一负责除证券业之外的金融业监管，强化机构监管、行为监管、功能监管、穿透式监管、持续监管等。

新的监管逻辑，将给保险行业带来哪些影响？且拭目以待。

三、系列变革才刚刚开始

金融监管总局首位党委书记出炉，金融监管总局挂牌成立，但新的一系列变革才刚刚开始。

金融监管总局在原银保监会基础上组建，李云泽的新任命，意味着从中国银保监会2018年成立就一直担任党委书记、主席至今的郭树清，即将正式离开银保监会。不过，其还将继续担任第十四届全国人大常委会委员、财政经济委员会副主任委员，这是2023年3月他获任命的新职务。

其他为人所关注的，则是金融监管总局新一轮人事"三定"问题：总局将保留几位副局长、各自的工作范围会如何划分，以及新的金融监管理念下，金融监管总

局各职能部门又将如何划分？

此前，银保监会呈现的是"一正四副"的领导格局；此外还有三位"首席"——首席风险官、首席会计师、首席检查官。

银保监会的内设机构包括27个，此外还有机关服务中心、培训中心两大事业单位。

回顾银保监会自2018年正式挂牌到如今的监管格局，期间至少经历了两轮规模较大的"三定"，人事才逐渐调整到位。此外，监管机构还经历了从职能监管向机构监管的转型，以及一系列推进属地监管的努力。就监管制度而言，很多银行监管领域的经验被移植到保险领域，大量监管政策也进行了相应的更新。

四、银保监会5年间相关大事记

2018年

2018年2月23日，保监会宣布对安邦集团实施接管，接管期限一年。

2018年3月21日，《深化党和国家机构改革方案》正式发布，宣布组建中国银行保险监督管理委员会，作为国务院直属事业单位。同时，将银监会和保监会拟订银行业、保险业重要法律法规草案和审慎监管基本制度的职责划入中国人民银行。

2018年4月8日，中国银行保险监督管理委员会在京揭牌。

2018年5月2日，中国银保监会批复同意工银安盛人寿公司发起筹建工银安盛资产管理公司，这是我国扩大保险业对外开放后获批的第一家合资保险资产管理公司。

2018年5月4日，银保监会下发《关于组织开展人身保险产品专项核查清理工作的通知》，全面规范人身保险产品开发设计行为，并细致到产品条款、产品责任、产品费率厘定、产品精算假设、产品申报使用管理5个方面。

2018年5月，银保监会发布《关于商业车险自主定价改革试点地区费率方案报送有关要求的通知》（银保监办发〔2018〕28号），标志着车险自主定价试点开启。此前的2018年3月30日，原保监会发布《关于开展商业车险自主定价改革试点的通知》，决定在广西、陕西、青海开展商业车险自主定价改革试点，试点期为一年。

2018年6月19日，银保监会下发《关于加强自媒体保险营销宣传行为管理的通知》，要求各保险公司、保险中介机构提高对自媒体保险营销宣传行为管理重要性的认识，建立健全自媒体保险营销宣传行为管理制度。

2018年7月，银保监会发布《关于商业车险费率监管有关要求的通知》（银保监办发〔2018〕57号文），要求各财险公司重新报送商车险审批材料，为"报行合一"增加监管背书。8月，全行业财险公司分两批，依次在33个地区开始切换手续费上限新标准。

2018年10月25日，银保监会发布《关于保险资产管理公司设立专项产品有关事项的通知》，确认允许保险资产管理公司设立专项产品，参与化解上市公司股票质押流动性风险，为优质上市公司和民营企业提供长期融资支持，维护金融市场长期健康发展。

2018年11月13日，中国银保监会职能配置、内设机构和人员编制"三定"方案正式出炉，根据该方案，"三定"之后，中国银保监会机关事业编制925名，设主席1名，副主席4名，司局级领导职数107名（含机关党委专职副书记1名，机关纪委书记1名，首席风险官、首席检查官、首席律师和首席会计师各1名）。内设机构则将形成"26+1"的机构新格局。而原保监会只有15个部门，外加一个机关党委以及2个事业单位：培训中心、机关服务中心。

2018年8月，银保监会副主席陈文辉调任全国社会保障基金理事会副理事长。

2018年11月27日，蚂蚁金服相互保团队发出公告，从2018年11月27日中午12点起，原"相互保"产品终止吸收新用户，也不再对接信美人寿相互保险社。

2018年12月17日，各地银保监局统一挂牌。

2018年，保险巨鳄安邦原董事长、总经理吴小晖因涉嫌经济犯罪，被依法提起公诉，为确保安邦集团保户的利益，随之安邦集团被监管实施接管。

2019年

2019年2月1日，国家税务总局发布了保险营销员佣金收入个税预扣规则，保险业务员个税税率最低从20%下调到3%，佣金收入按照不含增值税的收入减除20%的费用后的余额计算，享受每月5000元的累积减除费用，年佣金收入在10万元以下的免征增值税。

2019年3月，银保监会批准首家外资养老保险公司——恒安标准养老保险有限责任公司筹建。

2019年4月17日，银保监会发布《关于进一步加强车险监管有关事项的通知》，严禁造假，包括严禁通过给予或者承诺给予投保人、被保险人保险合同约定以外的利益变相突破报批费率水平；严禁通过虚列其他费用套取手续费变相突破报批手续费率水平等。

2019年5月28日，财政部、税务总局发布《关于保险企业手续费及佣金支出税前扣除政策的公告》，大幅提高保险企业所得税税前扣除比例，从原来财险15%、寿险10%统一调整为18%，并允许超过部分结转以后年度扣除。由于险企2018年度汇算清缴按照新规定执行，这意味着减税新政将直接给2019年行业净利润带来显著贡献。据测算，以2018年的数据为基础，可为保险业减税超400亿元。

2019年7月，大家保险集团正式成立，注册资本203.6亿元。9月2日，大家保险集团官微发布《关于安邦保险集团重组暨客户权益保障事宜的公告》，依法受让安邦人寿、安邦养老和安邦资管股权，并设立大家财险，依法受让安邦财险的部分保险业务、资产和负债。重组完成后，大家保险集团将集齐人身险、财产险、养老险、保险资管四大牌照，安邦保险集团则不再开展新的保险业务。

2019年9月，银保监会副主席王兆星退休。

2019年9月19日，财政部、农业农村部、银保监会、林草局联合印发《关于加快农业保险高质量发展的指导意见》，从顶层设计上明确了加快农业保险高质量发展的指导思想、基本原则、主要目标、保障措施等。

2019年10月，银保监会财险部向业内下发《关于进一步加强和改进财产保险公司产品监管有关问题的通知（征求意见稿）》，核心内容有两点：改进产品管理方式，完善产品监管机制；明确产品备案流程，规范公司产品报备。最引人注目的一点就是，车险、1年期以上信用险和保证险产品由审批改为备案。

2019年11月12日，银保监会人身险部正式下发《健康保险管理办法》，并在12月1日正式施行，明确长期医疗保险可以进行费率调整；健康保险产品提供健康管理服务，其分摊的成本不得超过净保险费的20%等。

2019年11月12日，银保监会召集13家保险公司总精算师进行窗口指导，要求从12月开始停止销售预定利率4.025%的年金险产品。

2019年11月29日，银保监会修订发布《中华人民共和国外资保险公司管理条例实施细则》，放宽外资人身险公司外方股比限制，将外资人身险公司外方股比放宽至51%；放宽外资保险公司准入条件，不再对"经营年限30年""代表机构"等相关事项作出规定。

随后，安联（中国）保险控股有限公司成为在中国首家批准开业的外资独资保险控股公司。

2019年12月13日，银保监会开始向部分保险、银行机构下发《互联网保险业务监管办法（征求意见稿）》。

2020年

2020年初新冠疫情暴发，保险业通过捐赠保险、扩大承保责任、提供便捷理赔服务等方式，全力参与抗疫和支持企业复工复产。

2020年1月21日，银保监会发布《普通型人身保险精算规定》，这有助于推动风险保障类产品发展，主要内容有三点：由于现金价值参数的调整，健康保险、意外伤害保险、定期寿险、终身寿险等风险保障类产品的价格将下降3%—5%；由于平均附加费用率上限的下调，年金保险、多数趸缴保险产品的价格将下降3%—5%；由于最低现金价值标准的提升，年金保险等长期储蓄类产品前几年的最低现金价值将提升5%—10%。

2020年3月25日，《保险资产管理产品管理暂行办法》发布，结合9月发布的三项制度——《组合类保险资产管理产品实施细则》《债券投资计划实施细则》《股权投资计划实施细则》，保险资管"1+3"制度框架成型。

2020年7月，银保监会正式对华夏人寿、天安财险、天安人寿、易安财险等6家"明天系"金融机构实施接管。

2020年9月2日，中国银保监会发布《关于实施车险综合改革的指导意见》，自9月19日起开始施行，这意味着车险综合改革将正式实施。提升交强险保障水平，将交强险总责任限额从12.2万元提高到20万元，其中死亡伤残赔偿限额从11万元提高到18万元，医疗费用赔偿限额从1万元提高到1.8万元，财产损失赔偿限额维持0.2万元不变。

2020年6月22日，银保监会颁布《关于规范互联网保险销售行为可回溯管理的通知》，要求从2020年10月1日起，保险机构必须对在自营网络平台上销售保险产品的交易行为进行记录和保存，使其可供查验。

2020年11月5日，重疾新规正式落地，此后上新的重疾险，将全部按新规执行，市场上原有的旧产品，最迟在2021年1月31日前全部下架。

2020年11月12日，银保监会颁布了《保险代理人监管规定》，理顺法律关系。一是根据《保险法》对保险代理人的定义，把保险专业代理机构、保险兼业代理机构和个人保险代理人纳入同一部门规章中规范调整，与《保险法》保持一致。二是统一适用规则，对各类保险代理人在经营规则、市场退出和法律责任等方面建立了相对统一的基本监管标准和规则，进一步维护了市场公平。三是提出了"独立个人保险代理人"概念，表明市场发展趋势和监管引领方向。

2020年12月，银保监会发布《互联网保险业务监管办法》，明确了互联网保险业务的定义。

2020年12月29日，中国银保监会发布《关于发展独立个人保险代理人有关事项的通知》，主要涉及六个方面内容，具体包括独立个人保险代理人定位、条件标准、行为规范、选拔机制、公司管理、监督管理，并提出具体的监管规则。

2021年

2021年1月11日，银保监会发布《关于规范短期健康保险业务有关问题的通知》，对短期健康险业务（不含团体保险）进行全面规范，严禁混淆"保证续保"概念，要求明确表述为"不保证续保"条款。

2021年1月20日，银保监会发布《关于印发人身保险产品"负面清单"（2021年版）的通知》，列出人身险产品负面清单73条。与2018年版负面清单52条相比，新版负面清单新增21条。

2021年1月，互助关停风波开启：1月，美团互助宣布关停；3月，轻松互助、悟空互助关停；4月，小米互助关停；5月，360互助关停；7月，新浪互助关停。

2021年2月1日，根据监管要求，重疾新规正式实施，根据旧重疾定义开发的产品依规在2月前全部下架。按照新规，部分疾病将按照轻重两级赔付、续保，轻症赔付只赔部分保额，保单继续有效；此外，原有25种重疾定义完善扩大为28种重度疾病和3种轻度疾病，保障范围也扩大了。

2021年2月10日，银保监会调整易安财险、天安人寿、天安财险、新华信托四个接管组组长、副组长人选。易安财险接管组组长由李有祥调整为邹飞；天安人寿、天安财险接管组分别增补一名副组长，由姚渝、贺竹君担任。

2021年3月，银保监会副主席黄洪、祝树民退休，银保监会原首席风险官、新闻发言人肖远企升任副主席。

2021年3月10日，友邦人寿四川分公司、湖北分公司分别获准开业。此后，外资加速布局中国市场。

2021年3月19日，银保监会下发《关于近期开展产品监管"回头看"工作有关情况的通报》，对自2019年1月产品通报机制运行以来的整体情况进行通报。其中，复星联合健康累计通报5次，国华人寿、德华安顾、人保健康、阳光人寿累计通报4次。

2021年4月8日，银保监会发布《关于深入开展人身保险市场乱象治理专项工作的通知》，围绕销售行为、人员管理、数据真实性、内部控制四个方面打击乱象。

2021年5月17日，银保监会发布《关于做好短期健康保险业务客户服务工作的通知》，针对短期健康险产品条款中的续保表述明确提出6项要求。

2021年6月1日起，人保寿险、中国人寿、太平人寿、太保人寿、泰康人寿、新华人寿6家人身险公司在浙江、重庆开展专属商业养老保险试点。

2021年6月4日，银保监会研究决定将华夏人寿接管组组长由王毅调整为刘宏健。

2021年7月16日，中国银保监会发布《中国银保监会关于对天安财产保险股份有限公司等六家机构依法延长接管期限的公告》，决定延长华夏人寿等六家机构接管期限一年，自2021年7月17日起至2022年7月16日止。

2021年7月20日，河南郑州发生特大暴雨自然灾害，保险业按照中央和银保监会要求，全面开展防汛救灾工作维护人民群众利益。截至2021年底，河南7·20强降雨事件保险业共接到报案52.88万件，支付赔款97.04亿元。

2021年9月13日，银保监会发布《关于印发保险公司分支机构市场准入管理办法的通知》，共46条，主要对保险公司分支机构设立、改建、变更营业场所、撤销等流程进行规范。

2021年10月15日，银保监会发布《关于进一步丰富人身保险产品供给的指导意见》，提到要丰富多领域人身险产品供给，加大普惠保险发展力度，鼓励开发快递员等新业态人员商业养老保险等。

2021年10月22日，银保监会发布《关于进一步规范保险机构互联网人身保险业务有关事项的通知》，提高长期储蓄型产品的互联网销售门槛。

2021年10月，惠民保业务全面暴发，截至10月21日，已经有58家保险机构在27个省份参与了超过100个城市定制型医疗保险项目。

2021年12月17日，中国银保监会发布《关于明确保险中介市场对外开放有关措施的通知》。共三条：第一条，取消外资保险经纪公司的准入限制，不再要求股东经营年限、总资产等条件；第二条，进一步降低外资保险中介机构的准入门槛，允许外国保险集团公司、境内外资保险集团公司投资设立的保险中介机构经营相关保险中介业务；第三条，是保险中介机构按照"放管服"改革要求、适用"先照后证"政策的相关规定。

2021年12月30日，银保监会发布《关于实施保险公司偿付能力监管规则（Ⅱ）有关事项的通知》，决定自编报2022年第一季度偿付能力季度报告起全面实施规则Ⅱ，"偿二代"二期工程正式落地。

2022年

2022年初资管新规正式实施以来，保本保息、零风险的保本型理财产品彻底退出市场，银行理财产品进入净值化时代。

2022年1月1日，《保险公司偿付能力监管规则（Ⅱ）》正式实施，保险业自2022年第一季度起按新规编报偿付能力季度报告。

2022年1月，相互宝关停，网络互助迎来最终章。

2022年1月，银保监会组织开展保险资金运用关联交易专项检查，本次现场检查是银保监会成立以来首次专门针对保险资金运用关联交易的专项检查。

2022年2月，银保监会发布《关于扩大专属商业养老保险试点范围的通知》，将专属商业养老保险试点区域扩大到全国范围，同时允许养老保险公司参与试点。

2022年2月，银保监会人身险部发布《人身保险产品"负面清单"（2022年版）》，涉及产品条款、产品责任设计、产品费率厘定及精算假设、产品报送管理四项内容。

2022年4月21日，国务院办公厅印发《关于推动个人养老金发展的意见》，标志着个人养老金制度的建立。

2022年5月，银保监会发布《关于保险资金投资有关金融产品的通知》和《保险资金委托投资管理办法》，旨在进一步优化保险资产配置结构，规范保险资金委托投资行为。

2022年6月，银保监会印发《银行业保险业绿色金融指引》，首次提出银行保险机构要重点关注环境、社会和治理（ESG）风险，将ESG要求纳入管理流程和全面风险管理体系，强化ESG信息披露和与利益相关者的交流互动。

2022年7月，易安财险宣告破产重整，成为国内首家申请破产重组的保险公司，刷新了行业历史。

2022年8月，银保监会发布《保险资产管理公司管理规定》，并于9月1日正式实施。

2022年11月，银保监会会同财政部、人民银行对2008年颁布施行的《保险保障基金管理办法》进行了修订。经国务院批准，自2022年12月12日起实施。此次修订将保险保障基金固定费率调整为基准费率加风险差别费率，调整保险保障基金暂停缴纳上限，还优化了保险保障基金的使用管理，完善了保险保障基金的救助规定，有利于更好地发挥保险保障基金的积极作用，维护保单持有人合法权益。

2022年11月，银保监会发布《关于保险公司开展个人养老金业务有关事项的通知》，6家保险公司的7款专属养老保险产品成为首批上线的个人养老金保险产品。

2022年11月，银保监会印发《财产保险灾害事故分级处置办法》，将财产保险灾害事故按照事件性质、损失程度和影响范围等因素划分为特别重大、重大、较大3个等级，对应Ⅰ级、Ⅱ级、Ⅲ级响应，分别由银保监会及其派出机构统筹启动响应、开展应对处置并适时终止响应，同时，明确各级灾害事故的统筹应对主体和工作措施。

2022年11月，银保监会发布《人身保险产品信息披露管理办法》，是规范人身险产品信息披露的一项重要规章。

2022年12月30日，银保监会发布《关于进一步扩大商业车险自主定价系数浮动范围等有关事项的通知》，通过扩大商业车险自主定价系数浮动范围，进一步扩大财险公司定价自主权。

2022年12月，银保监会纪检监察组组长李欣然升任中纪委秘书长，王陆进由审计署副审计长调任中纪委驻银保监会纪检监察组组长。

2023年

2023年1月，银保监会副主席梁涛退休，福建银保监局局长丛林升任副主席。

  2023年3月16日，中共中央、国务院印发《党和国家机构改革方案》，明确组建中央金融委员会，中央金融工委以及金融监管总局。

  2023年3月23日，中国银保监会召集保险行业协会和23家保险公司举办座谈会。此次座谈会在北京、南京、武汉三地分别举行现场会议，旨在摸底各家寿险公司的负债端成本和资产匹配情况，以引导人身保险业降低负债成本，加强行业负债质量管理。

  2023年4月，媒体报道称监管部门开始针对人身险公司新产品预定利率进行窗口指导，普通型产品定价利率将从3.5%降至3%；后续又有报道称，预计6月30日是定价利率切换的最后时点。

  2023年5月10日下午，金融监管总局召开领导干部会议。中央组织部有关负责同志宣布了中央决定：李云泽任金融监管总局党委书记。

  2023年5月18日，金融监管总局正式揭牌，银保监会正式成为历史。

金融监管总局机构改革再推进：342个派出机构齐换牌

慧保天下　2023年7月20日

5月18日国家金融监督管理总局（以下简称"国家金融监管总局"）揭牌两个月后的7月20日上午10点，国家金融监督管理总局31家省级监管局和5家计划单列市监管局，以及306家地市监管分局迎来统一挂牌时刻，本轮金融监管体制改革再获新进展。

当天上午，国家金融监管总局党委书记、局长李云泽在甘肃出席了甘肃监管局的揭牌仪式。

与此同时，国家金融监管总局31家省级监管局和5家计划单列市监管局的官网也同步进行了切换，机构名称更换之下，各局领导班子介绍页面也同步进行了更新，但职务全部平移，没有任何变化。

整体来看，此次换牌就只是换牌，更核心的变化还要等待国家金融监管总局的"三定"方案正式下发，这之后，各省局、计划单列市局以及地市分局的调整才好依次实施。部门怎么划分、职能怎么调整，人员如何配置在体现新一轮金融监管体制改革精神的同时，也都会在市场上激起不同的涟漪。

整体来看，换牌之后，关于金融监管体制改革，还有以下这三大看点尤其值得关注。

看点一：
"三定"方案：职责、机构、编制究竟怎么定

2018年4月8日原银保监会正式挂牌，但一直到2018年11月13日，中国机构编制网才公布了《中国银行保险监督管理委员会职能配置、内设机构和人员编制规定》，即所谓"三定"方案（即定职责、定机构和定编制）。从挂牌到正式"三定"

前前后后经历了7个多月的时间。

依此来推测，此轮金融监管机构改革距离正式"三定"还将有一段时间。5月18日，金融监管总局才正式揭牌。

"三定"是落实金融监管改革最重要的内容之一，事关重大，坊间讨论甚多，与之相关的传闻也纷纷扬扬，但必须意识到，"三定"不是最终结局。

金融监管机构改革是极其复杂的一系列操作，最终是要保证改革目标的实现。初步的"三定"之后，各个部门之间如何分工协作，以提升监管效率，并在最大程度上达成此次监管机构改革的目的，很难一步到位，还需要更长时间的探索与磨合。

回顾银保监系统的磨合过程，在2018年11月宣布正式的"三定"方案之后，实际上在2019年的3—5月，还进行了一次"小三定"，对在系统运作中出现的问题进一步加以修正。

所以，新一轮"三定"也注定是个漫长的过程，结合市场的反馈，在大量的实践中才会逐渐通畅。

看点二：

"五大监管"怎样落地

根据此轮发布的《关于国务院机构改革方案的说明》，国家金融监督管理总局的职责，是统一负责除证券业之外的金融业监管、强化机构监管、行为监管、功能监管、穿透式监管、持续监管等，即所谓"五大监管"。这相较此前的监管逻辑有显著的不同。

值得注意的是，此前的金融监管逻辑是相对简单和清晰的，例如原保监会时期，强调的是功能监管，不同监管部门各管一段，相互配合；银保监会成立后，则更向银行业监管方式靠拢，突出的是机构监管，每家保险机构都有对应的监管机构负责，有助于监管机构更完整地掌握企业经营的实际情况。

相较之下，国家金融监管总局的逻辑要复杂得多，"机构监管、行为监管、功能监管、穿透式监管、持续监管"，"五大监管"都要抓，都要硬。这无疑是给监管机构改革增加了新的难度，如何在确保整体目标的前提下，兼顾这"五大监管"，颇费思量。

看点三：

更大视野下的监管职能分配以及监管资源分配问题

此次金融监管体制改革涉及的部门除国家金融监管总局系统外，还有中国人民银行系统、地方金融监管局系统，乃至新成立的中央金融委员会、中央金融工作委员会等，这些机构职能大方向已定，但在具体方案中会如何协调落实也有待观察。

纵观3月16日发布的《党和国家机构改革方案》，其最核心的内容就是：

不再保留国务院金融稳定发展委员会及其办事机构，而是组建中央金融委员会，设立中央金融委员会办公室作为办事机构，将原国务院金融稳定发展委员会办公室职责划入成立之后的中央金融委员会办公室。

此外，还包括组建中央金融工作委员会，同中央金融委员会办公室合署办公，将中央和国家机关工作委员会的金融系统党的建设职责划入中央金融工作委员会。

这意味着，此轮改革之后，金融行业的顶层设计权限将由国务院上升至党中央层面，这有助于加强党中央对金融工作的集中统一领导。

对于包括保险行业在内的金融行业而言，这样的顶层设计变革会对保险业监管格局产生怎样的影响，又将在未来如何深层次地影响保险行业的发展趋势，无疑都值得深入思考：

如果说中央金融委员会侧重"顶层设计、统筹协调、整体推进、督促落实，研究审议金融领域重大政策、重大问题等"，那么国家金融监管总局的职责中，"强化机构监管、行为监管、功能监管、穿透式监管、持续监管，统筹负责金融消费者权益保护，加强风险管理和防范处置，依法查处违法违规行为"，又将如何占据监管资源？

金融监管总局"三定"方案出炉！撤销保险中介部，职能并入财险司，资金部改组为资管机构司

慧保天下　2023年11月11日

千呼万唤，备受行业关注的金融监管总局的"三定"方案终于出炉！

11月10日，中国机构编制网正式公布《国家金融监督管理总局职能配置、内设机构和人员编制规定》（以下简称《规定》），揭秘金融监管总局"三定"之后的内设机构、职能调整、人员编制等问题，借由此次"三定"，新的监管思路也逐渐出炉。

对保险业界人士而言，《规定》中最值得关注的内容包括以下几方面。

一、整体看，"三定"后，金融监管总局内设27个职能部门，一个机关党委，行政编制910名

根据《规定》，金融监管总局机关行政编制910名，设局长1名，副局长4名；司局级领导职数114名（含首席风险官、首席检查官、首席律师、首席会计师各1名，机关党委专职副书记1名，机关纪委书记1名）。合计27个职能部门，一个机关党委。

而2018年11月，原银保监会的"三定"方案显示，原银保监会机关事业编制925名，设主席1名，副主席4名，司局级领导职数107名（含机关党委专职副书记1名，机关纪委书记1名，首席风险官、首席检查官、首席律师和首席会计师各1名）。合计26个职能部门，一个机关党委。

可以看到，此次监管体制改革后，金融监管总局局机关职能部门相较于原银保监会时代是有所扩张的，其中，部分职能部门被合并，同时也有与时俱进，根据现实需求，新设一些职能部门。

不过，职能部门增加了，但编制却有所减少，原银保监会时代，会机关事业编制925名，而现在则降至910名，司局级领导职数却不降反增，从原来的107名，增至现在的114名。

二、具体看，一些部门被合并，中介部并入财险司，资金部转型成资管机构司，新设六大司局

根据《规定》，原银保监会时代的一些内设机构职能有所调整，或被并入其他部门，或吸收其他职能，结果就是：对于保险业界人士而言，最熟悉的保险中介监管部，其部分职能被并入了财险部，而保险资金部转型成为资管机构部，同时纳入银行理财、信托等的机构监管，职能得到进一步扩充。

与此同时，《规定》还根据金融监管总局实际需求，拆分部分职能新设立了六大机构，包括金融机构准入司、机构恢复处置司、稽查局、行政处罚局、内审司（党委巡视工作领导小组办公室）、党建工作局（党委宣传部）。

整体来看，"三定"之后，金融监管总局内设机构与原银保监会内设机构及其职能之间的变化如表1所示。

表1　　　　　　　　　　机构及职能变化

序号	原银保监会内设机构	金融监管总局"三定"后内设机构	职能简介
1	办公厅	办公厅（党委办公室）	负责机关日常运转，承担信息、安全、保密、信访、政务公开、新闻宣传等工作。承担国家金融监督管理总局党委办公室日常工作
2	政研局	政策研究司	承担金融业相关改革开放政策研究与组织实施具体工作。对国内外经济金融形势、国际金融监管改革及发展趋势、监管方法和运行机制等开展系统性研究，提出相关监管政策建议
3	法规部	法规司	起草相关法律法规草案。拟订相关监管制度。承担合法性审查、法律咨询服务、行政复议、行政应诉等工作

续表

序号	原银保监会内设机构	金融监管总局"三定"后内设机构	职能简介
4	统信部 风险处置局（安全保卫局）	统计与风险监测司	拟订监管统计制度。承担监管报表编制、信息披露、数据共享以及行业风险监测分析预警等工作。统筹非现场监管工作
5	创新部	科技监管司	拟订相关信息科技发展规划和信息科技风险监管制度并组织实施。按分工承担网络安全、数据安全、关键信息基础设施监管等工作，推动数字化信息化建设
6	公司治理部	公司治理监管司	拟订公司治理监管制度。开展股权管理和公司治理监管等工作，承担金融控股公司、保险集团等机构的非现场监测、风险分析和监管评价等工作，根据风险监管需要开展现场调查，采取监管措施，开展个案风险处置
7	普惠金融部	普惠金融司	督促金融机构落实普惠金融政策要求，拟订监督管理的规章制度并组织实施，指导金融机构开展对小微企业、"三农"和特殊群体的金融服务工作，规范普惠金融秩序
8		金融机构准入司（新增机构）	拟订银行业机构、保险业机构、金融控股公司等的准入制度，研究结构布局，对机构及其业务范围实行准入管理，审查董事、高级管理人员等任职资格
9	政策银行部 大型银行部	大型银行监管司	承担政策性银行、开发性银行和国有控股大型商业银行的非现场监测、风险分析和监管评价等工作，根据风险监管需要开展现场调查，采取监管措施，开展个案风险处置
10	股份制银行部 城市银行部	股份制和城市商业银行监管司	承担全国性股份制商业银行、城市商业银行、民营银行的非现场监测、风险分析和监管评价等工作，根据风险监管需要开展现场调查，采取监管措施，开展个案风险处置
11	农村银行部	农村中小银行监管司	承担农村中小银行机构的非现场监测、风险分析和监管评价等工作，根据风险监管需要开展现场调查，采取监管措施，开展个案风险处置
12	财险部（再保部） 中介部	财产保险监管司（再保险监管司）	承担财产保险机构、再保险机构、保险中介机构的非现场监测、风险分析和监管评价等工作，根据风险监管需要开展现场调查，采取监管措施，开展个案风险处置

续表

序号	原银保监会内设机构	金融监管总局"三定"后内设机构	职能简介
13	人身险部	人身保险监管司	承担人身保险机构的非现场监测、风险分析和监管评价等工作，根据风险监管需要开展现场调查，采取监管措施，开展个案风险处置
14	资金部 / 信托部	资管机构监管司	承担信托公司、理财公司、保险资产管理公司的非现场监测、风险分析和监管评价等工作，根据风险监管需要开展现场调查，采取监管措施，开展个案风险处置
15	非银部	非银机构监管司	承担金融资产管理公司、企业集团财务公司、金融租赁公司、汽车金融公司、消费金融公司、货币经纪公司的非现场监测、风险分析和监管评价等工作，根据风险监管需要开展现场调查，采取监管措施，开展个案风险处置
16	银行检查局	银行机构检查局	拟订银行机构现场检查计划并组织实施。承担现场检查立项、实施和后评价等工作。提出现场检查意见，采取监管措施，提出行政处罚建议
17	非银检查局	保险和非银机构检查局	拟订保险业机构、金融控股公司及其他非银行机构的现场检查计划并组织实施。承担现场检查立项、实施和后评价等工作。提出现场检查意见，采取监管措施，提出行政处罚建议
18		机构恢复处置司（新增机构）	拟订相关高风险机构风险处置制度、标准、程序，对出现严重风险、难以持续经营的机构开展风险处置等工作
19	消保局	金融消费者权益保护局	拟订金融消费者权益保护发展规划和制度，开展金融消费者教育工作，承担相关金融产品合规性、适当性管理工作，组织调查处理侵害金融消费者合法权益案件，构建金融消费者投诉处理机制和金融消费纠纷多元化解机制
20	打非局	打击非法金融活动局	建立非法金融活动监测预警体系和公开举报渠道，组织协调、指导督促有关部门和地方政府依法开展非法金融活动防范和处置工作，开展相关宣传教育、政策解释和业务指导等工作。对涉及跨部门跨地区和新业态新产品等非法金融活动，研究提出相关工作建议。拟订小额贷款公司、融资性担保公司、典当行、融资租赁公司、商业保理公司、地方资产管理公司等地方金融组织监管制度，指导和监督地方金融监管部门相关业务工作

续表

序号	原银保监会内设机构	金融监管总局"三定"后内设机构	职能简介
21		稽查局（新增机构）	拟订稽查工作制度。组织对违法违规金融活动相关主体进行调查、取证，提出处理意见；涉嫌犯罪的，提出移送司法机关的建议。指导、检查金融机构安全保卫工作
22		行政处罚局（新增机构）	承担行政处罚案件审理等工作，提出审理意见，组织听证和集体讨论，送达行政处罚决定并执行
23		内审司（新增机构，党委巡视工作领导小组办公室）	拟订系统内审和巡视工作制度、办法，监督检查系统贯彻落实有关重大决策部署情况，组织开展系统内审和巡视工作，对发现的问题及责任人提出处理建议，指导、监督、检查系统内审和巡察工作
24	国际部（港澳台办）	国际合作司（港澳台办公室）	承担外事管理、国际合作和涉港澳台地区相关事务。承担外资银行的非现场监测、风险分析和监管评价等工作，根据风险监管需要开展现场调查，采取监管措施，开展个案风险处置
25	人事部	人事教育司（党委组织部）	承担机关、派出机构和直属单位等的干部人事、机构编制、劳动工资、教育培训和离退休干部管理工作。指导行业人才队伍建设工作
26	财会部（偿付能力部）	财务会计司	承担财务管理工作，负责编报系统年度财务预决算。依法强化对银行业机构、保险业机构、金融控股公司等财会监督工作的督促指导
27		党建工作局（党委宣传部）	承担国家金融监督管理总局党委落实全面从严治党主体责任相关工作。承担系统党的建设工作，指导系统基层党组织建设、党员队伍建设、党风廉政建设和反腐败工作。负责系统党的宣传工作。领导系统统战、群团组织工作
28	机关党委	机关党委	负责机关及在京直属单位党的建设和纪检工作，领导机关群团组织的工作。机关党委设立机关纪委，承担机关及在京直属单位纪检、党风廉政建设有关工作

其中，最值得保险业界人士关注的就是以下几项：

（一）取消了保险中介监管部，主要职能并入财险司

自1997年原保监会成立以来，中介部都是作为一个部门单独存在的，银保监会成立之后，也沿用了这一设置，但此次机构改革，对于保险业最大的变化之一，就是撤销了中介监管部，其主要职能转由财产险司来履行。

对于这种设置，坊间一直是有争议的。因为无论是对于人身险公司，还是对于财产险公司，中介都只是分销渠道之一，只要对保险公司渠道进行监管，就一定会涉及中介部职能；反过来，中介部要想对中介渠道进行监管，就一定涉及对于上游的保险公司，与人身险部、财产险部的职能产生重合。

可以看到，近一段时间以来，中介部已经鲜少有政策对外发布，相反，对中介渠道产生影响最大的政策，几乎都出自人身险部、财产险部，例如财产险部的车险综改、人身险部主导的人身险的"报行合一"等。

砍掉中介部，这意味着"中介"回归了其"渠道"的本质，或许可以预期的是，对其的监管会越来越向其他渠道看齐。

（二）成立资管机构监管司

根据《规定》，金融监管总局取消原来的"保险资金运用监管部"，而设立新的"资管机构监管司"，在职能上相较以前也有很大转变。

原来的资金运用部职责是：

承担建立保险资金运用风险评价、预警和监控体系的具体工作。承担保险资金运用机构的准入管理。开展非现场监测、风险分析和监管评级，根据风险监管需要开展现场调查。提出个案风险监控处置和市场退出措施并承担组织实施具体工作。

而现在的资管机构监管司，不仅要负责保险资产管理公司，还要负责信托公司、理财公司：

承担信托公司、理财公司、保险资产管理公司的非现场监测、风险分析和监管评价等工作，根据风险监管需要开展现场调查，采取监管措施，开展个案风险处置。

（三）新设六大司局：金融机构准入司、机构恢复处置司、稽查局、行政处罚局、内审司（党委巡视工作领导小组办公室）、党建工作局（党委宣传部）

此次"三定"还针对金融监管总局的实际需求，将部分职能拆分成了独立的部门，新设六大机构，包括金融机构准入司、机构恢复处置司、稽查局、行政处罚局、内审司（党委巡视工作领导小组办公室）、党建工作局（党委宣传部）。

一是金融机构准入的这一重要责任最早在发改部，后来银保监会成立后，又分

属于各个职能部门，如今，独立出列，成了一个独立的部门，这会给机构准入带来哪些影响，值得关注。

二是设立"机构恢复处置司"，主要职责是拟订相关高风险机构风险处置制度、标准、程序，对出现严重风险、难以持续经营的机构开展风险处置等工作，显然是为了应对当前金融机构风险高发而设立的一个部门。

三是设立了稽查局、行政处罚局，再加上银行机构检查局、保险和非银机构检查局等，显示监管部门对于金融企业的监管处罚手段、流程愈发成熟。

值得注意的是，除了稽查局之外，国家金融监督管理总局还设立稽查总队，作为直属行政机构，正司级，负责相关案件的调查、取证，提出处理意见等。

职能部门的调整、变化，反映着新的监管理念，《规定》第六条规定了金融监管总局的职能转变方向：

加强和完善现代金融监管，转变监管理念和监管方式，坚持既管合法又管非法，持续提升监管的前瞻性、精准性、有效性，强化中央和地方监管协同，消除监管空白和盲区，加强金融消费者权益保护，加大对违法违规行为的查处力度，牢牢守住不发生系统性金融风险的底线。

加强金融监管内部治理，强化对权力运行的有效制衡，规范政策制定、市场准入、稽查执法、行政处罚、风险处置等工作流程，强化对重点岗位和关键环节的监督制约，打造一支政治过硬、专业精湛、清正廉洁的监管铁军。

三、明确金融监管总局 15 项职责

《规定》明确，金融监管总局负责贯彻落实党中央关于金融工作的方针政策和决策部署，把坚持和加强党中央对金融工作的集中统一领导落实到履行职责过程中。其主要职责包括以下 15 项：

（一）依法对除证券业之外的金融业实行统一监督管理，强化机构监管、行为监管、功能监管、穿透式监管、持续监管，维护金融业合法、稳健运行。

（二）对金融业改革开放和监管有效性相关问题开展系统性研究，参与拟订金融业改革发展战略规划。拟订银行业、保险业、金融控股公司等有关法律法规草案，提出制定和修改建议。制定银行业机构、保险业机构、金融控股公司等有关监管

制度。

（三）统筹金融消费者权益保护工作。制定金融消费者权益保护发展规划，建立健全金融消费者权益保护制度，研究金融消费者权益保护重大问题，开展金融消费者教育工作，构建金融消费者投诉处理机制和金融消费纠纷多元化解机制。

（四）依法对银行业机构、保险业机构、金融控股公司等实行准入管理，对其公司治理、风险管理、内部控制、资本充足状况、偿付能力、经营行为、信息披露等实施监管。

（五）依法对银行业机构、保险业机构、金融控股公司等实行现场检查与非现场监管，开展风险与合规评估，查处违法违规行为。

（六）统一编制银行业机构、保险业机构、金融控股公司等的监管数据报表，按照国家有关规定予以发布，履行金融业综合统计相关工作职责。

（七）负责银行业机构、保险业机构、金融控股公司等的科技监管，建立科技监管体系，制定科技监管政策，构建监管大数据平台，开展风险监测、分析、评价、预警，充分利用科技手段加强监管、防范风险。

（八）对银行业机构、保险业机构、金融控股公司等实行穿透式监管，制定股权监管制度，依法审查批准股东、实际控制人及股权变更，依法对股东、实际控制人以及一致行动人、最终受益人等开展调查，对违法违规行为采取相关措施或进行处罚。

（九）建立除货币、支付、征信、反洗钱、外汇和证券期货等领域之外的金融稽查体系，建立行政执法与刑事司法衔接机制，依法对违法违规金融活动相关主体进行调查、取证、处理，涉嫌犯罪的，移送司法机关。

（十）建立银行业机构、保险业机构、金融控股公司等的恢复和处置制度，会同相关部门研究提出有关金融机构恢复和处置意见建议并组织实施。

（十一）牵头打击非法金融活动，组织建立非法金融活动监测预警体系，组织协调、指导督促有关部门和地方政府依法开展非法金融活动防范和处置工作。对涉及跨部门跨地区和新业态新产品等非法金融活动，研究提出相关工作建议，按要求组织实施。

（十二）按照建立以中央金融管理部门地方派出机构为主的地方金融监管体制要求，指导和监督地方金融监管相关业务工作，指导协调地方政府履行相关金融风

险处置属地责任。

（十三）负责对银行业机构、保险业机构、金融控股公司等与信息技术服务机构等中介机构的信息科技外包等合作行为进行监管，依法对违法违规行为开展调查，并对金融机构采取相关措施。

（十四）参加金融业相关国际组织与国际监管规则制定，开展对外交流与国际合作。

（十五）完成党中央、国务院交办的其他任务。

四、明确与其他部门的职责分工问题

《规定》除明确了金融监管总局自身的职责外，还明确规定了在一些需要其他部门配合的事项中，各部门具体的职责分工问题。

（一）打击非法金融活动职责分工

1. 国家金融监督管理总局牵头建立打击非法金融活动工作协调机制，组织建立非法金融活动监测预警体系，组织协调、指导督促有关部门和地方政府依法开展非法金融活动防范和处置工作。

2. 国家金融监督管理总局、中国人民银行、中国证券监督管理委员会、国家外汇管理局依据各自职责对相关非法设立金融机构、从事特许金融活动等组织调查认定，采取相关措施或予以取缔。

3. 教育、养老、房地产、商贸服务等行业主管部门在职责范围内开展本行业本领域非法集资等非法金融活动的防范和配合处置工作。

4. 互联网信息内容管理部门、电信主管部门、市场监督管理部门等相关职能部门在职责范围内开展非法金融活动防范和配合处置工作。

5. 地方政府负责辖内非法集资等非法金融活动防范和处置工作，开展风险排查、案件查处、善后处置和维护稳定等工作。

6. 对涉及跨部门跨地区和新业态新产品等非法金融活动，国家金融监督管理总局负责提出相关工作建议，按程序报批后组织实施，并及时采取应急措施。

（二）金融消费者权益保护工作职责分工

1. 国家金融监督管理总局统筹负责金融消费者权益保护，牵头建立金融消费者保护工作协调机制和金融消费纠纷多元化解机制。

2. 国家金融监督管理总局统筹制定金融消费者权益保护发展规划、建立健全金融消费者权益保护制度、开展金融消费者教育等工作，中国人民银行、中国证券监督管理委员会予以支持配合。

3. 国家金融监督管理总局牵头建立统一的金融消费者投诉举报流程和标准体系。国家金融监督管理总局、中国人民银行、中国证券监督管理委员会按分工落实或督促相关机构落实投诉举报处理主体责任，依法查处侵害金融消费者合法权益的行为。

（三）行政执法与刑事司法衔接机制

1. 国家金融监督管理总局与公安部、最高人民检察院建立行政执法与刑事司法衔接工作机制，实现案件信息共享、协同办理。

2. 国家金融监督管理总局发现违法行为涉嫌犯罪的，按照有关规定移送公安部，同时抄送最高人民检察院。公安机关经调查发现依法需要由国家金融监督管理总局作出行政处罚的，由公安部向国家金融监督管理总局提出建议。

3. 检察机关决定不起诉的案件，需要由国家金融监督管理总局作出行政处罚的，由最高人民检察院向国家金融监督管理总局提出检察意见。

保险视角下的中央金融工作会议："报行合一"后，且看全监管时代的严格与机遇*

慧保天下　2023年11月1日

中央金融工作会议于10月30日至31日召开。本次会议由"全国金融工作会议"升格为"中央金融工作会议"，体现了党对金融工作的全面领导正得到不断坚持和加强。同时，值得关注的是，本次会议也是参会领导阵容最强大、发表讲话内容最全面的一次——总书记、总理、分管副总理皆有讲话，政治局常委参会人数及比例最高的一次（七位全部参会），两者均为历史第二次，充分体现了会议的重要性和全面统筹性（见表1）。

表1　过去几次金融工作会议，中央主要领导班子出席情况

会议	总书记是否出席	总理是否出席	分管金融副总理是否出席	政治局常委出席情况	备注
第一次（1997年）	√		√	4/7	总书记，副总理先后讲话
第二次（2002年）	√	√	√	7/7	总书记讲话，副总理作总结
第三次（2007年）		√		1/9	总理讲话，国务委员主持会议并总结
第四次（2012年）		√	√	2/9	总理讲话，分管金融副总理作部署
第五次（2017年）	√	√	√	5/7	总书记，总理，副总理依次发表讲话

---

*　本文部分内容来源及部分观点参考包括中国人民银行官微、中金公司、华创证券、海通证券、国盛证券、财通证券、中信证券、粤开证券、天风证券、银河证券、东方证券等券商研报。

续表

会议	总书记是否出席	总理是否出席	分管金融副总理是否出席	政治局常委出席情况	备注
第六次（2023年）	√	√	√	7/7	总书记讲话，总理作具体部署，副总理作总结讲话

注：政治局常委出席情况中，分子为政治局常委出席人数，分母为政治局常委总数。

资料来源：中国政府官网，中国共产党新闻网，新华网，华创证券整理。

而作为6年来规格最高的一次金融行业会议，此次会议对于包括保险业在内的所有金融业态的影响注定是深远的，新华社高度凝练的文字报道中，透露着对于金融行业未来发展的整体判断与规划，以及与其密切相关行业，例如房地产等的设想。

方向和目标已经明确，路径也基本清晰，风险与机遇也不言自明。对于保险行业而言，认真研读此次会议有关内容，才能更好地指导未来行动——命运的齿轮已然再次开始转动。

值得注意是，会议报道中的部分内容实际早已在此前得到印证。例如，报道提及"金融乱象和腐败问题屡禁不止""以金融队伍的纯洁性、专业性、战斗力为重要支撑"，实际指向了近一段时间以来备受关注的金融反腐，一批金融领域人士已经在这波反腐浪潮中倒下。高压反腐之下，一个具备"纯洁性、专业性、战斗力"的金融队伍，会给保险业带来哪些深层次影响？

结合"将所有金融活动纳入监管"的说法或许更能体会到新的顶层设计中，对于"严监管"的高度重视——全监管时代，"严监管"也将迎来新内涵。

对于金融监管，会议提及"金融监管和治理能力薄弱"——对于过去金融监管的不满，或许就是这一波金融反腐以及金融监管体制改革最重要的根源所在。

除此之外，值得思考的问题还有很多：

例如，会议提及"把更多金融资源用于促进科技创新、先进制造、绿色发展和中小微企业"——这会对保险资金运用产生哪些影响？

例如，会议提及"支持国有大型金融机构做优做强，当好服务实体经济的主力军和维护金融稳定的压舱石，严格中小金融机构准入标准和监管要求，立足当地开展特色化经营"——"马太效应"本就明显的国内保险市场会否进一步分层？中小保险公司，一旦被要求"立足当地""特色化经营"，又该如何转型？

例如，会议提及"打造规则统一、监管协同的金融市场，促进长期资本形

成"——"监管协同"的力量,近期保险业已经见识到了,负责监管银行、保险两大行业的国家金融监管总局,力推银保渠道"报行合一",看似无解的手续费率过高顽疾快速得到解决。

未来,"规则统一、监管协同"的范围会否进一步扩大,又会对行业产生哪些实质性影响?能否想象像监管基金一样监管投连险账户?

值得注意的是,"全国金融工作会议"升格成"中央金融工作会议",对于金融工作的高度重视,也势必会给金融行业带来更高层面的统筹监管,这给实施"规则统一、监管协同"无疑是创造了更好的环境。

另,保险资金是典型的长期资金,"促进长期资本形成"对于商业保险公司是否利好?

例如,会议提及"促进金融与房地产良性循环",房地产业与金融业关联紧密,大量保险资金也投向了房地产业,要求二者建立良性循环,对于保险业来说又意味着什么?

再例如,针对保险行业,会议也提到"发挥保险业的经济减震器和社会稳定器功能",且今日,已有中国人寿、中国信保、中国平安等多家大型险企对中央金融工作会议进行了学习。

本文努力对会议通稿全文进行全面深度解读,力争不放过每一个值得关注的要点。

一、开篇明确发展定位:首提建设金融强国,未来主要五大任务,题眼为"金融高质量发展"

通稿甫一开篇,就对金融行业的发展定位予以明确,并点明题眼,即"推动我国金融高质量发展"。

会议强调,金融是国民经济的血脉,是国家核心竞争力的重要组成部分,要加快建设金融强国,全面加强金融监管,完善金融体制,优化金融服务,防范化解风险,坚定不移走中国特色金融发展之路,推动我国金融高质量发展,为以中国式现代化全面推进强国建设、民族复兴伟业提供有力支撑。

其中,建设"金融强国"为首次提及,可见中央对金融领域的重视。中国作为全球最大的发展中经济体，拥有全球最大的银行体系，第二大保险、股票和债券市场，普惠金融走在世界前列，金融在经济发展中的地位至关重要，因此，发展金融行业、提高行业国际竞争力仍然是当前金融工作的要务。

包括加快建设金融强国，以及全面加强金融监管、完善金融体制、优化金融服务、防范化解风险，则构成了未来几年金融工作的五大任务。

除首提建设金融强国之外，据国盛证券统计，还有其他一些新要求、新部署均为"首提"内容：

始终保持货币政策的稳健性；

做好科技金融、绿色金融、普惠金融、养老金融、数字金融五篇大文章；

培育一流投资银行和投资机构；

支持国有大型金融机构做优做强；

加强对新科技、新赛道、新市场的金融支持；防风险要"把握好权和责的关系、把握好快和稳的关系"；

健全房地产企业主体监管制度和资金监管；

化债要"两个建立"（建立防范化解地方债务风险长效机制、建立同高质量发展相适应的政府债务管理机制）

二、如何实现"金融高质量发展"？——明确队伍、导向、机构定位，打造现代金融机构和市场体系

要实现金融高质量发展，队伍、导向、机构定位等必不可少，会议对此进行了一一明确。

（一）队伍的高质量

队伍的纯洁性、专业性、战斗力为重要支撑。

（二）导向的高质量

坚持把金融服务实体经济作为根本宗旨。

(三) 机构定位的高质量

支持国有大型金融机构做优做强，当好服务实体经济的主力军和维护金融稳定的压舱石，严格中小金融机构准入标准和监管要求，立足当地开展特色化经营，强化政策性金融机构职能定位，发挥保险业的经济减震器和社会稳定器功能。

根据中国人民银行《中国金融稳定报告（2022）》数据，截至2022年末，全国4567家银行业金融机构中有346家被央行评为高风险金融机构，全部为区域性中小银行，数量占比8%，资产规模占比2%。

此外，还有一些要点更为值得关注，它们均是在最高级别的金融会议上首次被提及，未来或将有相应政策，具体包括：

培育一流投资银行和投资机构；

推动股票发行注册制走深走实；

增强上海国际金融中心的竞争力和影响力；

拓宽银行资本金补充渠道。

这些要点主要集中在着力打造现代金融机构和市场体系中，也是最高层对于未来资本市场、债券市场等的定位和规划。

三、党的领导机制：加强党中央集中统一领导，明确中央事权以及央地金融监管关系

除会议本身由"全国"变为"中央"所体现出的内涵外，会议还对党的领导机制作出明确定性，强调加强党中央对金融工作的集中统一领导，是做好金融工作的根本保证。

同时，会议表示，要完善党领导金融工作的体制机制，发挥好中央金融委员会的作用，做好统筹协调把关。发挥好中央金融工作委员会的作用，切实加强金融系统党的建设；发挥好地方党委金融委员会和金融工委的作用，落实属地责任。

据粤开证券分析，2017年第五次全国金融会议后，央地金融监管关系成为金融监管领域最重要的议题之一。随后，地方金融监管改革拉开序幕，各地陆续挂牌成立地方金融监督管理局，并加挂金融工作办公室、金融工作局等牌子，并明确了

"7+4"类机构监管范围。然而现实中，地方政府在金融监管中难免存在角色冲突和多重利益的问题。

但需注意的是，目前地方机构改革的具体方案尚未出台，怎么解决地方金融监管机构监管资源缺乏的问题仍需密切关注。

四、八个坚持：既是过去金融工作经验的总结，也是奠定金融工作的总基调

"八个坚持"依次回答了金融工作谁领导（党中央）、为了谁（以人民为中心、服务实体经济）、做什么（防风险、市场化法制化推进金融创新、金融供给侧改革、开放与安全）、怎么做（稳中求进）四个问题。

强调必须坚持党中央对金融工作的集中统一领导（2017年第五次会议也有该论述）；

坚持以人民为中心的价值取向；

坚持把金融服务实体经济作为根本宗旨（从2012年第四次会议就开始强调服务实体是根本目的、根本宗旨）；

坚持把防控风险作为金融工作的永恒主题（并非第一次提及，2017年第五次会议也有此论述）；

坚持在市场化法治化轨道上推进金融创新发展（相比过去提及金融创新，本次增加了"法治化轨道"的约束）；

坚持深化金融供给侧结构性改革；

坚持统筹金融开放和安全；

坚持稳中求进工作总基调。

五、当前发展问题：金融领域各种矛盾和问题相互交织、影响，也对应未来工作重点

对于当前行业发展问题，会议也进行了清晰论述，而从对于问题的论述中，也可以看到未来五年的工作大方向——继续防范化解风险、提升服务实体经济的质效、

金融反腐、全面监管、金融系统提高政治站位，其中"以全面加强监管、防范化解风险"为重中之重。

通稿原文：

同时要清醒看到，金融领域各种矛盾和问题相互交织、相互影响，有的还很突出，经济金融风险隐患仍然较多，金融服务实体经济的质效不高，金融乱象和腐败问题屡禁不止，金融监管和治理能力薄弱。

金融系统要切实提高政治站位，胸怀"国之大者"，强化使命担当，下决心从根本上解决这些问题，以金融高质量发展助力强国建设、民族复兴伟业。

可以看到，"经济金融风险隐患仍然较多"放在当前金融领域矛盾和问题的首位，表明防范化解金融风险的迫切性。

中金公司认为，观察过去几年部分中小银行，如包商银行、河南村镇银行的风险成因，属地经济增长疲软或放缓可能仅仅是风险暴露的诱发因素，更重要的原因是公司治理和内控合规制度的不健全，这些风险需要及时识别和有效处置。

六、全面加强监管，有效防范化解风险：16 次提及"风险"——明确三大风险及处置方式

通稿中，首先强调"全面"加强金融监管——依法将所有金融活动全部纳入监管，全面强化机构监管、行为监管、功能监管、穿透式监管、持续监管，消除监管空白和盲区，严格执法、敢于亮剑，严厉打击非法金融活动。

这五大监管方式对应来看：

机构监管适应于我国金融机构分业经营的客观现实；

功能监管契合了金融机构交叉融合的新趋势；

穿透式监管有助于更好地识别风险；

行为监管旨在保护金融消费者权益。

在风险处置和防范方面，统计来看，全文 16 次提及"风险"，不仅提出要关注地方债务、房地产企业、中小金融机构、金融市场、外汇市场几个重点领域，还强调要建立健全长效机制。具体如下：

(一) 中小金融机构风险——重点在金融供给侧结构性改革

及时处置。

中小金融机构在经济增速下行周期受到的影响更大，及时处置和防范中小金融机构风险仍是监管关注的重要方向。中小银行主要信贷投向为小微企业和个人，受近年来经济增速下行和疫情冲击影响更为明显，中小银行面临较大的违约风险，近年来不良贷款率呈上升趋势，城农商行近年来净息差也大幅下滑。

据中信证券统计数据，截至 2023 年 10 月底，中小银行资本补充专项债发行规模达 1523 亿元，相较于 2022 年全年的 630 亿元增幅达 141.75%，发行速度明显加快。

(二) 地方债务风险——重点在优化央地财政关系

建立防范化解地方债务风险长效机制，建立同高质量发展相适应的政府债务管理机制，优化中央和地方政府债务结构。

本次会议明确了地方"化债+管债"框架，即遏制增量、化解存量，同时防范金融风险外溢，推进"一揽子化债方案"，包括贷款置换、特殊再融资债券发行、债务重组等方式。

粤开证券认为，2023 年的中央金融工作会议所处的宏观和政策环境是疫后经济恢复期，在宏观税负下行、经济社会风险财政化驱动下，地方政府债务既有政绩观的驱动，更有被动式抬升，因此，财政风险与金融风险的关联不能简单地从政绩观纠偏和问责角度，更应建立起相应制度。

(三) 房地产风险——侧重"立"而非"破"

健全房地产企业主体监管制度和资金监管，完善房地产金融宏观审慎管理，一视同仁满足不同所有制房地产企业合理融资需求，因城施策用好政策工具箱，更好支持刚性和改善性住房需求，加快保障性住房等"三大工程"建设，构建房地产发展新模式。

随着我国房地产市场供求关系发生重大变化，近几年房地产领域逐步暴露出一些风险，这与房地产"高周转、高杠杆、高债务"发展的旧模式密不可分。目前，

配合降低首付比例和按揭利率，通过专项贷款等方式支持保交楼，通过展期、重组等方式缓释风险暴露。但目前市场仍然存在一些问题和困难，需要用政策支持和时间去化解，也需要构建房地产发展新模式，促进金融与房地产良性循环。

（四）金融市场

维护金融市场稳健运行，规范金融市场发行和交易行为，合理引导预期，防范风险跨区域、跨市场、跨境传递共振。

对于"产融风险隔离"的强调，中金公司认为，未来或将加强金控集团监管。

（五）外汇市场

加强外汇市场管理，保持人民币汇率在合理均衡水平上的基本稳定。

近期在美元持续走强的压力下，人民币币值面临一定的贬值压力。本次会议提到"保持人民币汇率在合理均衡水平上的基本稳定"，体现了中央对于稳定人民币币值的决心。

会议提出：

防范化解金融风险，要把握好权和责的关系，健全权责一致、激励约束相容的风险处置责任机制；

把握好快和稳的关系，在稳定大局的前提下把握时度效，扎实稳妥化解风险，坚决惩治违法犯罪和腐败行为，严防道德风险；

对风险早识别、早预警、早暴露、早处置，健全具有硬约束的金融风险早期纠正机制。

这里面主要包含了两个层面：一是存量风险化解，会议指出要坚持不发生系统性风险的底线；二是增量风险防范，权责一致的风险处置责任机制、风险早期纠正机制等的完善都有利于金融系统的稳定和估值修复。

七、促进金融服务实体经济高质量发展，充分发挥货币政策与资本市场作用

金融服务实体经济仍是本次金融工作会议的核心话题，但内涵有所拓展，由此

前"确保资金投向实体经济,有效解决实体经济融资难、融资贵问题"和"强调回归本源、优化结构"扩大至"服务实体经济高质量发展"。

会议指出,高质量发展是全面建设社会主义现代化国家的首要任务,金融要为经济社会发展提供高质量服务。围绕金融高质量服务实体经济,会议主要在以下两个方面作出了部署:

(一)为未来货币政策走向定调:货币政策保持总量充裕的同时向重点领域倾斜

一是保持稳健的货币政策实施力度,保持融资总量合理充裕。会议强调"要着力营造良好的货币金融环境"。粤开证券表示,预计我国利率水平将会在较长时期内保持在低位水平,市场主体的融资成本中枢仍可能下降。

二是发挥结构性货币政策工具作用,引导商业银行进一步支持重点领域。会议指出:"优化资金供给结构,把更多金融资源用于促进科技创新、先进制造、绿色发展和中小微企业,大力支持实施创新驱动发展战略、区域协调发展战略,确保国家粮食和能源安全等。"

三是"做好科技金融、绿色金融、普惠金融、养老金融、数字金融五篇大文章"。

四是保持人民币汇率在合理均衡水平上的基本稳定。会议再度强调汇率问题,这与《国务院关于金融工作情况的报告》中"稳预期、防超调"的基调基本一致。这意味央行鼓励发挥外汇自律机制作用,对汇率波动有一定的容忍。但容忍限度有限,若汇率持续上升,或将进一步加强预期引导,并采取逆周期调节政策,如金融机构外汇存款准备金率、离岸央票等,以保证外汇市场供求均衡。

(二)发挥资本市场枢纽功能,支持科技创新、国企转型、经济结构调整

一是活跃资本市场、提振信心的举措将会持续。预计股票IPO(首次公开发行)和再融资安排、规范股份减持行为、改革公募基金费率等政策措施仍将深化。各个部门之间的合力也将加速形成,社保等长期资金入市的制度将更加顺畅。

二是注册制改革深入,科创板、创业板和北京证券交易所服务"硬科技"、科技创新、"专精特新"企业的作用仍将持续显现。会议指出,"推动股票发行注册制走深走实,发展多元化股权融资,大力提高上市公司质量,培育一流投资银行和投资机构"。

三是更好服务国企转型。会议明确指出"支持国有大型金融机构做优做强,当好服务实体经济的主力军和维护金融稳定的压舱石"。

八、推进金融高水平开放:增强上海国际金融中心的竞争力和影响力,巩固提升香港国际金融中心地位

会议指出,要着力推进金融高水平开放,确保国家金融和经济安全。坚持"引进来"和"走出去"并重,稳步扩大金融领域制度型开放,提升跨境投融资便利化,吸引更多外资金融机构和长期资本来华展业兴业。

近几年,金融行业的开放程度在不断加深,海通证券认为后续会进一步得到强化。会议还指出,增强上海国际金融中心的竞争力和影响力,巩固提升香港国际金融中心地位。

近年来,我国扩大高水平金融对外开放取得了一定成果,在此基础上,本次会议的表态,也有助于提升资本市场信心,缓解此前外资不断流出的恐慌情绪。

同时,银河证券认为,机构改革之后预计金融市场改革也将更深入推进,主要内容预计包括:金融对外开放包括监管体系国际对接、人民币国际化以及推动全球金融治理改革三个方面重点。

天安人寿迎终局，中汇人寿正式获批开业，成中央汇金控股第二家人身险公司

慧保天下　2023年6月28日

继天安财险、易安财险之后，四家被接管的保险公司中，又一家公司迎来终局。

今日，业内早已传开的中汇人寿保险股份有限公司及其分支机构正式获批开业，而其肩负着受让天安人寿资产负债的重任，结合更早之前关于批筹瑞众人寿依法受让华夏人寿资产负债的消息，四家被接管险企将正式淡出保险业历史舞台。

这一波的风险处置渐次迎来大结局，而更多的疑案还未完待续。与之伴随的，是中国保险业快速告别资本草莽时代，告别高速增长时代，在推进深度转型的路上走得艰难又坚决。

值得思考的是，处置风险机构所需要的巨额资金究竟该从何而来，保险保障基金规模毕竟有限。此次天安人寿的案例揭示了最新的思路："国资＋保险保障基金"，另起炉灶受让资产负债，国资险企出人。

一、中汇人寿及其分支机构获批开业，将依法受让天安人寿资产负债

6月28日，国家金融监管总局官网发布行政许可信息，正式批准中汇人寿及分支机构开业。据了解，中汇人寿将依法承接天安人寿保单负债、有效资产及全部机构网点，全面履行保险合同义务，切实保护保险消费者合法权益。

《关于中汇人寿保险股份有限公司及其分支机构开业的批复》显示，中汇人寿由中央汇金和中国保险保障基金出资设立，注册资本为332亿元。其中，中央汇金出资265.6亿元，持股占比为80%，中国保险保障基金出资64.6亿元，持股占

比20%。

中汇人寿的营业场所为北京市东城区金宝街52号8层803室，任小兵获批担任董事长，李源获批担任总经理。此前，任小兵、李源均系中央汇金旗下企业高管。

公开资料显示，任小兵历任中国人民银行金融管理司、非银行司、保险司干部，中国保险监督管理委员会中介管理部副处长，华安财产保险股份有限公司副总裁、公司首席核保人、党委副书记。后任中国再保险非执行董事，中国再保险集团副总裁。2021年，任小兵赴中国建投任党委副书记、监事长。其中，中再集团、中国建投均为中央汇金旗下子公司。

李源于2001年加入新华保险，历任新华保险广东分公司总经理助理、副总经理、总经理、高级总经理，新华保险销售管理中心主任，个人业务总监，银保业务总监，区域总监兼北京分公司高级总经理，总裁助理兼华南区域总经理及广东分公司总经理等职。2016年11月担任新华保险副总裁。2022年7月，正式从新华保险离职。

除了总经理来自新华保险外，此前，监管批复的天安人寿副总经理、总精算师马海利以及总经理助理潘九岩也都来自新华保险。

根据批复信息，中汇人寿有261家分支机构开业，省级分公司遍及北京、河北、上海、江苏、山东、河南、广东、四川、青岛。业务范围包括人寿保险、健康保险和意外伤害保险等各类人身保险和再保险业务，国家法律、法规允许的保险资金运用业务，经国务院保险监督管理机构批准的其他业务。

二、风险机构处置方式更接近安邦财险，中央汇金控股第二家人身险公司

成立于2000年的天安人寿在2023年步入尾声。其正式成立于2000年11月，天安保险和美国恒康国际分别出资50%设立中外合资人寿保险公司"恒康天安人寿保险有限公司"，这是天安人寿的前身。在经过2009年以及2013年的两次股权大换血之后，其开始走向极端。

2020年7月17日因触发《中华人民共和国保险法》接管条件，天安人寿与华夏人寿、易安财险、天安财险一起被依法接管。

根据媒体报道，截至2019年末，天安人寿注册资本金145亿元，总资产规模超

2036 亿元，当年度规模保费超 714 亿元，原保险保费超 520 亿元。另据其年报，当年度亏损达 66.01 亿元。被接管后，天安人寿未再继续发布相关经营业绩。

接管将近 3 年后，4 家被接管保险机构的风险处置正在逐渐明晰。易安财险获批破产重整，现由比亚迪全资控股并更名为比亚迪财险；天安财险股权和保险资产包分离，保险资产包在上海联合产权交易所挂牌出售，但并未交易成功，仍在寻觅新买家；华夏人寿托管组组长赵立军出任华夏人寿董事，原托管组成员赵松来出任总经理。原银保监会有关部门负责人在接受媒体采访时曾表示，监管已批准保险保障基金和其他投资人共同筹建瑞众人寿保险公司，但具体的股东构成、注册资本金等情况尚未公布。

尤其值得关注的是，针对天安人寿、华夏人寿的风险处置方式与针对两家财产险公司天安财险、易安财险的处置方式明显不同，与此前的安邦保险集团也有明显不同。

严格来看，此次对天安人寿的处置方式更类似于安邦财险。彼时针对安邦保险集团采用的方式是保险保障基金直接注资并获得控股权，而针对最早成立的安邦财险，则选择由大家保险集团出资新设立大家财险，再行受让原安邦财险的资产负债。

天安人寿的处置方式则是由中央汇金和保险保障基金共同出资成立新的中汇人寿，在此基础上，依法承接天安人寿保单负债、有效资产及全部机构网点。

根据公开信息，天安人寿的注册所在地在北京市石景山区，而中汇人寿总部被批准的营业场所为北京市东城区，具体地址是金宝街 52 号 8 层 803 室，二者截然不同。

根据金融监管总局官网数据，截至 2022 年末，保险行业总资产 27.15 万亿元，其中，财险公司总资产 2.67 万亿元，人身险公司总资产约 23.37 万亿元。而根据保险保障基金披露的数据，截至 2022 年 12 月 31 日，保险保障基金余额（汇算清缴前）2032.98 亿元，其中财产保险保障基金 1244.03 亿元，占 61.19%；而人身保险保障基金 788.95 亿元，占 38.81%。身处风险处置高峰期，保险保障基金在数百亿元注资安邦保险集团之后，已经不太可能再大比例注资接盘某一家高风险机构。

接替保险保障基金在天安人寿的风险处置中成为出资主力的，是隶属"国家队"的中央汇金，2009 年，保险保障基金决定退出新华保险之时，也是中央汇金接的盘。

如此一来，中汇人寿成为中央汇金控股的第二家人身保险公司。正常情况下，企业不得同时控股两家相同性质的保险公司，但根据《保险公司股权管理办法》，"根据国务院授权持有保险公司股权的投资主体，以及经中国保监会批准参与保险公司风险处置的公司和机构"不受此限。

三、为高风险埋单，更多疑案仍在路上

针对天安人寿的风险处置尘埃落定，针对华夏人寿的风险处置也已经思路清晰，但与此同时，还有更多疑案仍在路上。

近期，有关保险业风险处置的各类消息不断，这或许显示，人们距离最终答案揭晓已经不远，而处置天安人寿、华夏人寿过程中，由国资、保险保障基金等设立新公司再行受让资产负债的方式，能否成为主流，同样值得关注。

一次又一次的风险处置，是整治过度粗放发展的结果，是保险业终结资本蛮荒时代的重要手段之一，也是保险业转变发展理念、走向高质量发展的重要节点。

纵观前几年的保险行业乱象，一个很重要的原因就在于不合规的关联交易横行市场，在一些资本大鳄的操纵下，某些保险公司俨然成为低成本的融资渠道、提款机，保险资金通过种种见不得光的关联交易流向各种投资渠道，甚至出现了"循环注资"突破偿付能力监管底线的行为。

这类公司发展之快、规模之大，令行业瞠目，造成重大风险隐患，直至今日，问题仍未完全消除，一些问题公司的风险处置仍在进行当中。

教训是深刻的，当行业步入转型期，在内外部双重承压的环境下，防范风险的发生显得更为重要。

6000亿元华夏人寿迎终局："国寿领衔11家国资寿险公司+保险保障基金"，565亿元出资或创注册资本新高

慧保天下　2023年7月3日

作为同时被接管的四家保险公司中规模最大（被接管前总资产接近6000亿元）、同时也是"雷"最大的一家人身险公司，华夏人寿的最终结局今日压轴揭晓。

7月3日，金融监管总局官网正式发布瑞众人寿保险许可证信息。随后，又发布了《国家金融监督管理总局关于瑞众人寿保险有限责任公司及其分支机构开业的批复》，同意瑞众人寿保险有限责任公司开业，批准瑞众人寿保险有限责任公司筹建661家分支（专属）机构，并准予开业，同时明确瑞众人寿接受北京银保监局的属地监督管理。

瑞众人寿开业后，将依法受让华夏人寿资产负债，承接机构网点及人员，全面履行保险合同义务，切实保护保险消费者及各有关方面合法权益。

值得注意的是，2023年2月，银保监会已批准保险保障基金公司和其他投资人共同筹建瑞众人寿保险公司。

相较于资产规模较小的易安财险、天安财险，乃至天安人寿，华夏人寿是名副其实的"行业巨头"，就其业务规模而言，早已经跻身行业前列，因此，针对其的风险处置也备受行业关注。其中，尤其关注的有以下几点。

一是风险处置方式特别，11家国资险企+保险保障基金共同出资。

根据银保监会的批复，华夏人寿的接盘方式与众不同，不是某一家险企携手保险保障基金，而是行业多家险企一起携手成立一只股权投资基金——九州启航（北京）股权投资基金（有限合伙），再加上保险保障基金。

公开资料显示，九州启航（北京）股权投资基金（有限合伙）注册地在北京市西城区，执行事务合伙人为深圳市深基启航投资发展有限公司。该公司由深圳市国资委旗下深圳市深基鹏程投资发展有限公司以及国寿集团旗下国寿富兰克林（深圳）私募股权投资基金管理有限公司分别出资81%、19%。

九州启航基金出资人共计12家，除执行事务合伙人跟投外，还有11家国资寿险公司：中国人寿、太保寿险、太平人寿、人保寿险、招商局仁和人寿，以及工银安盛人寿、建信人寿、农银人寿、中银三星人寿、交银人寿、中邮人寿六大银行旗下的寿险公司。

九州启航基金规模达到339.01亿元。其中，中国人寿持股约33.33%，太保寿险、太平人寿、人保寿险持股约14.75%，中邮人寿持股约7.96%，建信人寿持股约5.60%，农银人寿2.65%，工银安盛人寿2.36%，交银人寿、中银三星人寿1.47%，招商局仁和人寿0.88%，深圳市深基启航投资发展有限公司0.0029%。

二是两大股东合计出资额高达565亿元，瑞众有望成业内注册资本最高的寿险公司。

根据金融监管总局的批复，两大股东为成立瑞众人寿，合计出资额将达到565亿元，其中，九州启航（北京）股权投资基金（有限合伙），出资339亿元，持股比例60%；中国保险保障基金有限责任公司，出资226亿元，持股比例40%。

这意味着瑞众人寿的注册资本金高达565亿元，而此前华夏人寿的注册资本金为153亿元。此前天安人寿注册资本金为145亿元，而新设立的中汇人寿两大股东合计出资额为332亿元。

同时，这也意味着瑞众人寿有望成为注册资本金最高的寿险公司，目前中国人寿注册资本金282.65亿元，平安人寿注册资本金338亿元，大家人寿注册资本金307.9亿元。

三是国寿系高管赵立军、赵松来主导。

根据监管层的披露，来自国寿系统的赵立军将出任瑞众人寿首任董事长，而同样来自国寿系统的赵松来将出任瑞众人寿首任总经理，二人此前都是托管组核心成员。

资料显示，赵立军曾任中国人寿副总经理、财务负责人，国寿健康产业投资有限公司总裁。2020年7月17日，银保监会宣布依法对华夏人寿等六家机构实施接管，国寿健康产业投资有限公司成为华夏人寿的托管组公司，而赵立军成为托管组组长。

赵松来是一名在保险行业拥有将近40年经验的老将，于1984年加入保险行业，迄今已38年。其曾任中国人寿天津市大港区支公司副经理、总经理，天津市分公司副总经理。2006年8月开始担任天津市分公司总经理。2019年6月，赵松来被任命为国寿集团保险职业学院院长、党委书记。而据媒体报道，在赴任该职之前，赵松来还担任过中国人寿北京分公司总经理。一年多之后，国寿集团再次进行对赵松来的任命进行调整，2020年10月，免去其保险职业学院院长、党委书记一职，表示另有安排，结果是进入了华夏人寿的托管组。

华夏人寿之所以更受关注，还在于其规模太大了，"鼎盛时期"多次跻身行业第4位，以及世界500强，妥妥的"大型险企"。即便是2022年，其总保费仍在2000亿元以上，排名行业第4位。

2012年华夏人寿规模保费仅为85亿元，市场份额排名第18位；

2013年，保费迅速达到372亿元，市场排名快速升至第9位；

2014年，规模保费同比增长92%，达到715亿元，跻身市场第7位；

2015年，规模保费排名更进一步，达到市场第4位，仅次于国寿寿险、平安人寿、富德生命人寿；

2016年，实现规模保费1593亿元，仍排名第4位；

2017年，实现规模保费1753亿元，排名第5位，仅次于国寿寿险、平安人寿、安邦人寿、太保寿险；

2018年，实现规模保费2306亿元，重回第4位；

2019年，银保监会不再公布具体公司保费数据，但据华夏人寿披露的数据，这一年，其规模保费2679亿元，同比增长16%；原保费1828亿元，同比增长15%，排名市场第4位；总资产5852亿元，较2018年增长750亿元，还跻身世界500强。

2020年，华夏人寿与其他3家公司一同被接管，据媒体披露，2020—2022年三年间的规模保费收入分别为2565亿元、2549亿元、2218亿元，虽然有所下降，但维持了现金流的稳定。其中，2022年，其总保费规模依然在国内排名第4位。

2400亿元恒大人寿迎终局！海港人寿获批开业，"保险保障基金+太平人寿+地方国资"150亿元联手接盘

慧保天下　2023年9月15日

继中汇人寿于2023年6月27日成立、瑞众人寿于2023年6月30日成立后，年内第三家、接盘恒大人寿的海港人寿揭开面纱。

9月15日下午，金融监管总局官网同时发布《中国银保监会关于筹建海港人寿保险股份有限公司的批复》以及《国家金融监督管理总局关于海港人寿保险股份有限公司及其分支机构开业的批复》，批筹与批准开业在同一天揭晓。

与此同时，国家金融监管总局深圳监管局发布《关于海港人寿保险股份有限公司受让恒大人寿保险有限公司保险业务的批复》，明确由海港人寿整体受让恒大人寿保险业务及相应的资产、负债。

不过值得注意的是，根据文件落款时间，海港人寿早在2023年4月24日就已经获批筹建，2023年6月1日就已经获批开业。深圳监管局批准业务受让则是在9月13日。

一、继续采用"保险保障基金+国资险企+其他地方国有资本"形式，原太平人寿高管乔宁出任首任总经理

获得开业批复的，不仅是海港人寿，还包括海港人寿重庆、四川、陕西、湖北、湖南、河南、广东、江苏等省级分公司及80家分公司。其注册资本金150亿元，但恒大人寿官网显示该公司注册资本金只有10亿元。不过，此前为提升其偿付能力、

扩张业务，恒大集团曾为恒大人寿的资本公积金投入了 90 亿元，这些并未体现在注册资本金当中。

从海港人寿的股东构成来看，依然是采用了"保险保障基金＋国资险企＋地方国有资本"的形式，并非由保险保障基金单独接盘（其甚至不是第一大股东），具体而言，海港人寿股东构成、出资额和持股比例如下：

（一）深圳市鹏联投资有限公司，出资 76.5 亿元人民币，持股比例 51%；

（二）中国保险保障基金有限责任公司，出资 37.5 亿元人民币，持股比例 25%；

（三）广东粤财投资控股有限公司，出资 12 亿元人民币，持股比例 8%；

（四）重庆市渝新投资有限公司，出资 12 亿元人民币，持股比例 8%；

（五）太平人寿保险有限公司，出资 12 亿元人民币，持股比例 8%。

其中，控股股东深圳市鹏联投资有限公司为国有独资企业，大股东是深圳市投控联投有限公司，经营项目是以自有资金从事投资活动，其成立于海港人寿批筹前夜——2023 年 3 月，似乎是深圳市有关部门专门为化解恒大人寿风险而成立的机构。

第三大股东广东粤财投资控股有限公司成立于 1984 年，是广东省政府直属大型金融控股企业。

并列第三大股东为重庆市渝新投资有限公司，同样是为国有独资企业，大股东为重庆市地产集团（系恒大人寿前身、原中新大东方人寿的中方股东），许可项目为以自有资金从事投资活动、投资管理等，同样成立于 2023 年 3 月。

继央企国寿牵头接盘华夏人寿、中央汇金旗下新华保险参与接盘天安人寿后，这次则轮到央企太平人寿参与接盘恒大人寿，其出资 12 亿元人民币，持股比例 8%，为并列第三大股东。

与新华保险高管主政中汇人寿、国寿寿险高管主政瑞众人寿类似，原太平人寿合规负责人、首席风险官乔宁出任海港人寿首任总经理。

资料显示，乔宁最早在银行体系工作，担任过中国农业银行邯郸丛台支行行长，在加入太平人寿之后，先后担任邯郸中心支公司总经理、河北分公司业务总监、助理总经理、副经理、副总经理（主持工作）、总经理，以及江苏分公司总经理，总公司银行保险部总经理等职。2016 年 10 月，出任太平人寿市场总监，2019 年 12

月开始，还一度担任太平人寿新闻发言人，并分管过社保商办管理部、运营管理部、客户服务部、协管办公室等。这之后还曾担任山东分公司总经理，以及总公司合规负责人、首席风险官等。

此次监管的批复中，并没有同时批复海港人寿董事长的任职资格。此前曾有媒体报道称，拟任董事长为朱迎——在央行、原保监会、国务院秘书二局、新华保险等单位有过工作经验，最近的职务是在招商信诺人寿任副总经理、首席风险官（合规负责人）、董事会秘书。

二、从中新大东方到恒大人寿，从稳健到疯狂，海港人寿成立宣告又一个野蛮资本故事走向终结

恒大人寿前身为一家位于重庆的中外合资寿险公司——中新大东方人寿。2006年5月，新加坡大东方人寿和重庆市地产集团合资组建中新大东方人寿，注册资本金10亿元，双方各持股50%。

2014年1月，中新大东方人寿发布股权变更公告，原股东各占50%的持股格局变更为新加坡大东方人寿保险有限公司、重庆市地产集团、重庆财信企业集团有限公司和重庆市城市建设投资有限公司各持股25%。

2015年8月，重庆地产集团与重庆城投集团合计持有的中新大东方人寿50%挂牌出让，恒大集团以39.39亿元中标，中新大东方人寿更名为恒大人寿，次年11月，注册地址由重庆迁至深圳。

根据官网披露的年报数据显示，在恒大集团入主前的2014年，截至当年年底，原中新大东方人寿资产总计仅32.39亿元，当年亏损达4820.90万元，当年保费收入仅为8.34亿元。

在经历股权大换血后，恒大人寿一个月内创造了100亿元的保费神话，此后更是一路高歌猛进。

与前海人寿、富德生命等险资黑马一样，为了迅速做大规模，恒大人寿从万能险入手，以较高的结算利率抢占市场份额、实现弯道超车。年报数据显示，2015—2017年，恒大人寿分别实现保险业务收入13.05亿元、34.7亿元和281.01亿元。

与此同时，资产规模从2015年至2017年实现三级跳，分别为201亿元、

731.38亿元、1038.43亿元，实现了恒大接手之初资产规模达千亿元的承诺。

快速扩张的恒大人寿迅速成为资本市场上的活跃分子，但并不顺利。在宝万之争期间举牌万科、2016年末又因"割韭菜"事件广受质疑；2017年，在监管强力推进"保险姓保"的大环境之下，恒大人寿也被予以严惩。

据原保监会行政处罚文件显示，由于恒大人寿违规运用保险资金的行为，限制恒大人寿股票投资业务一年，并给予两位责任人行业禁入5年和3年的严厉处罚。

监管趋严，恒大人寿保险业务增速放缓。据官网披露的年报显示，2018年恒大人寿的保险业务收入为323.7亿元，同比增速仅为15.2%，远低于2017年的709.83%。

2021年，恒大人寿受恒大集团影响，2021年第三季度后恒大人寿未再继续发布相关经营业绩。而2021年第三季度披露的偿付能力报告显示，恒大人寿净亏损5.82亿元。另据其最后一次披露的年度信息显示，截至2020年底，其总资产已经超过了2400亿元。

另据恒大集团发布的2023年上半年业绩报告，恒大集团已陷入资不抵债的局面，负债总额2.389万亿元，资产总额为1.743万亿元，营业收入为1281.8亿元，净亏损392.48亿元。

此外，最新公告显示，2023年7月，恒大地产新增164条被执行信息，新增被执行金额合计约126.47亿元，被冻结的子公司及参股公司股权新增55笔，涉及金额合计约446.84亿元。

海港人寿浮出水面，恒大人寿逐渐淡出历史舞台，宣告着又一野蛮资本故事的终结，同时也是"保险+地产"联姻的又一个失败典型。

天安财险终落幕！上海浙江 8 家国企筹建申能财险接盘，揭示了什么样的风险机构处置模式转变

慧保天下　2023 年 9 月 20 日

历时三年，备受瞩目的明天系四家保险公司的风险处置工作，终于落下了最后一只靴子。9 月 19 日晚间，国家金融监管总局发布行政许可信息，同意 8 家单位筹建申能财险，注册资本为 100 亿元，拟任董事长为"金融老将"龚德雄。而据行业了解，申能财险将承接天安财险的资产负债。

其实，早在 2023 年 2 月，原银保监会相关部门负责人就表示，明天系保险公司风险处置工作正在有序推进。原银保监会已批准采取市场化重组和新设机构承接相关保险公司的资产负债等方式，稳妥风险化解，切实保护消费者合法权益。

值得注意的是，申能财险的 8 位股东均有国资背景，其中 7 家均为上海国资。而这也成为本次风险处置最值得关注的内容。与以往保险保障基金"大包大揽"不同，也与比亚迪全面接盘易安财险不同，天安财险的方式与华夏人寿、天安人寿的方式类似，即设立一家新的主体，来承接旧主体的资产负债、机构网点及人员。

可以看到，目前风险处置的模式正在进行转变，从以往保险保障基金全部出资或者大部分出资接盘，到如今逐渐转变为更多由"保险保障基金＋国资险企＋地方国有资本"联手接盘，地方政府及地方国资开始在金融机构的风险处置中发挥更大的作用。

而这与巨额的风险累积有关，截至 2023 年 2 月，保险保障基金余额 2038.33 亿元，但按照 2022 年连续多年未披露年报的险企资产来计算，总额已超过 1.5 万亿元。

一、8家国资股东获批联合筹建申能财险，百亿注册资本承接天安财险资产负债

9月19日，国家金融监管总局发布批复，同意申能投资管理有限公司、上海国际集团有限公司、上海临港园金投资有限公司、上海临港新片区私募基金管理有限公司、台州市国有资产投资集团有限公司、申能股份有限公司、上海国投资本管理有限公司、百联集团有限公司8家单位共同发起筹建申能财产保险股份有限公司。

国资背景成为申能财险股东最明显的特征，除台州国投集团外，其余7家均为上海国资企业。其中，最值得关注的就是与申能财险名字相似的两家公司——申能投资管理与申能股份，二者分别为申能集团的全资子公司、控股子公司，而申能集团是上海国资委出资监管的国有独资企业集团。

除申能集团，股东上海国投公司同样由上海市国资委出资监管，其主要实施国有资本战略性持股管理和资本运作，承担市场竞争类重大产业项目投资，开展市场化、专业化股权投资基金运营。

另一股东上海国际集团则带有鲜明的金融属性，其85%以上资产为上海地方金融资产，在上海市属金融机构国有权益总量中占比超60%。其不仅是浦发银行、国泰君安证券、上海农商银行的第一大股东，还持有中国太保A股6.34%的股权，位列第四大股东。

除具有金融优势的股东，申能财险同样有实业背景的股东。其中，百联集团是上海市属大型国有商贸流通产业集团，截至2020年末，百联集团总资产约959亿元。

上海临港园金投资公司和上海临港新片区私募基金分别属于上海临港集团和上海临港新片区投控集团；台州国有资产投资管理集团参股了台州银行，此前则曾入股过浙商证券。

与之前问题险企高管任命类似，申能财险首位拟任董事长为申能集团副总裁兼东方证券党委书记龚德雄，一位有30年从业经历的"金融老将"，其主要从业领域为信托、证券、投资等。

另据"慧保天下"了解，原太保产险总裁盛亚峰，此前已经出任天安财险托管

组组长,未来其或将出任申能财险总裁一职。

据了解,申能财险肩负着承接天安财险资产负债的重任。2023年2月,有投资者在投资者关系平台向申能股份提问:"申能财险设立后是否会将天安财险的资产包注入其中?"对此,申能股份回应称:"公司积极关注和参与各类优质投资机会,申能财险公司尚处在前期监管部门审批阶段。未来,在满足披露条件时,将会按照有关规定对外统一公告。"

这将是继天安人寿、易安财险、华夏人寿之后,明天系最后一家险企迎来的大结局。

二、天安财险悬案终获破解,明天系四家险企尘埃落定

2020年7月17日,银保监会宣布对天安财险、华夏人寿、天安人寿、易安保险、新时代信托、新华信托6家公司进行接管,接管时间为一年。2021年7月16日,银保监会表示对6家公司延长接管时间一年,延至2022年7月16日。

接管期限将至时,风险处置的结局成为行业所有人的关注焦点。彼时,天安财险试图通过公开挂牌转让资产包的方式进行风险处置,但较之其他公司并不顺利。

2022年6月10日,天安财险首次在上海联交所挂牌转让,底价21亿元。20个交易日后,无人出价,最终流拍。

2022年7月8日,天安财险二次挂牌,底价为19.024亿元,再次出售其保险业务资产包。据媒体报道,当时吸引了多个国资企业的注意。

当时,天安财险保险业务资产包资产负债表显示,资产总计144.01亿元,负债合计152.55亿元,正处于"资不抵债"状态。

值得关注的是,天安财险原控股股东西水股份的日子同样不好过,因其2020年度净利润为负值且营业收入低于1亿元,财务会计报告被出具"无法表示意见"的审计报告,2021年5月6日起被实施退市风险警示。2022年4月30日,中审亚太也对其2021年度财务会计表示"无法表示意见"。2022年6月14日,西水股份被上交所摘牌,最终退市。

如今,申能财险终于获批筹建,也意味着天安财险的风险处置有了答案。至此,明天系4家险企终于都迎来了大结局。自2023年5月以来,被接管险企相继迎来风

险处置大结局，比亚迪获批受让易安财险全部股份，易安财险也获批更名为"深圳比亚迪财险"；6月，中汇人寿获批开业，承接天安人寿资产负债；瑞众人寿获批开业，承接华夏人寿。

三、风险处置主流模式转变：保险保障基金后退，地方政府及国资发挥更大作用

从股东性质看，筹建申能财险的8家股东均为国有资本。其中，申能投资管理有限公司、申能股份有限公司均为申能集团控股子公司。作为上海国资委控股的企业，申能集团的前身为1987年创立的申能电力开发公司，1996年经上海市政府批准成立集团公司，注册资本200亿元。

此种股东身份参与到风险处置中并非首例。就在不到1周前，国家金融监管总局批准海港人寿开业，接盘恒大人寿，采取的便是"保险保障基金+国资险企+地方国有资本"的形式，并非由保险保障基金单独接盘，甚至保险保障基金都不是第一大股东，其只持股25%。

其实，这也侧面反映了风险处置的模式在进行转变，而最突出的特点就是：保险保障基金在其中的作用有所收缩，地方政府及地方国资开始在金融机构风险处置中发挥更大的作用。

此前，在风险机构数量尚少时，风险处置的主要方式即为保险保障基金全部出资或者大部分出资接盘风险机构，等待机构发展趋于稳定，再寻机遇退出。

如今，保险行业经过前些年的粗放式发展，风险机构数量增多，风险资产也在累积。截至2022年末，有18家险企连续几年都未向社会公众披露年报，可以肯定的是，其财务状况、资产情况、偿付能力等方面存在问题，而这些险企资产合计已超过1.5万亿元。

相较之下，保险保障基金的规模已经不足以支撑原来的风险处置模式。公开资料显示，截至2022年12月，保险保障基金余额（汇算清缴前）2032.98亿元。其中，财产保险保障基金1244.03亿元，占61.19%；人身保险保障基金788.95亿元，占38.81%。

此前，"慧保天下"根据公开信息梳理，发现保险保障基金共参与了6家险企的

风险处置（见表1）。目前面临风险处置的资金需求量剧增、从入资到退出的时间越来越长、退出收益的预期逐渐下降等现状，而在保险保障基金新规调整费率后，也有新的情况需要面对，目前，面对庞大的风险累积，延续以往的做法或"力不从心"。

表1　　　　　　　　　　　　被处置公司情况

序号	被处置公司	动用资金	占比	历时	退出方式和收益
1	新华人寿	30亿元	38.8%（单一第一大股东/实际控制人）	2年（2007—2009年）	协议转让（中央汇金），年化收益超过20%
2	中华联合财险	60亿元	91.50%	5年（2012—2017年）	挂牌转让（辽宁成大/中国中车/富邦寿险），年化收益达24%
截至2018年1月末，保险保障基金余额1159亿元					
3	安邦集团	608亿元（1年后减资至405亿元）	98.23%	已超过5年（2018年4月至今）	未明确（曾于2021年挂牌，溢价60%，无结果）
截至2022年12月末，保险保障基金余额2033亿元					
4	天安人寿	66.4亿元	20%	2023年入资	—
5	华夏人寿	226亿元	40%	2023年入资	—
6	恒大人寿	37.5亿元	25%	尚未明确	—

新的风险处置模式的出现为风险机构处置注入了新的思路，所以，我们可以看到，承接天安人寿的中汇人寿，由中央汇金和保险保障基金分别出资265.6亿元、64.6亿元，分别持股80%、20%。或创寿险公司注册资本新高的瑞众人寿，则由11家寿险公司携手成立九州启航股权投资基金，与保险保障基金分别出资339亿元、226亿元，分别持股60%、40%。

信泰人寿披露增资方案，四家浙江国资出资近百亿元合计持股51%，存款保险基金首度现身保险机构风险处置

慧保天下　2023年10月19日

一直备受关注的信泰人寿增资事项，近日终于迎来重大阶段性进展。

结合物产中大的公告，以及信泰人寿在保险行业协会官网披露的增资方案，此次增资之后，浙江国资背景的物产中大成为第一大股东，与另外新引进的三家浙江国资股东，合计持股比例达到51%。这意味着，总部位于杭州的信泰人寿经过多年的股东博弈后，将有望彻底摆脱公司治理困境，彻底成为一家由浙江省国资控股的人身险企。

根据增资方案，此次信泰人寿增发新股约52.04亿股，每股认购价格为1.8011元，全部由物产中大领衔的四家浙江国资股东认购，共增资93.73亿元。增资后，信泰人寿注册资本金将一举由50亿元变为102.04亿元，成为又一家注册资本金超百亿元的险企。

除了浙江国资的四家企业外，存款保险基金、保险保障基金也出现在信泰人寿的股东名单中，而且根据物产中大的公告，此次增资前，二者已然获得信泰人寿将近70%的股权，此次增资后，二者持股比例会有所稀释，但仍为并列第二大股东，合计持股比例接近1/3。

尤其值得注意的是，这还是存款保险基金首次"跨界"参与险企股权处置工作，此前，其参与风险处置基本都局限于银行业。

一、一次悄无声息的风险处置：两次低调股权变更，四家国资股东出资近百亿元入局

信泰人寿成立多年，股权纠葛一直不断，而今，随着存款保险基金、保险保障

基金以及浙江省四家国资险企的入主,这一局面终于有望得到彻底改观。

值得注意的是,透过物产中大发布的公告以及信泰人寿在保险行业协会官网披露的增资方案,此次增资,存在诸多看点:

其一,四家浙江国资携近百亿元资金入股,物产中大持股33%将成第一大股东。

公告显示,信泰人寿此次新增注册资本由四家新增股东认购,即由物产中大、杭州城投集团、杭州萧山环境集团、杭州萧山钱江世纪城股权投资公司分别认购60.65亿元、16.54亿元、10.29亿元、6.25亿元,分别持股33%、9%、5.6%、3.4%。

其中,引入的新股东物产中大此前已有公开消息,其也明确表示增资事项取得了浙江国资委的同意。

浙江省国企物产中大,不仅是浙江省首个完成混改并整体上市的国有企业,也是浙江省政府直属的特大型国有上市公司——自2011年起,物产中大便连续入围《财富》世界500强。其也在金融领域涉足已久,旗下包括物产中大期货、物产中大财务、物产中大融租等机构,数据显示,其2022年金融服务板块营收达到113.01亿元,同比增长14.10%。

另外三家参与增资的公司,同样均为浙江国资背景。具体来看,杭州城投集团由杭州建投集团100%控股,杭州萧山环境集团由杭州萧山环境投资建设集团100%控股,杭州萧山钱江世纪城股权投资公司由杭州萧山钱江世纪城开发建设100%控股。

此次增资一旦正式获批,物产中大将以33%的持股比例登顶信泰人寿第一大股东之位,其与其他三家浙江国资股东的合计持股比例也将达到51%。

其二,保险保障基金悄然介入,存款保险基金首度现身保险机构风险处置。

近年来信泰人寿股权变动频频,根据其2021年偿付能力报告,当年第二季度其曾完成一次大的股权变动,原持股47.12%的第一大股东浙江永利实业集团,以及另外两家浙江本地企业浙江华升物流、利时集团退出,同时新增天津大田供应链管理有限公司、远洋资本有限公司、景成新能源投资有限公司、吉林省九洲能源集团股份有限公司、天津市康恒信息科技有限公司、西藏财邦能源装备有限公司、山东浩信集团有限公司。

此次变更后,信泰人寿无论是官网信息,还是各种公开报告,都是按此次变更后的结果进行披露（见表1）。不过，监管部门网站始终没有发布针对此次股权变更的批复公文——按照有关规则，只有获得正式的监管批复之后，险企增资才算正式完成。

表1　　　　　　报告期末所有股东的持股情况及关联方关系　　　　（单位：万股）

股东名称	股份类别	数量	状态
天津大田供应链管理有限公司	社团法人股	99519.05	正常
北京九盛资产管理有限责任公司	社团法人股	99000.00	部分被质押
远洋资本有限公司	社团法人股	74500.00	正常
景成新能源投资有限公司	社团法人股	50000.00	正常
吉林省九洲能源集团股份有限公司	社团法人股	49500.00	正常
天津市康恒信息科技有限公司	社团法人股	24500.00	正常
西藏财邦能源装备有限公司	社团法人股	24500.00	正常
山东浩信集团有限公司	社团法人股	24500.00	正常
连云港同华文化发展有限公司	社团法人股	12502.00	被冻结
升华集团控股有限公司	社团法人股	10838.00	正常
电联控股集团有限公司	社团法人股	9608.00	正常
连云港市宾逸建设工程有限公司	社团法人股	7360.00	被冻结
浙江建艺装饰有限公司	社团法人股	8001.95	被冻结
三门金石园林有限公司	社团法人股	4700.00	被冻结
杭州冠重铸机有限公司	社团法人股	971.00	全部质押
合计	—	500000.00	

一直到2022年第三季度，信泰人寿最后一次披露偿付能力报告，股东信息都是采用的上述口径。

近期，物产中大的公告中却显示，这之后，信泰人寿实际又发生过一次重大的股权变化，也是在此次股权变更中，存款保险基金、保险保障基金介入，而2021年第二季度一次性引进的七大股东彻底出局。

经过此次股权变动，存款保险基金、保险保障基金成为信泰人寿并列第一大股东，分别持股34.7%，合计持股69.4%，北京九盛资管持股19.8%，其余股东持股比例均未超过5%（见表2）。

表 2　　　　　　　　　增资前股东情况

序号	股东名称	股份数量（万股）	持股比例（％）
1	存款保险基金管理有限责任公司	173510	34.70
2	中国保险保障基金有限责任公司	173510	34.70
3	北京九盛资产管理有限责任公司	99000	19.80
4	连云港同华文化发展有限公司	12502	2.50
5	升华集团控股有限公司	10838	2.17
6	电联控股集团有限公司	9608	1.92
7	浙江建艺装饰有限公司	8002	1.60
8	连云港市宾逸建设工程有限公司	7360	1.47
9	三门金石园林有限公司	4700	0.94
10	杭州冠重铸机有限公司	971	0.20
	合计	500000	100.00

在经过本次增资后，信泰人寿原有股东股权比例将相应稀释，中小股东持股比例将进一步降低，超过10%将只有物产中大、存款保险基金和保险保障基金，另有三家超过5%（见表3）。

表 3　　　　　　　　　增资前后股权结构对照表

序号	股东名称	增资前		增资后	
		股份数量（股）	持股比例（％）	股份数量（股）	持股比例（％）
1	物产中大集团股份有限公司	—	—	3367346939	33.00
2	存款保险基金管理有限责任公司	1735095240	34.70	1735095240	17.00
3	中国保险保障基金有限责任公司	1735095239	34.70	1735095239	17.00
4	北京九盛资产管理有限责任公司	990000000	19.80	990000000	9.70
5	杭州城投资本集团有限公司	—	—	918367347	9.00
6	杭州萧山环境集团有限公司	—	—	571428571	5.60
7	杭州萧山钱江世纪城股权投资有限责任公司	—	—	346938776	3.40
8	连云港同华文化发展有限公司	125020000	2.50	125020000	1.23
9	升华集团控股有限公司	108380000	2.17	108380000	1.06
10	电联控股集团有限公司	96080000	1.92	96080000	0.94
11	浙江建艺装饰有限公司	80019521	1.60	80019521	0.79

续表

序号	股东名称	增资前		增资后	
		股份数量（股）	持股比例（%）	股份数量（股）	持股比例（%）
12	连云港市宾逸建设工程有限公司	73600000	1.47	73600000	0.72
13	三门金石园林有限公司	47000000	0.94	47000000	0.46
14	杭州冠重铸机有限公司	9710000	0.20	9710000	0.10
	合计	5000000000	100.00	10204081633	100.00

值得一提的是，此次是存款保险基金首度公开出现在保险机构风险处置中，并入股保险公司成为第一大股东。公开资料显示，此前，存款保险基金曾入股徽商银行、蒙商银行、辽沈银行等。

二、增资大会5位股东未出席、原第三大股东投反对票

在股东及股权变化之后，此次公告还有一处信息值得关注。公告称，本次会议出席股数为46.48亿股，占总股份的92.97%，则另有持股7.03%的股东未出席；投票表决结果为：36.58亿股同意，9.9亿股反对，也就是投反对票的比例达到21.3%。

对照增资前的股权结构可知，此前第一、第二大股东存款保险基金、保险保障基金分别持股17.35亿股（保险保障基金少1股），比例分别为34.7%，而这二者股份数量加起来就达到34.7亿股，接近本次表决同意票数。9.9亿股反对，原股东结构中，第三大股东北京九盛资管公司刚好持股9.9亿股。另有持股比例7.03%的股东未出席此次会议，或为连云港同华文化、电联控股集团、连云港市宾逸建设、三门金石园林、杭州冠重铸机5家小股东。据此基本可以推断，此次增资方案由相关方面通力配合，才最终得以明确。

增资结果虽然出炉，但不得不注意的是：和谐的股东关系以及稳定的股权结构对于一家险企经营发展的重要性。而此前，信泰人寿多年的内部斗争与股权变更，给其发展曾造成不少影响。

信泰人寿成立于2007年，注册资本3.5亿元，发起股东以浙商为主，包括巨化集团、浙江永利实业等9家公司。其中，浙江永利实业与巨化集团为并列第一大

股东。

成立第二年，因为注册资本较低，信泰人寿面临增资需要，副董事长郑秋根控制的多家公司进入，其中连云港同华文化为第三大股东。而这就引起了矛盾的争端，同华文化与并列第一大股东的浙江永利和巨化控股一直存在矛盾，董事会延期4年无法完成换届。

这一时期，信泰人寿也出现了偿付能力严重不足的情况。信泰人寿2013年第四季度末的实际资本为－14.75亿元，最低资本为7.93亿元，偿付能力充足率为－185.96%，属于偿付能力不足类公司，不符合监管要求。同时，监管也对信泰人寿相关经营进行限制，2013年底至2014年3月，原保监会先后向信泰人寿下发三道监管函，包括暂停新设分支机构、暂停新的不动产投资和暂停新业务。

与此同时，信泰人寿也出现高管将保险进行违规投资的现象。据公开消息，在未经董事会同意的情况下，郑秋根不仅将信泰人寿的大量资金用于投资信托和房地产，2013年底，其还主动邀约江信经济发展大厦、长安财富资管和华沪股权投资向公司增资29.1亿元。

如此做法必是埋下祸根，上述增资方案最终遭原保监会否定，而郑秋根本人也最终锒铛入狱。2014年10月，信泰人寿时任总裁郑秋根涉嫌违规投资被逮捕入狱，原董事长马佳也被撤换。

接下来的两年时间，信泰人寿对经营结构和股权关系完成治理和梳理，并请来中邮人寿老将冯新生来掌舵。同时，为解决偿付能力问题，信泰人寿先后获得4次增资，注册资本金从14.9亿元增加至50亿元。而伴随着资本金的逐步到位，原保监会先后解除了信泰人寿新业务、分支机构等禁令。

2018年，在迎来新任管理层后，即邹平笙接替冯新生成为信泰人寿新一届董事长，原阳光人寿副总经理谭宁担任常务副总经理后，信泰人寿逐渐以保险专业中介、银保渠道、高性价比产品快速打开局面，盈利也连年扩大，净利润从2018年的0.37亿元增至2022年的2.26亿元。

时至今日，在存款保险基金、保险保障基金等以风险处置为主的大股东的配合下，新入大股东物产中大得到浙江国资委首肯，未来，信泰人寿的股权结构和公司治理，或许会迎来一个较为稳健的阶段。

第二部分

严监管·静水流深新牵引

低利率持续，让保险行业当下以及未来长期稳健发展倍感压力，监管政策决定着行业节奏，银保渠道的"报行合一"最终成为上下同欲之下重塑保险、银行合作关系的关键一役。早几年落实"报行合一"的车险行业如今已然是"轻舟已过万重山"。

金融监管总局"三定"方案出炉，架构的调整、人事的变化，也都给保险业乃至金融业未来的发展新图景提供了新的可能。

车险手续费率逼近35%，恶性竞争再抬头，监管新规五大方面严禁盲目拼规模抢份额

慧保天下　2023年6月15日

2022年车险市场承保端大丰收，行业承保利润显著改善，彼时就有不少业界人士担心2023年车险市场手续费竞争会卷土重来，因为"效益好了，有余粮了"。

一语成谶，2023年的车险市场"不负众望"，再度陷入同质化竞争泥潭，一些地区手续费水平水涨船高。

不过，监管层的反应也快。近日，金融监管总局财险部向各银保监局、财险公司下发《关于规范车险市场秩序有关事项的通知》（以下简称《通知》），明确指出"随着行业内外部情况发展变化，部分地区和机构高手续费竞争等问题又有所抬头，个别地方比较严重"。

为防止重蹈覆辙，《通知》从五大方面着手规范车险市场秩序，包括严禁险企盲目拼规模、抢份额，向分支机构下达不切实际的保费增长任务，同时也要求险企不得偏离精算定价基础，以低于成本的价格销售车险产品等。

此外，《通知》还要求各财险公司要高度重视摩托车、营运车等高风险车辆保险承保服务工作。

一、监管发文规范车险市场，五方面发力严禁盲目拼规模、抢份额

为了严控手续费恶性竞争抬头的势头，《通知》从五大方面压实责任，重拳整治车险市场乱象。

一是要求险企守牢合规底线，严禁盲目拼规模、抢份额。

《通知》要求各财险公司要牢固树立合规经营理念，严格落实各项监管要求。

不得忽视内控合规和风险管控，盲目拼规模、抢份额。不得脱离公司发展基础和市场承受能力，向分支机构下达不切实际的保费增长任务。不得偏离精算定价基础，以低于成本的价格销售车险产品，开展不正当竞争。

二是严格压实险企主体责任，据实列支各项经营管理费用。

《通知》要求各财险公司要进一步强化责任意识和大局意识，自觉承担起维护车险市场秩序的主体责任。严格费用预算、审批、核算、审计等内控管理，据实列支各项经营管理费用，强化手续费核算管控。严格对车险中介业务合规性管控，履行好对中介机构及个人的授权和管理责任。严格执行报批报备的车险条款费率，不得给予或者承诺给予投保人、被保险人保险合同约定以外的利益。

三是着力做好保险保障，要求险企重视摩托车、营运车等高风险车辆保险承保服务工作。

摩托车、营运车等高风险车辆的承保问题一直是业界关注的热点话题，尤其是后者，更事关国计民生。2023年二次综改，很大一个目标也是为了通过赋予险企更大的自主定价空间，进一步提高高风险车险保费，减少险企损失，提升险企承保意愿。

根据《通知》要求，各财险公司要高度重视摩托车、营运车等高风险车辆保险承保服务工作。经营交强险业务的保险公司不得拒保、变相拒保、拖延承保交强险或捆绑搭售商业险，确保实现应保尽保。且各财险公司要积极承保摩托车、营运车等高风险车辆商业保险，促进商业车险愿保尽保。要充分利用科技手段，积极探索开展风险减量管理，逐步改善高风险车辆业务经营状况。

四是强化动态、回溯监管，要求监管局重点关注辖内各机构费用水平。

《通知》对于各地银保监局也提出了新的要求，要求各银保监局要持续做好车险市场动态监测，重点关注辖内各机构费用水平，强化车险费率执行情况的监管。针对回溯发现商业车险自主定价系数、车险手续费率出现较大偏离的机构，要及时责成其进行风险纠偏，涉嫌违法违规的，要依法依规严肃查处。

五是要求监管始终保持高压态势，对带头投费用、抢市场的机构，要迅速采取有力监管措施。

《通知》要求各银保监局要持续保持车险监管高压态势，对带头投费用、抢市场的机构，要迅速采取有力的监管措施，打早打小，防止个别机构行为影响整个辖区车险市场稳定。运用好现场检查手段，重点选取费用及赔付情况异常、市场份额异动、市场反映问题较多的地区和机构进行检查，以强有力监管确保车险高质量发展，积极服务中国式现代化建设。

二、监管旨在"敲山震虎"？6月是险企考核关键节点，竞争升温是常态

2022年是财险业颇为舒服的一年。这一年，人身险公司净利润同比下降了57.28%，而财产险公司净利润同比增长4.66%，且83家财产险公司中，58家公司实现盈利，占比达到69.88%。

2022年，在资产端承压的情况下，财产险公司净利润大幅提升，主要得益于承保端的改善：一方面，由于疫情，人们出行减少，车险赔付率大幅下降；另一方面，全年基本"风调雨顺"，没有大的自然灾害发生，也降低了非车险的赔付率。

良好的业绩表现让财险业界人士舒了一口气，但很快就有声音表示，2023年须警惕手续费竞争的加剧，因为日子好过了，大家手里都有余粮了，又有能力打价格战了。

"以手续费换市场份额"是财险行业痼疾，始自2020年9月的车险综合改革虽然致力于降保费、提升赔付率、降低费用率，以此降低手续费竞争的空间，但并不能从根源上消除人们对于靠价格换市场的冲动。

根据"慧保天下"了解到的情况，近一段时间以来，车险市场的手续费竞争确实呈现抬头之势，河北、安徽等地区甚至飙到了35%左右，大有回到改革前的阵仗。

不过，各个地区对于车险市场基本已经建立了比较健全的监管体系和行业自律体系，发现手续费竞争有所抬头之后，5月，不少地区就已经开始采取措施降温，行业自律是最普遍的一种方式。

在某地的"合规发展承诺书"中，其按照周均签单平台或上年度总签单保费标准，将公司划分为五档，而不同档次的公司须针对新能源车险、除新能源车以外的车险，以及随车销售的各类意外险、健康险，执行不同的手续费上限。

按此承诺书，市场份额高的公司，其手续费上限相对较低，市场份额小的公司，手续费上限相对较高。综合成本率持续低于目标值且满足一定条件的公司，还会得

到一定的奖励。

一系列的行业自律已经显示出一定效果,有市场人士表示,当下,手续费竞争相较4月已经有所降温。

监管层在此时下发《通知》,在一些业界人士看来,最主要还是为了"敲山震虎":每个季度的最后一个月都是各家财险公司冲刺季度业绩的关键节点,此时,一旦大公司在业绩压力下带头拼抢市场份额,则一定会带动市场手续费竞争快速升温,年年几乎都是如此。

三、市场反应平淡,车险行业成熟了抑或麻木了

值得注意的是,对于《通知》,市场并未有激烈的反应。

有业界人士分析,一方面,如上文所述,行业自律实际上早已经开始;另一方面,监管层在《通知》中更多是给出了原则性的规定,而这些原则性的规定,并没有超出行业的既定认知。

更重要的一方面则在于,在经历了近三年的车险综合改革之后,尤其是2023年的所谓"二次综改",进一步扩大险企自主定价系数以后,行业对于新的市场环境已经适应,市场预期逐渐趋于稳定,现在车险市场最大的变量就是新能源车险了,还得取决于其发展速度。

市场波澜不惊,车险行业成熟了,抑或麻木了?

有观点认为是"麻木了":无论车险市场怎样改革,核心依然是老一套,"手续费竞争抬头—行业自律、监管强化"依然在每年上演,业界人士都懒得发声了。

有观点认为是"成熟了":近年来,GDP增速下滑,各行各业都难免受到波及,财产险保费增速也明显下降,受制于车险综改、"偿二代"等,原来的粗放式发展模式也开始受到更多挑战,"降本增效""精益运营""差异化发展"逐渐成为很多财产险企主动采取的措施,虽然冲业绩的需求依然存在,但相较以往已经有所收敛。当注意力更多投向自身长远发展,对于外界刺激的反应也就小了。

值得注意的是,车险虽然仍是财产险市场的第一大险种,但其市场份额已经明显下降。

像管车险一样管银保！监管重磅新规亮剑银保手续费乱象，"报行合一"精准打击小账问题

慧保天下　2023年8月23日

继调降产品预定利率之后，监管部门力促人身险行业切实降低负债成本再出大招。

8月22日，国家金融监管总局人身险部向各人身险公司下发《关于规范银行代理渠道保险产品的通知》（以下简称《通知》），要求银保渠道严格执行"报行合一"政策。

"报行合一"本就是《保险法》所规定的原则之一，但面对激烈的市场竞争，不少保险公司大打"手续费战"，暗中打破这一规定，通过各种套取费用、小账等方式，变相抬高销售渠道手续费率。与之伴随的则是，财务数据不真实、成本激增以及行贿、受贿等违法犯罪行为。

以往，手续费竞争激烈的车险业务是监管强调"报行合一"最多的领域，而如今，这一手段开始扩展至银保渠道。

一、监管新规出"报行合一"大招，严打银保"小账"歪风，鼓励探索递延支付、佣金挂钩业务品质等

高达3.5%的预定利率、过高的万能险结算利率、快速增长的银保渠道手续费率，让人身险行业背负了巨大的利差损风险，于是，上半年以来，"降负债成本"已然成为行业主旋律，监管部门、行业协会多次组织人身险企高管举行座谈会，要

求严控负债成本——不仅仅是降预定利率，还包括降万能险保底收益、结算利率以及银行渠道手续费率。

如今，7月31日大限已过，预定利率上限已经从3.5%下降至3%，万能险保底利率、结算利率下调也有了明确的指示，仅有的有可能抬高负债成本的因素就只剩"手续费率"一项。《通知》下发，力促"报行合一"，补齐最后一块短板，也成为监管部门力促人身险企降负债成本的"三板斧"之一。

《通知》内容并不长，只有五条规定以及一个模板：

为进一步规范银行代理渠道业务，严格落实按规定使用经备案的产品条款和费率的监管要求，现将有关要求通知如下：

一、各公司通过银行代理销售的产品，应当审慎合理地确定费用假设，结合公司实际，根据发展水平、盈利状况、管理能力等，细化完善费用结构。鼓励各公司探索佣金费用的递延支付，通过与业务品质挂钩，实现销售激励的长期可持续性。

二、从即日起，各公司通过银行代理销售的产品，在产品备案时，应当按监管规定在产品精算报告中明确说明费用假设、费用结构，并列示佣金上限（模板见附件）。

三、各公司应据实列支向银行支付的佣金费用，佣金等实际费用应与备案材料保持一致。

四、各公司对产品开发和使用负有主体责任，应当加强对分支机构产品使用行为的管控，防范不正当竞争行为。

五、各公司已备案的银保产品，应于2023年8月31日前补充报送费用结构和佣金上限等内容。

大致来看，其核心内容可以分为三个部分：

一是严令银保渠道"报行合一"。一方面要求在产品备案时，在产品精算报告中进行明确说明，且不仅要说明费用假设、费用结构，还要列示佣金上限；另一方面要求在财务处理方面"据实列支"，"佣金等实际费用应与备案材料保持一致"。

这意味着保险公司在备案产品时，一旦明确佣金上限，后续在实际销售过程中，就不能正面或变相突破这一规定，否则，监管部门就有可能利用该项规定对其进行处罚，目的是彻底堵死"小账"生存空间，让一切都阳光化、透明化。

二是鼓励保险公司探索创新佣金费用支付形式。重点提及"递延支付""与业务品质挂钩"等，实际是希望保险公司在与银行的合作中，能体现更多的主动性，实现银保生态的良性循环。

三是规定时限。要求已备案的银保产品，于 2023 年 8 月 31 日前补充报送费用结构和佣金上限等内容，这对保险公司精算部门来说，意味着巨大的工作量。

二、重申《保险法》规定，像管车险一样管银保，彰显监管部门严控银保手续费率、压降险企负债成本决心

所谓"报行合一"，就是要求险企报送给监管部门审批或者备案的各种材料与实际行动保持一致，而非"说一套，做一套"。通过倒逼险企、银行合作"阳光化"，将一切费用摆到纸面上，严禁突破既定佣金上限，杜绝一切见不得光的"小动作"。

同时，"报行合一"给监管部门提供了新的抓手，一旦有险企突破有关规定，变相给予更多手续费，或将受到来自监管部门的惩罚。

需要注意的是，"报行合一"并非一个新概念，实际在《保险法》中已经有明确规定，例如，第八十六条：

保险公司应当按照保险监督管理机构的规定，报送有关报告、报表、文件和资料。

保险公司的偿付能力报告、财务会计报告、精算报告、合规报告及其他有关报告、报表、文件和资料必须如实记录保险业务事项，不得有虚假记载、误导性陈述和重大遗漏。

"报行合一"最早为人所熟知是在车险领域——车险业务与银保业务类似，高度同质化，且手续费竞争激烈。为了赢得客户，很多财险公司不惜采取各种方式套取费用，给予渠道、客户等合同约定以外的利益，破坏市场秩序。"报行合一"因而成为车险业务监管中最常见的手段之一，配合车险综改的逐步推进，最终取得了显著效果。如今，车险机构因为套取费用而被罚的消息仍时常出现，但相较于以往，已经有了显著改善。

监管部门开始像管车险一样管银保业务，意味着控制销售费用、压降负债成本。这一次监管部门要动真格。

三、行业高增长下忧虑利差损危机，降低负债成本已经是人心所向

上半年的人身险业，一面是银保渠道原保险保费收入飙涨，一面是银保渠道手续费率快速提升。据了解，保险公司与银行的签约中，总对总层面约定的手续费率并没有太大涨幅，但在分对分层面，手续费率涨幅明显，普遍达到了30%以上。

高预定利率、高手续费率在推动业绩高增长的同时，也给行业带来了沉重的压力。有投资人士直言，当下的投资环境之下，很少有公司的投资收益率能覆盖负债成本，底子薄的小公司尤甚，正所谓"躺平等死，不躺找死"。危机时刻，监管要求"报行合一"，给了这些险企一种新的可能性。

长期以来，保险公司面对银行都是弱势的一方，根本原因就在于，保险公司同质化竞争太过激烈，产品、服务都难以拉开差距，手续费率成为为数不多的竞争手段之一。

而银行坐拥庞大、优质的客户群体，天然就是销售保险的绝佳场景，让保险公司欲罢不能。在上一轮的人身险公司改革中，一些头部险企选择淡化甚至取消银保渠道，加码个险渠道，但近年来，又纷纷回归银保渠道，所看重的仍然是银行的优质客群。

此次监管力推"报行合一"，要求险企严控负债成本，为人身险企面向银行业重新谈判乃至降低手续费率都提供了前所未有的机遇。

行业普遍认为，当下正是讨论银保手续费率问题非常好的时点，上半年冲刺业绩，险企全年任务压力大大缓解，有心情，也有时间，重新审视银保手续费率问题。

提升负债质量管理,重塑寿险经营逻辑,看"报行合一"这场触及灵魂的改革

慧保天下　2023年9月22日

本周保险业最受关注的消息莫过于保险公司"关闭银保渠道"。作为多数人身险公司最重要的业务渠道之一,其一旦关闭,对于行业的影响一定是巨大的。

消息很快被证伪,真相是,只是部分险企暂停银保业务系统,以便按照"报行合一"的要求对系统进行调试,等一切准备就绪,银保渠道只会迎来更大的反弹。

所谓"报行合一",其表面看来只是要求险企向监管报备的费用水平与实际执行的费用水平保持一致而已,杜绝"说一套做一套,实际考核又一套",似乎要求并不高,但对于险企而言,却意味着巨大的挑战。因为长期以来,"报行不一"已然成为保险业的常态,从"报行不一"到"报行合一",对于险企而言,是一场涉及从行动到理念等方方面面的、真正的、重大的改革。

一、"报行合一"是寿险产品监管的基本原则,也是行业的众望所归

"报行合一"是近期金融监管总局针对银保渠道施行的重磅政策之一。8月22日,国家金融监管总局人身险部向各人身险公司下发《关于规范银行代理渠道保险产品的通知》(以下简称《通知》),要求银保渠道严格执行"报行合一"政策。

根据《通知》,"报行合一"的核心要求就是各公司审慎合理地确定费用假设,细化完善费用结构,通过银行代理销售的产品,在产品备案时,应当按监管规定在产品精算报告中明确说明费用假设、费用结构,并列示佣金上限费用假设、费用结构,并列示佣金上限。同时,各公司应据实列支向银行支付的佣金费用,佣金等实际费用应与备案材料保持一致。

"报行合一"并非一个新概念，一直以来都是保险监管最基本的要求之一，《保险法》对此就有着非常明确的规定，例如，第八十六条要求："保险公司应当按照保险监督管理机构的规定，报送有关报告、报表、文件和资料。保险公司的偿付能力报告、财务会计报告、精算报告、合规报告及其他有关报告、报表、文件和资料必须如实记录保险业务事项，不得有虚假记载、误导性陈述和重大遗漏。"

长期以来，"报行合一"也一直是监管部门对市场主体实施监管的最重要的抓手之一。《保险法》也为此提供了依据，例如，第一百七十条明确："违反本法规定，有下列行为之一的，由保险监督管理机构责令改正，处十万元以上五十万元以下的罚款；情节严重的，可以限制其业务范围、责令停止接受新业务或者吊销业务许可证：（一）编制或者提供虚假的报告、报表、文件、资料的；（二）拒绝或者妨碍依法监督检查的；（三）未按照规定使用经批准或者备案的保险条款、保险费率的。"

典型如车险领域，"报行合一"就是基本要求，其配合车险综改的逐步推进，最终取得了显著效果。

此前，人身险监管重心不在于"报行合一"，以至于人身险公司长期存在这样一种现象：报给监管部门的定价假设，比如预定附加费用率，与公司实际执行的费用支出、公司内部的费用考核政策，三者存在标准不一致的情况，导致了"报行不一"的出现。

三套数据三张皮，让人们难以看清人身险企发展的真实成色，这成为人身险行业乱象滋生的最重要的温床之一。

如今监管部门力推"报行合一"，其实就是通过维护数据的真实性，倒逼险企、银行合作"阳光化"，将一切费用摆到纸面上来，最大程度上杜绝各种乱象痼疾的发生。

"报行合一"是监管的基本原则，但同时也是行业的众望所归。此前，银保渠道虽然保持高速发展，但表面风光下，手续费率的一路走高令险企不堪重负。更重要的是，即便意识到了种种不合理之处，却没有险企敢于率先踩下"刹车"，因为在银保的江湖上，竞争的焦点就是手续费率，谁的手续费率低，谁就立刻失去竞争资格。

于是乎，银保市场上的诸多玩家犹如陷入囚徒困境，难以自拔，而此次监管部门力推"报行合一"无疑是给了他们重新调整再出发的契机。从"报行不一"到"报行合一",险企一定需要经历痛苦的蜕变,但当下所有的痛苦都是为了更好地出发。

二、调费率、控费用、差异化,人身险监管核心之一就是负债质量管理

"报行合一"的实质是要求险企控费用,而控费用,与调费率、差异化一样,都是管理险企负债质量的基本手段。实际上,抛开资产端,人身险监管的关键动作几乎都是在推进险企的负债质量管理。

1998年11月,原保监会成立,初期最重要的工作之一就是"调费率"。面对当时人身险公司过高的预定利率以及快速下行的银行利率,为防止利差损风险,1999年6月10日,刚成立不久的保监会即发布《关于调整寿险保单预定利率的紧急通知》(保监发〔1999〕93号),将寿险保单的预定利率调整为不超过年复利2.5%。

此后经过费率市场化改革,普通型人身保险法定评估利率调整为3.5%,为鼓励保险公司参与多层次养老保障体系建设,普通型养老年金保险等保单的评估利率又上浮至4.025%。

2019年,资产端持续承压,在综合考虑市场利率未来走势、行业投资收益率等因素的情况下,彼时的银保监会于8月30日发布《中国银保监会办公厅关于完善人身保险业责任准备金评估利率形成机制及调整责任准备金评估利率有关事项的通知》(银保监办发〔2019〕182号),明确将年金保险责任准备金评估利率由4.025%下调至3.5%。

纵观国内人身险历史上的多次"下调费率",每一次都给行业带来了巨大的影响:费率正式调整之前,人身险公司都是在抓紧时间"炒停售";费率下调之后,人身险市场也毫无意外会进入一个调整期,伴随着保费下滑、报批产品以及调试系统等的焦虑;同样毫无意外的是,每一次调整期结束后,保险市场都会逐渐复苏,并变得比以往更加强大。

近期,面对愈演愈烈的资产端压力,监管层所采取的一系列手段,也统统指向了"负债质量管理",只是在"调费率"之外,又强化了另外一种手段,即"控费用",多管齐下、综合施策。

先是"调费率",普通型产品预定利率总体水平从 3.5% 降至 3.0%。

再是"控费用",通过严格落实"报行合一",根治费用乱象,进一步降低负债成本,提高负债质量。

针对数据的真实性要求倒逼人身险公司更加审慎地进行经营决策,更加直观地审视公司发展中存在的各项问题,进而提出针对性的解决方案。可以说,真实性是根治乱象的基本手段,同时也是险企差异化经营的前提和基石。

三、增厚安全垫,保险、银行共建良性生态,最终让利于民,惠及消费者

对于以经营长期风险为业的人身险公司而言,审慎经营是永远的基本要求,因为面对动辄几十年的漫长的保障周期、复杂的影响因子,初始条件下微小的变化能带动整个系统的连锁反应。

20 世纪 90 年代,人身险企可以自行定义预定利率,结果是,20 多年后的今天,部分险企还在承受着那时利差损所带来的影响。

面对百年未有之大变局,既有小概率高风险的"黑天鹅",也有大概率高风险的"灰犀牛",险企更须审慎前行,而无论是调费率、控费用,还是差异化,其实质都是在引导人身险行业降本增效,增厚安全垫,在种种不确定性中更好更快地转向真正的高质量发展。

值得注意的是,在经过多次改革之后,当下的金融监管体制,更有利于保险业、银行业的高质量转型。将原保监会、原银监会合并,成立原银保监会,又在原银保监会的基础上组建金融监管总局,其目的之一无疑就是打破部门之间的藩篱,使金融监管部门得以从更高的层面、更系统性的角度来衡量、管控、化解金融行业风险,这同时也为保险业、银行业间的合作共赢创造了更为有利的外部条件。

一个健康的生态环境,最终一定是多方共同受益的,险企摆脱单一的手续费竞争,转向真正的差异化,银行也才能更好地服务客户多元化需求。当然,如同车险严格执行"报行合一"可以有效减轻消费者负担一样,银保渠道的"报行合一",除了可以促进银保业务的长期可持续发展,也能有效降低产品中间成本和价格,最终实现让利于民。

重磅新规松绑保险业！偿付能力或提升 15.2P，释放资金有望超 2000 亿元，增资发债难仍亟待破解

慧保天下　2023 年 9 月 11 日

该来的终于还是来了。

9 月 10 日，金融监管总局发布《关于优化保险公司偿付能力监管标准的通知》（以下简称《通知》），明确差异化调节保险公司最低资本要求，引导保险公司回归本源的同时，支持资本市场平稳健康发展。

总的来看，该《通知》一方面通过降低保险公司资本要求，松绑偿付能力；另一方面，则响应政策呼吁，提升险资权益投资空间，引导更多资金投向资本市场。

《通知》一经下发，立刻在市场上引发强烈反响，各种解读纷纷出炉，视之为保险业，尤其是中小险企、资本市场的"重磅利好"。

不过，现实情况复杂，信心的建立也取决于诸多因素，该《通知》能在多大程度上缓解保险业的偿付能力压力、能引导多少增量资金入市，仍存诸多争议。

一、"松绑"偿付能力：中小险企更受益，全行业偿付能力充足率预计提升 15.2 个百分点

保险业目前发展面临的多重挑战中，偿付能力不足是重要一项。

自 2022 年"偿二代"二期正式落地以来，保险业整体的偿付能力充足率都有所下滑。而近两年，伴随利率下调、资本市场震荡下行，保险公司尤其是中小险企的偿付能力充足率快速承压。

金融监管总局数据显示，截至 2023 年第二季度末，保险公司平均综合偿付能力充足率为 188%，核心偿付能力充足率为 122.7%。186 家保险公司中，55 家公司风险综合评级为 A 类，104 家公司为 B 类，15 家公司为 C 类，12 家公司为 D 类。对比 2021 年末来看，C 类公司和 D 类公司分别增加了 7 家、8 家。

因此，在偿付能力和资本的现实压力下，给偿付能力"松绑"成为行业共同心愿。此前，7 月底，保险业协会向业内征集"偿二代"二期规则实施难点，其中就包括保险公司外源资本补充的需求提高然而受限较多、"偿二代"二期规则下核心偿付能力充足率降低过快等 15 个执行难点，也相应提出修改监管规则、放宽增资发债事项审批等建议。

偿付能力监管体系作为刻画保险公司经营和风险状况的一套指标，给了监管和行业一个重要的抓手，此次监管规则的放宽，是对改善行业资本充足状况、降低资本压力的重要一步。

本次政策共十条、四大方面，分别是差异化调节最低资本要求、引导保险公司回归保障本源、引导保险公司支持资本市场平稳健康发展、引导保险公司支持科技创新。其中，对于保险公司来说，最为直接的影响就是《通知》在多方面放松了"偿二代"二期规则要求，具体如下。

资本要求：

100 亿元＜总资产＜2000 亿元的财险公司和再保险公司、500 亿元＜总资产＜5000 亿元的人身险公司，最低资本按照 95% 计算偿付能力充足率；

总资产＜100 亿元的财险公司和再保险公司、总资产＜500 亿元的人身险公司，最低资本按照 90% 计算偿付能力充足率。

按照公式，偿付能力充足率＝实际资本/最低资本，降低最低资本要求，偿付能力充足率则相应变高。

"慧保天下"统计了 2023 年上半年各保险公司的总资产情况。财险公司方面，人保财险、平安产险、太保产险不受影响外，其余公司偿付能力将相应调整；人身险公司方面，中国人寿、平安人寿、太保寿险、泰康人寿、新华人寿、太平人寿、人保寿险 7 家公司不受影响，其余公司都会相应进行调整。

总的来看，即 A 股上市险企目前均不受影响，中小险企的资本压力能够得到一定缓解。据东吴证券测算，若以 2023 年第一季度末全行业平均偿付能力充足率

190.3%为样本，预计可以提升15.2个百分点。

安华保险财务负责人、首席投资官张青松在接受媒体采访时表示，该政策的推出，预计中小财险公司偿付能力充足率将提高13—18个百分点。

资本认定：

保险公司剩余期限10年以上保单未来盈余计入核心资本比例上限，由35%调整至40%；

财产险公司最近一个季度末计算的上两个会计年度末所有非寿险业务再保后未到期责任准备金回溯偏差率的算术平均数、未决赔款准备金回溯偏差率的算术平均数小于等于-5%的，保费风险、准备金风险的最低资本要求减少5%。

对于资本认定方面的改变，将会改善优质公司的资本压力，一类是自由盈余较充足的公司，另一类是经营稳健、计量准确的财险公司。

虽然《通知》发布后，确实能在一定程度上缓解大部分中小型险企的偿付能力压力，但对于很多偿付能力已经不足，或者是偿付能力充足率处于临界值的险企而言，《通知》的下发也难以彻底改变其经营现状。

一些业界人士甚至认为应该彻底地对"偿二代"二期规则进行重新审视："例如，'偿二代'二期规则下，一些处于临界值的险企，为了降低资本占用，提升偿付能力充足率，不得不在季度末抛售股票和基金，长期投资被迫变成短期投资，完全违背了险资长期资金的属性。"

也有人士表示，此次《通知》的下发的确在一定程度上化解了部分险企的"燃眉之急"，但要从根本上解决问题，仍需综合施策。业内人士呼吁，放宽增资、发债审批才是缓解险企偿付能力压力更为有效的举措。

二、利好资本市场：权益投资额度尚未"打满"，寿险资金或难大幅增配，中小财险公司长期有空间

7月24日中央政治局会议以来，围绕"活跃资本市场，提振投资者信心"，相关部门不断出台政策。8月24日，中国证监会召开了全国社保基金理事会和部分大型银行保险机构主要负责人座谈会，提出养老金、保险资金和银行理财资金等中长期资金加快发展权益投资正当其时。

《通知》的下发无疑是对上述会议的一个积极回应。对于投资，《通知》的核心在于降低了多个股票及股权资产相关风险因子，有助于降低行业资产端的资本消耗；同时，还引导险企支持资本市场和国家战略新兴产业，具体包括：

沪深300指数成分股：风险因子从0.35调整为0.3；

科创板上市普通股票：风险因子从0.45调整为0.4；

投资公开募集基础设施证券投资基金（REITS）中未穿透的：风险因子从0.6调整为0.5；

国家战略性新兴产业未上市公司股权：风险因子从0.41降为0.4。

风险因子越低，资本占用越少，险企可支配资金的运用空间越大，越会影响险企的投资意愿，这就意味着，或有增量险资可以入市。

数据显示，截至2023年7月末，保险行业的总投资资产规模约为27万亿元，其中股票和证券投资基金配置达3.55万亿元，占比13.2%。

人保财险总裁于泽在接受采访时表示，以该公司投资的沪深300指数成分股为例，最低资本将下降16亿元左右，有利于该公司进一步加大以上方面的投资。

据东吴证券测算，若释放最低资本全部增配沪深300股票，对应资金为1953亿元。

另据国联证券测算，估计《通知》能使行业整体的权益资产配置比例提升1个百分点，则有望引入2700亿元左右的中长期资金入市。

不过根据中金公司的统计，截至2023年上半年末，国寿、平安、太保、新华权益投资比例（含长股投）分别为21.9%、19.1%、16.5%、19.2%。另据国泰君安统计，当前大部分上市保险公司的综合偿付能力充足率在150%—250%，其对应的权益类资产配置比例上限为总资产的25%—30%，可是目前，这些公司距离上限均有相当的差距（见表1）。

表1　　　　　　　　　　保险公司权益配置比例上限

序号	上季末综合偿付能力充足率	权益配置比例（占总资产）
1	CSR＜100%	10%
2	100%≤CSR＜150%	20%
3	150%≤CSR＜200%	25%
4	200%≤CSR＜250%	30%

续表

序号	上季末综合偿付能力充足率	权益配置比例（占总资产）
5	250%≤CSR<300%	35%
6	300%≤CSR<350%	40%
7	350%≤CSR	45%

中金公司对此表示，行业股票投资比例主要约束是公司资产负债面临的真实风险而非仅是偿付能力监管体系计算出的偿付能力数值，特别是寿险资金的属性（存在刚性成本、久期匹配要求、流动性约束等）对资产配置提出严格要求，在当前资产负债状况下寿险资金或难以大幅增配权益，长期来看大型或长期承保盈利的中小财险权益配置比例或存提高空间。

中信证券也认为，在资产负债匹配的约束下，保险公司的大类资产配置结构，很难在负债端不发生根本性变化的情况下大幅改变。目前国内上市保险公司普遍没有达到权益资产配置比例监管上限，偿付能力是考虑因素，但不是主要的限制因素，大类资产配置结构、权益资产的风险收益特征才是是否配置权益的主要决定因素。

方正证券则认为，《通知》主要是从制度层面为险资入市铺平道路，后续监管层有望从考核机制、税收优惠、风险收益匹配等方面陆续出台相关制度，鼓励险资入市，为活跃资本市场注入新鲜血液。

保险保障基金新规亮底牌：长期健康险、寿险、年金险费率翻番，24家偿付能力不足险企须多缴

慧保天下　2023年2月13日

近日，银保监会向各保险公司、保险保障基金公司下发《关于缴纳保险保障基金有关事项的通知》（以下简称《通知》），为2022年11月下发的《保险保障基金管理办法》打上最后一个"补丁"。

根据该规定，大部分财产保险的保险保障基金基准费率没有变化，但包括长期健康保险、人寿保险、年金险在内的主要人身险种，保险保障基金基准费率相较以往实现翻番。

新版《保障保障基金管理办法》还增加了"风险差别费率"的规定，根据该规定以及2022年第三季度末的风险综合评级结果，24家险企须额外根据风险差别费率缴纳保险保障基金。

这意味着，2023年，很多人身险企缴纳的保险保障基金额度将翻番，这对于险企的净利润表现、资本充足度乃至偿付能力充足率等都将产生一定的影响。

一、长期健康险、人寿保险、年金险保险保障基金基准费率翻倍

根据2022年版《保险保障基金管理办法》，保险保障基金费率由基准费率和风险差别费率构成，但险企各类业务基准费率、风险差别费率的具体比例，《保险保障基金管理办法》没有给出具体数据。《通知》的出炉，解开了新版《保险保障基金管理办法》的最后一个悬念。根据《通知》：

2022 年版本之基准费率：

（一）财产保险、短期健康保险、意外伤害保险按照业务收入的 0.8% 缴纳；

（二）人寿保险、长期健康保险、年金保险按照业务收入的 0.3% 缴纳；其中，投资连结保险按照业务收入的 0.05% 缴纳。

2008 年版本：

（一）非投资型财产保险按照保费收入的 0.8% 缴纳，投资型财产保险，有保证收益的，按照业务收入的 0.08% 缴纳，无保证收益的，按照业务收入的 0.05% 缴纳；

（二）有保证收益的人寿保险按照业务收入的 0.15% 缴纳，无保证收益的人寿保险按照业务收入的 0.05% 缴纳；

（三）短期健康保险按照保费收入的 0.8% 缴纳，长期健康保险按照保费收入的 0.15% 缴纳；

（四）非投资型意外伤害保险按照保费收入的 0.8% 缴纳，投资型意外伤害保险，有保证收益的，按照业务收入的 0.08% 缴纳，无保证收益的，按照业务收入的 0.05% 缴纳。

对照两个版本可发现，不考虑风险差别费率的影响，不同业务类型缴纳的费率实际是有不同变化的，这些变化体现了监管对于不同业务的态度。

财产保险、意外伤害保险不再区分是否投资型，基准费率一律 0.8%，改变了过去投资型财产险、意外伤害保险费率低的情形，显示监管面不鼓励投资型财产保险、意外伤害保险发展的态度。

短期健康险基准费率不变，仍为 0.8%；长期健康保险则从原来的 0.15% 上调至目前的基准费率 0.3%，增长 1 倍，显示了在人口老龄化不断提速、预期寿命不断延长的大趋势下，监管面对于长期健康保险的态度也正趋向审慎。

人寿保险也不再以有无保证收益来进行区分，而是规定人寿保险、年金保险按照业务收入的 0.3% 缴纳，相较原来的"有保证收益的人寿保险按照业务收入的 0.15% 缴纳"提升 1 倍；投连险费率不变，仍为 0.05%——监管层显然是意识到了人均寿命的延长正在给有保证收益的人身险产品带来更多挑战。

二、24 家偿付能力不足险企须根据风险差别费率，缴纳更多的保险保障基金

根据 2022 年版的规定，险企除了根据业务类型、基准费率向保险保障基金缴费

外，还需要根据风险差别费率有关规定缴纳一定的费用。而险企的风险差别费率完全取决于其风险综合评级结果。

2022年版本之风险差别费率：

风险差别费率以偿付能力风险综合评级结果为基础，评级为A（含AAA、AA、A）、B（含BBB、BB、B）、C、D的保险公司适用的费率分别为－0.02%、0%、0.02%、0.04%。

这意味着，风险差别费率取决于险企风险水平，风险越高缴纳比例越高，风险低的不需要额外缴纳，甚至可以得到一定奖励，即减少缴纳。

具体而言，风险综合评级为A级的险企可以少缴纳0.02%的保险保障基金；风险综合评级为B级的险企，不用缴纳额外的费用；风险差别费率影响最大的是那些风险综合评级为C级、D级的险企，根据最新规定，这些险企一律视为偿付能力不达标险企。

根据银保监会披露的数据，截至2022年第三季度末，43家保险公司风险综合评级被评为A类，114家保险公司被评为B类，15家保险公司被评为C类，9家保险公司被评为D类。

这意味着，大多数险企不受风险差别费率的影响，但至少15家保险公司在按照基准费率缴费的同时，还须额外缴纳保险业务收入的0.02%，9家保险公司在根据基准费率缴费的同时，还须额外缴纳保险业务收入的0.04%。

三、暂停缴纳上限大幅提高，中小公司须长时间持续缴纳

相对于基准费率、风险差别费率，对于很多险企而言，尤其是中小型险企而言，影响更大的或许是另外一个指标，即"暂停缴纳上限"。

无论是2022年版本还是2008年版本，《保险保障基金管理办法》都规定险企缴纳余额达到一定比例后即可暂停缴纳保险保障基金，在2022年版本中，这一上限被大大提高了。

2022年版本——

有下列情形之一的，可以暂停缴纳：

（一）财产保险保障基金余额达到行业总资产6%的；

（二）人身保险保障基金余额达到行业总资产1%的。

2008年版本——

有下列情形之一的，可以暂停缴纳：

（一）财产保险公司的保险保障基金余额达到公司总资产6%的；

（二）人身保险公司的保险保障基金余额达到公司总资产1%的。

2008年版本规定，只要达到公司总资产6%、1%即可，而2022年版本中，这一上限被大幅提高至行业总资产的6%、1%。

对于很多大型险企而言，由于业务规模大、市场份额高，很容易达成这一上限，但对于很多中小型险企而言，这意味着其须长时间缴纳保险保障基金。

以财产险行业为例，2022年末的行业总资产为2.67万亿元，一家总资产规模为100亿元的险企，原来其缴纳的保险保障基金只要达到6亿元就可以暂停缴纳，伴随着公司总资产进一步扩大，恢复缴纳即可；而现在，其缴纳上限被提高到了1602亿元。

同样，2022年末，人身险公司总资产23.37万亿元，这意味着目前单个人身险公司保险保障基金暂停缴纳上限已经提高至2337亿元。

四、或对险企利润造成直接负面影响

由于大部分人身险种的基准费率都出现翻倍，这将在一定程度上影响人身险公司的净利润表现。

有券商对此进行了预测。数据显示，2021年，国寿、平安人寿、太保人寿、新华保险分别提取保险保障基金12.53亿元、9.03亿元、3.38亿元、2.75亿元，假设2023年寿险业务提取的保险保障基金费为2021年的两倍，则基准费率提升预计对平安人寿、国寿、太保人寿、新华保险归母净利润增长影响分别为-1%、-3%、-1%、-2%。

整体来看，保险保障基金费率上涨对于险企利润确实会造成一定的负面影响，但影响有限。

尤其是对于2022年第三季度末43家风险综合评级为A的保险公司来说，因为其风险差别费率为负数，意味着新规对其净利润的负面影响还将进一步降低。

五、部分中小险企资本不足风险或将进一步增强

可以看到，包括 2022 年版本的《保险保障基金管理办法》以及近日下发的《关于缴纳保险保障基金有关事项的通知》，近年来，所有的监管政策都体现出了相似的监管理念，即建立在各种评级基础上的"分类监管"。

根据《人身保险公司分类监管办法（征求意见稿）》，监管评级高的险企在负债端、资产端都拥有更大的选择范围。而根据《保险保障基金管理办法》以及《关于缴纳保险保障基金有关事项的通知》，风险综合评级越高的险企，其保险保障基金费率越低。

"分类监管"核心在于倡导"公平"：风险越大，责任越大，鼓励、引导险企管控风险，合规经营。长期来看，这无疑是有利于行业稳健发展的。

不过，现实困境也不容忽视，一些风险较高的中小险企负债端、资产端相较大型险企就面临更多限制，如今，其还需要缴纳更多的保险保障基金，负担进一步加重，这势必会对其资本、偿付能力造成进一步的压力。

更现实的困境是，保险业准入门槛不断提升，对资金的要求也越来越高，而行业资本回报率又不断走低，这导致很多资本对投资保险业失去了兴趣，不少险企增资发债都面临一定的困难，偿付能力不足风险因子正在加速聚集。

处置"爆雷"险企，又一基本大法即将出炉！监管可更换董监高，股东掩盖实际控股权或被追究刑责*

王德明** 2023 年 2 月 10 日

近年来，高风险保险机构不断出现，对其风险进行处置的法律依据主要是《保险法》，但《保险法》起草于 1995 年，其后几次修订也主要集中在保险合同法部分，保险业法部分调整不多，特别是对保险机构风险处置规定非常原则，难以满足风险处置的实际需要。

2022 年 12 月 27 日，《金融稳定法》草案首次由国务院提请第十三届全国人大常委会第三十八次会议审议。草案规定的金融机构风险处置机制、处置资金来源、处置措施工具、责任追究等，对于保险机构风险防范及处置具有重要的指导和借鉴意义，集中体现在以下十个方面。

一、建立金融稳定统筹协调机制，险企风险处置纳入其中，地方政府与监管将形成合力

近年来保险机构风险处置机制尚不健全，"一事一议"方式的规范性不足。《金融稳定法》草案规定，建立国家金融稳定发展统筹协调机制，统筹金融稳定和改革发展，研究系统性金融风险防范、化解和处置以及维护金融稳定重大政策，部署开

---

* 本文原题为《〈金融稳定法〉草案十大要点解读》，略有删改。

** 作者：王德明，法学博士，律师，注册会计师（非执业），中国保险学会法律专业委员会委员，中国人民大学法律硕士实务导师，中国保险行业协会独立董事人才库备选人，兰台律师事务所高级顾问。

展相关金融风险处置工作。统筹协调机制由国务院金融管理部门、发展改革部门、财政部门等成员单位组成，有关部门和地方人民政府按照职责分工和金融委要求，依法履行金融风险防范和化解处置职责。

今后保险机构风险处置机制将更加完善。一方面保险公司风险处置将纳入国家金融稳定统筹机制，部分体量较大的高风险保险机构，可能涉及系统性风险，由金融委统一研究部署风险处置化解工作。

另一方面地方政府将承担辖区内风险机构处置职责，与监管部门形成合力，共同推进风险机构处置。对于地方政府或政府平台持股的保险机构，地方政府理应承担风险化解职责，但对于地方政府或平台不持股而注册在当地的保险机构，地方政府应如何承担风险处置职责，尚不明确。

二、坚持预防为主，公司治理监管或持续强化；坚持法制化、市场化处置原则，风险处置市场化不足问题将改善

《金融稳定法》草案规定了金融风险处置的原则：坚持预防为主，强化金融风险源头管控；按照市场化、法治化原则协同高效化解和处置金融风险；公平保护市场主体合法权益，防范道德风险。

上述原则对于保险机构风险处置将有直接影响：

一是保险行业高风险机构根源在于公司治理机制失效，坚持源头管控意味着今后对公司治理、股东股权等领域的监管力度会持续加强。

二是今后将更多采用市场化的方式来处置保险机构风险，更多纳入法治化轨道推进，逐步改善市场化程度不足的问题。

三是公平保护市场主体权益，金融监管趋于统一，保险消费者和其他金融消费者的权益可能会趋于平等保护。

三、未来或更多采用市场化并购重组，托管、退出市场等方式也将出现

《保险法》中规定了对保险机构的整顿、接管、申请破产和撤销制度，实践中风险机构处置主要采用接管方式，破产重整仅有易安财险一例，撤销保险公司仅有

国信人寿一例，实践中对部分公司采用的贴身监管类似于整顿，但没有正式公告程序，不属于《保险法》上的整顿方式。

《金融稳定法》草案规定，处置部门可以依法实施促成重组、接管、托管、撤销或者申请破产，实现被处置金融机构恢复正常经营或者平稳有序退出。今后保险机构风险处置方式可能有以下变化：

一是更多采用市场化重组方式。今后保险机构风险处置中，调动市场化资金参与并购重组，以市场化方式引入战略投资者、处置不良资产和补充资本，可能会得到更多的应用。

二是规定了托管制度，未来托管也有可能是保险公司的一种风险处置方式。

三是风险处置的目标是恢复正常经营和有序退出，在守住系统性风险的前提下，部分风险机构将会退出市场。

四、设立金融稳定基金，形成多层级的风险处置资金来源体系

《金融稳定法》规定建立金融稳定保障基金，由国务院金融委统筹管理，用于具有系统性影响的重大金融风险处置。草案中规定了多层级的金融风险处置资金来源，明确了各类处置救助资金适用顺序。

第一，强化股东和实控人主体责任，被处置机构主要股东和实际控制人按照恢复与处置计划或者监管承诺补充资本，负有责任的股东、实际控制人依法承担相应的赔偿责任，归还占用或者转移的资金。

第二，调动市场化资金参与被处置机构的并购重组，发挥市场在资源配置中的基础性作用。

第三，调动行业保障基金，发挥其市场化、法治化处置平台作用。

第四，当可能危及区域稳定且穷尽上述手段后仍难以化解风险，动用地方公共资源资金。

第五，涉及重大风险危及金融稳定的，使用金融稳定保障基金；经国务院批准，央行可以通过再贷款为金融稳定保障基金提供流动性支持。

处置资金不足是保险机构风险处置中面临的重要问题。《金融稳定法》实施后，保险机构风险处置也将依托于多层级的金融风险处置资金体系，有利于缓解风险处

置资金不足的问题，由金融稳定统筹协调机制调配资源，有利于大型保险机构的风险处置。

五、加大早期纠正和监管措施，监管部门可责令更换董监高人员，责令有责任股东转让股权

《保险法》规定对于偿付能力不足的公司，可以采取限制业务范围等措施，但规定范围过窄，对于有风险苗头的公司，监管难以提前介入，风险爆发之后再处置，难度更大、成本更高。

《金融稳定法》规定了早期纠正和监管措施，金融机构发生监管指标异常波动等风险情形的，金融监管部门提出风险警示，责令限期整改；逾期未改正或者监管指标恶化、危及自身或者金融市场稳健运行的，金融管理部门可以采取下列措施：

（一）限制高风险业务，停止批准开办新业务；

（二）限制分配红利，限制董事、监事、高级管理人员的薪酬和其他收入；

（三）限制资产转让、控制重大交易授信，责令转让资产、降低杠杆率；

（四）发生影响金融机构持续经营的事件、情形的，责令对损失吸收工具实施减记或者转股；

（五）停止批准增设分支机构；

（六）责令按照恢复和处置计划或者监管承诺限期补充资本；

（七）责令更换董事、监事、高级管理人员或者限制其权利；

（八）责令负有责任的股东转让股权或者限制其股东权利；

（九）法律、行政法规规定的其他措施。

相较于《保险法》，《金融稳定法》中预先处置措施力度大幅度增加，如增加了责令按照恢复和处置计划或者监管承诺限期补充资本、责令更换董监高人员或者限制其权利、责令负有责任的股东转让股权或者限制其股东权利。

今后在保险机构风险处置中，监管部门会更加突出举措提前、预防为主的思路，更多运用早期干预工具手段，早发现早处置，防患于未然。

六、风险处置工具箱大大丰富，监管机构可依法行使被处置金融机构的经营管理权

《保险法》中对风险处置措施的规定较少，实践中面临缺乏风险处置工具的难题，特别是对于股东、股权等公司治理违规问题，法律授权不足，缺乏有效的处置工具。

《金融稳定法》草案中大幅度增加了金融监管部门的处置措施，金融监管部门可以区别情形依法采取下列处置措施：

（一）行使被处置金融机构的经营管理权；

（二）向第三方机构转移被处置金融机构的部分或者全部业务、资产和负债；

（三）设立过桥银行、特殊目的载体承接被处置金融机构的业务、资产和负债；

（四）暂停合格金融交易的终止净额结算；

（五）责令更换对风险发生负有主要责任的董事、监事、高级管理人员及其他责任人员，追回绩效薪酬；

（六）被处置金融机构符合国务院金融管理部门规定条件的，实施股权、债权减记和债转股；

（七）中止被处置金融机构向境外汇出资金，要求被处置金融机构调回境外资产；

（八）处置系统重要性金融机构的，要求所属集团的境内外机构提供必要支持，维持关键金融服务和功能不中断；

（九）法律、行政法规规定或者国务院批准的其他处置措施。

依照上述规定，今后保险机构风险处置工具箱更加丰富：

一是对违规股权减计处理有了明确的法律依据。对被处置机构可以依法实施股权、债权减记，股东持有的被处置金融机构的股权代表的财产权益不足以弥补被处置金融机构资产损失，且该股东拒绝追加出资或者追加出资仍不足以弥补资产损失的，应当全额减记股权。

二是有了法律明确授权，监管机构可以依法行使被处置金融机构的经营管理权，可以向第三方机构转移被处置金融机构的部分或者全部业务、资产和负债。

三是可以通过设立特殊目的载体，过渡性承接被处置金融机构的业务，这也是国外相对成熟的一种风险处置模式。

七、规定大股东实控人禁止行为，将其上升至法律层面

近年来，高风险保险机构的根源在于公司治理失效，主要表现就是大股东、实控人通过隐瞒持股、隐瞒关联关系等操控公司。《保险法》中对大股东、实控人责任没有明确规定，相关规定主要在监管部门规章或规范性文件中，尚未上升到法律层面。

《金融稳定法》草案中，将部门监管规定中行之有效的做法上升到了法律层面，规定金融机构的主要股东、实际控制人应当具有良好的资本实力、财务状况和诚信记录；金融机构的股东应当以自有资金出资，不得虚假出资、循环注资、抽逃资本，不得违规占用金融机构资金；金融机构的股东、实际控制人不得违规转移金融机构资产；金融机构的实际控制人不得以股权代持、隐匿关联交易等方式掩盖实际控制权。

上述规定抓住了金融乱象的"牛鼻子"，对大股东、实控人的禁止性规定与下述责任追究部分规定相配合，有利于从源头上防范金融机构风险。

八、建立监管与司法的协调机制，借助司法权力处置金融风险

《金融稳定法》草案中规定了司法案件集中管辖和"三中止"。最高人民法院可以指定有关人民法院对以被处置金融机构为当事人的民事诉讼案件进行集中管辖。根据国务院金融管理部门的申请，最高人民法院可以决定中止以被处置金融机构的财产和股权为标的的民事诉讼程序、执行程序，并予以公告。

健全监管与司法的协调机制有利于保险机构的风险处置：

一是监管风险处置措施合法性进一步增强。金融管理部门实施的金融风险处置程序中，已经完成的资产核实、资产评估、资产保全、债权登记、财产处分等措施，人民法院经过审查后依法认定其效力。

二是监管和司法标准更趋于统一，用司法权保障保险公司风险处置的实施。实

践中，部分金融机构的违规股东对监管机构采取的行政监管措施提起行政复议或行政诉讼，要求法院审查或撤销监管行为。建立司法与监管的协调机制后，司法和监管标准更趋统一，通过司法权来保障监管措施的推进和实施。

九、规定实控人、大股东的刑事责任，大幅度提升威慑力

《保险法》中，对实控人、大股东隐瞒股权关系、虚假出资、抽逃资本、非自有资金出资等行为没有直接对应的刑法规定。《金融稳定法》草案中明确规定了大股东、实控人的刑事责任，金融机构的主要股东、实际控制人在金融风险的形成和处置过程中有下列情形之一，构成犯罪的，依法追究刑事责任：

（一）虚假出资、循环注资、抽逃资本、违反规定以非自有资金出资的；
（二）掩盖实际控制权的；
（三）违规占用金融机构或者客户资金的；
（四）隐瞒金融机构真实财务数据或者提供虚假财务会计报告的；
（五）违规转移金融机构股权、资产的；
（六）其他滥用股东权利或者控制权，导致金融风险形成、扩大或者蔓延的情形。

上述刑事责任规定，对保险机构风险防范与处置有重要的作用：

一是大大提高了对违规股东、实控人的威慑力。公司治理等不再是违规问题，也可能触犯《刑法》，承担刑事责任。罪行法定，将大大提高对违规股东、实控人的威慑力，有利于从根本上防范风险。

二是风险机构的董监高刑事责任风险明显增加。董监高等人员配合金融机构的主要股东、实际控制人实施违法行为的，或者滥用经营管理权利，实施违规占用金融机构或者客户资金等行为的，也可能会被追究法律责任，董监高不得不"三思而后行"。

十、规定金融机构责任，强化董监高及直接责任人的责任追究

《保险法》中对金融机构形成金融风险以及不配合风险处置是否承担责任不明

确。《金融稳定法》草案中规定了金融机构在风险形成过程中的责任，由金融管理部门依照有关法律、行政法规的规定实施处罚：

（一）违反审慎经营规则，造成金融风险或者金融风险隐患的；

（二）未按照规定履行金融风险报告义务或者隐瞒风险实际情况，造成严重后果的；

（三）不配合、不执行早期纠正措施、监督管理措施或者风险处置措施的。

上述规定对于保险机构风险预防及处置有重要意义：

一是明确了保险机构的责任。对于风险形成和处置不力的，保险机构也可能被监管予以处罚，不仅仅是追究实控人、大股东的责任问题。

二是强化了董监高和其他直接责任人员的行政和民事责任。对于负有责任的董监高和其他直接责任人员，监管部门可给予警告、罚款、取消其一定期限直至终身的任职资格、禁止其在一定期限直至终身从事金融行业工作或者担任相应职务。同时，大幅度提高了对董监高和直接责任人员的财产处罚尺度，体现了罚机构、罚责任人的"双罚制"特点。

十一、结语

防范化解金融风险是近年来金融工作的重要任务。从金融风险处置实践来看，法律供给明显不足，存在相关法律规定过于原则、缺乏风险化解和处置措施、监管规定层级低等诸多问题。《金融稳定法》草案总结实践经验，将一些行之有效的监管规定上升到法律层面，有利于构建更为科学完备的金融风险处置法律体系。

根据《立法法》相关规定，《金融稳定法》草案需要三次提请审议并征求意见，其出台日期尚不确定。但《金融稳定法》草案的立法精神以及对金融风险的处置思路和措施等，将对保险行业的风险处置产生重大影响，未来《金融稳定法》的出台，也有利于保险行业长期健康及稳健发展。

人身险进入精准监管3.0阶段，监管风险导向实质推进，监管评级挂钩产品、资金运用范围

慧保天下　2023年2月2日

过去几年，分类监管理念愈发深入人心，可以看到，在近些年的各类监管制度中已经得到了充分的显现，很多业务资质都与保险机构的净资产、偿付能力充足率、风险综合评级等要素进行挂钩。

而如今，对于分类监管的应用，即将全面深化，对于人身险行业而言，这或许是划时代的。

今日，银保监会向各人身险公司下发《人身保险公司分类监管办法（征求意见稿）》（以下简称《征求意见稿》），拟将分类监管理念彻底与险企业务范围、资金运用绑定，核心依然是"有多大能力做多大业务""让合规经营、规范发展者获得更多正向激励"，同时，限制或禁止风险系数高的机构从事高风险业务、制造更大危机，人身保险业即将进入分类监管3.0阶段。

根据《征求意见稿》，监管机构将依据《人身保险公司监管评级办法》对人身保险公司评定监管评级，并依据评级结果将人身险公司划分为五大类，评级越高的险企，其可经营的业务范围就越广，反之，等级越低的险企可经营的业务范围就越小。

监管层的意图是清晰的，即通过严格绑定保险机构评级与业务范围、资金运用范围的大小，防止人身险企盲目扩张、激进发展，鼓励保障业务，不让风险公司有可乘之机。

对于监管工作本身而言，分类，是差异化监管的前提，有助于避免过去混同监管带来的成本增加等问题，通过合理配置监管资源，提升监管效率。

以下就是关于《征求意见稿》内容的详细解读。

一、人身险企拟被分成五大类，分类依据是尚未正式发布的《人身保险公司监管评级办法》

所谓"人身保险公司分类监管"是指监管机构以"人身保险公司监管评级"为基础进行分类，并对分类后的人身保险公司采取差异化监管政策或监管措施的监管活动。

根据《征求意见稿》，监管拟依据《人身保险公司监管评级办法》对人身保险公司评定的监管评级，将全部人身险公司换分为五大类：

第四条 人身保险公司根据本办法分为Ⅰ类、Ⅱ类、Ⅲ类、Ⅳ类和Ⅴ类共5个类别

（一）Ⅰ类公司：最近一次监管评级为1级。

（二）Ⅱ类公司：最近一次监管评级为2级。

（三）Ⅲ类公司：最近一次监管评级为3级。

（四）Ⅳ类公司：最近一次监管评级为4级。

（五）Ⅴ类公司：最近一次监管评级为5级或S级。

根据《征求意见稿》对人身险公司进行分类所依据的"监管评级"，即根据《人身保险公司监管评级办法》对人身保险公司评定的监管评级。

目前，《人身保险公司监管评级办法》尚未正式发布，而其前身，正是2022年5月银保监会下发的《人身保险公司法人机构风险监测和非现场监管评估办法（征求意见稿）》（以下简称《评估办法》）。

分类监管的基础是评级，而评级的基础是对于机构各类信息的全面掌握、科学分析归纳，以及一套公平合理的评级制度体系，而《评估办法》就是拟通过六大维度、数十个要点，全方位透视人身保险法人机构综合风险水平。

其中评估的六大维度包括公司治理、业务经营、资金运用、资产负债管理、偿付能力管理和其他方面。

监管机构对这六个维度的标准得分进行加权计算，根据综合得分所属区间确定综合风险水平等级，各维度权重分配如下：公司治理（22%）、业务经营（14%）、资金运用（22%）、资产负债管理（14%）、偿付能力管理（14%）、其他方面

（14%）。

最终，法人机构的风险综合风险水平等级将被划分为1—5级和S级。评级结果为1—5级的，数值越大，反映法人机构风险越大，需要越高程度的监管关注。具体评定标准为：

（1）大于80分的情形，综合风险水平等级为1级；

（2）大于75分小于等于80分的情形，综合风险水平等级为2级；

（3）大于70分小于等于75分的情形，综合风险水平等级为3级；

（4）大于60分小于等于70分的情形，综合风险水平等级为4级；

（5）小于等于60分的情形，综合风险水平等级为5级。

此外，正处于重组、被接管、实施市场退出等情况的法人机构，经监管机构认定后直接列为S级。

自2022年5月面向业界征求意见以来，《评估办法》尚未正式发布，相较此前的《征求意见稿》还会有哪些调整，尚需高度关注。

二、五大类险企可经营业务范围大不同，监管评级越低，可经营业务范围越小，V类机构不得开展万能险、投连险业务

为什么说《征求意见稿》或将改写市场格局？就是因为其将险企的监管评级与可经营的业务范围进行了直接绑定，评级越高的险企，可经营范围越广；反之，评级越低的险企，可经营范围越小。

实际上，近年在很多业务上，监管机构都已经贯彻了分类监管的理念，但基本都是针对某一类业务的规定，但此次《征求意见稿》的发布，意味着分类监管将成为一种基础的监管制度，所有险企经营所有类型业务、高度同质化竞争的情况或将得到根治。

根据《征求意见稿》第八条，监管机构根据分类结果调整人身保险公司经营业务范围。监管机构将根据《保险公司业务范围分级分类管理办法》，将人身保险公司业务范围分为基础类业务和扩展类业务。

其中，基础类业务包括普通型保险、健康保险、意外伤害保险、分红型保险、万能型保险；扩展类业务包括投资连结型保险和变额年金。

不同评级，不同分类的公司，可经营范围大不同，针对监管评级高的Ⅰ类险企，除可同时开展基础类业务和扩展类业务外，监管机构还将支持其开展专属养老产品、费率可调型长期医疗保险产品等创新类业务。

Ⅱ类、Ⅲ类、Ⅳ类和Ⅴ类机构，均可开展基本类业务中除万能险以外的所有业务；监管机构针对其万能险业务、扩展类业务会采取不同等级的限制措施，其中Ⅴ类机构更是被禁止开展万能险业务以及扩展类业务；Ⅱ类、Ⅲ类机构可在监管允许范围内开展创新类业务，Ⅳ类和Ⅴ类机构严禁开展创新类业务：

（一）Ⅰ类公司。在经营范围内，可开展基础类业务和扩展类业务；在经营范围内，支持开展专属养老产品、费率可调型长期医疗保险产品开发等对公司经营管理能力和风险管控能力要求较高的创新业务。

（二）Ⅱ类公司。根据公司具体风险状况和实际经营能力，控制万能型保险和扩展类业务保费增长，原则上万能型保险和扩展类业务规模保费增速不能超过公司上一年度万能型保险和扩展类业务规模保费增速或30%，两者取低；按照"一司一策"原则，在经营范围内，可以开展专属养老产品、费率可调型长期医疗保险产品开发等对公司经营管理能力和风险管控能力要求较高的创新业务。

（三）Ⅲ类公司。严格控制万能型保险和扩展类业务保费规模，原则上万能型保险和扩展类业务规模保费收入不能超过公司上一年度万能型保险和扩展类业务规模保费收入。按照"一司一策"原则，在经营范围内，审慎开展专属养老产品、费率可调型长期医疗保险产品开发等对公司经营管理能力和风险管控能力要求较高的创新业务。

（四）Ⅳ类公司。严格压降万能型保险和扩展类业务保费规模和业务占比，避免风险积聚。监管机构根据人身保险公司风险情况，"一司一策"对万能型保险和扩展类业务提出压降要求。不得开展专属养老产品、费率可调型长期医疗保险产品开发等对公司经营管理能力和风险管控能力要求较高的创新业务。

（五）Ⅴ类公司。监管机构根据人身保险公司风险情况，审慎决定暂停人身保险公司万能型保险和扩展类业务。不得开展专属养老产品、费率可调型长期医疗保险产品开发等对公司经营管理能力和风险管控能力要求较高的创新业务。

三、资金运用业务范围也将受影响，Ⅴ类公司或被限制或暂停未上市企业股权、不动产及金融产品等非标投资业务

根据《征求意见稿》，监管评级不仅将直接影响机构的业务范围，也将影响其

资金运用范围，负债端、资产端双管齐下，倒逼险企更注重风险防范、合规经营，不断提升监管评级。

《征求意见稿》第十条规定，Ⅰ类公司，可依法合规开展全部资金运用业务，监管机构同时会支持其开展创新投资业务，在监管方式上主要采取非现场监测的方式。

Ⅱ类、Ⅲ类公司也可以依法合规开展全部资金运用业务，但会面临更严格的监管。

Ⅳ类、Ⅴ类公司只能依法合规开展部分资金运用业务，不只会面临更严格的监管，监管机构还会支持其通过委托的方式开展部分投资业务。

其中，针对Ⅴ类公司，监管机构甚至会限制或暂停其未上市企业股权、不动产及金融产品等全部或部分非标准化资产投资业务：

（一）Ⅰ类公司。可依法合规开展全部资金运用业务，监管机构根据实际情况支持该类公司试点开展创新投资业务，并主要通过非现场监测方式开展资金运用监管。

（二）Ⅱ类公司。可依法合规开展全部资金运用业务，监管机构通过非现场监测和现场检查相结合的方式开展资金运用监管，并视监管情况提示投资风险。

（三）Ⅲ类公司。可依法合规开展全部资金运用业务，监管机构对该类公司加强资金运用非现场监测频度和现场检查力度，并视风险状况和违规情况限制开展相关资金运用业务。

（四）Ⅳ类公司。可依法合规开展部分资金运用业务。监管机构对该类公司加强资金运用非现场监测频度和现场检查力度，根据风险情况，限制未上市企业股权、不动产及集合资金信托计划等非标准化资产投资业务，支持其委托监管评级为A类和B类的保险资产管理机构开展保险资管产品、股权投资基金和集合资金信托计划等投资。

（五）Ⅴ类公司。可依法合规开展部分资金运用业务。监管机构对该类公司加强资金运用非现场监测频度、现场检查力度并采取贴身监管措施，根据风险情况，审慎决定限制或暂停未上市企业股权、不动产及金融产品等全部或部分非标准化资产投资业务，支持其委托监管评级为A类的保险资产管理机构开展保险资管产品、股权投资基金和集合资金信托计划等投资。

人身保险公司存量投资资产不符合上述要求的，不得新增不符合监管规定的资金运用业务，并在监管机构指导下，制订具体整改计划，在合理期限内及时处置不符合投资范围的存量资产。

四、部分人身险公司可例外，监管可对险企评级分类进行动态调整

并不是所有机构都需要严格遵守《征求意见稿》的规定，根据实际情况，监管拟定了三种例外的情况，包括：

1. 不经营国内商业保险业务的人身保险公司不参与分类监管，其业务范围、经营区域范围、投资范围由监管机构按照审慎原则依法依规确定。

2. 成立时间不满 1 年的人身保险公司的业务范围、经营区域范围、投资范围由监管机构按照审慎原则确定。

3. 人身保险公司因风险处置需要申请豁免政策的，按照银保监会相关规定执行。

根据《征求意见稿》，人身保险公司分类结果将每两年调整一次，监管机构原则上在监管评级确定后 30 日内完成分类。

监管机构定期监测人身保险公司监管评级，监管分类工作结束后，人身保险公司风险状况或管理状况发生重大变化的，监管机构可对分类进行动态调整。

人身保险公司未按照分类监管要求开展业务的，监管机构应当采取责令限期整改，责令暂停部分业务，停止批准开办新业务，责令调整董事、高级管理人员或限制其权利等监管措施。

五、人身保险业分类监管三个阶段及 3.0 阶段的主要特点

（一）分类监管 1.0 阶段（2008—2016 年）

以《寿险公司非现场监管规程（试行）》《寿险公司内部控制评价办法（试行）》《关于实施保险公司分类监管有关事项的通知》《关于报送保险公司分类监管信息的通知》《关于实施分类监管信息报送有关事宜的通知》《保险公司分支机构分

类监管暂行办法》《关于部分保险公司纳入分类监管实施范围的通知》等为监管依据。

该阶段的主要特点是：通过监测偿付能力充足率，公司治理、内控和合规性风险指标，资金运用风险指标，业务经营风险指标，财务风险指标等，将保险公司分为A、B、C、D四类，在产品、机构、资金运用等方面对四类公司采取不同的监管政策，并根据公司存在的风险采取不同的监管措施。

（二）分类监管2.0阶段（2016年至今）

以《关于正式实施中国风险导向的偿付能力体系有关事项的通知》、偿二代一期《保险公司偿付能力监管规则第10号：风险综合评级（分类监管）》、偿二代二期《保险公司偿付能力监管规则第11号：风险综合评级（分类监管）》等为监管依据。

该阶段的主要特点是以风险为导向，综合分析、评价保险公司的固有风险和控制风险，根据其偿付能力风险大小，评定为不同的监管类别，并采取相应的监管政策或监管措施。银保监会按照偿付能力风险大小将保险公司分为A、B、C、D四个监管类别，在市场准入、产品管理、资金运用、现场检查等方面，对四类保险公司实施差异化监管政策。

（三）分类监管3.0阶段（即将开启）

以即将出台的《人身保险公司监管评级办法》《人身保险公司分类监管办法》等为主要监管依据。

该阶段的主要特点是从偿付能力风险监管更为彻底地回归全面风险监管，拟从公司治理、业务经营、资金运用、资产负债管理、偿付能力管理和其他方面等维度，将人身保险公司分为Ⅰ类、Ⅱ类、Ⅲ类、Ⅳ类和Ⅴ类共5个类别，对分类后的人身保险公司在业务范围、经营区域范围、投资范围等领域采取相应监管政策或监管措施的监管活动。

人身保险业分类监管3.0的主要特点是：

1. 分类监管的具体措施大为强化

改变了既往宽泛规定的做法，大大提高了针对性和有效性。分类的结果直接导

致人身保险公司业务险种、经营区域、资金运用等核心领域的重大变化。

以V类公司为例，监管机构根据人身保险公司风险情况，审慎决定暂停人身保险公司万能型保险和扩展类业务，不得开展专属养老产品、费率可调型长期医疗保险产品开发等对公司经营管理能力和风险管控能力要求较高的创新业务；原则上不得增设各级分支机构；可依法合规开展部分资金运用业务，监管机构对该类公司加强资金运用非现场监测频度、现场检查力度并采取贴身监管措施，根据风险情况，审慎决定限制或暂停未上市企业股权、不动产及金融产品等全部或部分非标准化资产投资业务，支持其委托监管评级为A类的保险资产管理机构开展保险资管产品、股权投资基金和集合资金信托计划等投资。

2. 分类监管的监测范围大为强化

一方面，在公司治理、保险业务、资金运用、偿付能力等传统重点监管领域，细化了监管指标，特别是细分结构类、保障类、品质类、成本类、人员类和责任准备金类六类要点，综合评价业务经营风险状况。

另一方面，增加了消费者权益保护、合规风险、信息系统、案件风险等，特别是设置"履行环境、社会、治理（ESG）责任情况"作为加分项，对开展绿色保险、普惠型保险较多的法人机构，给予适当加分。

3. 分类监管的监测频率大为强化

在银保监会及相关派出机构结合定期监测情况，对法人机构至少每年开展一次非现场监管评估的基础上，综合考虑监管资源的配置情况、保险行业的发展情况、保险公司的经营特点和系统重要性程度等因素，确定合适的定期风险监测频率，风险监测频率原则上不低于1次/月。

六、主要影响及相关建议

人身保险业分类监管3.0构建了保险公司全面风险的动态画像，便于有效识别早期风险、应对中期风险。分类监管3.0同时也对保险公司各领域的综合管理提出了更高的要求，公司治理、业务经营、资金运用、资产负债管理、偿付能力管理和其他方面的相互影响更为直接和显性。

值得注意的是，分类监管3.0在构建和运行过程中，需要密切关注指标合理性和分类科学性。一方面，需及时评估量化指标的刚性影响，不断提高指标设计的合理性，特别是需要结合行业发展情况动态调整相关阈值；另一方面，也需要根据不同公司的特性，及时评估分类合理性，逐步从群体分类监管向个体精准监管进阶。

建议进一步发挥监管整合效应，以行业及机构数据为基础进行动态监测，以内部及社会资源为抓手实现提质增效。

（一）整合监管体系

着力构建一体化监管评级评估体系，将 SARMRA 评估（偿付能力风险管理要求与评估）、公司治理评估、资产负债管理能力评估等纳入人身保险分类监管体系，有助于优化监管资源，提高机构合规效率。

（二）整合监管规则

重点关注分类监管规则和投资能力监管规则的有效衔接，后续修订《关于优化保险机构投资管理能力监管有关事项的通知》的相关内容。在后续发布适用于法人机构层面的《人身保险公司分类监管办法》基础上，制定分支机构的分类监管规则。

（三）整合监管数据

充分挖掘 EAST 监管数据标准化系统和关联交易监管系统等存量和现有数据的价值，通过模拟测试，优化分类监管规则和监测工作。

（四）整合社会监督

积极引入专业机构的技术支持，特别是有效发挥近年来在关联交易和投资能力等关联领域社会监督的成果，如保险业关联交易和投资能力的观澜榜。

一文读懂金融监管总局"三定"逻辑：既管合法又管非法，弱化单一部门对机构的全面掌控

慧保天下　2023 年 11 月 20 日

过去一周，北京金融大街 15 号的国家金融监督管理总局大楼，始终处于忙碌之中。根据新闻通稿，一场贯彻中央金融工作会议精神的研讨班和工作座谈会开到周末休息日方才结束。会议通稿展示了对未来金融监管的一系列新判断和新思路。涉及众多部门和人员的职责调整、工作交接同步进行。忙中有序，有条不紊。

一周前，《国家金融监督管理总局职能配置、内设机构和人员编制规定》（通称"三定"方案）正式挂网。自从 2023 年 3 月 16 日，《党和国家机构改革方案》公开发布，即时起，金融改革一直受到高度关注。

尤其是，"统一负责除证券业之外的金融业监管""强化机构监管、行为监管、功能监管、穿透式监管、持续监管""统筹金融消费者保护""加强风险管理和防范处置，依法查处违法违规行为"，每一项表述，都需要在改革方案中细化呈现。

在当前金融风险高发、环境变局加速的情况下，这一改革格外不同寻常。毫不夸张地说，每一句话都是千钧之重，都是高层在诸多因素中的战略决策，都需要监管部门主政者敲钉转角，逐项落实。

金融监管总局的机构改革对行业有哪些影响，有哪些看点，有什么门道？根据公开信息，结合与业内人士的交流，下文分析此次改革的可圈可点之处。

一、内设机构职能大调整：保险条线主责主力，分布于 4 个机构司、3 个功能局

这次金融监管总局层面的机构调整，机关内部运行、工作机制发生较大变化，而我们预估，对外部市场和行业的影响小于上次银保监会合并，两个监管机构的合并更像是"外科手术"、大动斧凿；而在银保监会基础上组建金融监管总局，更像是"自我修炼"、吐故纳新。

总体上，这可以看作过去 5 年强监管、严监管态势的延续和加深。机构监管的主导地位会继续保留，这也是全世界金融监管的基本逻辑，毕竟金融机构是金融市场的关键角色，金融稳定要从市场主体的生命周期"生老病死"抓起。

原来的银保监会内部，保险条线保持"5 + 3"的架构：财产险、人身险、保险中介、公司治理、资金运用 5 大机构监管部门，财务会计、消费者保护、非银检查 3 个功能监管部门。其中 5 个机构监管部门，是坊间俗称"北楼"的骨干，承接了"老保监"的主要监管力量。

机构改革后，随着机构监管部门调减，保险中介部纳入财产险部，资金部分拆，变阵成为"四司三局"。保险条线的主责主力，分布在财产险、人身险、公司治理、资管 4 个机构司，以及消费者保护、保险非银检查、稽查 3 个功能局。

据"慧保天下"了解，涉及保险集团公司、保险公司、保险资管公司、保险中介公司的行政许可受理职责，转移到新成立的准入司。准入司侧重于统一的政策制定、事项受理和作出决定。事项受理后的实质性审核把关，基本上还在各个相应的机构监管司。

而保险机构发生重大风险需要采取特别措施或开展处置，初期阶段可能由机构司负责，后期以恢复处置司为主，甚至会直接转交给恢复处置司。

偿付能力、资金运用在宏观整体上的监测分析职责交给统计司，日常管理由财产险、人身险两个机构司分别去做。关系法人层面的重要制度，如股权和公司治理、偿付能力、保险资金运用，分别放在公司治理司、法规司。

按照这样的设置，以后保险业的机构和业务审批，从资本管理、业务经营到资金运用各个板块的经营规则，必将更加清晰、一致、透明，可以预见会降低制度性

交易成本，减少协调掣肘，为保险公司规划自己的经营发展带来更多的确定性。

在一个不确定的时代，这种确定性的输入，为变化的市场带来熵减的效应，让市场预期更稳定，这是非常宝贵的。

二、优化监管机构内部机制流程：强化功能监管部门的制约作用，减少机构监管部门对机构的全面掌控

比较同批改革的中国人民银行、中国证监会，其职能和机构只是微调。而金融监管总局的职能定位、工作理念发生深层次的调整变化，随着时间的推移，这种变化的影响会越来越明显。

从公开文件看，机构改革的核心指向，在于强化功能监管部门的制约作用，相对减少机构监管部门对一家机构"从生管到死"的全面掌控，会在监管部门内部形成一定的制约。

银保监会一直实行以机构监管为出发点和职责归属的内部分工，而原保监会的架构则以功能监管为主要维度。这种模式，在保险业造成资产端、负债端的割裂，审慎监管、行为监管的摩擦，以及准入前后"两张皮"。

银保监会这5年，保险条线历经多次微调，基本落实了机构监管理念、分工、方法和流程，大大增加了监管工作责任的"压强"。主监管员对接一家或者几家保险机构，建立全面持续的业务工作档案，掌握一家机构的整体情况，对其经营发展和风险敞口、走势作出总体判断，牵头开展风险评级和采取措施。

这一制度设计的本意是，如果机构出了问题，监管失查失职，能够倒查责任，准确地把"板子"打在责任人的身上。6年前全国金融工作会议提出"有风险没有发现就是失职，发现风险未及时提示和处置就是渎职"，意正在于此。这是对监管者监督的达摩克利斯之剑。

但是，近几年行业风险迭发，这种模式受到质疑。特别是有观点指出，机构监管容易产生腐败，甚至有一些不法商人、违规机构会对相关岗位"精准打击""捕获监管"。中央纪委网站也发文指出，消除金融风险背后的监管腐败，要"从破除监管者和被监管者利益链入手"。

一些保险公司出现重大问题后，社会舆论甚至都已沸沸扬扬，而监管部门迟迟

未能跟进有力措施，也没有在报告报表上反映。比如，多家人寿保险公司被大股东套走大量资金用于房地产行业，造成巨大的风险损失，引发人们对机构监管专业度、可靠性的反思。

改革就是奔着问题去的。机构监管的工作链条成熟清晰，关键点是准入审批、非现场监测、现场检查、风险处置四个环节。金融监管总局新设金融机构准入司、机构恢复与处置司掌握"生死大权"，把单体机构的准入、销号退出从原来的部门拿走，检查局、稽查局则根据分工开展检查。对机构的监管强调全周期、全流程，但内部对权力清单进行切割，在流程上咬合衔接，同时相互制衡监督。

借用警察维护公共安全的概念来说，准入司是"户籍警"，管"新生儿"落户；财产险、人身险等机构监管部门是"治安警"，平时借助"朝阳群众""监控摄像"掌握动向，必要时上门走访，小问题敲山震虎，有困难嘘寒问暖；检查局是"全科医生"，没事给你做个体检，手里拿着体温计和传感器，几年轮一次，大家排队来，让大家保持强身健体的意念、大病早治的准备；如果机构处于高风险状态，那就转入稽查局、打非局，这是"刑警"，专门查大案，查钱、控人、管账，不行就采取更强硬的措施，恢复处置相当于送进"ICU"，各种法律、财务手段全给上。

三、监管工作理念升级：坚决消除监管空白和盲区，摒弃"父爱情结"，重掌银行保险立法职责

这些职能的调整和新增，背后是怎样的考虑？可以用四句话概括。

一是"全覆盖、无例外"——一些游离在监管之外的"类保险""准保险"活动，以及跨金融市场领域的钻空子行为，将会得到规范治理。

正如金融监管总局局长在陆家嘴论坛上提到的，"坚决消除监管空白和盲区……真正实现监管'全覆盖、无例外'……持续整治金融市场乱象"。这次机构改革的精华，就蕴含在短短这一段话里。

长期以来，"谁审批、谁负责"一直是金融监管的不二法则。某种程度上，这也意味着各部门各扫门前雪，可以主张"我没批，我不管"。

中央金融工作会议提出"所有金融活动全部纳入监管"，而6年前的官方口径还是"所有金融业务都要纳入监管"，这种文字调整可不是无关紧要的细微差别。

金融监管的范围得到扩大,而这些扩大的职权主要赋予了金融监管总局。

前几年,P2P 成为没人领养的孩子,野蛮生长。根据中国互联网金融协会的数据,共有 5272 家 P2P "爆雷" 跑路,造成 1200 多万人约 1.5 万亿元的损失。

在保险市场,全网出现了 120 多家网络互助,会员累计达到数亿人,资金池一度非常庞大,最终也是一地鸡毛,黯然退场。

还有,一些保险公司运用信用保证保险的增信作用,将自己做成了信贷中介人,用来抵押的房子、车子根本就是子虚乌有,承担了巨大的信用风险,甚至不止一家保险公司一次"爆雷"就压垮偿付能力。

在一些地方,"风险统筹"大行其道,借用保险概念和业务形式,形成了不正当竞争,也没有得到彻底解决。

可以想见,随着金融监管总局职责落地,一些游离在监管之外的"类保险""准保险"活动,以及跨金融市场领域的钻空子行为,将会得到规范治理。如果雪球仍然越滚越大,金融监管总局按照"既管合法又管非法"的授权,"对涉及跨部门跨地区和新业态新产品等非法金融活动,研究提出相关工作建议,按要求组织实施",将会断然出手。

创新与伪创新,创造价值与市场套利、规避法律的分野,将会越来越清晰。在一项新事物诞生之初,可以观察,可以放进"监管沙盒",让子弹飞一会儿,但法外之地,定是行之不远。

二是"重防灾,快救火"——在机构改革后,监管部门将不再有什么"父爱情结",不怕揭短亮丑,而是以更主动的姿态防止风险敞口扩大。

纵观保险业出现问题的机构,有的属于一股独大,大股东或者实际控制人掏空资产,有的则因为股权分散,产生内部人控制。一边积累问题,一边做大山头,之后甚至反制、要挟监管,使监管部门在处理问题时考虑系统性风险而投鼠忌器。

中央金融工作会议提出对风险"早暴露、早处置",而之前金融监管部门对外的官方口径是"早发现、早处置",显然是有针对性的。

可以预见,在机构改革后,监管部门将不再有什么"父爱情结",不怕揭短亮丑,而是以更主动的姿态防止风险敞口扩大,在拿准之后就采取具有强制力的硬核措施,"及时阻断风险蔓延"。

三是"强监管、严监管"——检查局、稽查局"查案",处罚局"审案",形成"流水作业",实现了"武力叠加"。

从网络披露的信息可见,在增配职能的同时,金融监管总局更加兵强马壮。不妨对比一下:金融监管总局人员超过中国人民银行、中国证监会,达到 900 多人,而其他部委一般在 300—600 人,可见国家对金融的重视及对金融风险防范的高度关注。

特别是,在检查局之外,又成立了稽查局、稽查总队。参照中国证监会稽查总队 170 人的配置,金融监管总局的人员只会多、不会少,检查人员数量料将翻番。

保险业处罚罚没款已经连续两年超过 3 亿元,预计 2023 年会再创新高。随着改革落地,监管部门拥有 4 个检查局,借鉴中国证监会的经验,还成立了行政处罚局,从人员配备和工作机制上,体现了"重拳惩处严重违法违规行为"。

四是"立规矩,抓执行"——历经 5 年之后,银行保险立法的职责重新回到了金融监管总局;立法权和事权需要般配对应,才能保证质量。

金融监管总局"三定"方案规定,"拟订银行业、保险业、金融控股公司等有关法律法规草案……制定银行业机构、保险业机构、金融控股公司等有关监管制度"。这是一个很大的调整。不妨对比一下 5 年前银保监会"三定"方案的提法:"参与起草银行业和保险业重要法律法规草案以及审慎监管和金融消费者保护基本制度。起草银行业和保险业其他法律法规草案。"而中国人民银行当时负责"拟订银行业、保险业重要法律法规草案和审慎监管基本制度"。

本来是参与,现在是主导。历经 5 年之后,银行保险立法的职责重新回到了金融监管总局。这一调整说明,主政者考虑到立法权和事权需要般配对应,才能保证质量。

这或许意味着,学界和业内呼吁已久的核心法律法规的修改将会加快,甚至可以预见,保险市场长期发展的关键领域,法律基础会从无到有、从薄弱走向稳固。比如,新型险种、业务的地位,保险合同领域久拖不决的适用难题,保险资金运用体系芜杂的问题等,应该会在更短的时间内得到解决。

监管改革已是明盘,市场发展迎来变局。合规为盾,凛遵正道,守稳求长。

金融监管机构改革未来5年深推演：保险资管或独立，车险中介大萎缩，市场入口持续封印

慧保天下　2023年11月27日

中央金融工作会议召开后，中央金融工委在11月3日第一次见诸公开报道，中央金融委在11月20日第一次亮相，全国人大罕见地公开发布对金融工作、金融国有资产管理的审议意见。这些，与国家金融监管总局的机构改革落地一起，构成了一幅不同层面、不同方位落实中央金融工作会议精神的图景。

顶层设计清晰可见，一种新的发展格局、监管思维也浮出水面。一言以蔽之，监管新航标是"五大监管"，行业新愿景是"五篇大文章"。打一个比喻，以"五大监管"之箭，射"金融强国"之标的。

本文从这些消息透露的"干货"中，抓取关键词、诠释关键信息，描绘"五大监管"，即机构监管、功能监管、行为监管、穿透式监管、持续监管思路，及其所预示的未来新5年保险业的轮回和破局。

一、机构监管进化：旧题新做，答案不同

"机构监管"一直是金融监管的主轴，更是微观审慎考虑的主要维度。核心工作按照对持牌机构的资格审批、检查处罚、监测评级、窗口指导展开。而功能监管、行为监管等理念，在理论上提出也就仅仅20多年的事。

所谓"强化机构监管"，就是分清每一类机构的市场定位，建立"上场踢球"资格和裁判"吹哨""亮黄牌红牌"的系列规则，划定清晰的跑道，让市场机制来

定优劣、决胜负。

预计今后几年，机构监管的主要看点有：

(一) 保险资管，迎来发展新蓝图

本轮改革机构监管领域的最大变化，当属保险资管公司划转，由资管司归口监管各类资管机构。而财产险司、人身险司，变成从委托方的角度开展监管，着重点放在保险资产安全和资金流动性上。

这一调整影响深远。可预期的是，理财、保险资管、相关信托产品的市场规则有望趋向拉平。首先破局的是在销售资质、购买门槛上，一些没有多少实际意义的单项规定会逐步统一，在内控要求方面也会出现一致化势头。

三大类资管机构（信托、理财、保险资管规模分别在 22 万亿元、27 万亿元、24 万亿元左右），体量上差别不大，话语权也不太悬殊，长远看，会形成统一的银行保险业资管机构，成为资管市场的有力竞争者，优势在于背靠的母体，是实力强大的资金方。

这对保险资管来说，是一个实实在在的好消息。这几年，由于市道低迷等原因，保险资管公司作为受托方，与保险公司投资部门之间存在角力，有的"母子关系"还比较紧张。资管业务在银行保险业内统一监管，头部保险资管公司可以朝着专业化、市场化的方向走，甚至实现股权多元化，不排除有的保险资管公司"解绑"关系，以更加独立的姿态参与资管市场。

这意味着，具有 20 年发展历史的保险资管业，将迎来重塑和提升的新机遇。有能力的机构将度过青春期，"长大成人"，赢得更大的市场机会。保险资管将出现大分化、大分流。

(二) 监管评级，成为监管核心工具

现在，银行业按照全国性地方性机构、城市农村等不同"出身"实行定位监管，不符合定位的跨区域业务，都会要求到期收回或者转让。反观保险市场，目前还没有一家真正的区域性公司、专业性公司，这是保险业发展的最大缺失之一。

除了小众化的非银机构，银行业基本建立了分类型分类监管和评级制度。目前保险业仅有保险资管公司建立了评级制度，这一制度还没有体系化，更缺少约束力。

预计保险集团公司、财产保险公司、人寿保险公司、养老保险公司等机构，将分门别类建立分类监管和评级制度。各类型机构的定位会更加明确，健康保险、养老保险公司进一步回归本位。

评级制度根据资本、资产、盈利、风险水平、机构定位和治理、管控能力，给出监管评价，并与机构和业务审批挂钩。分类评级之后，才谈得上对不同发展阶段、不同实力规模、不同管理水平的公司匹配差异化的政策。

（三）保险中介，迎来入骨入髓的整顿

本轮改革保险领域受冲击最大的，还是保险中介，整个保险中介市场预计面临新一轮的大清理、大整顿。

寿险业务经代渠道的管理还算规范，而财产保险特别是车险，估计会出现相当规模的萎缩。估计新的财产险监管司，会考虑改革以开票走费用为主业的经代机构，让整个市场的真实手续费水平下降10%左右。

二、功能监管重构：各环节制度走向统一，促进公平竞争

不同机构的同一类事项，应该使用同一套规则，减少市场套利、监管套利，这是功能监管的重点。保险领域有以下看点。

（一）市场入口，将会持续"封印"

严格新机构设立，避免市场供给过剩，成为监管的一种主导思路。未来很长一段时间，设立新的法人保险公司会更有难度。除了批准具有战略性、承担特殊任务的市场主体，预计很少再有增量变化。

背景也不复杂：地方政府主导国企设立的保险地方公司状态不佳，除了有特殊政策支持的极少数机构，经营能力和成果乏善可陈。民营保险公司在如入股资金来源、关联交易受到严格审查和限制后，助融资、加杠杆功能基本丧失，地产系公司整体溃败，降低了民营资本进入的兴趣。

新设法人机构、新的投资入股，将被置于严格穿透之下，排查到股东的最终受益人，并承担相应的责任。

（二）监管规则，进一步分离制定与执行

本轮改革，经营规则制定与执行监督进一步分离，保险业务经营、偿付能力、资金运用等监管制度，以后交给法规司统一负责制定，各机构司分头监督执行。

这样的设计，在业务端有利于财产保险公司、人身保险公司同时经营的互联网业务、短期健康险和意外险、政策性业务等制度实现统一。

在保险市场，原来最突出的问题是"线上线下"标准不一。互联网保险狂飙突进后，各家公司都通过设立或者收购保险代理经纪公司的方式，实现业务持牌的合规化，起码在形式上看，这个问题不那么严重了。

机构和高管人员的审批，统一到一个部门负责，保险公司从出资入股到发行资本等法人事务，将出现较大幅度的趋同。分支机构、高级管理人员的审批规则，在日渐明确的准入管理下会逐步完善。

三、行为监管迭代：统筹消费者保护下的新课题

有不少人对行为监管有误读，觉得就是消费者保护，或者还包括银行业的传统提法——"员工行为管理"。在基层监管部门，大家经常把行为监管理解为处理各种举报和投诉。

按照金融监管理论，除了金融消费者保护，行为监管还包括促进市场公平、合理、适度的竞争，维护市场交易秩序，取缔非法经营保险业务，增加市场透明度。行为监管贴近市场的最微观、最细节的层面，核心指向是交易双方都要公平、诚信。

保险市场行为的症结在于销售行为，金融监管部门几十年如一日关注销售误导，比如在银保渠道将不合适的产品卖给老年人，渲染保险可以"免债免税免冻结"，夸大产品的收益率。

对此，保险业有一系列复杂的投保提示、告知书、录音录像留存备查要求，销售流程很烦琐，实际效果并不好。有的实际上是一纸空文，有的很容易被规避，结果被一些职业投诉的"黑产"钻了空子，只要抓住一个环节上的疏漏，或者有意淡化、混淆的行为，就主张全额退保甚至更高的赔偿。结果，客单金额并不大的保险，成为消费过程最复杂、投诉纠纷最多的金融业务之一。

十几年前香港的"迷你债"风波，对今天的行为监管很有启发。因为美国的产品规则比较健全，这个产品在本土没有销售，却卖到了香港，引起轩然大波。

金融是强监管、重规则的市场，固然需要"猛药治沉疴"，但从长远看，市场末端的整顿难以"大力出奇迹"。必须从产品端做起，徐徐下手，最重要的是参照理财市场"卖者尽责，买者担责"原则，建立适当性管理制度，也就是设计合适的产品、以合适的方式、卖给合适的人，一条条捋顺，改变市场结构下层的土壤。

作为有着刚性兑付保障的金融产品，保险市场行为治理任重道远。新一版的行为监管模式，在金融监管总局统筹金融消费者保护之后，其变化有待观察。据透露，监管部门已不再公开发布保险消费投诉通报，避免引发一些负面效应，监管理念变化的影响还在持续。预计下一步将把投诉处理主动权更多地交给市场主体，建立具有民间性质的调解平台，监管退后一步，集中精力去发现共性问题，完善基础规则。

四、穿透式监管升维：大数据监测金融保险活动

最高层在 2019 年 2 月开展集体学习时提出，"管住人、看住钱、扎牢制度防火墙，运用现代科技手段和支付结算机制，适时动态监管线上线下、国际国内的资金流向流量，使所有资金流动都置于金融监管机构的监督视野之内"。可以说，这就是穿透式监管的终极目标。

最早的穿透式监管，是在证券基金领域"看穿"投资底层，掌握真正的资金投向和效益。后来这一概念范围不断扩大。

原来保监会的要求是，对上层层穿透资金来路到股东和实际控制人、控制权结构，对下穿透资产去向直到底层。这成为股权监管、关联交易管理和资金运用的思路，今天也不过时。在偿付能力二期工程中，对资产端偿付能力因子的提取也贯彻了穿透原则。

起初，因为调查权限和数据来源不足，更多地采用承诺书、质询函的方式，对机构施加压力。2017 年 3 月公开质询昆仑健康披露背后实际控制人，是最早的一次应用。

而今，穿透进一步升级为监管基本方法，穿透工具正在发生质变。监管已经拥有颗粒度最精细的检查分析系统，保险业的数据标准化程度快速提高。如果引入外

部的企业注册数据、纳税数据和反洗钱数据，基本可以覆盖金融交易的各个环节，对交易实质明确判断，对资金流动全流程追查跟踪。在现有技术条件下，甚至可以对接金融机构的生产系统，实时提取、分析、监测数据变动。同时，随着资管业务管理制度的逐步统一，底层资产会更加透明化。

今后的穿透式监管，不止是对股东股权、底层资产的透析，更是构建未来金融大数据应用的基础。全国人大在对金融工作的建议中提出，"实施在线、实时、动态的全覆盖综合监测监管""用大数据平台对融资规模巨大、资产负债率高的企业进行实时监测和综合监管"。通过金融数据监测经济温度变化和大企业经营潜在风险，是防风险的拔本塞源之策。在这个层面实现对保险资金运用和资产质量的全面深入监测，会是未来保险监管技术发展的重要方向。

五、持续监管贴身：从严基调的全面体现

持续监管来源于全周期管理的理念，对行业和市场的治理，需要从系统要素、结构功能、运行机制、过程结果各个层面进行全周期的统筹和全过程的监督。

这是第一次在最高层面提出持续监管的概念，颇有针对性。金融监管领域一度存在的权责不清、重叠监管和真空并存，不愿意主动去碰风险，出现大问题层层"往下推"施压、"往上报"卸责，发生涉众事件才开始灭火，不行就"一刀切"清理整顿，有的地方甚至出现"丑闻推动"，"传感器"成为摆设。

（一）持续监管意味着，一家机构从准入前开始，就对其生命周期发展变化、日常经营全过程实施管控，改变那种一批了事、野蛮生长的现象

举例说，很多保险产品设计多种费率因子和系数，投放后随意使用，审批备案失去把关作用。不少走偏门的产品，在备案审查的时候是难以预见的，之后在市场上通过投保人结构、产品组合退保率等数据才能检验成色，这就需要持续监管理念，对产品进行后续跟踪测评。

一些保险资金投资项目，特别是另类投资，在审批、报告、备案阶段看不出问题，所有的律师意见和财务报告都是做好的，甚至针对监管边界量身定做。如果没有后续的跟进，资产质量就无从保证。保险资金近年在非标投资上损失惨重，不只

因为本身非标投资比例高，在投后管理和监管上也是缺位的。

（二）持续监管意味着，监管的颗粒度会更细、更及时

举例说，对高管资格的核准，可能不只设定一个门槛，而是要介入履职行为，评价董事和高管的操守、能力，对在公司治理、业务批办过程中的个人责任进行关注和追究。美国司法部著名的"雅茨备忘录"认为，打击企业违规行为的最有效的方式就是追究应对企业违规行为承担责任的个人的民事甚至刑事责任；通过追究个人责任，使相关人员对自己的行为负责，鼓励企业改变运营方式，防止企业再次出现违规行为。这用在金融领域也是成立的。

（三）持续监管意味着，监管活动如影随形

严监管、防风险会是今后金融业的核心。但必须同时考虑，"法网"并非越密越好，"法网"过密不但加大成本，而且容易激发矛盾。

有效的政府监管，并不在于一味严厉，而在于确保违反制度的惩罚不可避免。这就是所谓"热炉效应"的境界：炉子火红，本身就是警示，违规成本是明示且确定的；只要碰到热炉肯定会被灼伤，有行为必有后果，最坏的市场就是大家都想钻空子捞一把、被查认作倒霉；碰到热炉立即就被灼伤，做了坏事马上惩处，不能有太长的时间差；不管谁碰到热炉都会被灼伤，规则不对某个参与者例外。

距离 2017 年的第五次全国金融工作会议，倏忽已过 6 年，外部环境、内部情况根本改变，市场也已物是人非。或主动求变，或被变化牵着走，现在已经能够听得见未来新 5 年保险市场变化的鼓点。

保险业灵魂之问：如何判断一家险企会否"爆雷"？

慧保天下　2023年12月5日

目前，我国已有200多家保险公司，在市场上的地位和发展阶段差别非常大。其优劣排名和发展好坏，到底什么指标最重要，谁的评价裁夺最权威？行业性组织、外界政府部门、评级机构都有自己的标准，这些评价哪个更重要，有什么样的市场表现会加分或减分？谁的打分更有公信力？

评级就是将复杂的专业数据转化为直观的等差序列，帮助市场理解公司，也便于公司对标市场同业。保险公司的好与差，什么说了算，业内得好好关注这件事。

监管部门的重要思路是设计一套评级制度，反映真实的经营和风险情况，对监管对象进行分类监管，促进市场资源有效分配。核心的理念就是三句话：有车就有辙，有树就有影；有多大本钱做多大生意；没有金刚钻别揽瓷器活。

2023年初监管部门工作会议宣布，"统筹推进保险公司回归本源……研究出台保险公司监管评级和分类监管制度"。国家金融监管总局成立后，《企业集团财务公司监管评级办法》成为"金规1号文"；信托业务分类后，新的《信托公司监管评级与分级分类监管暂行办法》已于近期公布。2022年至今已经发布5个分类监管办法（或征求意见），分类监管制度进程正在加快。

一、两大评价、三大评估：目前的评级制度有哪些

现在，保险业已有多维度、多信源的系列评级评价制度。具体说，是两大评价、三大评估。

保险公司经营评价，由保险行业协会操作。

保险公司服务评价，由监管部门的消费者权益保护局主导，核心是保险公司的举报投诉数量和处理情况。

偿付能力风险管理能力评估，这是中国的偿付能力体系。偿付能力监管体系下的分类监管，称为风险综合评级（IRR）。理念是风险导向、上下联动。偿付能力中不能定量的控制风险，监管部门发明了"风险管理要求与评估"，这就是"SARMRA评估"，在保险监管领域属于重大创新，以类似检查的方式驻场评估。

公司治理评估，2017年原保监会启动覆盖全部保险市场主体的公司治理现场评估，2019年这一制度被扩大到所有银行保险机构。财政部制定的《商业保险公司绩效评价办法》中，直接以偿付能力、风险综合评级等相关监管评价结果作为要素，其权威性得到了认可。

资产负债匹配管理评估（FLM）。其方法基本沿袭了SARMRA评估，相互之间也存在重叠。

现在的偿付能力体系有监管评级的雏形，风险综合评级是保险公司监管评级的"替代品"。但偿付能力充足率对标银行的"资本充足"，风险综合评级侧重于定性，只是偿付能力管理制度的"子项目"，公司治理分散在控制风险、操作风险以及其他要素之中，与其重要性不对应。而无论是发达市场还是新兴市场，无一例外，公司治理恰恰是风险的"命门"。

二、"救火队"变"预防队"：分类分级监管的意义何在

不同市场参与者、利益相关者，会从自身的立场和需求出发，以不同的视角去观察看待一家保险公司的优劣。股东"靠脚投票"，聚焦在估值、分红和发展前景；业内经理人念念不忘的是业务价值；消费者主要从微观角度体会产品性价比和服务质效；在广义的公司治理意义上，合作者、供应商、员工等会从利益视角，去作出自身的评价，有口皆碑、同业风评，这些正是社会监督的表现。

行业评级的导向是价值发现，监管评级的导向是风险前瞻。两者出发点不同，决定了其制度设计逻辑、指标引用、实施流程有交集，也有极大的差别。监管主要评价风险水平，其他的评价标准和手段应该交给资本市场、控制权市场、产品市场，由公司治理、市场交易的参与方发挥约束作用。

保险业只有保险资管公司建立了监管评级制度，2023年完成年度首次评级。现在，对机构监管强调预警和捕捉风险，管好市场入口。预计保险公司评级制度有望推出，分门别类实施监管差异化，体现新形势下的监管标准和导向。

过去，保险市场长期以来的主要任务是"治乱象"，这在金融监管的范畴内属于"行为监管"。"治乱象"的理念和措施，侧重点放在市场末梢，措施接近于警察上街"抓小偷"。由于这些年保险业风险分布的根本变化，"治乱象"治标不治本，按下葫芦瓢起来，落后于市场实际，逐渐变成了一场"无尽的游戏"。

监管评级的价值在于对风险的前瞻性、预见性，帮助监管部门从"救火队"变成"预防队"，划定赛道，清理积淤，确定规则，对"越轨者"亮黄牌、罚下场，把压力转移给赛场上的竞技者。这就是说，管好一家保险机构，着力点从行为监管转向风险导向的审慎监管。

对于审慎监管和行为监管的差别，一位英国经济学家说得很经典：审慎监管类似于医生，其职业习惯促使他们在发现病因后努力加以医治，重心不在对当事人的问责；而行为监管更像是警察，倾向于对违规行为立即处罚。

评级是最好的指挥棒，分类监管是评级的直接运用。这是微观审慎监管的基础。评级成为权威的制度，监管权威也就得以树立起来。

三、细数六个具体问题：监管评级的改进空间在哪里

保险监管领域早有一系列的评价、评估、分类制度，公司自评估、现场评估和监管复核等做法也完善起来。那么，为何还要提出"研究出台保险公司监管评级和分类监管制度"？显然不是因为制度空白，而是因为现行办法不好用、有时不管用。

监管评级的核心价值，应该是风险的透视镜。但现在的制度执行效果，有时候并没有观察到、管住风险，特别是重大的机构经营问题，规则散而多、割裂散乱、重复交叉。众多单一领域、功能性的评价评估，还不算是真正的、全面的评级制度。

制度太多、指标太多，出现了"手表定律"。当你有好几只手表的时候，就很难说出准确的时间，别人问你的时候也难以回答。有时候"手表"显示的是不同"时区"，都很难说出它的对与错。要想管用，必须创设一个统摄性的权威制度，把所有的问题放在一个框架里，用一套规则去检视。

在美国，多个监管部门是根据不同的法案设立的，职权上存在交集，监管体系纷繁复杂，一家银行要接受多个监管机构的不同要求。1979年，5家监管机构联合设计"骆驼"银行评级标准，统一使用这一体系对商业银行进行评估，这被公认为金融监管走向风险为本的开始。1996年起，所有银行实现在统一标准下进行评级。

具体来说，监管评级的制度设计、组织实施、结果使用三个环节，可能会出现以下问题。

（一）评级权威性问题

风险导向没有体现出来，搞成"大而全"，掌握诸多第一手信息和大量数据的监管部门有时在判断机构风险上落后于市场，落后于舆论风评。有的评价被作为单纯的工作手段，没有依据整体综合监管的需求去操作。分类监管制度架设在偿付能力体系当中，不能作为完整的评级制度使用。

（二）监管导向问题

有的制度带有当时的主观臆断，出台后并未真正落地，大而无用导致资源浪费。目前还在实施的《保险公司经营评价指标体系》，规模类指标占30%，保险公司扩大资产规模就可以多得分，明显不再合适，甚至会得到与实际要求相悖的结果。

（三）应用场景问题

银行评级广泛关联着同业市场地位、准备金、央行再贷款、市场信誉和公众信心。保险公司除了偿付能力在外界有一定影响，其他还不为公众所熟知，同业也不太关注。评价结果缺少具体实在的结果应用，不与牌照、业务资质挂钩，仅仅体现导向方面的软约束，发挥的作用有限。

（四）指标设计问题

好的指标体系一定要选关键的、有用的，保证说明力、解释力，同时如果颗粒度不够，不能拆包，就很难去分析"事故"背后的"故事"。有的评价指标位阶层级混乱，评级符号不统一，有的只有A、B、C、D四个等级，细分不够。指标设计过多过繁，导致相互抵消吸收，最终大家都差不多。现在多数评级结果明显是"肚子鼓、两头尖"的分布，合理区分不够；一些指标需要保险公司报送，数据源的真实性、客观性存疑。

（五）重复评价问题

资产负债匹配本来就是偿付能力管理的核心工具，公司治理相关情况在偿付能力、资产负债匹配等评价里也有包含。评价评估太多，部分内容重复，造成保险公司"迎评"负担重的问题。

（六）组织开展问题

偿付能力风险管理能力评估现场3年周转一次，市场环境往往发生变化，中小保险公司经营状态更是可能出现很大的转折。有的结果公布太晚，失去时效性，结果与实际市场评价存在反差。现场评分与非现场评分效果不同，评估人员标准不一，定性因素波动过大。频繁打分也让大家基本掌握了"题库"，如法炮制，采取应付措施，评分水涨船高，科学性、甄别精度、可验证性也值得观察。

出于舆情风险、避免不当引用的考虑，评价结果对外公开有限，可能只对保险公司内部人员的考核产生影响，无法更好地形成有力的市场约束。

四、借鉴应用：金融机构的评级制度什么样

分类监管是老生常谈，各级监管部门都有一些不同的分级分类制度。

银行评级对银行极端重要，关系同业市场的资金融入价格、相关资质的获取、存款保险费率等。2006年原中国银监会实施商业银行监管评级，这是国内金融机构评级制度的开始。后来央行于2010年开展现场评估，2016年差别准备金动态调整、合意贷款管理机制"升级"为宏观审慎评估（MPA），本质上也是一种评级。央行金融机构评级则起源于存款保险评级，最早是为了确定存款保险的差别化费率。三大评级侧重点有所不同，部分指标也有重复。

商业银行监管评级，分为6级12档（其中2—4级细分为A、B、C三档），内容包括资本充足（15%）、资产质量（15%）、公司治理与管理质量（20%）、盈利状况（5%）、流动性风险（15%）、市场风险（10%）、数据治理（5%）、信息科

技风险（10%）、机构差异化要素（5%）。

金融机构评级，分为11级（1—10级加D标识），内容包括公司治理、内部控制、资产管理、资本及其管理、流动性风险、市场风险、盈利能力、信息系统、金融生态。数理模型从资本状况、资产质量、预期损失抵补能力、盈利能力、运营效率和经营规模6个方面客观评估金融机构的经营水平和风险状况。专业评价采用5套打分卡，包括公司治理、内部控制、资产质量、资本管理、流动性管理、市场风险、盈利能力、信息系统、金融生态环境等模块。

宏观审慎评估，分为3档，内容包括资本充足率和杠杆率、资产负债率、流动性状况、存款定价行为、信贷资产质量、跨境融资风险、货币信贷政策执行情况。

比较小众的银行评级还有两项：

商业银行分行特别是外资机构，一般使用"ROCA＋S"评级系统，从风险管理（RiskManagement）、营运控制（OperationalControl）、合规性（Compliance）和资产质量（AssetQuality）四个方面分别评估分行经营管理状况，并结合总行支持度（SOSA）调整，确定对银行分行的综合风险评估等级。

主发起行履职评价，一些部门使用了克罗尔（CLORE）履职评价体系，分为公司治理（C）、流动性支持（L）、运营支持（O）、风险防控（R）、履职效果（E）。

信托公司的评级，分别是党建、信托文化、社会责任19分，资本实力21分，风险管理能力35分，服务与发展能力25分。

刚刚实行的财务公司评级，分别为功能定位（15%）、资本管理（10%）、公司治理（20%）、风险管理（30%）、信息科技管理（10%）、集团经营与支持（15%）。

从银行业的监管评级中，可以窥见评级制度的一些共性问题，比如重复评价、标准不一等，也能看见未来监管评级制度导向的一些影子。

五、优劣谁来定，好差岂无凭：评级结果能否成为市场"通行证"

保险业的市场主体在经营差异性上大于银行，对其进行分级分类，至少要区分财产保险、人寿保险、养老保险、资管公司、集团公司5个种类，进行差异化的评价。

新的分级分类制度，可行路径是对各种评估评价进行统筹整合，方向是综合、集约、简并。将监管评级制度作为监管行动的总把手、总牵引，其他评价侧重于督促改进，实质意义不大的可予废止。首先可以统一"公共科目"，重新定位各个评级评价项目，减少重复评价的情形。

理想状态的评级制度，必然集正向激励和负面评价于一体，体现客观、公开、透明，过程可追溯，大多数问题可量化，质量可评价。最重要的还是管用，提供采取措施的依据，明示改进的方向。

科学设置评级标准，一方面要克服数据指标的局限性，另一方面要减少监管人员的主观偏离程度。在一些评级中特别要避免"分解谬误"，大家都看到树叶，却看不到森林，各种指标累积加总，最终却没有还原真实状态。数量型的评分设计则要防止"断崖效应"，实事求是地反映风险状况。对一些核心指标，还要考虑反规避，防止"指标越重要越没有用"。

分类监管是监管评级制度的自然延伸，两者是浑然一体、延续承继的。

评级结果的运用，需要统筹社会承受度、机构经营稳定，缓慢调理。面临困难的公司往往需要在发展中解决问题，越有问题的公司越要动起来，否则会陷入恶性循环。风险是客观存在的，适度的风险也是市场活力所在。有效的监管将危害降低，特别是避免传染性。

最重要的是落实相称性原则，从保险机构的规模、复杂度、数据真实程度出发，根据风险产生的原因、等级匹配监管强度，实施合适的奖励或惩戒。对结果，适度公开，"扬善于公堂"，确立良好标准；"规过于私室"，加强整改和风险控制。这对"优等生"从业务品种、准入、投资资格到发债、资产认可，产生显著的正面影响，"差生"也会明确补短板的努力方向。

权威的监管评级应该是最有效的市场符号，成为修补市场失灵的关键工具。作为保险机构，就是主动对标监管评级，找到自己的能力圈，在市场丛林中确保自己的有效射程，活下来、活得好。

第三部分

公司志·人事流转深蓄力

  2023年是疫情后险企努力重整旗鼓的一年，头部机构却出人意料地出现了多起人事变动，包括中国人保、中国人寿、中国平安、中国太保、中国太平等。背后的原因多种多样，年龄的因素、反腐的因素，甚至舆论的因素都在影响人事的排兵布阵。放在行业大转型的当下，这样的人事变动又有了新的意味——在踟蹰一年后，转型思路已然明确，转型成效也开始初步显现。

王廷科出任人保集团党委书记，赵鹏出任党委副书记

慧保天下　2023年4月21日

4月21日下午，人保集团官网发布消息，中国人民保险集团股份有限公司召开干部会议，中央组织部有关负责同志宣布了中央决定：王廷科同志任中国人民保险集团股份有限公司党委书记。

这意味着，在履行完相关手续后，王廷科将出任人保集团新一任董事长。新的悬念则是，谁将成为下一任人保集团总裁。

7月1日下午，人保集团官网发布消息：受中央组织部领导委派，中央组织部有关干部局负责同志出席中国人民保险集团股份有限公司领导干部会议，宣布中央决定：赵鹏同志任中国人民保险集团股份有限公司党委副书记。

这意味着履新国寿集团副总裁、国寿寿险总裁仅1年的赵鹏，不出意外将出任人保集团新一任总裁。

一、王廷科出任人保集团党委书记

王廷科的履历非常丰富，横跨学界、银行业、信托业和保险业，是有着多重金融从业经验的复合型人才。

公开资料显示，王廷科出生于1964年10月，现年59岁，山东平度人。1988年毕业于西安交通大学经济金融学院（前身系陕西财经学院），获得学士学位；1991年、1995年先后毕业于原陕西财经学院货币银行学专业，分获硕士、博士学位。

据相关报道称，王廷科师从中国银行信贷管理学科奠基人、中国传统金融向现代金融转变研究的集大成者江其务教授，与银保监会原副主席王兆星、证监会原副

主席庄心一等师出同门。

在进入金融行业之前，王廷科曾在哈尔滨高等金融专科学校任教，在学术方面有所积淀。

不久后，其进入银行领域历练，先后担任过中国光大集团股权管理部总经理、光大永明人寿董事、光大银行太原分行行长等职务。

2014年，时任光大集团股权管理部总经理王廷科，成为光大兴陇信托筹备组组长，并于当年12月兼任公司总裁和党委副书记。在完成光大兴陇信托的重组工作之后，王廷科辞去光大兴陇信托总裁一职，投身于保险行业。

王廷科进入保险业后便直接进入中国太平。2015年，王廷科南下香港，担任中国太平副总经理和中国太平集团（香港）副总经理，同年5月起兼任太平养老险公司董事长。

2018年7月，王廷科辞去中国太平相关职务，加入中国信保，出任中国信保党委副书记、副董事长和总经理一职。

直到2020年4月，人保集团发布公告称，中共中央决定，王廷科出任人保集团党委副书记；7月24日，银保监会核准王廷科担任公司总裁一职。在人保集团的3年时间里，王廷科先后搭档两位董事长。

二、国寿寿险总裁赵鹏出任人保集团党委副书记

赵鹏系"70后"，出生于1972年4月，山东人，1995年毕业于湖南财经学院（2000年并入湖南大学）精算学专业，获经济学学士学位。

毕业之后，赵鹏即进入国寿系统，先后出任财务部总经理助理兼资金管理处处长，财务会计部总经理助理、副总经理、总经理，财务部总经理。2014年，曾出任国寿浙江分公司副总经理（省分公司总经理级），2015年任分公司总经理。2017年10月，升任国寿寿险总裁助理，分管银保、团险和健康险部门，后升为副总裁，2019年7月出任国寿集团财务负责人。

2020年，赵鹏出任农发行党委委员、副行长，成为保险业少有的向银行业输出的专业人才。

两年后的2022年7月14日，中国人寿保险（集团）公司官网宣布赵鹏出任集

团党委委员；之后，赵鹏出任国寿集团副总裁一职；不久又出任国寿寿险新一任总裁至今。

赵鹏在国寿系统内长达25年的工作经历、在政策性银行的跨界经验，以及其"70后"的身份，都被认为是其被任命为国寿寿险总裁的加分项。

在国寿寿险2022年的业绩发布会上，赵鹏曾表示，公司在2023年已经确定了18字经营策略——稳增长、重价值、优结构、强队伍、推改革、防风险。此外，为加快重点领域的改革深化，在过去"鼎新工程"基础上，中国人寿寿险公司还在2022年底正式提出了"八大工程"，即党建引领筑基工程、人才建设固本工程、销售渠道强体工程、综合营销聚力工程、客户经营金山工程、政企合作民心工程、健康养老生态工程、金融科技数字化工程。

其中，赵鹏亲自挂帅推动"健康养老生态工程"，显示了对这一工程的高度重视。按照其规划，希望通过1—2年时间，能够在20—30个中心城市形成养老服务的供给能力，以优质的大健康、大养老服务更好地去满足客户需求，服务好客户，助推业务发展。

三、巡视"回头看"成当下首要任务，"王廷科＋赵鹏"新组合值得期待

距离2月17日人保集团官宣前董事长辞职已经过去了两个多月的时间，告别当时的纷扰，步入发展新阶段，对于新任党委书记王廷科来说，当下的首要任务无疑就是已经开始的巡视"回头看"。

3月27日，全国巡视工作会议暨二十届中央第一轮巡视动员部署会召开，宣布新一轮巡视将对五大中管金融企业党委开展巡视"回头看"，人保集团成其中唯一的保险企业。

紧接着，人保集团党委开展巡视"回头看"工作动员会召开。根据公开资料，在巡视工作动员会上，中央第五巡视组组长杨正超强调，要聚焦"一把手"和领导班子，聚焦权力和责任，深入检查金融单位落实上一轮巡视整改要求的实际行动和成效，从强化党中央对金融工作的集中统一领导、强化金融风险防控、强化全面从严治党的氛围、强化领导班子队伍建设、强化改革政治担当等方面整改落实情况，

推动解决金融领域存在的突出问题，以履职尽责的实际行动坚定拥护"两个确立"、坚决做到"两个维护"。

中央巡视组将在人保集团工作两个半月左右。根据巡视"回头看"工作要求，中央巡视组主要受理反映人保集团党委领导班子及其成员、下一级党组织领导班子主要负责人和重要岗位领导干部问题的来信来电来访，重点是关于巡视整改方面问题以及违纪违法问题的举报和反映。其他不属于本次巡视受理范围的信访问题，将按规定由中国人民保险集团股份有限公司和有关部门认真处理。

进入2023年，人保集团已发生几起重大人事变动：一是原董事长罗熹辞职，二是原总裁王廷科成为新一届董事长，而如今赵鹏调任党委副书记。

好在，最重要的人事调整如今已经到位，党委书记、董事长王廷科，党委副书记、拟任总裁赵鹏的最新组合，能给人保集团带来什么样的改变，值得关注。

2022年，人保集团实现营业收入6208.59亿元，同比增长3.9%，归母净利润244.06亿元，同比增长12.8%；总资产1.51万亿元，同比增长9.6%。

在投资收益方面，受到市场波动影响，2022年，人保集团总投资收益552.65亿元，同比下降12.4%。具体来看，人保集团总投资收益率为4.6%，较2021年同比减少了1.2%；净投资收益率5.1%，同比增长0.3%。

这种好势头俨然已经延续到了2023年，根据上市险企发布的第一季度保费数据，4家有同比数据的保险集团中，人保集团增速最快，达到7.47%，而同期，平安集团、太保集团、太平集团增速分别增长5.55%、3.85%、3.32%，人保集团再度领跑。

2022年，是人保集团实施卓越保险战略的第二个完整年度，原董事长辞任后，人保集团会否继续推进卓越保险战略引发市场高度关注。

对此，王廷科曾表示，"2022年，人保集团取得了较好的成绩，这也充分体现出卓越保险战略的正确性和它的有效性，并也经过了集团党委集体研究和董事会审议，符合当前保险业发展和人保集团的战略布局。未来将持续发展卓越保险战略，同时也会针对一些具体的策略进行动态优化控制研究，更有效地科学推进战略实施"。

国寿寿险新任总裁花落利明光，3月内两度调任，服务27载精算一哥担重任

慧保天下　2023年8月1日

近期，原国寿集团副总裁、国寿寿险总裁赵鹏调任人保集团总裁后，谁将接替其出任国寿寿险这一国内头号险企就成为业界最为关注的事项之一。

如今，结果出炉，国寿集团党委委员、副总裁兼国寿投资董事长利明光将出任该职。据悉，8月1日下午，利明光已被任命为国寿寿险新一任党委书记，预计在经过相应程序以及监管批准后，其将正式出任国寿寿险新一任总裁。

这是短短3个月时间以来，利明光第二次重要的职务变动。上一次是在5月初，利明光从国寿寿险副总裁、总精算师之位晋升集团副总裁兼国寿投资董事长，跻身中层管理干部之列，实现了个人职业生涯的一大跨步。没想到的是，3个月之后，其又获得新的任命，执掌国寿集团旗下最为核心的子公司。

一、服务国寿27载，利明光拟任寿险总裁

从子公司副总裁，到集团副总裁，同时兼任国寿投资董事长，利明光通过上一轮晋升就已经正式步入中层管理干部之列，而如今，其又将执掌国寿寿险。

长期担任寿险业头部机构国寿寿险的副总裁、总精算师，利明光在业界成名已久，其出生于1969年，现年54岁。

公开资料显示，利明光最早学的是计算机，1991年毕业于上海交通大学，获学士学位；后专攻精算，1996年毕业于中央财经大学，专业是货币银行学精算方向，获硕士学位；2010年获清华大学EMBA。目前拥有中国精算师（FCAA）和英国精算师（FIA）资格。

1996年硕士毕业后,利明光即加盟中国人寿,投身保险业,历任公司精算部主任科员、副处长、处长、部门总经理助理(后期主持部门工作)、部门总经理、公司精算责任人;2011年,一度赴美国宾夕法尼亚大学学习;2012年3月起,就开始担任国寿寿险总精算师,同时兼任国寿养老险总精算师。

此后,利明光担子渐重:2014年起担任公司党委委员、副总裁;2017年4月起,兼任公司董事会秘书;2019年8月,当选公司执行董事,进入董事会。

进入中国人寿工作27载,利明光先后分管产品、精算、电子商务、董事会办公室等多个部门的工作,一度还曾担任公司发言人。但无论角色怎样变化,其自2012年至2023年整整11年时间,一直担任国寿寿险总精算师一职。

从1996年至今,也正值中国寿险业高速发展,从模仿海外到逐步摸索建立符合自身市场实际产品体系乃至发展模式的最为波澜壮阔的岁月,而利明光作为国寿精算的灵魂人物,长期从事产品精算工作,亲身经历了国内保险业拓荒起步、初级发展、市场高速发展以及转型升级的各个阶段。

其在任职期间,主导了国寿寿险一系列的产品创新,如2008年推出首款长期护理保险产品;2017年首次设计开发了"全家福团体医疗保险",向家庭成员提供保险责任和保障程度均可共享的中端医疗保险产品;2019年与CBA(中国男子篮球职业联赛)合作开发国内首款针对职业运动员的失能收入损失保险产品,开创了国内职业体育保险业务的先河……同时,其坚持强化资产负债管理理念,将"久期管理"开创性融入产品设计中,持续加强对中长期利率走势的研判,平衡成本与收益的合理关系,切实从源头上管控风险。

因为国寿寿险特殊的市场地位,以及利明光自身过硬的专业能力,在公司内部推动一系列革新的同时,利明光在行业层面也参与了一系列重大制度设计、研究工作。我国第一套人身保险行业重大疾病经验发生率表编制项目、第三套经验生命表编制项目、首个保险业意外险经验发生率研究报告、"偿二代"下内含价值评估标准项目等,以及税优健康险、税延养老保险、银保监会普通型人身保险精算规定修订等相关领域政策的研究制定等,他都作为核心人员参与这些项目。

资料显示,利明光曾担任中国精算工作委员会首届主任、中国精算师协会第一届和第二届秘书长、第二届中国保险业偿付能力监管标准委员会顾问,现担任中国精算师协会常务理事、副会长、全国保险专业学位研究生教育委员会委员、中国保险学会第八届理事会特约理事、保险行业资金运用风险评估专家委员会委员、中国保险资产管理业协会第二届资产负债管理专业委员会副主任委员。

二、下半年、明年继续高增长成首要难题

2023年上半年，人身险业在多重因素加持下迎来强反弹：一方面，上半年人民币存款增加20万亿元，创下新高；另一方面，房地产、银行理财、基金等市场持续不振，叠加利率下滑等因素，进一步激发了人们投保刚兑、稳健收益的保险产品的热情，"预定利率3.5%产品即将下架"的消息更进一步激发了人们"炒停售"的热情。

1—6月，保险业原保险保费收入3.21万亿元，同比增长12.55%，其中人身险公司原保险保费收入2.33万亿元，同比增长13.83%。

受此影响，国寿寿险上半年实现快速增长，原保险保费收入4702亿元，同比增长6.9%，其中，6月单月原保险保费收入716.00亿元，同比增速更是高达18.35%。

人身险公司保费高增长带来了极为乐观的预期，代理人收入显著提高，又进一步激发了做大团队的欲望，最为核心的个险渠道发展有了显著改善。

有券商认为上市险企的新业务价值将因此显著改善，其预测的上半年新业务价值增速均达到了两位数以上，为近年来所罕见，其中，国寿寿险新业务价值同比增速更是达到了10.3%。

然而，对于利明光而言，上半年的良好表现，无疑会在一定程度上加大其下半年的业绩压力，因为下半年的不确定性已经显著增强。

7月31日之后，所有预定利率3.5%的产品均已下架——告别预定利率3.5%时代，不仅意味着产品的更迭，还意味着相对竞争力的下滑、销售难度的增加等，如何积极应对新环境，在上半年快速发展基础上继续稳步向前，成为所有人身险企的当务之急。

同时，2023年的高增长、高基数，还会给2024年上半年的业绩增长带来新的压力。

当然，这些考验不仅是针对国寿寿险，而是针对所有人身险公司。

平安联席 CEO 陈心颖离职，郭晓涛接任；龙泉任平安产险党委书记，孙建平任集团首席人力资源官

慧保天下　2023 年 9 月 28 日

2023 年 9 月 27 日，中国平安发布重磅高管变动公告，宣布集团联席首席执行官、常务副总经理陈心颖因个人及家庭原因离职，这意味着，包括姚波在内，年内，中国平安已有两大联席 CEO 相继离职，只有谢永林没有变化。

中国平安同时宣布聘任郭晓涛出任中国平安联席首席执行官，将负责主导平安"医疗养老"战略及科技业务相关战略，同时分管保险事业群及相关成员公司。这意味着，继续推进平安寿险改革的大棒将正式交给郭晓涛。接替郭晓涛出任集团首席人力资源执行官的，则是老将——平安产险董事长孙建平。

9 月 28 日中国平安再爆重磅人事变动：任命汽车之家董事长兼首席执行官龙泉出任平安产险党委委员、书记，在经过公司董事会同意和国家金融监督管理总局核准后，龙泉将接班孙建平出任平安产险董事长兼 CEO。

值得注意的是，郭晓涛曾长期供职于外资咨询公司，进入中国平安不过 4 年时间，5 个月前，其刚刚被任命为集团的首席人力资源官；5 个月后，又火箭式升职集团联席首席执行官。

孙建平服务中国平安 35 年，主政平安产险也接近 13 年，已超退休年龄。为顺利交班，2022 年就已经开始进行铺垫：先是任命史良洵升任总经理，如今，接任集团首席人力资源执行官，又任命龙泉为党委书记。

一、郭晓涛履新 5 月又升职，将分管保险事业群

保险业界人士对于郭晓涛并不熟悉。据公开资料，郭晓涛，1971 年生，获得西安交通大学信息与控制工程学士学位、澳大利亚新南威尔士大学工商管理硕士学位。在加入中国平安前，郭晓涛曾任波士顿咨询合伙人兼董事总经理、韦莱韬悦资本市场业务全球联席 CEO 等职。

中国平安表示，郭晓涛长期在国际顶级顾问公司任职，拥有丰富的大型金融、医疗集团战略转型升级、数字化运营及改革、科技创新等领域的丰富经验。

2019 年 9 月，郭晓涛加入平安，曾任平安产险董事长特别助理、副总经理、平安产险常务副总经理等职。2023 年 4 月底，其接替蔡方方出任集团首席人力资源执行官，结果不到 5 个月时间，直接升任集团联席 CEO。

在平安工作期间，他牵头推动产险全面数字化转型、集团人力资源经营改革及制度化建设等重要工程。

对于他在这期间的工作能力，中国平安在公告中予以高度赞扬："展现出优秀的战略领悟力和规划能力、执行力和责任担当，工作卓有成效，是集团重点培养的复合型高级潜力干部。"

目前，平安正在持续深化"综合金融＋医疗养老"战略发展，郭晓涛出任集团联席首席执行官，将负责主导平安"医疗养老"战略及科技业务相关战略，同时分管保险事业群及相关成员公司。这意味着，继续推进平安寿险改革的大棒将正式交给郭晓涛。

郭晓涛的担子并不轻松。上半年，在多重利好因素影响下，人身险市场打了一个漂亮的翻身仗，无论是代理人产能还是公司新业务价值等核心指标均显著改善，但这样的改善是建立在 2022 年同期的低基数，以及 2023 年上半年的多重利好因素，尤其是"炒停售"基础之上的。面对下半年乃至 2024 年的政策变化、市场环境变化，市场普遍预测，人身险公司很难继续保持上半年的高速增长。

二、加盟 10 年，陈心颖终因个人及家庭原因辞职，称马明哲为"恩师"

有关陈心颖将要辞职的消息最早可追溯至 2020 年就传播开。彼时有消息称，陈

心颖家在新加坡，要两地奔波，疫情的来临打乱了她的节奏，因此有意回到新加坡，以更好地照顾家人，但马明哲对其强烈挽留。彼时，中国平安对此进行了回应，称"陈心颖离职"为假消息。

不过，根据中国平安最新公告中陈心颖的回应，3年前的传闻似乎并非"空穴来风"。公告中，陈心颖表示"……离开平安是非常不舍的决定。作为一名新加坡人，这些年我长期在海外工作，需要我对今后的工作、生活安排做出一定调整……"

陈心颖于2013年加入平安，至今10年整。

陈心颖的标签一直都非常明显：外国人（新加坡）、毕业于世界名校（美国麻省理工学院，拥有电气工程与计算机科学硕士学位以及电气工程、经济学双学士学位）、顶级咨询公司工作履历（曾任麦肯锡全球董事合伙人、麦肯锡东南亚金融业和商业科技负责人）。除此之外，其还有另外两个标签：一是女性，二是年轻（生于1977年）。

自加入中国平安，陈心颖就跻身核心层，历任集团首席信息执行官、首席运营执行官，于2018年起担任常务副总经理、联席首席执行官，在中国平安不同的战略期都扮演了至关重要的角色。

在中国平安大力推进布局"金融+科技"、加快数字化转型的时期，陈心颖担任科技板块负责人的角色；其后，随着寿险改革步入深水区，李源祥离职等，她在集团层面又开始分管寿险业务，成为平安人寿业务转型的主要推手之一。

2019年，陈心颖被授予中国政府"友谊奖"，同年入选《福布斯》杂志全球100位最具影响力女性榜单，并于2021年被《财富》杂志评为全球最具影响力的商界女性第二位。

中国平安在公告中对其10年工作予以高度评价：

10年在职期间，陈心颖深度参与平安科技战略规划升级，大力发展基础科技、应用科技与数字化转型相关工程，推动平安从综合金融公司转型成为"金融+科技"公司，在金融科技、医疗科技专利领域跻身全球前列。同时，陈心颖深度参与制定并推动了平安寿险的改革及医疗养老战略。作为过去三年平安寿险改革的重要参与者和执行者，陈心颖大刀阔斧推动"4渠道+3产品"改革，改善代理人队伍结构和业务品质，坚定不移走高质量发展道路，目前已取得阶段性成效，为公司长期健康发展奠定了坚实的基础。医疗养老战略正在逐步推动实施,将进一步巩固平安在综合金融领域的竞争优势,也将成为平安未来新的增长源泉。

对于中国平安,陈心颖则表示非常感恩,称马明哲为"恩师":

2013年加入平安,这10年是平安给予的广阔平台和大量机会,让我在工作中得到锻炼,不断进步。过程中,我要感谢平安的各位同事给予我很多支持与帮助,尤其重要的是马明哲董事长对我的长期栽培、指导和提携。马总是我的恩师,是我人生重要阶段的职业导师。他的言传身教,让我终身受益。

平安也让我和马明哲董事长、平安管理层以及全体团队建立起深厚的友谊,离开平安是非常不舍的决定。作为一名新加坡人,这些年我长期在海外工作,需要我对今后的工作、生活安排做出一定调整。

平安是一个管理成熟、运作良好的平台,人才培养机制也非常完善,很多优秀的同事,都能够胜任相关工作。相信在马总的带领下,一定会有更加美好的未来。

三、20多年老将又任新职,龙泉执掌平安产险

公开资料显示,龙泉,出生于1970年,有着20多年的财险从业经验,此前职位为汽车之家董事长兼首席执行官。其履历显示,1998年加入平安后至2015年,龙泉先后历任平安产险各分公司总经理助理、副总经理、总经理等职务,还曾任平安产险公司总部人力资源部总经理。

龙泉曾于2013年出任平安产险北京分公司总经理,一举扭转了北京分公司连续两年增速低于市场、份额下降且经营亏损的不利局面。2014年,北京分公司保费突破70亿元,市场份额提升、市场增量均在北京财险市场名列第1位,综合成本率低于行业6.5个百分点。

2015年10月,龙泉调任正在大刀阔斧地进行改革的陆金所,出任总经理助理职务兼保险事业部负责人。据介绍,龙泉在陆金所期间通过互联网思维打造核心保险业务,助力陆金所经营发展。

2017年2月,龙泉离开平安,加盟蚂蚁集团,出任蚂蚁金服资深总监。同年6月,龙泉获批担任国泰产险董事、总经理兼首席执行官。在他的带领下,国泰产险

实现了保费规模的突飞猛进。

据国泰产险2017年年报，国泰产险全年保费收入13亿元，同比增长1倍。2018年上半年，国泰产险的保费收入达到13.58亿元，同比增幅190%，超过2017年整年水平。

2018年9月，仅仅在国泰产险任职一年多，龙泉便回归平安。平安早在2006年前后，针对离开的骨干推出"倦鸟归巢"计划，吸引离职高管回流。龙泉回归平安后，先是出任平安产险副总经理，2021年1月又接班退休的陆敏出任汽车之家董事长兼首席执行官。

龙泉主政汽车之家期间，也取得多项成就，先是推动汽车之家于2021年3月在港交所成功二次上市；其后，于同年9月推出"生态化"战略，宣布全面融入平安车生态，全方位服务C端消费者、B端主机厂和汽车生态各类参与者，打造"人无我有"的全网唯一车生态全链路平台。

在2023年的"818汽车主题晚会"现场，龙泉还表示，汽车之家正在响应国家号召，把"让新能源车有效下沉"设定为未来的重要发展方向，将通过一辆辆"全息舱大篷车"，帮助新能源汽车品牌顺利推进新能源下乡，同时助力国家"双碳"目标的早日实现。

根据汽车之家9月27日公布的2023年中期报告，前6个月汽车之家实现收入、利润双增长：净收入总额为33.67亿元，同比增长5.09%；净利润9.09亿元，同比增长26.25%。

四、服务中国平安35年，元老孙建平或正式作别平安产险

孙建平作为中国平安的创业元老之一，在1988年即加入公司，迄今已有35年，近13年更是一直在主政平安产险。2021年底，其已经达到退休年龄，但为顺利交班，中国平安显然是做了一系列的准备工作：

2022年6月，身兼数职的孙建平先是卸任总经理一职，同时提拔原副总经理史良洵升任总经理；

如今，又任命龙泉为党委书记，董事长候选人。

但很明显，孙建平仍不能立即退休，中国平安依然对其委以重任，其最新的职

位是集团首席人力资源官。

公开资料显示，孙建平出生于1961年11月，获得华中工学院（现华中科技大学）工学学士。1988年，孙建平从上海沪东造船厂来到深圳，在中国平安创立之初便进入公司，从一名保险销售人员做起，历经多个岗位历练，从产险分公司负责人，到产险总部部门负责人，后来升任平安产险常务副总经理，与时任董事长兼CEO任汇川搭档主持平安产险工作。

2010年12月，孙建平接替任汇川正式出任平安产险董事长兼CEO。

在这过程中，孙建平亲身参与了从"销售驱动"到"服务驱动"，到"科技驱动"再到"需求驱动"的持续演变，成功推动平安产险市场份额不断提升，最终超越太保产险，成为中国第二大产险公司。

尤其是2017年，平安集团全面推进数字化转型，平安产险依托"平台+数据+科技"，创新业务模式，积极提产增效。

孙建平也因此奠定了其在平安产险的地位，从2011年开始至今，10余年时间，其一直是平安产险的灵魂人物。

在2022年中国平安举行的34周年司庆云表彰大会上，平安集团董事长马明哲为孙建平颁发了一级平安勋章（平安最高荣誉），理由是："他任产险一把手10余年来，不仅带领产险实现业务持续增长和优质经营，还从传统金融向互联网生态转型，打造'平安好车主'用户超1.5亿，同时培养并输出执委10余人，为公司发展作出突出贡献。"

在颁奖仪式的发言中，孙建平表示，平安产险成功的秘诀之一就是，坚持"价值最大化是衡量一切工作的唯一标准"。

值得注意的是，在孙建平主政平安产险将近13年的时间里，其不但确保了平安产险的市场地位与战略升级，还向集团输送了大量的高级干部，例如现任平安人寿董事长兼CEO杨峥、平安健康险董事长朱友刚等都是其部下。

五、后疫情时代财险企业承压前行，平安产险如何再破局成最大看点

多年来稳扎稳打，在经济疲软、受疫情波动影响的2023年上半年，平安产险仍然表现不凡。8月，中国平安发布2023年中期业绩报告显示，上半年，总公司收入

约5461.34亿元，同比增长7.93%，归母净利润约698.41亿元，同比下降1.2%。其中，平安产险保险服务收入1558.99亿元，同比增长7.8%，整体承保综合成本率98.0%，具体来看，其车险业务承保综合成本率97.1%。

实际上，2022年平安产险综合成本率为100.3%，同比上升了2.3%。2023年上半年，平安产险通过强化业务管理与风险筛选，将整体承保综合成本率保持在98.0%的健康水平上。

不过即便平安产险营收稳健增长多年，新任党委书记龙泉也不得不面对近年财险行业整体承压的现实。

2023年上半年，我国财产保险行业保费增速与上年同期持平。中再产险的研究数据指出，财险行业10%以内的增速或成为行业新常态。

9月25日，金融监管总局披露数据显示，2023年前8个月，财产险原保费收入9267亿元，同比增长8.08%，然而同期赔付支出5670亿元，同比增速却高达17.63%。

一方面，受累于汽车销量放缓等因素，车险已经难有大的突破。同业数据显示，2023年上半年，车险保费收入4249亿元，同比增速仅在5.5%左右，远低于行业整体约9%的同比增速。此外，由于疫情防控措施调整，人们驾车出行量显著增加，车险赔付增长较快，上半年承保利润86亿元，同比2022年的128亿元，下滑幅度接近33%。

另一方面，由于近年来极端天气增多加重灾害损失，实际赔付与潜在风险上升，非车险业务的综合成本率整体仍然较高。同业交流数据显示，上半年，规模最大的三种非车险中，健康险、责任保险均出现了不同程度的承保亏损，其中健康险综合成本率略微超过100%，责任保险综合成本率更超过了102%，财险公司全年的承保效益将承受一定压力。

六、中国平安大量提拔产险公司、外资咨询公司人士

陈心颖的离开，成为中国平安一系列重要人事变动的又一个注脚——近年来，李源祥、任汇川、陆敏、姚波等一大批老将相继离任，取而代之的，则是一批年轻的、普遍有着外资咨询公司背景的人。

这种人事上的更迭，彰显着当下中国平安在用人方面的新思路，也显示出当下行业的一些人才困境。

2019年末，平安集团分管个人业务的联席CEO、常务副总经理、首席保险业务执行官李源祥辞职，陆敏接棒出任首席保险业务执行官，平安保险集团还成立寿险改革领导小组，由马明哲挂帅任组长。结果陆敏在首席保险执行官任上也只停留了一年时间，2020年12月，中国平安宣布其退休。

或许是彻底厌倦了传统模式下的个险改革路径，可以看到，在陆敏离职后，中国平安针对寿险的一系列排兵布阵都超乎想象，颇有"跳出保险干保险"的架势，一系列"外脑"开始主导个险改革。

集团层面，李源祥离职后，中国平安集团三大联席CEO中已经没有资深的寿险业高管，个险改革的重任花落联席CEO陈心颖。

而此次，陈心颖离职牵涉另外两个人：郭晓涛2019年加入中国平安之时，最早就是在平安产险；而接替郭晓涛出任集团首席人力资源官的孙建平，是现任的平安产险董事长兼首席执行官，1961年出生，早已达到退休年龄。甚至于2020年12月出任平安人寿党委书记、董事长的杨铮最早都是出自产险公司。

近年来，中国平安用人的另外一个特点是：大量起用年轻的、外资咨询公司背景人士。

陈心颖是这些年轻的、外资咨询公司背景人士当中的佼佼者，其从咨询公司进入中国平安，原来分管信息技术，后又分管寿险业务。

此次获得提拔的郭晓涛，也出身外资咨询公司，曾任波士顿咨询合伙人兼董事总经理、韦莱韬悦资本市场业务全球联席CEO等职。

除了陈心颖、郭晓涛，中国平安集团层面的副总经理蔡方方，首席运营官付欣，合规负责人、首席风险官张小璐等，也均具有在外资咨询公司工作的经历。

附：2020年至今，中国平安及其子公司主要高管变动情况一览

（一）集团层面

2020年

2月，原执行董事、联席首席执行官、常务副总经理及保险业务执行官李源祥正式辞职。

3月，原执行董事、副董事长任汇川正式辞职。

3月，原集团首席信息执行官、汽车之家董事长兼CEO陆敏出任执行董事、首席保险业务执行官。

7月，马明哲辞任集团首席执行官。

7月，姚波出任集团联席首席执行官。

12月，陆敏辞职。

2021年

3月，平安银行行长特别助理张小璐升任中国平安首席运营官兼董事长特别助理。

6月，张小璐出任中国平安合规负责人、首席风险官。

10月，原陆金所联席董事长、党委书记兼执委会主任冀光恒出任中国平安副总经理。

2022年

1月，原中国太保首席投资官邓斌出任中国平安首席投资官。

3月，原中国平安副首席财务执行官付欣升任中国平安首席运营官。

10月，姚波不再兼任中国平安首席财务官（财务负责人）。

2023年

1月，原平安产险总经理助理、董事会秘书兼首席投资官张智淳出任中国平安首席财务官（财务负责人）。

4月，原中国平安联席首席执行官、常务副总经理姚波辞职，转任非执行董事。

4月，陈克祥辞去中国平安党委书记、委员职务。

4月，中国平安原审计责任人胡剑锋出任中国平安党委书记。

4月，中国平安副总经理、首席人力资源官蔡方方卸任首席人力资源官一职，拟任集团合规负责人。

4月，郭晓涛接替蔡方方出任集团首席人力资源官。

7月，中国平安首席运营官付欣，获聘集团副总经理。

9月，中国平安联席首席执行官、常务副总经理陈心颖官宣离职。

9月，原中国平安首席人力资源官郭晓涛接班陈心颖，升任集团联席首席执行官。

9月，平安产险董事长孙建平接替郭晓涛，出任集团首席人力资源执行官。

（二）子公司层面

2020年12月，原平安人寿党委书记陆敏辞任。

2020年12月，原平安人寿董事长丁新民出任监事长。

2021年1月，原国泰产险总经理兼CEO龙泉出任汽车之家董事长兼CEO。

2021年12月，原平安养老险总经理黄勇出任平安资管董事长。

2021年12月，王新出任平安养老险总经理。

2022年5月，原平安健康董事长兼CEO杨峥出任平安人寿党委书记、董事长兼CEO。

2022年6月，原平安产险副总经理史良洵升任总经理。

2022年8月，原陆金所CEO赵容奭升任董事长兼CEO。

2022年8月，原金融壹账通执行董事兼首席执行官沈崇峰升任董事长。

2022年12月，原平安健康险总经理李浩辞职。

2023年3月，原同方全球人寿总经理朱勇拟任平安健康险总经理。

2023年6月，原平安银行行长胡跃飞因年龄原因辞去相关职务。

2023年6月，平安集团党委副书记、副总经理冀光恒被任命为平安银行党委书记、拟任行长。

中国太保傅帆升任党委书记,搭档"70后"赵永刚,将如何作答"低利率、老龄化"等时代命题

慧保天下　2023年12月6日

今日,中国太保换帅一事终于正式公布。

12月6日,太保集团召开干部会议,宣布董事长孔庆伟因年龄原因不再担任太保集团党委书记,同时任命傅帆为中国太保党委书记,赵永刚为中国太保党委副书记。不出意外,待履行完相关程序后,傅帆将出任中国太保董事长,赵永刚有望任总裁。

太保集团作为上海国企代表,集团层面的人事变动向来以稳健著称,此番调整,集团总裁接班集团董事长,太保集团系统培养的专业保险管理人才赵永刚回归,也再度印证了这一特征。而二人,一个出生于1964年,一个出生于1972年,年龄差达到8岁,也为未来的进一步调整留足了想象空间。

不过,尽管太保集团转型似乎已经度过最艰难时刻,转型框架也已经清晰,但对于新的"傅赵配"而言,仍有灰犀牛、黑天鹅事件需要直面:利率持续下滑、人口红利不再、老龄化提速、金融监管"长牙带刺"……这是保险业的大趋势,也是太保集团所不能规避的。

值得注意的是,太保集团此番换帅,也揭开了上海国资委旗下金融企业高管大换岗的帷幕,国泰君安、上海银行等近期也出现了重大的人事变动。

一、孔庆伟到龄退休,太保集团总裁傅帆升任党委书记

孔庆伟出生于1960年,2020年就已经达到60岁,坊间有关其将退休的消息流

传已久，如今尘埃落定，拟由集团总裁傅帆接任，对于太保集团自身而言，无疑是采取了最为稳妥的一种方式。

傅帆的职业经历与孔庆伟相似，都有工学背景，长期在上海国资企业供职，且都有丰富的实体经济工作经历，其后才迈入金融领域。

公开资料显示，傅帆出生于1964年，本科毕业于上海交通大学电机系，研究生毕业于上海交通大学管理学院。1988年至2015年，傅帆历任上海市上投实业公司业务员、项目一部经理、总经理助理、副总经理；2015年至2019年历任上海国际集团副总裁、党委副书记、总裁。

2019年9月，太保集团出现重大人事调整，前总裁贺青调任国泰君安证券出任党委书记，而傅帆则于此时被调至太保集团，接班贺青，出任集团党委副书记、总裁。

由于在上海市上投实业任职期间从事股权投资方面的丰富经验，傅帆在担任太保集团总裁后仍旧分管集团投资业务，兼任太保私募基金董事长、总经理，太保资产董事等职。

傅帆来到太保集团之后，恰逢保险业深度转型，再加上新冠疫情、经济降速等影响，承受的压力不可谓不大。数据显示，太保集团2020年保费收入3565.55亿元，同比增长3.06%，2021年保费收入3626.73亿元，同比增长1.72%。

2021年，其与集团董事长孔庆伟一起，共同开启了中国太保聚焦寿险转型的"长航行动"，并将长期主义进一步落地。这之后，业绩开始有所企稳回升，2022年，太保集团实现保费收入3931.66亿元，同比增长8.41%。

不过，受到大环境的影响，保险业资产端持续低迷，太保集团也未能除外。2020—2022年，太保集团总投资收益率分别为5.9%、5.7%、4.2%，净投资收益率分别为4.7%、4.5%、4.3%。

二、海通证券赵永刚回归，接班傅帆出任太保集团党委副书记

在傅帆升任集团党委书记的同时，接替傅帆出任集团党委副书记、拟任集团总裁的人选也一并公布，海通证券党委副书记赵永刚将回归太保，接任总裁职位。

与孔庆伟、傅帆有丰富的保险业外经历不同的是，新任党委副书记赵永刚是一

名纯粹的、太保集团内部培养出来的高级管理人才,他从基础业务员岗位一路晋升至高管位列,此前,在太保集团工作已经超过26载。

公开资料显示,赵永刚,出生于1972年,为经济学学士。自1995年毕业后,他便加入太保重庆分公司沙坪坝支公司工作,从一名基层的外勤业务员开始干起,后来成为一名内勤,在重庆分公司,太保寿险总部多个部门、多个分支机构,集团多个部门,都有任职经历。

2001年9月,赵永刚进入太保寿险总公司工作,先后担任太保寿险团委副书记(主持工作)、团委书记。2006年开始,进入分支机构历练,先后出任太保寿险贵州分公司党委委员、副总经理。

2008年,赵永刚调至太保集团,历任集团党群工作部副部长、党委办公室副主任、团委书记、员工工作部总经理、党务工作部部长等职。

2011年,赵永刚又回到太保寿险,任职战略转型办公室主任,其后主政多家省分公司,包括黑龙江分公司、河南分公司,后回归总部,先后出任总公司党委委员、工会主席、党委组织部部长、人力资源部总经理、人力资源总监等职。

2016年,赵永刚又被调至集团工作,历任太保集团工会主席、党委组织部部长、党委委员、副总裁等职。

2021年5月起,赵永刚第一次离开太保集团,调任海通证券党委副书记,2021年6月起担任海通证券监事会副主席、职工代表监事。

在离开太保集团两年半年时间后,如今,赵永刚再度回归中国太保,而其新的身份是集团党委副书记,不出意外,将出任中国太保新一任总裁。

根据公开资料,赵永刚现年51岁,其与59岁的傅帆有着长达8岁的年龄差,二者的搭配,或许也为太保集团未来的调整埋下伏笔。

三、"傅赵配"新组合直面新挑战,低利率、监管"长牙带刺"等考验行业、考验太保

作为头部险企,太保集团层面的人事调整向来以稳健著称,在2017年孔庆伟、贺青搭档出任太保集团新一代董事长、总裁之前,前董事长高国富在集团董事长任上停留长达11年时间,前总裁霍联宏在集团总裁任上的时间更是长达17年。贺青

任职总裁时间相对较短，仅 2 年就调走，但在出任太保集团总裁之前，其任职集团副总裁也有两年时间。

相对稳健的用人风格，在一定程度上意味着，不出意外，太保集团新的"傅赵配"阵容，也将在很长时间内影响太保集团未来发展。

对于二人而言，眼下的太保集团似乎已经度过了转型最艰难的时刻，疫情的负面影响逐渐消散，太保产险保持稳健向上态势，盈利支柱太保寿险也度过了最具争议的时刻，与此同时，集团的健康、养老、科技等战略框架也已经清晰。即便如此，二人身上的担子依然难言轻松，灰犀牛阴影、黑天鹅事件都不得不防：

经济低迷带来的负面影响仍将长期持续，对于资产端而言，这意味着长期的挑战：如何尽可能提高投资收益率、降低利差损风险，是新组合必须回答的时代命题。

值得注意的是，上市险企第三季度净利润或多或少都出现了一定程度的下滑，其中太保集团第三季度归母净利润下滑 54.4%。而资产端失利是太保集团归母净利润大幅下滑的重要原因。中国太保半年报公布的长期险业务的未来投资收益率假设是 5%，到第三季度，太保集团年化投资资产净投资收益率为 3.0%，同比下降 0.2 个百分点；年化总投资收益率为 2.4%，亦同比下降 0.8 个百分点。

更难的是，当前的大趋势下，保险业资产端很难走出独立的行情，资产负债不匹配的问题也会持续困扰行业。如今太保新官上任，"傅赵配"会如何提高集团的资产负债管理能力值得期待。

除此之外，人口红利消退问题、老龄化问题、金融监管转向、"报行合一"，乃至各种地缘政治等因素带来的影响也将长期持续，中国太保都必须直面。

四、不只是太保，上海国资多家控股金融机构迎人事大调整

除太保集团人事变动外，上海多家国资金融机构也迎来了系列人事调整。

11 月 24 日，上海市委组织部公布的市管干部任职前公示信息显示，现任上海银行行长、党委副书记、副董事长朱健拟任市管企业正职；现任上海银行党委副书记、副行长施红敏拟任市管企业正职；现任太保集团总经理、党委副书记傅帆拟任市管企业正职；现任海通证券党委副书记赵永刚拟任市管企业正职。

上文提到的前太保集团总裁、现任国泰君安董事长贺青在此次变动中再升职。

11月28日下午，贺青被正式任命为上海市国资委书记、主任。同日，国泰君安发布公告称，贺青因工作调动，申请辞去公司第六届董事会董事长、董事、战略及ESG委员会主任委员以及在公司担任的其他一切职务。

值得注意的是，9月，前任上海国资委主任白廷辉因涉嫌严重违纪违法被查，上海国资委主任一职已空缺两月。此次贺青调任国资委主任后，一系列人事变化也因此受牵动。

首先是，朱健将接任国泰君安党委书记、董事长，属于老将回归。

公开资料显示，朱健出生于1971年，其职业生涯主要是在证券系统内。他曾担任上海证监局办公室主任、机构二处处长，上海证监局党委委员、局长助理、副局长，国泰君安党委委员、副总裁。2020年，接替胡友联担任上海银行行长一职。

朱健就任国泰君安董事长后，上海银行行长一职或将由上海银行现任党委副书记、副行长施红敏继任。

公开资料显示，施红敏出生于1968年，历任建设银行计划财务部财务处副处长、综合处副处长，建设银行股份制改革领导小组办公室财务组副处长，建设银行计划财务部政策制度处高级经理，建设银行上海市分行第一支行副行长，建设银行信用卡中心会计结算部高级经理，建设银行信用卡中心党委委员、总经理助理、副总经理。

上海国资委官网显示，目前其直接监管的单位包括功能保障类企业16家、金融服务类企业6家、市场竞争类企业22家，其中金融服务类企业包括中国太保、浦发银行、上海银行、上海农商行、国泰君安证券、海通证券等。

新华保险大变局？杨玉成首秀直指内部七大问题，大股东亲自诊断风险或倒逼改革提速

慧保天下　2023年9月12日

近期，原新华保险党委书记、董事长李全正式到龄退休，大股东中投公司委派旗下另外一家公司——申万宏源证券总经理杨玉成出任新华保险新一任党委书记，并拟任董事长。

此次人事任命与以往有很大不同——此前，中投公司调派的董事长刘浩凌、徐志斌，基本不用在新华保险职场坐班，也基本不参与公司日常经营。但此次杨玉成出任新华保险党委书记并拟任董事长，其不仅要在公司坐班，还是公司经营的实际负责人。

这种变化，被外界解读为新华保险按照监管要求强化公司治理，严防董事会形式化的重要手段。同时也预示着，中投公司正有意强化对于新华保险的干预力度。

这种变化给一些老新华人带来了新的期待。8月25日，新华保险召开"九十双飞"启动会，上任仅一周的杨玉成在公司内部首度大范围亮相，并作重要讲话，直言当前新华保险面临七大挑战，包括核心竞争力不强、新业务价值下滑在主要主体中比较严重、营销渠道转型相对落后、"90后"高学历代理人流失严重、均绩优人力少，以及区域布局的方向不清晰、客户经营体系不完善等。

首度亮相，不讳言问题，直指公司问题核心，为杨玉成在中层及基层员工当中拉了不少好感，很多人都希望新华保险在杨玉成的带领下，能一改近年来的发展颓势。

除了指出问题，仅仅上任一周的杨玉成还给出了大致的改革思路，即大力推进专业化、市场化改革，实事求是、真抓实干、凝心聚力、久久为功，把新华保险打造成一家更加专业化、市场化、现代化、国际化的世界一流保险公司。

他强调财务资源投入要聚焦，要把资源投入公司真正需要、真正出效益的地方，在区域发展布局、人才队伍布局、科技赋能等重点改革领域加大资源投入；他指出要确立"能上能下、能进能出"的干部人事制度，重点任用有实绩、敢担当的干部，同时强化考核，该调整的调整，该下课的下课。据悉，在杨玉成的领导下，新华保险新一轮的架构、人事调整正紧锣密鼓进行当中……

当然，让新华保险人更感觉到希望的是大股东态度的转变，其不仅把脉新华保险，还出具了"风险诊断报告"，成为倒逼新华保险改革提速的又一重要因素。

一、杨玉成新华首秀，直指公司面临核心竞争力不强、客户经营体系不完善等七大挑战

作为一度超越泰康、太保，跻身全国第三位的人身险公司，新华保险是有过辉煌历史的，曾经的狼性文化、狂奔突进，迄今仍让很多老新华人津津乐道。

然而时过境迁，几经波折、人才散失后的新华保险已经不复往日荣光，在"老七家"中的排位每况愈下，甚至被太平人寿压制。更严峻的是，队伍老龄化问题始终没有得到很好的解决，在风起浪涌的高素质代理人队伍大发展中，与主要竞争对手的差距愈发扩大，而这决定着未来的产能、价值、利润……

战略上的保守落后也相当明显，当"保险+服务"成为行业性共识，各大公司积极搭建康养生态圈之时，新华保险虽然也有类似规划，但无论是规模还是对于业务的实际推动，都显得与自身地位不相匹配。

杨玉成在讲话中，首先用了相当的篇幅讲述新华保险的光辉历史，对于以金爱丽为代表的绩优代理人典型更是点名表扬，他表示，"新华保险是一家有历史底蕴、实力雄厚的公司，在国内寿险市场的品牌和江湖地位都是响当当的"。

表扬之后，杨玉成讲话的第二部分，则明确提出了当前新华保险存在的七大挑战，直指问题核心：

其一，核心竞争力不强。杨玉成指出新华保险虽然在市场上位列"第一梯队"，但其市场地位不够稳固。新业务价值下滑在主要主体中比较严重。此外，还存在营销渠道转型相对落后、代理人尤其是"90后"高学历代理人流失严重、均绩优人力少等问题。

杨玉成指出，这样的业绩结果，表面上看是业务前线打仗失利造成的，事实上，市场厮杀中，拼的是整体战、立体战，拼的是公司内部协同的效率，拼的是"一盘棋"的综合实力。透过表层数据，深挖分析，问题就一目了然。

其二，区域布局的方向不清晰，资源投入效率偏低。杨玉成认为公司在发达地区和潜力增长地区缺乏深度布局；公司在具备传统优势的地区，缺乏巩固优势的投入和深耕；在一线发达城市、优质区位的市场份额偏低。

机构发展失衡，很多网点效能偏低，部分网点甚至出现了面积空置、形象不佳、职场"空转"的情况。

其三，客户经营体系不完善，没有真正做到以客户为中心。杨玉成指出，新华保险客群结构不理想，公司"90后""00后"客户占存量客户的比率低；高净值客户占比低。这说明公司的客户分层分组管理做得还不够，没有差异化精细化地服务好不同类型的客户。

其四，激励约束不够市场化，人才活力没有得到充分激发。杨玉成认为公司奖优罚劣的导向不够鲜明。内勤管理干部的考核档位没有根据实际贡献大小拉开差距，业绩计算方式不够透明，干部"能上能下"的通道不顺畅，缺乏人才锻炼和培养的机会。一线销售伙伴的"基本法"利益规则没有与时俱进，绩优导向不够鲜明，对个人绩优和团队绩优的重视不足，绩优人员利益水平在市场上的竞争力仍待评估优化。

其五，产品服务不够硬，设计研发没有做到以需求为先。杨玉成指出，公司爆款产品缺失，没有顺应市场需求的大势做足提前布局，对市场风口的捕捉不够敏锐，创新引领太少。品牌服务缺位，围绕养老、看病、康复这些刚性需求，尤其是医疗健康服务，还需持续深耕、形成精品。

其六，科技赋能缺乏实效，整体运营支持不到位。信息系统卡顿低效，对一线赋能的力度不足，客户与队伍反馈出诸多问题，体验不佳。数据处理不及时高效，一线提出的问题并未得到充分解决。整体科技赋能效率不够。

其七，康养资源利用不充分，协同作用发挥有限。产业自身经营管理水平仍待提高，与寿险主业的协同支持仍待加强，支持业务发展的方式方法需要扩充和挖掘。

在阐明了公司存在的七大挑战之后，杨玉成表示："发现问题、明确问题不是坏事，我们就是要以解决问题为目标、以直击问题为抓手，做出正面应对。公司不

能再回避和拖延关键问题，必须直面底层矛盾，做出全局性、整体性、深层次的变革，下大力气去啃硬骨头，切实提升经营管理水平，努力实现高质量发展。"

二、初步祭出十大解决办法：直指专业化、市场化、现代化、国际化

当下，人身险市场正处于深度转型之中，传统模式逐步遭到淘汰，新的模式仍需逐步探索，这无疑是给所有市场参与者都提供了一次重新洗牌的机会，谁能在此次深度转型中率先取得突破，无疑就能在之后的长期发展中赢得先机。新华保险的压力也正源于此，过去的辉煌历史已经过去，过去发展积累的问题却在更快暴露，依靠厚实的家底固然还能支撑向前，但基础问题得不到彻底解决，大厦倾覆也只是时间问题。

面向未来，杨玉成认为寿险行业的增长空间仍然广阔，人民对养老健康以及家庭财富保值增值的需求都蕴含巨大机遇，养老金、大健康、核心城市、中产阶级、年轻一代等也都蕴藏着巨大的潜力空间。

在他看来，这些都表明，"需求在地域、人群、诉求点上出现了深刻转变，供需调和带来的结构性转变就是未来的机遇""对公司而言，把握好供求关系，化解供求不匹配的矛盾是实现下阶段高质量发展的根本"。

据此，杨玉成也初步提出了新的改革思路——总体方向就是要大力推进专业化、市场化改革，实事求是、真抓实干、凝心聚力、久久为功，把新华保险打造成一家更加专业化、市场化、现代化、国际化的世界一流保险公司。

杨玉成表示将紧扣"战略、机制、人才、文化、科技"几大改革发展的核心要素进行顶层设计，坚持稳中求进，加快改革创新。他尤其强调系统化思维："一家企业要在激烈竞争的市场中脱颖而出，靠的绝不是单一技能，真正比拼的是专业化的综合实力。公司业务发展好不好，是全系统的事；各个条线、板块、职能部门不是孤立的，而是系统性的、协同性的。专业化、市场化改革就是要打立体战、系统战。"

核心内容包括：

一、做实做好排兵布阵，优化区域发展布局。要在全国范围内统筹区域布局，着力加大对经济发达区域市场的布局力度，聚焦江浙沪、粤港澳大湾区、京津冀、

成渝经济圈等效益更高的地区，把人力、物力、财力等配套资源向重点区域倾斜，想方设法去提高这些经济发达地区的市场占有率，同时也要对我们有传统优势的机构进一步巩固和深耕；对于不产生效益、也无发展潜力的机构网点该减就减、该并就并、该撤就撤。

二、做大做强人才队伍，推动专业队伍建设布局。公司上下要大力推动专业队伍建设布局，建立有竞争力的专业队伍发展和管理体系，通过优化组织架构、资源配置和配套支持，做好老团队扩充和新团队建立。队伍结构要发生质的变化，内勤要补充领军人才、骨干人才，提升队伍水平，外勤要打造一支职业化、专业化、精英化的绩优队伍。要以业绩为导向优化队伍发展制度，做好职业跑道和团队架构设计，把资源投入更高绩效的人员和团队。外勤要通过"基本法"制度进行晋升和激励牵引，让队伍长期发展有章可循、有法可依。要做好优秀人才的外引内培。

三、做实做细客户服务，树立以客户为中心的理念。要对客户进行分层分级管理，根据客群分层定位匹配相应的队伍、产品和服务。

四、做深做实渠道发展，提升专业水平与核心竞争力。要真正发挥一线作用，让队伍像毛细血管一样，扎根到市场中去、客户中去，敏锐捕捉市场动向，深度挖掘客户需求，做公司的主引擎，以需求驱动整个公司转起来、跑起来。一方面，各个渠道都要深挖优势潜能，提高专业水平，打造自身的核心竞争力；另一方面，各渠道之间、总分之间也要加强协同联动、相互融合，让客户资源效率实现最大化。

五、做优做专产品研发，提高资产负债管理能力。建立以客户为中心的产品体系。充分摸底调研市场及客户需求，围绕客户需求进行产品开发设计；按照客户分群定位及需求分析，对产品进行分层分类管理，精准匹配客群全方位、差异化的保险保障需求。要创新推出有竞争力的爆款产品，要提高产品开发效率，优化产品开发流程，做好精算专业匹配，提升前、中、后线协同效率，为产品创新更迭创造有利条件。要做好资产负债的精准匹配。

六、深化体制机制改革，建立市场化激励约束体系。要以"强激励、硬约束"为导向，从以下几个方面深入推进体制机制改革，充分释放公司发展活力：一是构建全面经营管理评价体系；二是建立强业绩导向的绩效考核机制；三是建立有竞争力的薪酬激励体系；四是确立"能上能下、能进能出"的干部人事制度。要明确树立"能者上、庸者下、劣者汰"的导向，旗帜鲜明地建立"能上能下、能进能出、

能高能低"的干部任免通道。探讨研究全员 MD 职级制度改革的可行性，考虑所有干部员工同步实行专业技术序列。对于有实绩、敢担当的干部要重点任用；对于 3 年任期内业绩考核没达标的干部，在 2024 年第一季度、最晚年中以前，强化三年任期考核结果的运用，该调整调整、该下课下课。

七、做优做精资源投入，提高资源配置效率。财务资源配置要聚焦公司业务转型和管理改革的核心，该投则投，该省则省。要把资源投入公司真正需要、真正出效益的地方，在区域发展布局、人才队伍布局、科技赋能等重点改革领域加大资源投入。同时，要加大投产效益管理力度，做好成本管控，压降不必要的支出，做到投入必见效，避免资源浪费，切实提高资源使用效率。要充分用好职场资源，改造升级网点门面和职场空间，一方面，面积要适当，另一方面，位置、装修要优化，提升公司形象，支持业务发展。要盘活康养协同资源，提升康养产业与寿险主业的协同发展能力，发挥养老社区体验式营销作用，强化对业务和队伍的支持。

八、做强做实科技赋能，提升服务支持保障水平。中后线职能部门都要动起来，切实强化服务支持保障工作，为一线战士提供最好的武器弹药。科技支持要加快推进数字化转型，给出市场上最好的 APP，提高系统运行的稳定性，提升前端客户和队伍的体验感。运营支持要充分调研队伍和客户的场景需求，优化线上工具支持功能，为队伍展业提供最强助攻，为客户提供更加便捷的服务。"两核"支持要提高核保理赔智能化水平，提升效率，拓宽落实直连直付，打响公司理赔口碑。

九、筑牢风控合规屏障，守住不发生重大风险底线。

十、强化党建引领保障，全面提升服务国家战略能力。

三、把脉新华保险：风险诊断报告直指内部多项问题，倒逼新领导团队加速改革

2023 年上半年，在多重因素的影响下，多数人身险公司已经开始显露出一定的转型成效，尤其个险渠道，一些核心业务指标已经开始触底反弹，不少公司开始努力抓住下半年的机遇，进一步巩固深度转型，换言之，留给新华保险的时间已经不多了。

杨玉成在讲话中直言："面对内外部挑战，我已经有了很强的紧迫感和危机

感。"而从其近期的一系列活动也可以看出，改革并非虚言。

8月18日，中投公司相关负责人赴新华保险正式宣布有关杨玉成的人事任命，很快，其就开始了对于新华保险的全面摸底研究。先是与总裁张泓、其他几位党委委员以及一些部门负责人进行交流，对公司下一步总体发展框架有了初步思考。

入职一周后，杨玉成即出席了新华保险"九十双飞"启动会，并作出上述重要讲话，确立公司改革的整体方向。

9月7日，新华27周年司庆之际，杨玉成又亲赴上海分公司指导工作，要求上海分公司在权限范围内同步加强市场化、专业化工作，破解当前"大市场、小份额"的难题，使上海分公司率先成为公司发展新的增长点。

据了解，由于刚上任，杨玉成对于新华保险还在深度了解过程当中，按照规划，最近一段时间，其最核心的任务还是听取内部各种汇报。

与各种汇报同步进行的，是人力资源部门根据新的战略意图牵头进行的公司架构调整方案，而这些调整未来一定会导致一定的人事调整。

此次杨玉成的上任被不少新华人寄予厚望，不仅仅是因为其是大股东最新派驻的党委书记，拟任董事长，会在公司坐班，更重要的是因为大股东态度上的改变。

"慧保天下"在《新华保险权力大变局：个险换将、董事长行权，战略摇摆动向成谜》一文中曾试图从大股东的视角出发，解释新华保险发展困境：

作为中投公司旗下子公司之一，新华保险显得非常"微不足道"，因为中投公司参股控股了多家国内大型金融机构，除出口信保、新华保险以及中再集团外，还包括申万宏源、中信建投、中金公司等多家头部券商，以及光大集团、银河金控等；最重要的，其还是工商银行、农业银行、中国银行、建设银行四大国有银行控股股东，个个都是巨无霸。

截至2021年末，中投公司旗下的工商银行总资产35.17万亿元、建设银行总资产30.25万亿元、农业银行总资产29万亿元、中国银行总资产23.55万亿元；而同期，保险业总资产为24.9万亿元，新华保险总资产更是只有1.13万亿元。

在利润贡献方面差距同样明显。2021年，工商银行净利润3483.38亿元，新华保险净利润149.47亿元……有人因此形容，新华保险贡献的净利润，只能算是中投公司赚得一点茶水钱。

如果将工商银行等国有大行比作金融航母，那么新华保险就只能算作一叶扁舟，

中投公司面对其体量上的鲜明差异,心态注定也是不同的。而如今,中投公司似乎正有意加大对于新华保险的干预力度。

近期,中投公司曾针对新华保险进行调研,并写作了一份"风险诊断报告",对新华保险内部存在的一些问题进行了全面梳理。

这份"风险诊断报告"提出的问题涉及多个方面,包括经营业绩止跌企稳根基不牢固、新业务价值与同业差距有所拉大、产品结构不合理、代理人队伍大开大合、存量产品品质和服务水平都有所下降、康养战略缺乏有效的落地执行、整体负债成本高企、"五虚"问题尚未根治等。

据新华保险内部人士介绍,印象中这还是大股东首次针对新华保险内部存在的问题作出诊断,而且从其关注点来看,其不仅关注市场地位、净利润等显性指标,还开始关注影响这些指标的一些深层次要素,诸如队伍发展、产品结构、业务品质乃至负债成本等。有了大股东的关注,新华保险也势必针对这些诊断出的问题给出解决方案。

据了解,这些问题经过拆解已经给到相关部门进行限期研究,而如何解决这些来自大股东的疑问,无疑正是杨玉成的重要工作之一。

对于公司种种变化,一些内部人士表示谨慎乐观,"冰冻三尺非一日之寒",要想化解这些问题也不是很短的时间内就能解决的。尤其是从风险诊断报告来看,其虽然关注到了很多核心业务指标,但也仅限于这些指标,缺乏更深入的分析,同时也并没有给出详细答案,还需要新华保险目前这些人给出答案。

阳光人寿换将！王润东离任，"老将"李所义拟升第6任总裁

慧保天下　2023年9月5日

9月5日，阳光人寿官网发布重磅人事变动，总裁王润东因个人原因辞任，董事会同意免去其职务，同时同意聘任副总经理兼江苏分公司总经理李所义为公司总裁，在其任职资格经国家金融监管总局核准并任命前，担任公司的临时负责人。这意味着，不出意外，李所义将成为阳光人寿自成立以来的第6位总裁。

据了解，此次王润东离职主要是由于个人身体原因，短时期内应该不会去同业公司履新，但刚过48岁本命年的他，或不排除会在医养、科技等相关产业再辟新赛道，这也是这两年来越来越多高阶职业经理人的共同选择。

这是自2022年底登陆港股以来，阳光保险集团发生的首次重大人事变动。上市前，其曾广泛招募头部机构职业经理人加盟，而如今，王润东离职，"老将"李所义升任，其新时期新战略下的落地执行、人事布局值得关注。

一、王润东因身体原因离职阳光人寿，27年职业生涯迎第二次重大变化

作为近年来阳光保险集团从外部引进的高管之一，从2019年初正式官宣加盟阳光人寿，到如今选择离开，王润东在阳光人寿的工作也已经超过了4年半时间。此前，他只服务过太保寿险一家企业，因此，此次离职也成为其27年职业生涯中发生的第二次重大变化。

1996年，21岁的王润东在太保寿险从营销员起步。6年后，转为内勤，先后出任太保寿险余杭支公司经理助理，浙江分公司个人业务管理部副经理、副经理（主持工作）兼任杭州个险营业部副经理（主持工作）、经理兼教育培训中心副经理，

浙江分公司个人业务总监兼任个人业务部经理、培训部经理，浙江分公司总经理助理，太保寿险总公司个险业务管理部总经理（兼个人营销管理部总经理），太保寿险江苏分公司总经理。

2014年9月，王润东获批出任太保寿险总公司总经理助理，后升任副总经理，分管个人业务一直到2018年末。

这几年间，国内代理人渠道发展发生了翻天覆地的变化，经历了2015年取消代理人资格考试之后的人力狂飙，又见证了2018年开启的新业务价值全面承压，以及行业开启深度转型之旅。

2019年，王润东加盟阳光人寿之后更是成为推动阳光人寿高质量转型发展的关键角色之一。在出席"慧保天下"保险大会时，他用"寿险行业一夜撞墙"形容行业面临的发展困境，提出"过去大发展的逻辑已经被彻底打破，且一去不复返"。

不过，王润东认为国内寿险市场依然潜力巨大，只是不同层次客户有不同需求，应精准洞察客户需求，并为之提供相应的产品和服务。王润东旗帜鲜明地指出，个险渠道的困境很大程度上在于"找了一群不专业的代理人去做了一些低收入者的保单"。在他看来，个人代理人队伍的目标客户一定是中高端客户，因为其培养成本高，只有高产出才能支撑这一业务模式。

可以看到，近年来，阳光人寿在队伍转型方面最核心的动作之一就是推动了精英代理人队伍的发展。其2021年推出阳光人寿中心城市未来总裁计划（Future President Program，FPP），目的就是培养顶尖保险专家和保险企业家，希望在3—5年时间内，在一线中心城市及沿海经济发达地区，打造出一批符合新时代保险行业需求、新生代城市小康家庭需要的高素质金融人才队伍。

得益于阳光人寿深入推进差异化经营管理模式，即基于区域、队伍特征，深入研究客群需求，并提升队伍分层客户经营能力，整体来看，2023年上半年，阳光人寿月均人力为55351人，个险渠道人均产能2.6万元，同比增长63.0%，得到大幅提升；达到MDRT（百万圆桌会议）标准的人数同比增长近两倍。

二、山东籍副总裁李所义拟升任新总裁，服务阳光人寿已超14年

接替王润东出任公司临时负责人，并拟出任阳光人寿新一任总裁的，是阳光人

寿当前排名第一位的副总裁——李所义。

公开资料显示，李所义出生于 1969 年，现年 54 岁，本科毕业于山东工业大学工业管理工程专业。

李所义早在 1996 年就加入了保险行业，是一位从基层成长起来的保险职业经理人，在加入阳光人寿前，在泰康人寿、太平人寿都有过任职经历，且主要任职区域都在山东省，曾任泰康人寿山东分公司营销部经理、临沂中心支公司总经理，太平人寿青岛分公司个人业务部经理、助理总经理、副总经理等职务。

2009 年，也就是阳光人寿正式成立 1 年后，李所义就加盟了阳光人寿，并先后出任山东分公司负责人，期间，带领山东分公司实现了由弱到强的逆袭。

加盟阳光人寿 5 年之后的 2014 年，李所义升任阳光人寿总裁助理，两年之后的 2016 年 5 月又升任副总裁一职，分管营销渠道工作。

尽管不断升职，但李所义大多数时候往往还兼任保费大省分公司的一把手，包括先后兼任四川分公司及江苏分公司总经理等职。

公开资料显示，在李所义带领下，这些分公司经营业绩也不俗。2022 年江苏分公司营销标保规模和达成率均位列系统第 7 位，分别前进 2 位和 19 位；与此同时，其他核心业务指标或有显著改善，或直接跻身系统前列。

三、阳光保险再度重用公司"老将"，如何匹配集团战略诉求是当务之急

阳光保险集团近年来曾在关键岗位引进一批外部高管，为集团注入大量新鲜血液。

寿险方面，2019 年，阳光人寿引进的是原太保寿险分管个人业务的副总经理王润东出任总经理一职。财险方面，2021 年引入原蚂蚁集团副总裁尹铭，拟任阳光财险总经理，但因为尹铭重返蚂蚁集团参与业务整改，不得不暂时作罢；2022 年又引进原人保财险副总裁华山，出任阳光财险总经理。

同年，结束了在蚂蚁集团工作的尹铭再度加盟阳光保险集团；同时引进的高管还包括人保金服原总裁谷伟。

阳光保险集团作为国内第二梯队企业，在体量上虽不及头部机构，但其相对较高的市场地位、纯市场化的企业性质、完备的集团架构，以及清晰的企业发展战略

等,成为很多头部机构职业经理人重新择业的最佳选项之一。其在数年内吸引大量头部机构高管加盟,显示了其在用人理念上的兼容并包与独特优势。

而在此前几年,阳光保险集团及其重要子公司一把手几乎都是阳光保险集团内部逐步成长起来的高管,例如阳光人寿从2008年初正式开业至今,除王润东外,其历任总裁几乎都是从阳光人寿筹建甚至是阳光财险筹建就加盟的阳光"老将",都已经深深刻上了阳光烙印。

王润东的加盟一度打破了这一格局,而如今,李所义的上任,似乎又回到了原来的轨道上。启用"老将"的好处显而易见,李所义在阳光人寿成立后不久就已经加盟该公司一直至今,不需要任何适应时间。

眼下对于阳光保险而言,仍是推进深度转型的关键时期。2023年以来,阳光保险持续推进客户战略,打造客户驱动型发展模式,围绕构建面向客户的多元产品服务体系,持续推进"纵横计划"与"伙伴行动",从而增强服务客户的能力,让客户在阳光的服务体系中有更强的获得感。如何在集团的整体战略规划下充分发挥寿险公司潜能,无疑正是新任总裁李所义所必须面对的课题。

20年仅两任总经理，中英人寿迎新帅，崔巍履新，俞宁转战复星集团

慧保天下　2023年7月4日

一向以稳健示人、成立20多年仅更换两任总经理的中英人寿，如今迎来自己的第三任——崔巍（原中信保诚人寿副总经理），出任临时负责人。

目前，崔巍已经正式赴中英人寿上任，而在中英人寿工作20年之久的原总经理俞宁也于日前发布面向全体员工的告别信，根据告别信的内容，此次人事变动是其主动离职的结果，他"想要出去看一看、闯一闯的愿望，希望能够有一个全新的平台把自己在中英所学、所悟再次实践，展现自身价值"。

另据了解，俞宁离开中英人寿后的去向已经明确，其将加盟复星集团，执掌金融保险板块。

一、崔巍告别中信保诚人寿，掌舵中英人寿

崔巍是一名地地道道的本土职业经理人，但得益于其在国内外保险公司、再保险公司，尤其是国际咨询公司的丰富经验，其在业内颇负盛名。

公开资料显示，崔巍是一名"75后"，1975年11月出生，本科、硕士皆毕业于"保险教育重镇"南开大学，拥有经济学学士和精算学硕士学位，同时，也是北美精算协会、中国精算师协会的正会员。

纵观其职业履历，大致可以划分为三大阶段。

第一阶段，2001年7月—2011年5月。这10年，是崔巍职业生涯的起点及初步发展阶段，主要从事的是产品开发相关工作，历任平安人寿团险产品开发部精算助理、中宏人寿精算部高级精算主任、慕尼黑再保险北京分公司资深精算师等职务。

2007年5月，出任英国标准人寿亚太发展部国际精算师，2009年6月又出任恒安标准人寿产品开发部总经理。

第二阶段，2011年5月—2018年1月。换一个赛道，继续服务保险行业。

2011年5月，崔巍正式出任韦莱韬悦保险咨询中国区董事总经理，领导公司在中国的精算和战略管理咨询业务。在这一时期，其服务了诸多中、外资保险公司，曾担任国寿、太保和新华等大型上市公司的年度内含价值报告的签字精算师；同时作为咨询师，还曾领导诸多保险公司的战略管理咨询项目，内容包括市场进入、顶层战略设计、渠道和产品战略、资本管理等。

第三个阶段，2018年1月至今。在国际咨询公司工作7年时间，服务过大量的大中型中外资保险公司后，崔巍开始向一名真正的保险公司高管转型。

2018年1月，他出任英国佰仕富人寿再保险公司新加坡分公司大中华区总经理。不过仅仅1年之后，其就转战扎根中国市场更深入的外资险企中信保诚人寿，出任副总经理一职一直至今。

在中信保诚人寿担任副总经理期间，崔巍前期主要分管产品和市场等相关工作，后续也开始分管个险等渠道业务。

丰富履历，让崔巍看待问题有了更超脱的角度，在业界的公开发声中，常常贡献独到见解。

早在2020年初，重疾险仍是主力产品时，崔巍就曾在"2020慧保天下保险大会"上通过分析宏观经济环境、客户需求、代理人队伍以及股东诉求等要素的发展趋势，指出未来公司产品的战略方向，一是终身寿险或者高价值纯养老年金，获取最高额度的利差；二是被忽视很久的投连险。谁能占据这两个险种市场，谁将是未来的赢家。

后续，崔巍开始分管渠道，其对于渠道，尤其是个险渠道的观点也引发市场大量关注，其提出应重点关注"保险消费人口"，并结合发达国家人口数量与代理人数量之间的关系，指出代理人数量占保险消费人口的比例约在1‰，目前，中国中产阶级人口在三四亿，对应的代理人数量应该在三四十万。

二、中英人寿20年仅2任总经理成标杆，稳定股权、稳定人事助力公司稳健发展

与行业转型破局增长困境同步，险企的人事调整频率明显提高。2023年上半

年，据统计，已有46家保险公司的董事长或总经理发生变动，而2022年同期为34次，只涉及28家保险公司，变动频次同比增长35%。中英人寿也在该背景下，迎来自己的新一任临时负责人。

作为我国加入世贸组织后成立的第一批中外合资险企，中英人寿由中国中粮资本与英国英杰华集团合资组建，于2003年1月1日正式开业，目前注册资本金为29.5亿元，业务覆盖了16个省、直辖市。从经营区域来看，中英人寿主要发力市场为中东部及沿海地区。

中外合资险企在公司治理上有一个明显的特点，就是稳健。中英人寿也不例外，而最为人所称道的，是其成立20年来，总经理人选只变更过两位，且每位任职时间长达10年。

第一任是张文伟，其作为英杰华集团中国地区董事总经理负责中英人寿的筹建工作，后于2003年1月担任中英人寿总经理，任职10年后，于2013年告别。

第二任总经理俞宁从2013年起就开始担任临时负责人，2014年任职正式获批，至今任职也已经10年。

而俞宁作为中方代表，更是早在2002年双方股东合作开始就加入了中英人寿筹备团队，中英人寿开业后一直担任副总经理，管理范围包括财务职能、精算职能、资产管理职能、信息统计与分析职能等，迄今在中英人寿工作时间已长达20多年。

用俞宁在告别信中的话就是："从那时到现在，经历了公司从组建发展到日益壮大，参与了一家家分公司的筹备开业、业务布局铺向全国，体验了寿险行业的起起伏伏，共同推动公司在行业的排名稳步提升。"

股东、股权结构稳定，高管团队稳定，都给中英人寿稳健发展注入了底层基因。从中英人寿发展路径来看，其一直秉承较为务实的渠道理念，不仅仅发力个险，团险，在中介、银保市场也全面布局。

从公开可查的经营成绩来看，2010—2022年，仅有2011年和2013年两年时间保险业务收入出现较小幅度的负增长。

与行业发展同频，在2017年、2018年保险业进入转型周期时，中英人寿的保险业务收入和净利润增速明显放缓，2017年的净利润还出现了负增长。

从近5年来看，中英人寿发展仍较为稳健，在2019—2021年疫情期间，净利润保持两位数的正增长，2021年保险业务收入突破百亿元大关，跻身百亿俱乐部。但最近

成绩有所下滑，2022 年的保险业务收入和净利润分别增长 5.41%、1.38%。而据偿付能力报告数据，中英人寿 2023 年第一季度保险业务收入 42.34 亿元，同比增长 8.87%，净利润 -4.17 亿元，而 2022 年同期盈利 0.3 亿元，转盈为亏（见表1）。

表1　　　　　　　　　　中英人寿历史业绩

年份	保险业务收入（亿元）	同比（%）	净利润（亿元）	同比（%）
2009	32.14	—	1.56	—
2010	37.49	16.66	2.18	39.57
2011	35.42	-5.54	0.85	-60.71
2012	36.01	1.68	0.68	-20.55
2013	35.31	-1.96	1.73	155.52
2014	37.99	7.61	2.45	40.97
2015	42.52	11.93	3.38	38.40
2016	61.29	44.13	4.54	34.26
2017	73.68	20.22	4.24	-6.70
2018	79.60	8.02	4.56	7.64
2019	93.92	17.99	5.67	24.18
2020	98.70	5.09	7.49	32.13
2021	107.52	8.94	9.13	21.88
2022	113.34	5.41	9.25	1.38

近年来，应对市场变化趋势，中英人寿开始将业务重点放在高净值客户和康养市场。2021 年，中英人寿成立财富中心，致力于打造"中英财富"品牌。

2022 年 6 月，中英人寿发布康养"YOUNG 计划"，正式布局康养领域。据悉，该计划协同股东资源，连接中粮营养健康研究院的营养健康体系，试图打造有中粮品牌特色的健康养老生态圈规划，规划落地 40 多个城市和超过 200 家各类型养老机构。

作为公司的掌舵者，总经理对一家公司的发展方向、战略布局等有着巨大影响。对于 2023 年的寿险业发展，诸多机构都认为有望触底回升。但作为一家稳健型险企的领导者，在行业转型、公司增长面临挑战时，如何在行业回升时抢占先机，又会有哪些新的动作，值得行业关注。

不只是中英人寿，2023年以来，不少外资险企都出现了大的人事调整。除前文所述中信保诚人寿董事长黎康忠、副总经理崔巍离职外，近期离职的外资险企高管还包括：

中宏保险总经理张凯，其离职后加盟汇丰银行，出任汇丰银行南亚区财富管理及个人银行业务主管，中宏保险任命的临时负责人为吴晓咏；

安联人寿，在2022年原董事长蔡成维卸任后，原副董事长 Anusha Thavarajah（阿努莎·塔夫拉吉）被正式任命为董事长，其任职资格已于近期获得监管核准；

此外，安联人寿总经理徐春俊也于近期发生职务调动，调任安联亚太区高级顾问，接替其出任安联人寿新一任总经理的，是崔毳，也曾服务安联集团多年；

君龙人寿原总经理蔡松青于5月因家庭原因离职，同时宣布临时负责人为徐洪泰；

三星财险则迎来了两位中国高管，总经理李浩于2023年2月获批后，任汇川又在5月被提名为新一任董事长。

随着对外开放力度的不断加大，以及国内保险行业步入深度转型期，穿越周期经验更丰富的外资险企的优势进一步凸显，正日益成为国内需要高度关注的一股力量，其人事变动自然也不容忽视。

一文读懂国寿平安人保最新战略：适应存量市场逻辑，深耕新营销模式、综合金融、风险减量管理

慧保天下　2023年11月16日

告别疫情影响，上市险企的"投资者开放日"又回来了，就在近期，中国人寿寿险公司、中国平安以及中国人保三大上市险企密集召开投资者开放日，就公司当下以及未来一个时期的发展战略及投资者关注的话题进行了介绍以及回应。

中国人寿的关注重点，一是"一主多辅"的"保险+养老"战略布局；二是个人营销体系改革。思路是两条线并进，一边推动现有队伍专业升级，一边推进新型营销模式探索。

中国平安，医养生态、营销队伍转型升级也是重点，但在当下的市场形势下，为了更突出战略的差异化，在投资者开放日上，其更强调的是"综合金融"，突出"一个客户、一个账户、多种产品、一站式服务"的解决方案。

中国人保，则是把风险减量服务上升到集团战略层面，提出要构建"保险+风险减量服务+科技"新商业模式。推动风险减量服务"标准化""数字化""专业化"。

这些战略重点虽然看起来不太相同，实质却有着相同的内核，即通过服务生态的构建（医疗、养老、科技、队伍等），以及客户资源的二次乃至多次开发等，实现"深耕市场""增强客户黏性"等，这是市场发展逻辑从增量逻辑转向存量逻辑之后险企的必然选择。

如果说本轮保险业改革，尤其是人身险业改革始自2018年，那个上市险企新业务价值开始齐齐下滑的年份，本轮保险业转型已经走过将近6年时间，从早期的怀疑、挣扎，再到后来的接受现实、积极寻求新的突破，2023年借助"疫情影响消退""炒停售"等因素终于实现业务的翻盘，保险业从心理状态上已经走出了最低谷，在转型战略上也逐渐变得更加坚定。

然而这并不意味着所有公司都可以松一口气了，实际上，告别增量市场、告别曾经的时代红利，也就告别了所有公司只要敢拼敢想就能分一杯羹的时代。存量市场上，真刀真枪拼杀之下，市场主体大概率会进一步分化，头部机构凭借其固有优势以及丰富的转型资源，继续巩固其市场地位，中小机构则大概率要放弃大而全的布局理念，在细分市场、细分领域、细分渠道等构建自己的相对竞争优势。

根据中央金融工作会议的提法，就是"支持国有大型金融机构做优做强，当好服务实体经济的主力军和维护金融稳定的压舱石，严格中小金融机构准入标准和监管要求，立足当地开展特色化经营"。

大公司已经率先亮牌，现在压力来到了中小机构一边。

一、中国人寿寿险公司——"一主多辅"布局养老产业；另起炉灶，打造扁平化营销新模式

中国人寿寿险公司在其开放日上介绍的"保险+养老"战略，与其他险企最大的不同之处，就在于更突出"大养老"概念，力求多层次、全方位、全生命周期、全产业链条式的产业布局——强调"人民性"，杜绝只服务中高端人群，是中国人寿寿险公司作为保险央企进行所有战略布局的基本准则之一。

基于上述认知，中国人寿寿险公司明确了"一主多辅"的养老发展模式，即以"城心"机构养老为主，"城郊"机构养老、居家养老和社区养老共同推进的"保险+养老"发展模式。聚焦失能失智、高龄独居的城市养老刚需，中国人寿寿险公司在大力发展"城心"机构养老的同时，继续发挥在"城郊养老"的传统优势，并积极探索居家养老服务领域，各种形式兼具、高端与普惠兼顾，以满足不同收入水平、不同生命阶段的客户的养老服务需求。

预计到"十四五"末，中国人寿寿险公司在全国约30个城市形成养老服务供给能力，远期将根据市场和客户需求变化滚动式调整养老项目城市规划布局。

个人代理人渠道的高质量发展对于推动保险公司"保险+养老"战略实施，乃至公司整体长远发展都至关重要。中国人寿寿险公司也在开放日上回应了关于个人代理人改革的话题。根据介绍，其已明确两大重点改革方向：一方面推进"现有队伍专业升级"；另一方面打造新队伍，推进"新型营销模式布局"。

值得注意的是，11月6日，中国人寿年丰保险代理有限责任公司高调举行揭牌仪式暨营销新模式发布会，而该公司正是中国人寿寿险公司践行新型营销模式的主阵地。另起炉灶，有助于更好地与原有的队伍进行区分。

根据介绍，该公司总部将设四大中心，包括个人事业中心、法人事业中心、互联网事业中心及共享服务中心，四大中心下设若干职能团队。公司在全国一、二线核心城市开设省级分公司，分公司下设若干财富中心；此外，将采取扁平管理架构，缩短决策链条。

在产品体系方面，除了中国人寿集团的产品外，还会"同步优选业内多家保险公司产品""构建涵盖风险保障、医疗健康、养老保障、财富管理等功能的一站式、多元化产品供应体系"。

公司的愿景是"中高端客户首选综合金融顾问"。

二、中国平安——深化"综合金融+医疗健康"双轮并行、科技驱动战略，目标是客均利润增至800元

与其他同业强调康养战略、个险转型不同，此次，中国平安投资者开放日活动的核心关键词是"综合金融"。

作为中国最早获得全金融牌照的金融机构之一，中国平安很早之前就打出了综合金融的概念，只是后续随着市场热点的变化，中国平安阶段性的战略重点也发生了改变，曾先后打出"金融+科技""金融+生态""综合金融+医疗健康"等的旗号，不过，当下，中国平安的战略重点重新回到"综合金融"本身。

三十多年来，综合金融始终贯穿平安的发展历程，也是平安实现未来愿景的最重要的核心战略之一。依托科技，凭借"综合金融+医疗养老"两大商业模式，平安致力于提供"一个客户、一个账户、多种产品、一站式服务"的解决方案（见图1）。

历经三十年，综合金融始终是贯穿平安发展、实现未来愿景的核心战略

One vision 一个愿景		World-leading integrated finance and healthcare +eldercare services provider 国际领先的综合金融、医疗+养老服务集团
Business model 商业模式	Integrated Finance 综合金融 one customer, one account, multiple products, one-stop services 一个客户、一个账户、多种产品、一站式服务	Healthcare + Eldercare 医疗+养老 Family doctors and eldercare concierges 家庭医生、养老管家
Technology driven 科技驱动		Technological Empowerment 科技赋能 Empowering financial services with technologies, empowering financial services with ecosystems, and advancing development with technologies 科技赋能金融、生态赋能金融、科技促进发展

图 1　中国平安战略重点

综合金融是国际金融业模式的重要选项，但复杂度极高、难度巨大，鲜见成功案例，面临的挑战与困难包括且不限于金融牌照不完备、异业融合文化差距大、跨国经营提升政策监管风险、经济周期市场风险、核心科技能力不足（销售触点技术、金融云等）、后台资源集中程度低、管控和激励制度薄弱等。

虽然综合金融很难，但中国平安依然选择了综合金融的道路，且坚定认为自身具备发展综合金融的独特优势。从中国平安已有的发展经验来看，综合金融模式也确实有其独到之处：降低获客成本、提高黏客效率、带来更大的客均利润、助力代理人收入提升等。

对于中国平安而言，"综合金融"概念的提出，不仅能适应当下存量逻辑，更重要的是，能突出其独特的全牌照优势，且不同金融行业发展周期不尽相同，彼此互相依靠，不仅可以增强彼此的竞争力，还能促进集团利润平稳、可持续增长。

"综合金融"概念下，中国平安认为，对于其的估值也应相应做出调整，就内部而言，其关注重点将会转向"三数"，即客户数、客均合同、客均利润，并以这"三数"作为综合金融模式的核心估值框架，因为这三个关键指标直接决定了个人业务营运利润，也就是综合金融模式的盈利能力体现。

展望未来，中国平安将持续深化"综合金融＋医疗健康"双轮并行、科技驱动战略，其目标是：集团的个人营运利润在综合金融的驱动下实现双位数增长，其中个人客户数增长至 4 亿名，客均合同数增至 5 个以上，客均利润增至每客户 800 元。

三、中国人保——构建"保险＋风险减量服务＋科技"新商业模式

2023 年 11 月 10 日，中国人保集团和中国财险在宁波市联合举行以"风险减量服务 助力高质量发展"为主题的投资者开放日活动，向资本市场宣导公司在风险减

量服务方面的探索、实践和取得的成效。

中国人保集团党委书记、董事长王廷科在致辞中表示，党的二十大报告中强调，要"坚持安全第一、预防为主，建立大安全大应急框架，完善公共安全体系，推动公共安全治理模式向事前预防转型。"这既为国家公共安全治理模式转型指明了方向，也为保险商业模式创新提供了行动指南。

中国人保集团新一届党委，把风险减量服务上升到集团战略层面，坚持长期主义，提出构建"保险＋风险减量服务＋科技"新商业模式。推动风险减量服务"标准化""数字化""专业化"。

风险减量服务是指保险公司为提高社会抗风险能力、降低社会风险成本，通过投入资金、技术、人员等方式主动介入被保险标的的风险管理，协助被保险人降低保险事故发生概率或减少事故损失程度。

保险作为市场化的风险管理和保障机制，可以运用风险减量服务手段，从简单的"灾后"补偿转向"灾前"预防预警、"灾中"快速响应、"灾后"精准理赔，成为政府公共安全治理和应急管理体系政策"工具箱"中的重要工具，将其融入整个经济社会的现代化治理框架之中，在更好地发挥保险经济减震器与社会稳定器功能的同时，推动保险业转型发展、加快高质量发展。

平安代理人迎第三次跃迁：打造 MVP，重新定义差异化服务逻辑

慧保天下　2023 年 6 月 20 日

寿险行业正在经历变革深水期，多渠道并行发展渐成行业共识。面对高质量发展的主基调，对于深入转型的保险行业而言，高质量发展同样是主旋律。具体到进入中国 30 年的个险代理人制度，也正在经历一场前所未有的高质量发展转型。

6 月 17 日，长期领行业革新步伐的平安人寿再次做了勇敢的尝试——推出平安 MVP（Most Valuable Professionals），其含义为"平安最具价值保险代理人"，只有顶级代理人才有资格入围。

他们是这样的人群——精保险、知金融、懂经济、通科技、广见闻，这亦是寿险行业一直花大力气寻找的高质量新保险代理人样本。

回顾代理人制度的发展，平安人寿总能在重要时间节点留下重要一笔：1994 年 7 月，平安发布第一个营销队伍"基本法"，在中资公司中率先开展个人营销；后又率先从"规模"导向转向"价值"回归；2019 年，行业代理人规模自高点出现锐减以来，平安人寿又率先自我革新，推出抓绩优、抓增优的"双优"工程。2023 年，行业增长回暖，个险渠道转型效果初显，平安 MVP 将转型之路走得更坚定。

行业的高质量发展关键在于"人"，代理人只有更深层次地从客户需求出发，持续打磨专业技能，通过与之匹配的产品与服务为客户服务，才能够真正推动业务高质量发展，继而推动行业的高质量转型。

一、顺应时代需求变化，平安 MVP 应时而生

在平安 MVP 揭幕盛典上，平安人寿党委书记杨铮现场号召平安 MVP 继续勇毅

前行,不仅要成为最专业、最顶尖的保险推销员,更要在平安寿险乃至整个行业向上、向善、向好的道路上当好排头兵。

据杨铮介绍,平安MVP是具备"三心"精神、传递平安"三专"价值、为客户提供"三省"体验的王牌代理人。秉持爱与奉献的"初心",具备细节与毅力的"用心",抱有持续奋斗的"恒心";以客户需求为中心,成为平安集团"最专业的金融顾问、最专业的家庭医生、最专业的养老管家"的价值传递者,让客户"省时""省心""省钱"。这亦是寿险行业一直花大力气寻找的高质量新保险代理人样本。

中国人身险市场经过30余年的发展,从客户覆盖面基本上已经完成了从0到1的保单覆盖,眼下正面临着从0到1阶段升级到从1到N阶段。存量竞争时代,个险营销也从增量客户获取阶段走向存量客户深度挖掘阶段。同时,人身险市场中客户需求已不再是大一统状态,客户已经开始分层,从大众市场到中端市场、高端市场,不同市场的客户同样有着差异化的需求。保险产品的灵活性、简易性在不断增强。消费者越来越不想要大而全的产品,只是想要一个模块化、定制化的产品。

在金融行业,高净值客户需求是蓝海,亦是"兵家必争之地"。得益于我国稳中求进的宏观经济基本盘,预期中国高净值人群的数量将持续增长,且其总财富规模增速仍将超过全球高净值人群的平均水平。

而对于高净值人群而言,保险已经不再是一份简单的保障,而是承担着更多财富增值、医疗健康、养老服务、代际传承等诉求。保险销售也从以前卖一张保单,转变为提供"保险+财富""保险+健康""保险+养老"等解决方案。

这就需要代理人精准捕捉客户需求,持续打磨专业技能,为客户提供综合全方位服务。正如此前杨铮所说,什么时候我们的代理人群体可以从粗放的人海战术变为与客户适配的专业代理人群体,帮助他们解决深层次的保险保障、财富传承等各类综合需求,才是寿险改革发生质变的时候。

面对这一趋势,监管层也在制度设计方面给行业的高质量转型指明了方向。2022年4月,银保监会曾向各险企下发《人身保险销售行为管理办法(征求意见稿)》,明确提出产品分级、人员分级管理,引导寿险销售向专业化加速转型。同年7月,保险业协会和银保监会分别发布《保险销售从业人员销售能力资质分级体系建设规划》与《保险销售行为管理办法(征求意见稿)》,根据保险销售人员的专业知识、销售能力、诚信水平、品行状况等标准，进一步明确划分保险销售人员的资质等级，并且与险企产品分级管理制度相衔接，根据销售人员等级授权其销售相应的产品。

二、从营销员到综合顾问，平安代理人实现三次跃迁

寿险业的发展关键在于"人"，得个险者得天下。

个险渠道是头部寿险公司建立主导地位所依赖的根本，亦被看作主推行业发展的中流砥柱。作为寿险公司触达客户幅度最宽、下沉最深的渠道，只有代理人可以卖出复杂的高价值保障产品。

回顾保险代理人的发展历程，平安人寿是不得不提的关键存在。

1994 年，平安人寿在中国大陆首开个人寿险营销模式，正式拉开了内资保险公司代理人制度尝试的序幕；同年 7 月，发布第一个营销队伍"基本法"。随后，本土的人保、太保也学习、复制"代理人模式"，开网点、设机构、拉队伍，寿险规模迅速扩大。

"那时候条件很艰苦，走街串巷跟卖货郎一样，特别是去'扫楼'，有人一听说是卖保险的，会一下子把门关上。"一位曾工作于平安的代理人如是回忆那段蛮荒年代的时光，但也正是这种走街串巷，将保险理念输送到了更多的角落。

1996 年 12 月，中国人民银行在各地组织代理人资格考试，代理人成为特许职业，其数量和规模也带动着保险行业的保费不断增长。

彼时，我国正在驶向世界第二大保险市场的快车道，与此同时，平安较早地开始思考"价值"这件事。

早在 1999 年，平安人寿就提出"价值最大化是检验一切工作的唯一标准"的新价值管理文化。彼时，公司率先推动个险渠道的第一次转型，从规模至上转向追求业务价值，努力提升代理人收入水平，依托平安集团"一个客户、多种产品、一站式服务"的综合金融平台，平安人寿的代理人队伍开始向"保险专家、财富顾问、生活助手"转变。

2002 年，平安人寿成为全球第一家通过互联网进行业务员甄选的保险公司，昭示平安寿险试图由人海战术、粗放经营向精英化、专业化经营转变。

平安人寿代理人借助集团及科技的加持，展开一站式综合的金融服务，不仅满足客户的多元化需求，而且在同业竞争中形成自身的核心优势，从而完成其第二阶段的跃迁。

2015年代理人考试取消，代理人规模出现了第二轮更为迅猛的增长，直至2019年达到912万名顶峰，随后代理人规模开始锐减。

也是这一年，平安成立寿险改革领导小组，由马明哲亲自挂帅。平安显然很早就意识到了风险的存在。在2019年业绩发布会上，马明哲表示，从2018年开始，平安发现寿险的市场、环境、消费者需求都发生了很大变化，原来传统的人海模式逐渐无法适应了，平安酝酿用2—3年研究推动寿险的改革。公司践行"行为好支撑质量好，质量好驱动业绩好"的理念，以"三好五星"评价体系引领，聚焦增优、绩优，推动代理人向"高素质、高绩效、高品质"的"三高"队伍转型。如今效果已经显现。

市场质变源于客户需求之变。也是在这次变革中，平安人寿的代理人队伍实现了第三次跃迁，顺应客户当下医疗健康、品质养老需求，平安人寿代理人又化身成为平安"金融顾问、家庭医生、养老管家"的价值传递者，帮助客户在平安的平台上畅享一站式金融生活服务。而重磅落地的平安MVP，正是其最为亮丽的名片。

三、"渠道＋产品"双轮驱动，以顶级代理人为抓手助力行业高质量发展

保险代理人三十年栉风沐雨，砥砺前行，代理人制度也在不断转型调整之中。然而寿险营销转型不可一蹴而就，其核心是在发展中进行调整和优化，在前进中换车轮。本轮高质量转型之旅也依然在路上，而代理人的分级分类也成为行业共识。

可喜的是，自2022年以来，特别是2023年第一季度，寿险市场复苏信号明显，尽管动能转换仍在继续，但以平安人寿为首的公司也交出了实质性的成绩单。

在中国平安2022年业绩发布会上，中国平安管理层便表示："寿险改革已完成第一个三年的'深度改革'目标，成效初步显现。"

2022年，平安寿险新增人力中"优＋"高素质代理人占比同比提升14.1%，代理人人均新业务价值同比增长22.1%，而人均收入也同比增长22.5%。在数字科技实力的支持下，平安寿险也完成数字化经营在全国营业部的推广。

自开启新一轮寿险改革以来，平安始终坚定"4+3"改革战略，通过"渠道+产品"双轮驱动战略、数字化赋能，构筑差异化竞争优势。在渠道端，代理人改革方面，平安人寿以"三好五星"评价体系引领，聚焦增优、绩优，切实推动代理人队伍向"高素质、高产能、高收入"的"三高"队伍转型。为实现转型目标，平安人寿还推出"优+"计划，进一步提升业务效能，再次推动代理人队伍的高质量转型。

在个险发展的 30 多年进程中，作为率先引入代理人模式的中资公司，平安人寿在市场中始终保持领先地位，并推动公司成为中国平安集团最重要的利润贡献者，这离不开其每一次关键节点战略层面上的自我革新与坚定实战。

此次 MVP 的推出，平安人寿同样为 MVP 提供顶配的权益、定制的高客活动、专属的顶级培训、私享的交流平台等资源支持，旨在为用户提供极致的"三省"体验，同时构建差异化的竞争格局与服务体系，进而以打造平安顶级代理人为抓手，助力保险行业高质量发展。

正所谓行远自迩，笃行不怠，行业的高质量发展离不开每一家公司的努力，相信时间会检验平安人寿 MVP 品牌的成果。

两大要素激发全新战略机遇，太平人寿持续着力高质量组织发展

慧保天下　2023年9月5日

2023年上半年，在多重因素综合作用下，形成了近年来少有的高度有利于人身险业发展的新局面：一方面，上半年人民币存款增加20万亿元，创下新高；另一方面，房地产、银行理财、基金等市场持续不振，叠加利率下滑。

天时地利人和，2023年上半年人身险业迎来高光时刻，一片红火之中，"老七家"之一的太平人寿也实现了业务的强劲增长。根据中国太平半年报数据，2023年上半年，太平人寿原保费收入1022亿元，同比增长9.4%，半年度首次突破千亿元平台；新单保费同比增长42.4%；新业务价值36.5亿元，同比增长也达到28.5%；个险、银保4项继续率指标继续保持行业领先。

作为中国太平旗下的核心子公司，太平人寿的优异表现支撑了集团公司业绩，半年报数据显示，上半年中国太平归母净利润达到52.2亿港元，同比上升20.5%。

告别红红火火的上半年，伴随预定利率的调低以及产品的全面切换，人身险行业在下半年快速步入调整期，全新的市场形势下，人身险公司该如何布局？

结合太平人寿年中工作会议有关资料以及集团半年报发布会的有关内容，太平人寿的答案一以贯之：继续推动高质量组织建设。

一、顺势清虚，大力增员，太平人寿坚持推动组织高质量发展

分析太平人寿取得喜人成绩的原因，除了环境因素外，离不开其自身一贯的理性务实精神，也得益于其数十年如一日坚持长期主义所构建的深厚的发展基础，以及应对快速变化的市场形势始终保持高度敏锐，不断推进创新的意识和能力。

以 2023 年为例，太平人寿紧跟市场变化，快速创新，在个险、服拓、银保、电商等多条线促创新谋发展；与此同时，继续积极推动医康养布局再提速、科技赋能再升级以及健康板块的多点发力，为一线销售团队提升业绩提供较为完善的支持赋能体系。

多措并举之下，太平人寿在上半年各项核心业务指标均增长良好，且业务品质继续保持行业领先。唯一的例外是其个险渠道人力出现明显下滑——从 2022 年年末到 2023 年 6 月 30 日，太平人寿个人代理人数量减少逾 7 万人。

即便是在最为困难的三年新冠疫情期间，其他同业代理人数量纷纷快速下滑之时，太平人寿也始终保持了代理人规模的稳健，甚至是一定程度的正增长。而如今，最困难的时期已经过去，其他公司人力开始有所反弹，太平人寿却一反常态，代理人数量不增反降。

对此，太平人寿总经理程永红在半年报发布会上作了详细介绍：2020 年之后，新冠疫情使代理人展业难度大为提升，为了组织的健康发展，太平人寿放宽了对于"基本法"的考核，2022 年下半年甚至将季度考核改为半年考核，也是因此，2023 年 1 月份考核一波过后，一些未达标队伍被淘汰出局。

另据介绍，2023 年上半年太平人寿脱落人力约 10 万人，其中试用员工占了 9.94 万人，占比为 99.4%，由于他们产能低下，未能对业务产生明显影响；在清虚的同时，太平人寿上半年增员 3.1 万人，相较 2022 年同期在数量上略低，但新增人力的保费贡献比 2022 年同比提升了 95.6%。受此影响，2023 年上半年太平人寿代理每月人均期缴原保费达到 18167 元，相较 2022 年同期的 13685 元，同比增长高达 32.75%。

程永红坦言，把不能起到承担高质量发展责任的人"挤出去"，以此换来更好的发展，"穿过整个运行周期来看，队伍已经又回到了有序的以'基本法'为引导的持续健康发展的轨道。"

面向下半年，太平人寿除继续强调要保持战略定力、服务国家战略、坚持价值成长外，还旗帜鲜明地提出"继续推动高质量组织建设"，着力打造一支职业化、专业化的从业队伍，以专业优势和创新服务把"太平"打造成消费者真正信任和依赖的保险品牌——组织建设依然是太平人寿下半年工作的重中之重。

二、人身险行业基本逻辑没有变，下半年组织建设迎来绝佳时机，太平人寿力推"山海计划2.0"

个人代理人队伍在达到2019年912万人的人力高点之后，近年来又经历了最残酷的转型实践，一些险企人力一路下滑，新业务价值乃至人均产能等核心指标也都受到拖累。

面对持续数年的下滑，不少观点对于代理人渠道价值产生了动摇，太平人寿却始终坚定推动组织高质量发展。事实上，上上下下高度重视组织建设并不断推陈出新，正是太平人寿留给业界最深刻的印象之一。

2021年，太平人寿启动"卓越管理人才培养计划"（TP-EMP），探索增优育优新模式，致力于培养具有全新发展理念的"卓越管理精英"队伍；2022年市场至暗时刻，太平人寿又全面启动"山海计划"助力扩团队、提技能、抓赋能，最终实现多项业务指标市场领先的佳绩。

之所以始终高度重视组织高质量发展工作，是因为太平人寿坚信，无论发展环境怎样变化，人身险行业的基本逻辑不会改变：基于人身险产品的复杂特性，其依然需要大量的人力切实服务客户。人力是基本的资源，人力做起来了，公司就发展起来了。

步入2023年下半年，此时无疑正是人身险业大兴组织建设的绝佳时机：一方面，市场上人力资源相对充沛——疫情防控进入常态化，大量优质人员面临再次择业；另一方面，上半年业务的强劲增长提升了代理人的收入水平，为其增员注入底气，同时也带动了大量代理人晋升，这也为后续组织发展注入了强大的信心。

借此难得机遇，太平人寿强调2023年下半年要"聚焦价值成长主线，加大增员力度，突出主管培育和带动作用，提升人力效能，以业务队伍高质量发展推动公司整体高质量发展"，"山海计划2.0"更成为核心抓手之一。

所谓"山海计划2.0"是太平人寿2022年首推的"山海计划"的最新版本，其不仅意味着增员培训赋能等系统的全新升级，还意味着要将高质量组织建设真正上升到"体系化作战"阶段。

"山海计划2.0"首先强调要做大团队、做实架构。结合最新的市场形势、技术变化，检视新人进班、出班、上号、转正、晋升等各环节的工作成效，优化增员和晋升推动体系，对标准、流程、逻辑，培训方式、内容、辅导、陪访等关键动作，进行与时俱进的迭代升级。

此外，"山海计划2.0"还强调要"做优体系"，将人才招募培育上升到体系化作战的高度。其旨在凝聚集团、总公司和各级机构的力量，共建一个多层次、超体验、高效率的生态圈，把医康养打造成太平人寿的特色和竞争优势。同时，建设一支职业化、专业化的销售队伍，让人人都能成为医康养专家，为客户及其家庭提供全生命周期的保障方案。为此，在个险渠道，太平人寿还专门推出了"医康养经理人"招募计划。

在半年报业绩发布会上，程永红表示，太平人寿提早对市场发展趋势进行了预判，结合国际经验，一般遭遇利率下调后，业务恢复需要两个月时间，而保险业要做的就是缩短恢复期，利用恢复期为未来做准备。

太平人寿认为，保证组织良性发展的关键在于主管层，因此7月、8月，其工作重点就是对主管及以上管理层进行培训，同时加大增员力度。

在积极准备产品切换的同时，太平人寿于7月初就开始了大规模的分红险产品培训，并于8月开始做试销准备。

据介绍，当前太平人寿组织发展遵循的原则是先培训，对开单件数的重视大于对开单保费的重视，对开展人力的重视大于对件数的重视。

面对2023年下半年难得的组织发展战略机遇，程永红曾表示必须牢牢把握："必须明确组织发展仍是寿险竞争制胜的关键，谁抓住未来三年结构性调整的组织壮大机会，就抓住了未来十年的发展。如果没有抓住当下结构性调整的组织发展机会，今后即使再花三五年时间，也未必能赶得上！"

三、保险销售从个体行为上升至组织行为，太平人寿创新产品设计、医康养生态资源为组织发展提供强大支撑

所谓"组织"，就是指导人们为实现一定的目标，互相协作结合而成的集体或团体。对于人身险公司而言，无论是哪个渠道，做好组织发展工作都至关重要。

推动组织高质量发展，首先需要回答的是：目标客户需要什么样的人来服务；

从客户立场出发，险企该如何找到合适的人；更重要的是，如何构建一整套完善的机制，让这些人获得体面收入，实现在公司的长期留存发展。

太平人寿长期培育"三高"团队所形成的精细化运作的理念，在这时又有了新的用武之地，其专业的培训体系、全流程线上工具支持、随机应变的产品赋能、不断扩面的服务赋能、持续精进的科技赋能等都为组织发展注入了持久的生命力。

这其中尤其值得一提的就是太平人寿于 2020 年创新推出的月缴型储蓄险产品——月缴保费以往更常见于低件均的互联网类健康险、意外险等产品，目的是更符合互联网产品的低价特征，太平人寿是率先在非互联网渠道推出月缴型储蓄险产品的险企。彼时正值新冠疫情肆虐，代理人队伍展业难、收入难、留存难，组织维持面临巨大压力。太平人寿审时度势，大胆创新推出月缴型产品，实现了"一石二鸟"的作用。

一方面，月缴型产品大大降低了人身险产品的投保门槛，不仅更符合年轻人的消费特征，也照顾了许多在疫情中收入有所下滑的客户；另一方面，让开单的代理人每月都可以获得一定的佣金收入，对于未来始终保持希望，引导其度过最艰难的时光，为公司保存实力。

当然，如今的保险业竞争中，仅仅具备产品优势是难以构建壁垒的，因为保险业的比拼已经从单纯的产品比拼，走向了综合的一揽子服务解决方案的比拼，"产品+服务"成为新时代下保险企业的必杀技，而太平人寿覆盖全国的医康养资源，又为代理人展业、组织发展提供了强有力的支撑。

目前，无论是"保险+大养老"，还是"保险+大健康"，太平人寿服务生态圈均已经蔚为可观。

面对客户日益升级的综合风险解决方案需求，保险销售服务正从过去的个体化行为逐渐发展为组织化行为，从单兵作战发展到平台运作，从粗放经营过渡至精准服务……客户的观念在升级，代理人专业要求也不断提升，太平人寿下半年坚持落实"山海计划2.0"，推进高质量组织建设，就是要在坚持以客户为中心的前提下，不断推动队伍升级、服务升级。这是太平人寿的需求，更是时代的需求。

泰康之家获中国养老产业首件"驰名商标"认定,"保险+医养"再迎里程碑

慧保天下　2023 年 9 月 13 日

近年来,人身险业积极投身多层次社会保障体系建设,在养老、医疗领域迅速打开一片天地,"保险+医养服务"这一新型商业模式也受到行业普遍欢迎,通过自建,或者与第三方合作等,从很大程度上丰富了医养服务市场的供应。

泰康保险集团旗下医养社区品牌"泰康之家",深耕行业多年,获得市场广泛认可。作为国内最早的"保险+医养服务"商业模式践行者,无论是市场规模还是影响力,其都持续领跑行业。就在近期,国家知识产权局下发的一份裁定书,更给其加戴一顶桂冠。

这份裁定书结合泰康保险集团的历史沿革、业务布局、资产规模、市场地位,以及旗下医养社区品牌"泰康之家"的市场份额、市场知名度、市场美誉度等要素——如截至 2019 年,"泰康之家"医养社区已覆盖北京、上海、广州、三亚、苏州、成都、武汉、杭州、南昌、厦门、沈阳、长沙、南宁、宁波、合肥等全国 15 个城市,可容纳 3.7 万名老人、2 万户独立生活单元及 5000 张康复护理床位;截至 2019 年,"泰康之家"营业收入约 3.6 亿元,广告投放范围覆盖全国 31 个省份、204 个城市;2017—2019 年,"泰康之家"在全国养老领域市场份额均位列第一(源自中国社会福利与养老服务协会《关于"泰康之家"驰名商标认定推荐函》)——综合判定"泰康之家"已经达到"驰名程度",并按照相关法律中对于"驰名商标"的保护性规定,给予"泰康之家"跨类保护,宣告此前侵权的商标无效。

"泰康之家"由此成为国内首个获得"驰名商标"跨类别保护的养老机构品牌,同时也成为泰康保险集团获得的第二个"驰名商标"——在这之前,"泰康人寿"

早已获得驰名商标认定。

保险端以及养老机构端的双重"驰名商标"认证，对于"保险+医养服务"这一新型商业模式而言，无疑是里程碑式的事件，意味着这一模式所代表的新的养老理念、服务体系等，已经得到了市场的广泛接受和认可。

顺应国内人口老龄化提速的大趋势，属于商业保险的时代正在走来。

一、是"保险+医养服务"的胜利！首获驰名商标认定，保险业创新商业模式迎来又一里程碑

自 2008 年，泰康保险集团正式向原中国保监会提交寿险资金投资养老社区可行性报告和试点申请至今，泰康保险集团"保险+医养服务"领域探索的时间已经超过了 15 年之久。

这 15 年间，泰康保险集团旗下的"泰康之家"医养社区从零开始，到如今遍布全国 31 个中心城市，基本覆盖东、西、南、北、中各个方位，已开业园区也已经达到 15 家，在住居民更是已经达到 9000 多人，市场份额持续领跑行业。"泰康之家"俨然已经成为中国高端养老机构中最具代表性的机构之一，此次其获得国家知识产权局驰名商标的认定，更进一步凸显了其在市场上的重要性。将视野放大到全行业，此次对于泰康之家驰名商标的认定，也绝对称得上是"保险+医养服务"模式的一次里程碑事件。这一保险行业首创的商业模式，在国内人口快速老龄化的当下，在积极构建多层次社会保障体系的大背景下，正显示出区别于其他任何类型医养服务供应商的独特优势，并逐步发挥出更大作用。

"不要认为养老问题还有拖延的机会"，这是 2023 年 2 月中国人民银行前行长周小川在参加第五届全球财富管理论坛时发出的建议之一。此言一出，立刻冲上社交媒体热搜榜，显示出养老问题已经成为社会大众最为关注的议题之一，而人口老龄化的形势也确实相当严峻：

一是 20 世纪 60 年代生育高峰出生的人口开始陆续进入退休年龄，"退休潮"叠加"少子化"，将对现有养老保障体系造成直接影响。2022 年，中国新出生人口首次跌破千万人大关，只有 956 万人，2044 年前后，这批人开始步入职场，而彼时，新增退休人口预计仍接近 2000 万人。956 万名年轻人 VS 将近 2000 万名的退休

老人，这种畸形的结构必须引起足够关注（见图1）。

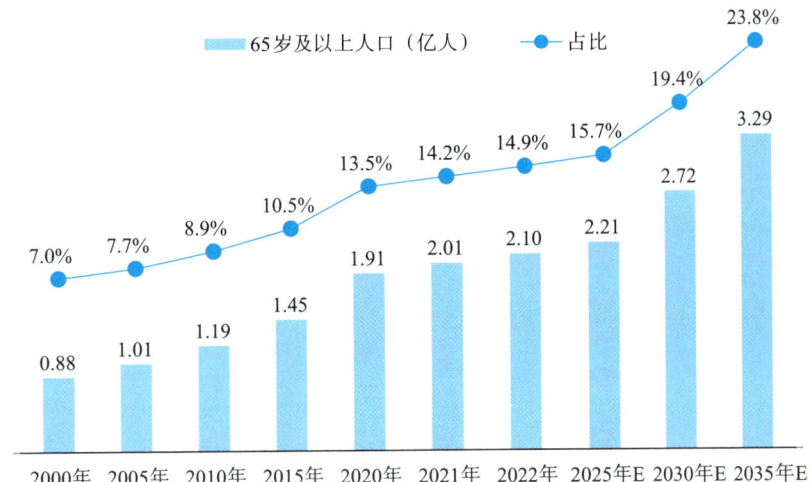

图1　2000—2035年我国65岁以上人口数量及占比

资料来源：国家统计局、联合国。

二是目前国内居民养老资产储备尚存在严重不足的情况。基本养老保险在过去多年取得显著成效，但第二和第三支柱发展依然不尽如人意。其中，第二支柱覆盖面过窄，对全局影响有限；第三支柱刚刚起步，也面临覆盖人群有限、税优力度不足的争议（见图2）。

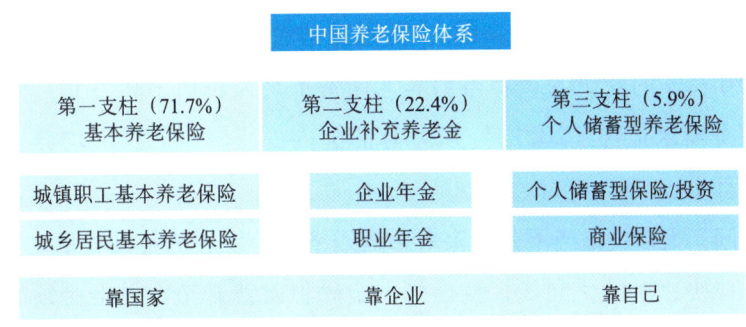

图2　中国当前养老保险的三大支柱及占比

三是医养服务供给严重不足。根据国家统计局发布的《中华人民共和国2022年国民经济和社会发展统计公报》，截至2022年末，全国共有各类提供住宿的民政服务机构4.3万个，其中养老机构4.0万个；民政服务床位849.1万张，其中养老服务床位 822.3 万张。年末共有社区服务中心 2.9 万个，社区服务站 50.9 万个。

就养老床位而言，相较过去已经有了长足进步，但面对实际需求，依然是存在巨大缺口，就增速而言，床位增速也明显低于 65 岁以上老龄人口增速（见图 3）。

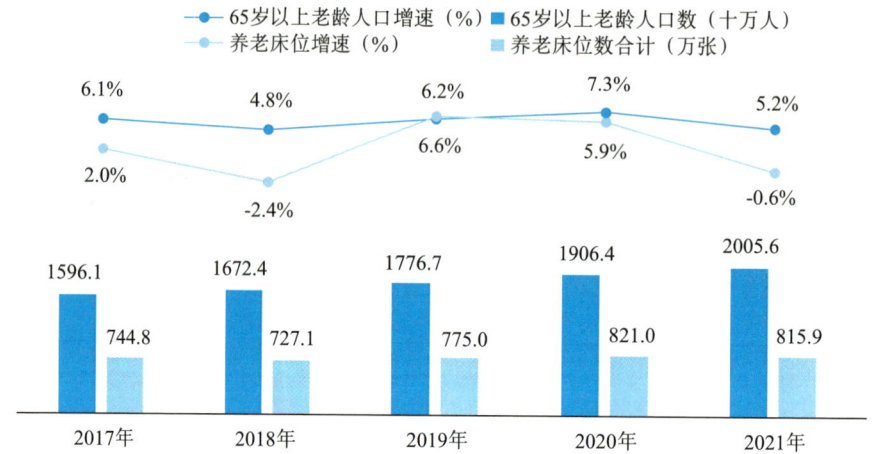

图 3　2017—2021 年养老床位与 65 岁以上老年人数量及增速对比

资料来源：国家统计局、民政部。

四是居民自身也没有做好准备。根据麦肯锡最新发布的调研报告《拥抱老龄化时代：保险机构参与中国养老保障的整合式探索》，当前我国居民在养老准备上存在信心、规划、储备三方面不足。例如，约 70% 的受访者对能否"在财务上舒适地退休"存在不同程度的担心，约 80% 的受访者表示自己"无明确养老退休规划"，同时约 75% 的受访者表示当期养老储备不足人民币 100 万元，低于《中国城市养老服务需求报告（2021）》所估算的国内一线城市居民人均养老花费（约人民币 115 万元）。

毫无疑问，人口就是当下乃至未来影响经济社会发展的基础变量之一，而如何有效应对人口快速老龄化问题，就是当下金融保险业乃至全社会必须思考的命题之一。

作为建设第三支柱的主要力量，保险业近年来已然做出表率，不仅大力发展长期储蓄型产品，在支付端帮助居民进行储备，还大力拓展服务端业务，力图用"保险+医养服务"成为多层次社会保障体系中不可或缺的力量，补齐三支柱短板。

如今，保险业的积极努力有了更加积极的反馈，此次泰康人寿、"泰康之家"时隔多年先后被认定为保险、养老机构领域的"驰名商标"，充分显示出"保险+养老服务"这一新型的商业模式，注定大有可为。

二、是优质服务体系的胜利！"四位一体"理念聚焦老年人生活各个侧面，"居民体系"将客户从被服务对象变为积极参与者

"驰名商标"的认定是相当复杂的过程，构成"驰名"的服务不仅要市场份额领先，具备较高的知名度，还要服务品质过硬，真正获得客户的信赖。

"泰康之家"之所以能持续领跑行业，就是因为在多年的摸索中，其已经独立创建了一整套完善的服务体系，且将之贯彻落实到建设运营的方方面面，包括且不限于社区选址、建筑设计、内部装潢、园区美化，以及客户的衣食住行、健康管理、休闲娱乐等，兼顾不同类型客户更加多元化的服务诉求，只有想不到，没有做不到。

针对这一套完整的服务体系，"泰康之家"还打造了"四位一体"的概念，即通过对活力养老、高端医疗、卓越理财、终极关怀这四种模式进行有效的结合，达成保险产品、医养社区和殡葬服务的环环相扣，为客户提供有人文气息、温馨氛围、开放优雅的全套养老服务。

这其中，健康是老年人最为关注的话题之一，如何最大程度上确保客户健康或者延长寿命也是每一家养老社区所必须思考的问题。针对这些疑虑，"泰康之家"通过创新"一个社区、一家医院"医养结合模式，构建"紧急救助—健康管理—老年康复"三重防线，为养老社区里的居民提供独立生活、协助生活、专业护理、记忆照护等一站式连续性医养服务。

此外，"泰康之家"还特别注重降本增效，对于技术创新投入巨大。在智慧医养领域深耕多年，"泰康之家"利用科技构建数字化驱动的"社区大脑"，从智慧生活、智慧健康、智慧运营三大方面打造具有泰康特色的"智慧医养体系"。另据全球知识产权综合信息服务商 IPRdaily 中文网首次对外发布的"中国智慧养老运营企业专利排行榜（TOP30）"，泰康保险集团凭借 261 件专利申请的绝对数量优势位列第一。

为了充分发展长寿经济，让老年人不但作为消费者，也担当起生产者和创新

者的角色,在消费端和供给端同时推动经济增长和社会进步,泰康更是打造了"泰康居民体系",成为"泰康之家"推动养老革命、营建长寿经济生态的最重要载体。

为客户提供全流程医养服务,转变传统的养老观念,让老年生活更有尊严和质量,是"泰康之家"服务体系所要达到的目标,而这些也正是"泰康之家"能够从各类资本创建的养老机构中脱颖而出、受到大量客户欢迎、获评"驰名商标"的根本原因所在。

三、结语

"驰名商标"是经商标所有人长期使用和宣传,为公众广泛知晓,具有较高声誉和知名度的商标。此次给予"泰康之家""驰名商标"保护,为品牌高质量发展提供了有力保障;同时也是我国知识产权司法保护护航养老产业发展的一个范例,强化养老产业的知识产权保护,能够为养老产业发展注入更多信心,必将推动产业规范化、专业化发展,走向成熟。

泰康人寿、"泰康之家"先后被认定为"驰名商标",是对"保险+医养服务"这一创新商业模式的肯定,而"保险+医养服务"对于保险行业的影响也注定是全面且深远的。

首先,其重塑了保险销售,变传统的概念营销、亲情营销为实体营销、场景营销,切实提升了消费者的体验感和获得感,大幅提升了保险营销效率。

其次,其推动了销售队伍的升级。"保险+医养服务"现阶段主要面向高端客群,且涵盖保险、医养、财富管理等多重内容,这些都对销售队伍提出了更高要求,倒逼销售队伍快速升级。泰康保险集团HWP(健康财富规划师)队伍的诞生、发展、壮大正是得益于与此。

更重要的,"保险+医养服务"让整个行业都感受到模式创新的巨大作用,进而激发了全行业的创新积极性,推动行业告别价格混战、同质化竞争的时代,迎来以"保险+医养服务"为显著特征的发展新阶段。

如今,"保险+医养服务"领域首个"驰名商标"来了,而更多的"驰名商标"还在路上。

第四部分

人身险·重塑经营破与立

2023年寿险业发展呈现两大阶段发展特征：年初疫情影响逐步消退，行业充分发挥逆周期优势，乘势而上；"7·31"之后，在"报行合一"监管理念下，行业再度进入调整阶段。然而在业务或高歌猛进，或低位徘徊之外，业界对于转型的态度愈发坚定，"降本增效"俨然已经成为行业的核心工作。

寿险 30 余年未有之大变局：破除产品、渠道思维定式，聚焦资本、战略与效率回归[*]

崔巍[**]　2023 年 2 月 21 日

自 1992 年友邦将个人代理人模式引入中国至今的 30 余年，中国寿险市场经历了大发展、大繁荣、大提升的增量黄金时代。随着时代的发展、社会的进步、人们思想的转变，寿险行业也由增量驱动转向存量和增量共同驱动，进入转型发展期，并明确了"回归本源"的调整方向，借高质量人才引领高质量发展，以精细化运营取代粗放式管理。

在强监管、治乱象、防风险的严监管周期下，行业转型充满诸多现实挑战，但挑战的背后往往是新的机遇。要想抓住机遇，就必须立足实际，深入思考：

转型势在必行，什么才是正确的方向？

中国寿险行业是如何发展至今，未来又应如何规划？

在跳出产品论、渠道论的思维定式下，寿险经营回归本源的核心是什么？

与欧美等国家相比，中国的保险行业发展历程相对较短，还没有经历一个完整的全链路周期循环，因此对行业的认知在一定程度上还只存在于表象、存在不少误区，仍需要在摸索中前进，走出一个光明的未来。

因此，本文聚焦中国寿险行业，关注 30 余年寿险业发展现状。由点及面，从宏观到微观，梳理、总结寿险业的发展周期变化；同时，探讨寿险业在特殊时期所面临的转型误区、挑战，以及应对措施与未来发展方向。

---

[*] 本文原题为：《溯源、反思与对话未来：寿险经营长期发展再认知》，内容略有改动。

[**] 作者：崔巍，时任中信保诚人寿副总经理。

一、溯源：寿险行业进入 30 余年未有之变局

纵览中国寿险行业的发展，在初期高速发展的趋势下，2017 年中国成为世界第二大保险市场。但从 2019 年开始到 2021 年，代理人队伍、新单保费和总保费依次出现了负增长的情况，行业开始面临前所未有之大变局，进入三期叠加的调整期，具体分析如下。

（一）进入发展增速换挡期

行业增长不再是一往无前的跑马圈地运动，从增量市场到存量加增量市场的转变成为无可替代的命题。2021 年全行业出现了十年来首次总保费负增长，宣告单纯的规模高增长时代的结束。对大多数市场主体而言，代理人新单保费更是出现了史无前例的三年连续下跌，而且调整的不只是数量，还有结构，意味着这是一次长期大调整，而不是短暂的午休（见图 1）。

图 1　1992—2021 年人身险原保费增长趋势

资料来源：原中国银保监会、行业研究。

（二）前期积累的问题进入集中爆发期

表现为三个方面：

1. 资产驱动负债模式风光不再

过去若干年，许多中小型保险公司享受到所谓"资产驱动负债"模式的红利，迅速扩大了企业规模并实现了发展中的"弯道超车"。2017年以后主要通过"万能险"实现的"资产驱动负债"模式全面失效，规模大幅收缩，过山车式的调整使得很多公司损失的不只是业务规模，更是发展的窗口。几年后回顾，不但给公司和行业积累了风险，损害了声誉，而且浪费了本来可以用于发展队伍、积累客户的宝贵时间和机遇。

这些公司的历史都不短了，但规模情结和短钱心理的冲动导致最后获得的规模成了负担，短钱和长钱都没赚到，唯一的效果就是污名化了万能险，让"万能"这个本来是中性的一种保险设计类型成了一个时代和一种现象的代名词，令人唏嘘不已。

2. 问题公司全面"爆雷"

一方面是负债端对各种违规上规模的治理，另一方面资产端信用风险的频发，保险行业也不是世外桃源，部分问题公司开始逐渐浮出水面，2018年以来多年不见的监管接管成了保险新闻中的常用语，相当一批公司逐渐开始不披露季度偿付能力。但问题的出清没那么容易，仍需要相当长一段时间全行业的共同努力。

3. 人口红利逐渐耗尽，人海战术的副作用全面爆发

随着几千万人做保险销售，人海战术的边际效用开始骤减，高度依赖人口红利的架构发展模式、聘才发展模式遇到了前所未有的挑战。高速发展时代零星出现的"假人假单""飞人飞单"问题，在人口红利消退叠加疫情影响的情况下，前两年影响了不少公司，导致行业投产比下降。

（三）进入高质量发展的转型阵痛期，但道阻且长

表现为三个方面：

1. 渠道结构转型：由个险独大向个银并重转型

2018年以前，很多公司都在某种程度上唱衰银保，但形势比人强，在个险失去

增长动力后,银保又重新成为座上宾,几个大公司纷纷高调重启银保业务,弥补个险的缺口。但这种临时抱佛脚的策略并没有实质上改变过去抛弃银保的理由,银保自身发展的基本问题依然存在,而且由于大公司的重新发力,使得"多收了三五斗"的问题更加恶化,真正的平衡型渠道策略还有很长的路要走。

2. 营销队伍转型:由人海向精英转型,"劣去优留"成为行业新的发展主线

过去三年全市场总人力大幅下降,虽然以 MDRT 为代表的高绩优人力呈现正增长,但行业的核心人力(以月 3000 首年度佣金为例)逐季下降,说明以代理人为唯一或主要就业的人力还在下降中,很多公司代理人的基层架构到今天还没有稳住,仍在"崩塌"中,这也意味着这次精英化的转型还要至少穷行业数年之功,非一朝一夕可以达成。

3. 产品结构转型:流量型重疾不再,价值新支柱尚未建立

依赖流量获客的终身重疾险经过近十年的高速发展,至少已经覆盖了几亿人群,可保人群市场已经趋于饱和,优势不再。而较高价值的长期养老市场仍处于初级阶段,短时间内难以替代重疾的价值贡献,其他保障和传承类别的产品,客户群相对窄,难度较大,帮助个别公司尚可,想成为全市场的主流产品短时间内有很大难度,这就意味着整个行业在产品上进入了一个"空窗期",需要较长周期的探索。

二、反思:对寿险经营回归本源存在认知误区

三期叠加下,很多公司开始了经营回归本源的转型之旅,但不幸的是,大多数公司的转型都没有切中要义,表现在行动上的变形和效果上的差强人意,问题的根源实际上集中在对转型的认知误区,具体表现在战略与战术的脱节、渠道与客户的失焦、投入与效率的失衡三方面。

(一)战术上的勤奋掩盖了战略上的懒惰

不少企业都在高喊战略转型,但深入来看,大部分企业都是囿于战术层面的调整,比如多元渠道策略、优增优育代理人策略、培训体系等系列改革方案,这些都并非真正意义上的转型。

因为这些"转型"共同的特点是:都缺乏从更高层面的整体、宏观的思维角度

去考量企业、行业的未来发展，容易陷入战术上的勤奋和盲目的尝试中，用战术的勤奋掩盖了战略上的懒惰。

若要真正从战略上去思考一个企业、行业的未来，那么一定要有触及灵魂式的思想洗礼才能够奏效，以下所提及的任何一点都能够起到一定的作用：

首先，方向的预判是至关重要的，只有方向对了，才有希望捕捉到无限未来的可能。

下面重点讨论经济、寿险业、消费人口三个方向的预判。

经济预判：简单来说，就是对未来国际国内各项货币、财政等相关政策及对整体经济大方向进行预判。这不仅限于未来经济的着力点、2035年远景规划的实现，更重要的是对整个未来增速的预判，这将影响到一个国家潜在的、能提供的、能负担的利率水平，即资金成本水平的预判。因为利率是寿险行业经营的关键因素，在某种意义上是能够左右行业未来发展方向和水平的核心变量。

寿险业预判：目前，无论是精算从业者或是寿险行业从业者所经历、所认知的过程都是一个正在发展中的寿险业所经历的过程。大家能够对寿险行业从0—1、从1—100的发展史如数家珍，但谈及100—N的发展，却无以言表，因为这是需要几代人共同努力才能完成的。因此，适当地对寿险业进行预判，那么经营上的认知和思维也会发生相应的变化。

保险消费人口预判：一般情况下，精算师日常更加偏重于技术化层面的产出，如出生率、老龄化、人口结构的转变，因此对总人口的情况研究较多，但对于保险消费人口的研究相对较少。由于保险的复杂性、交叉性且兼具社会保障与金融的特点，因此，不同企业对于保险消费人口的定义有所不同。比如说，以重疾或百万医疗为代表的健康险消费人口和财富管理类的消费人口就完全不是一个性质。因此，未来在一些更基础的领域，尤其是在保险消费人口方面的研究投入更多的精力，会对行业的发展和公司的发展有重大的意义。

其次，自我认知方面。比起外部环境来说，自我认知是每个企业在进行战略规划时都需要考虑的关键点。

自古以来，当局者迷，旁观者清，大部分人对谈宏观、谈行业、谈他人都津津乐道，但一旦涉及对自我的剖析和认知上便轻描淡写地带过或者是大事化小、小事化了，最终不了了之，或是直接跳过中间过程谈战略，这是不可取的。

认知自我可以从行业地位、股东条件、历史积累三个角度进行剖析。

行业地位：正确认知自身企业在行业里的地位是必不可少的。正如不同的社会制度、不同的行业对于薪资的基准点是不一样的，因此要根据自身市场份额、持续业绩以及业务结构稳定度来为自己树立一个合适的标杆。

股东条件：股东条件是自我认知中的一个核心条件。理想和现实往往存在一定的差距，在限定的环境、条件下，达到力所能及的高度已经是成功。但许多企业在战略转型时，总是会太过理想主义，确立了不一定能够达到的高度。经过一段时间的运作，问题不断暴露、短板难以填补，这是需要避免的问题。

历史积累：每一个辉煌的背后都蕴含厚积薄发的力量，并非一蹴而就。经历过行业潮起潮落而生存下来的企业都展示着深厚的底蕴。这一次潮落特别展现出不同公司的底蕴，仔细观察现在的公司，会发现，真正能展现强生存能力的都是过去30余年在底子上积累较厚的团队。

其实如果从负债的外部环境来看，这两年的外部环境并不差，但公司和团队的处境差异巨大。举例来说，尽管近几年经济形势下行，但是财富管理的需求却在逆势提升，仅2022年上半年居民存款就增加了10万亿元。但真正能够把握住10万亿元红利的只有优秀企业、优秀团队里的优秀人才，机会都是留给有准备的人的。

"闭眼怎见三春景，出水才看两脚泥"，一旦对自我有了深刻的认知，才能够冷静地分析对深层模式的认知误区。我们看到这两年的转型——严格意义上大多数公司不叫"转型"，应该叫"节节抵抗"，不像是一个自我革命式的深层认知转型。

比如说对代理人规模的认知就存在很大争议。其实市场现实早就告诉我们，未来名义代理人数量将不会超过300万人，排除掉人海战术下的低质量代理人，实际上真正能出单的仅100多万人，而将寿险工作当成全职并依靠此生存的人数更是仅三四十万人。这就意味着寿险行业在职营销员人数占比已经开始从1%向1‰转变。

简单地分析"1%"和"1‰"概念的不同：当我国城镇化人口在八九亿人时，当时的现役代理人也达到了八九百万人，约等于1%的城镇人口数量，整体属于供给端推动需求端的发展形势。

观察同时期较为发达的欧美市场可以发现，由于成熟的工业化发展，欧美地区城镇人口比重高、非保险消费人口相对较少。美国的代理人数在30万—39万人之间来回波动，与3.3亿人口相比，占比是1‰左右，且这占比1‰的代理人，绝大多数都是全职工作的。这种少而精的模式，为代理人带来了较高的收入水平与行业地位。

按照这样的思路，推演中国保险市场，以三四亿新中产阶级人口规模来计算的话，大致的代理人数就是上文所提到的三四十万人。

所以一定程度上，中国保险企业现在已经达到了代理人占比1‰的模式，只不过名义上还未被大家认知，又或者是由于各种架构因素、面子工程因素，行业仍需要维持三四百万左右的人数。这是深层模式的认知层面一定要注意的点。

（二）渠道策略上的腾挪掩盖了客户策略上的缺失

绝大多数企业目前的转型成效更多源于渠道策略，从个人代理与银邮渠道此消彼长的趋势就可以看出：寿险行业一直是用渠道策略来代替客户策略，把渠道当成第一客户，把真正的客户当成第二客户（见图2）。

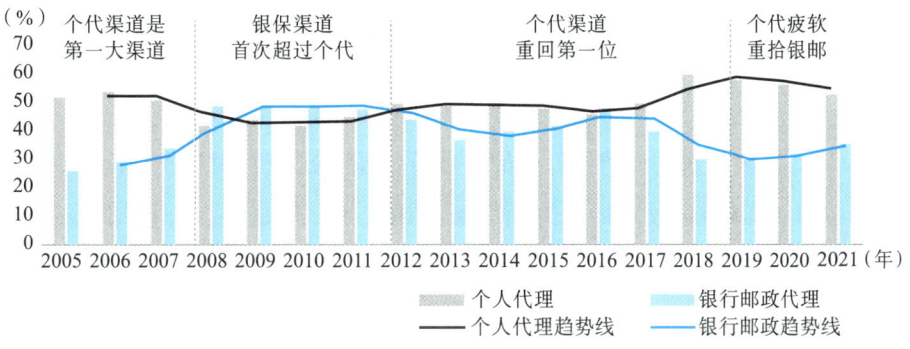

图2 寿险渠道受欢迎程度

资料来源：中国保险年鉴、华创证券研究。

"以客户为中心"是个老生常谈的话题，通过分析海外成熟市场稳定运营的成熟公司就可以明显地发现，这些企业十分注重市场、客户板块，不管对于哪个行业来说，这都是核心。但由于保险、金融行业的特殊性，且在行业高速发展时期，许多企业都享受到了全面铺开渠道的红利，因此目前还存在认为"渠道是一切成果的驱动力"的思维定式。

这里并不是说渠道不重要，而是粗放式跑马圈地的竞争阶段已经过去了，接下来是精耕细作、经营客户的时代，应该借助渠道的强大力量服务好客户。构建卓越

的客户结构是未来企业利润增长的分水岭,甚至能够影响整个行业的发展。

为什么说客户战略的得失会成为这个行业以后的分水岭呢?行业未来的竞争,谁把客户研究好和谁忽略客户,会成为完全两个流派,这两个流派就可能比武侠小说里华山派的气宗和剑宗的区别还要大,最后在某种程度上可能导致一个公司甚至一个行业命运的转折。

如果去观察成熟市场的成熟公司就会发现,其在市场营销(marketing)、客户端(customer)这些方面普遍非常重视,和快消品行业、零售行业一样,投入巨大。但是目前我国在某种程度上还没完全达到这个阶段,究其原因,除了本身发展阶段的原因,也许还有一定的认知提升空间。

我们要认识到:渠道非常重要,但是不能因为其特别重要,就认为别的不重要,或者把其他的忽略了。不能停留于单向思维,依靠"一招鲜"就能解决问题的时代已经一去不复返了,也就是说,哪怕队伍质量再好,在客户策略上有所缺乏、不深入研究的话,最终也可能会被淘汰。

(三)产品和费用上的投入掩盖了经营效率的提升

近两年,很多本来已经费用打平的企业开始重新出现费用超支的问题,虽然实际问题是因内外部经营效率的下降而导致费用失衡,但是许多公司却"逆向"思考:因为投入的费用不够了,所以效率才下降。

从产品层面来看,面对主力产品缺失、销售业绩差、价值受挫的情况,很多公司采取的是加大投入费用的措施来解决。但适得其反,过于激进的产品策略为险企带来长期利率风险,其本质是牺牲长期利益获取短期保费增长,野蛮发展甚至有可能触碰监管红线。

从费用层面来看,除了内部的激励、内勤的投入以外,由于行业竞争的加剧、银行代理手续费进一步提升,外部的额外支出也不断提高。此外,后援的投入费用则更为高昂。后援的投入不仅表现在个人工资或奖金的提升,更多地体现在众多分支机构和后援部门的扩张。

销售的颓势让高喊"产品竞争力不足"成为借口,而这促成了相当多的没必要的非保险服务的投入,让很多险企盲目进入自己不擅长不熟悉的领域。这样能促销多少保险不得而知,但非主业的经营不善是可以稳定预期的,这大大阻碍了效率的提升，进而导致企业很可能长期处于费差损的状态。

要善于透过现象看本质，真正需要提升的是经营效率，而且主要体现在以下四个方面。

一是内勤效率。对比目前的经济发展水平和寿险发展阶段，我国寿险行业的效率有很大的提升空间。根据《中国保险年鉴》的数据显示，目前保险业总资产约26万亿元，内勤人数在近100万人的水平，那么人均资产大约为2600万元。反观银行业，银行业总资产在340万亿—360万亿元，是保险业的15倍左右，但是银行的从业人数约400万人，而且其中包含大量的外派制的行员，即便这样，人均资产也依然达到了8500万元左右。同样以息差（利差）作为主要利源，银行业以8500万元的人均资产赚取息差，而保险行业则用2600万元的资产赚取利差来供养100万人的内勤，虽然这样的对比不是非常全面，但其效率的差异可见一斑。

二是外勤效率。以代理人为例，2021年全行业产生的新单保费约2600亿元，但代理人数高达450万人，人均新单产能不到6万元。因此，大多数代理人都不会将这个职业当成全职来对待，基本上是以兼职为主，所以外勤的效率也很低。严格来说，目前的人均新单产能距离保险行业应有的最低基准线有很大的差距，更遑论翘首以待的理想状态。

三是架构效率。从数据来看，保险业总资产26万亿元，机构数约4.5万个，网均大概5.7亿元。而银行业总资产340万亿元，营业网点高达16万个，但网均仍有21亿元，是保险业的4倍左右。因此，无论是架构效率，还是内勤效率、外勤效率，保险业与银行业的差距甚远。

四是资本效率。正因各种内部效率的低下，导致资本效率也无法提升。即使保险业的杠杆率有"偿二代"的加持，但总体来说比银行低，净资产收益率波动较大。且随着行业资本和产品等调整，叠加转型困难期，未来净资产收益率可能会更低，这就意味着保险业对资本的吸引力越来越弱，这是致命的问题。

因为保险业的成长除了依靠巨大的投保需求、从业者的共同努力外，更重要的是要有资本的加持，没有资本力量的支撑是无法推动行业成长壮大的。中国保险业的高速发展，在一定程度上也是享受了内外资的红利，获得了大量的就业、高薪机会。但过去30几年讲故事、造梦想的方式已经失效了，若保险牌照价值不再，那么所有的资本红利自然也会消失殆尽。

重回寿险经营回归本源的探讨，之前行业历经了高速发展的黄金时代，也体验了混沌迷茫的困局，那么，接下来要如何找到破局的发力点，破茧成蝶回归初心使命？又要以什么样的姿态对话未来，再造寿险经营价值？

三、对话未来：寿险经营回归本源的发力点探讨

寿险经营转型升级是一个艰难的过程，行业重新洗牌也在所难免，但无论多难，行业都有一个共识，就是回归保险本源的大势不可逆转。

在复杂分化的过程中，寿险企业唯有持续坚定地回归保障本源，寿险业的高质量发展之路才能越走越宽、越走越远。

以下从股东、战略、效率三个维度出发，探讨寿险经营回归本源的发力点。

（一）股东：回归从资本效率出发，做百年寿险

1. 回归资本效率

过去，寿险业一直在宣传 8 年盈利的行业规律，这其实反映了寿险行业经营模式的误区，因为无论是 8 年还是 8 分钟的利益博弈都会产生极端的情况。

第一种情况是缺乏经验的股东遇上会讲故事的管理层。虽然前几年处于亏损状态，但是管理层会用"8 年期限未到，还没迎来真正的收益期"的言论来说服股东，这就导致年年亏损，直到 8 年期限到了之后才发现人去楼空，资金打水漂。

另一种情况是缺乏耐性的股东无法等待 8 年盈利行业规律，迫不及待地想要实现巨大目标，不论是资产上还是盈利上的目标，所以倒逼着管理层走向了另一种激进模式，造成行业乱象。

保单不应是单纯的理财工具，寿险行业需要有耐心、负责任、愿意长期从事保险业的股东入局，让潜在投资主体回归资本效率。

2. 保持合理杠杆率

在"偿二代"二期工程的监管规则下，实际资本的认定愈加审慎，保险公司所面临的偿付能力压力相对更大，一部分公司的核心偿付能力充足率出现下降，因此，相较于"偿二代"一期的监管，保险公司经营杠杆的资本约束更大。实际上，大多数公司，包括一期下资本结构优良的公司，在二期规则下，如何高效经营都是一个

新的课题。因此，为保持偿付能力充足率的稳定，保险公司应保持合理的杠杆率。

3. 理性判断市场机遇

实际上，保险业在转型的混乱与困境中也蕴藏着无限的机遇，如果能够正确地应对困难、调整认知偏差，那么对于潜在股东来说，这也是一个机遇再来期。因为保险市场俨然进入了"冷静期"，保险牌照申请也进入了冷静期，价格逐渐回归合理预期，市场对保险的盈利预期也更加理性、清晰。因此，无论是挑人、挑牌照还是挑模式，现在都是最好的时机来打造百年寿险事业。

（二）战略：回归依托资源禀赋，锚定客群

要在战略上找到发力点，关键取决于自我认知的程度，前文对目前转型升级所面临的三大误区进行了详细的梳理，在抓住战略机遇这一点，有两个方面需要关注：

1. 分析底层资源禀赋

从整体来看，许多地方中小银行比地方中小险企发展更好的原因在于地方银行是深耕县域蓝海，专注服务地方发展。大多数中小险企在创立初期就树立了很远大的理想，希望覆盖全中国甚至触达海外市场，很少有只扎根当地城市的企业。但在海外市场，诸如美国、英国等都能够容纳数量庞大的地方中小险企。

而且，不少险企极大地忽略了"地方"的优势，毕竟地方政府、地方金融企业都十分愿意支持地方险企的发展，所以从理论上来说，客户资源和经营渠道是足够支撑地方险企成长的。因此，如果地方险企愿意深耕当地市场的话，还是有许多红利可以挖掘的。

成功的方法论很简单，但成功从来不是一蹴而就的，不同企业通往成功的道路都不尽相同，关键在于如何因地制宜地用心去实践。因此，着眼于当下，学习地方中小银行，利用好地方资源，服务地区企业、客户，根据可用资源明确目标、细分市场，积极搭建行业壁垒是成功的关键因素。

2. 以客户为中心

坚持长期主义，摒弃传统的单一渠道战略开发，构建以客户为中心的多渠道模式，才是正确的经营模式。

以职域营销为例，虽然早在2005年左右，许多险企已经开始讨论职域营销，但是一直到如今都没有能够真正掌握精髓的企业出现。究其原因，是对职域营销的模

式精髓没有吃透，三种模式带来三种结果。

第一种是传统的转介绍模式，即团险的业务经理将个险的优秀代理人介绍给企业，通过团险的关系资源将客户带到公司之后就完成了任务。此时客户与代理人之间仍存在着巨大的陌生感，互动较少，堪比陌拜，结果可想而知，最终谈成业务的案例屈指可数。

第二种是典型的产说会团购模式，即训练有 B 端客户的内勤开拓资源、搭建平台、开拓个险业务，将团体客户经理训练成开发个单的人。同时通过低价的重疾险或其他资源的加持抓住流量，实现短期的增长。但真正实践过个险的都知道，这种快速流量的模式并不是长远之计，当流量用完后便会进入停滞期并最终陷入困境。而且真正的精英营销员并不是单靠训练就可以的，很大一部分是需要天赋的，并不是"提供客户资源＋训练"就能把普通人都变成销售高手的。

第三种就是以客户为中心的模式，让训练有素的个险营销员精英直接经营团险，以经营团险为主，通过口碑带来个险业务。个团一体化，以团为始，以个为终，形成正循环。

因此，回归本源需要坚持初心，颠覆重渠道、轻客户的局面，打通并融合各个渠道，实现一体化运营，把满足客户需求和保障客户利益放到第一位，为客户提供更好的产品和服务。

（三）效率：回归有效益的经营，成本效益最大化

在经历了"先做大再做强"的时代之后，保险公司应回归经营的永恒主题：成本效益最大化。这对于任何行业来说都是亘古不变的主题。具体来说，也分为客户成本、渠道成本、运营成本三个方面来提高整体的效率，回归有效益的经营。

1. 客户成本

在行业长期低增长的"存量时代"，客户黏性下滑、获客成本高企、风控能力缺失等挑战日益凸显，要控制客户成本是最为困难的。但在中国高强度的监管政策下，客户成本、利差损风险在一定程度上还是能够把控住的。

2. 渠道成本

渠道成本相对来说是较为容易控制的，要防止渠道铺摊式扩张，避免以增员为名义的大规模套利，尤其是新建公司更需要避免，否则会导致供给端严重过剩。

举例来说，新加坡 500 万的高收入人口只能支撑起 16 家寿险公司，而收入相对低的成都的城镇人口 800 万—900 万，但是寿险公司至少有 50 家，其中有 30 家在经营代理人渠道，这是严重的供给过剩，导致渠道成本居高不下。

3. 运营成本

前文也提过，目前效率低下的很大原因在于内外勤等成本的投入过高，行业所供养的 100 万人内勤、450 万人代理人、4.5 万个机构实际上成果产出十分有限。因此，要从整个行业规模出发来减少机构层级，减少冗余成本，同时也应减少后援等支持部门的成本，实现自动化、科技化、外包化、一岗复用的高效运营。

四、总结

寿险经营回归本源之路道阻且长，但未来可期，在明确顶层设计与战略规划、突破思维认知困局、夯实建设根基三方面的赋能下，寿险行业一定会跨越转型阵痛期，并在未来促进民生保障中、在投身国家战略中都能够与经济社会发展同频共振，占领存量时代的客户高地，再造下一个黄金时代。

寻根商业保险转型难，富德生命方力发出灵魂"三问"：在社会保障体系中的定位不够清晰*

方力　2023 年 7 月 21 日

> **编者按**
>
> 今日，第八届国际保险节暨 IMA 保险名家 2023 年年度大会上，富德生命人寿董事长方力发表题为《价值重塑的难点与面向未来的增长点——对中国寿险业的"三问"》的演讲，就人身险业发展提出三大问题，颇值得深思：
>
> 一问，商业保险在国家社会保障体系中的定位清晰吗？
>
> 二问，保险业的功能作用充分发挥了吗？
>
> 三问，行业对资本还有吸引力吗？
>
> 三个问题的内在逻辑在于：保障体系定位（一问）是框架和根本，政策定位不清，商业保险作用难以发挥（二问）；商业保险优势难以发挥，既影响行业定位，也降低了资本吸引力（三问）。
>
> 保险业的功能和作用为什么没有得到充分发挥？其实背后一直有一个"有为才能有位"，还是"有位才能有为"的辩证讨论：能力和责任的互相依存。保险业确实有过一段"耕了别人的田，荒了自己的地"的时期，但这几年的回归保障和本源也是有切实行动的，尤其在当下越来越严峻的老龄化挑战中，在明晰商业保险在社会保障体系中的政策定位后，保险业各家市场主体应该勇担责任，积极作为，坚定转型，练好内功，主动融入国家社会保障体系建设大局。而这也是方力在"三问"之后的"三呼吁"中的核心表达。

---

* 本文根据方力在第八届国际保险节暨 IMA 保险名家 2023 年年度大会上的演讲速记整理而成，未经本人确认。

> 发言最后，方力也提及对中小险企发展状况的关注。必须要承认，近年来中小险企生存境遇堪忧，甚至有人直言现在处于"躺平等死，不躺找死"的两难决策，这更加考验各市场主体的经营抉择。但正如一句网络语言：躺平有理，奋斗万岁！如何促进积极自救值得思考。

面向未来才是人类的使命，也只有充满信心地面向未来，我们才能真正有未来。

下面把对中国寿险业的"三问"诚实地展露给大家，当作可以引发大家思考和实践、面向未来的"增长点"。

一、第一问：商业保险在国家社会保障体系中的定位清晰吗？

定位是对边界的界定，定位决定事物所处的位置和所拥有的广度。因此，商业保险在国家社会保障体系中如何定位，是行业价值重塑的核心问题，从根本上决定了行业发展的价值空间。

在国家社会保障体系中，商业保险与社会保险相生相伴，有着很强的此消彼长的关系。既然我们参加的是国际保险节，那么我们就放眼国际保险市场看一看，国际上有两种不同关系的典型：

一是以美国为代表的，商业保险对社保是替代型的关系。美国的社会医保覆盖率不足40%，商业医疗保险支出占国家医疗卫生费用总支出的36%；养老保障体系中第二、第三支柱很发达，其中第三支柱规模占比接近40%，覆盖了37%左右的美国家庭。

二是以德国和日本为代表的，商业保险对社保是补充型的关系。这两个国家的强制性社会医疗保险覆盖率分别达到90%和100%。因此，商业健康保险的发展空间有限，主要是为高收入人群提供更丰富、更优质的医疗保险服务。

在养老保障体系方面，德国和日本均以第一支柱为主，但由于老龄化导致的养老金负担日益加重，他们在21世纪初都进行了个人养老金改革，通过税收优惠等多项政策促进了第三支柱的发展。第三支柱规模占比分别提升至31%和8%（日本之所以较低，有研究认为是因其老龄化速度快，养老金改革滞后，错过了时间窗口）。

从美、德、日等发达保险市场的特征不难看出，一个国家社保体系的定位和水平，总体上决定了商业保险能够有多大的市场空间，而国家是否在税收、产业融合

及投资方面提供政策支持,则对商业保险的发展起到了关键性的作用。

我国社保制度坚持广覆盖、保基本、多层次、可持续方针,以"广覆盖、低保障"为主要特征,与德国、日本的社保制度更为类似,留给商业保险的空间应该主要在更高层次保险需求的供给上。

在谈及商业保险和社保关系时,长期以来行业内有一句耳熟能详的话:"商业保险是社保的有益补充",但不能在这个笼统的概念和简单论调上止步,而是追根溯源,把我国历史上关于商业保险的政策定位进行梳理。

从党中央文件看,自党的十六大报告提出要建立健全同经济发展水平相适应的社会保障体系以来,党的十七大报告提出了"以慈善事业、商业保险为补充,加快完善社会保障体系",这是党的代表大会报告中首次出现"商业保险"的字眼。

党的十八大和十九大报告提出的是"建立多层次社会保障体系",党的二十大报告提出"发展多层次、多支柱养老保险体系",并且首次提出要"积极发展商业医疗保险"。作为定党之大计、议国之大策的决策会议,从中可以看出党中央关于商业保险的提法在变化。

从国务院的重要文件看,2006年颁布了《关于保险业改革发展的若干意见》,也就是著名的"国十条",指出保险是金融体系和社会保障体系的重要组成部分。8年后,国务院出台《关于加快发展现代保险服务业的若干意见》,也被称为"新国十条",提出把商业保险建成社会保障体系的重要支柱。

2022年被称为"个人养老金元年"。万众企盼的《关于推动个人养老金发展的意见》出台,将商业养老保险与储蓄存款、理财产品、公募基金等金融产品一起纳入个人养老金制度,享受税收优惠政策。商业保险增加了诸多同台竞技者,定位已经发生了显著变化。

二、第二问:保险业的功能作用充分发挥了吗?

监管机构、专家学者和业界曾对保险业的功能作用开展大讨论,形成了高度共识并被写入2006年的"国十条":保险具有经济补偿、资金融通和社会管理功能,是市场经济条件下风险管理的基本手段,是金融体系和社会保障体系的重要组成部分,在社会主义和谐社会建设中具有重要作用。

过去十年间，保险行业确实为全社会提供了重要的保险保障，保险赔付支出从2012年至2021年增长了2.3倍，健康险赔付从298亿元增长到4029亿元，赔付金额占卫生总费用比重从不足1%增长到5%。承办的大病保险业务覆盖超过12.2亿名城乡居民，累计赔付超过6000万人次。2016—2022年，保险业连续7年的赔付支出均超过万亿元，过去两年更是每年超过1.5万亿元。但是，距离新"国十条"确立的三项主要发展目标还有很大差距（见图1）。

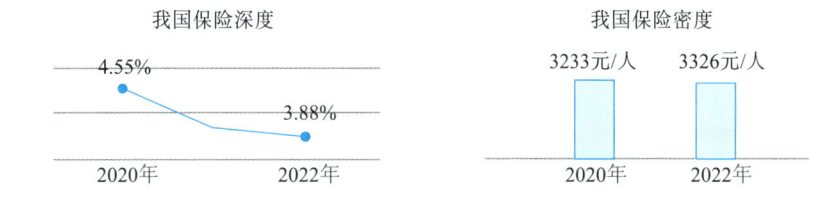

图1 新"国十条"确立的发展目标

前两个目标难以量化，从可以量化的衡量保险业发展水平的两个核心指标看，2020年我国保险深度4.45%，随后两年连续下降，2022年是3.88%，为近7年来最低；2020年我国保险密度为3233元/人，2022年为3326元/人，略有增加。和"新国十条"的规划目标比，两个指标都没有达标。而2022年全球保险深度为6.6%，英、美等发达国家的保险深度保持在10%以上，保险密度为1107美元/人。

一些研究报告的结论经常提到：如此巨大的差距意味着我们拥有巨大的增长空间。但如果抛开行业定位、政策和发展环境因素作简单的推演，其实毫无意义。

孔子说："名不正则言不顺，言不顺则事不成"。边界不清会带来思想和行动的混乱，鸠占鹊巢的现象也会时有发生。

众所周知，在地方政府参与或主导下，定制型补充医疗保险"惠民保"得到快速发展。2022年保费收入达180亿元，有预测到2025年，保费将达到500亿元，大有对百万医疗等商业健康险的取代之势。但是，由于"惠民保"社、商边界的模

糊,一方面非强制,可自愿购买;另一方面又强调社会公平,采取统一费率进行代际(或不同风险体)补偿,逆选择风险加剧,部分地区参保率已出现下滑,甚至一些地方赔付率未达预期时要求保险公司二次报销,这些都属于违背市场规律的歪操作。

不可否认,"惠民保"在短期内确实为老百姓提供了极具性价比的保障产品,但其发展的可持续性有待评估。同时"惠民保"形成的替代效应,也在很大程度上挤压了商业重疾险和医疗险的发展空间,一定程度上迫使许多公司将销售的重心向理财类产品转移,不得不背离转型发展、回归本源的初心。

再看我们大家熟悉的"养老金融"。2013年被认为是养老产业发展元年,这一年国务院出台了《关于加快发展养老服务业的若干意见》,一些银行机构提出了"养老金融"的概念。自此,银行开始销售名称里带有"养老"字样的理财产品。2021年8月底,原银保监会下发了《关于开展养老理财产品试点的通知》,试点以来银行销售的主流产品依然是中短期(最长5年)养老理财。

然而,养老金融本应提供对养老生活的长期财务保障,"长期缴纳""终身领取"应该是其独有的特征和养老服务承诺。无论是从国际经验还是保险理论原理来看,商业保险由于具有风险管理和长期资金运用的独特优势,可以在提供全生命周期养老金规划管理、养老金积累安全性保证的个人养老金产品和服务上独领风骚。但目前来看,商业保险的参与度却十分有限(见图2)。

> 应提供对养老生活的长期财务保障,长期缴纳、终身领取应是其独有的特征和养老服务承诺
>
> **老龄化严峻现实**
>
> 2021年,我国65岁以上老龄群体总量达到2亿人,老年抚养比率接近21%,意味着每位老人需要约5名劳动人口来抚养
>
> - 养老保险体系第一支柱在职职工参保率仅79.93%,第二、第三支柱参与度严重不足
> - 2020年末第三支柱养老金储备不足600亿元,占比仅0.5%
> - 2022年个人养老金制度在36个城市和地区先行实施,当年度参加人数1954万人,缴费人数613万人,总缴费金额142亿元
> - 税延型商业养老保险2021年底仅5万多人参保
> - 我国第三支柱资产占养老金体系资产仅1.55%,美国约为39.05%
> - 中国养老金体系资产占GDP的9.59%,远低于其他多数国家(美国占GDP的183.39%)

图2 养老金融

养老保险体系第一支柱虽"一支独大",但在职职工参保率也仅 79.93%,第二、第三支柱参与度严重不足。2020 年末第三支柱养老金储备不足 600 亿元,占比仅 0.5%。

2022 年个人养老金制度在 36 个城市和地区先行实施,当年度参加人数 1954 万人,缴费人数 613 万人,总缴费金额 142 亿元,在三支柱养老金中占比微乎其微。税延型商业养老保险作为第三支柱的组成部分,2021 年底仅 5 万多人参保。

我国第三支柱资产占养老金体系资产仅 1.55%,美国约为 39.05%。中国养老金体系资产占 GDP 9.59%,远低于其他多数国家(美国占 GDP 的 183.39%)。

过去 40 年我国保险业的发展史,就是一部回归保险本源、找回行业初心的转型历史。保险业的初心就是提供风险保障和长期储蓄。虽然行业不乏回归初心的强烈意愿,探索的脚步也从未停止,但这条路走得并不顺利。由于始终缺乏清晰的发展边界界定,缺乏相应的政策引导支持,行业多年来一直没有真正建立起独特的生态位和核心竞争力,也没有发挥出风险管理技术、专业化服务以及长期资产负债管理等优势。

比如,在企业补充医疗保险业务领域也是如此。一位人大代表"关于明确政策允许企业补充医疗保险资金购买商业健康保险"的提案中提到:"企业补充医疗保险发展面临着诸多困难。虽有国家政策上的支持,但依然面临着具体制度依据不明确、统筹层级低导致中小企业抗风险能力弱、资金筹集与支付不平衡、对新诊疗技术新药品覆盖有限等诸多困难,影响了职工现有医疗保障水平,也未能充分发挥商业健康保险专业化风险分散机制和服务能力。"

三、第三问:行业对资本还有吸引力吗?

资本是企业经营活动的一项基本要素,是企业创建、生存和发展的一个必要条件,是推动经济增长和行业发展的关键力量。对于保险业而言,资本尤其重要,更为关键。

资本监管是保险监管的基础和核心。国际保险监督官协会(IAIS)有 28 条保险监管核心原则(ICPs),其中第 23 条规定:"监管机构要求保险公司符合有关偿付能力的规定。这些规定包括资本充足及资本所采取的合适的形式,以保证保险公司

有能力承受不可预见的重大损失。"资本金是保险公司开展新业务和应对风险损失的经济基础,因而确保资本充足是保险公司资本管理和经营发展的基本目标。

近些年来,保险业资本补充能力日益下降,一个表现就是:社会资本进入保险业的意愿明显降低,外部资本供给明显减少。

2018—2020年,行业外部资本补充金额(增资、发债)稳定在800亿元以上,但2021年补充金额不足2020年的七成,增资金额从2018年的449.08亿元降至2021年的178.55亿元;保险公司发行资本补充债的金额也由2020年的780亿元降至2022年的211.5亿元,发债成本也在升高。

另外,据统计,2022年有11家险企股权在产权交易所挂牌出售,11家险企股权登上司法拍卖平台,其中不少股权拍卖均遭流拍。非上市保险公司牌照热度降低,非上市寿险公司股权转让的平均PB(平均市净率)倍数,由2012年的6.04下降至2021年的1.79,部分保险公司股权转让困难。

资本补充能力下降的另一个表现是:保险公司内源性资本补充能力弱化。一般而言,内源性资本补充主要通过利润留存和积累保单未来盈余实现。多数中小保险公司盈利能力下降,据不完全统计,2022年73家人身险公司中,综合投资收益率中位数为2.02%,最高仅4.43%,最低则为-9.79%(总投资收益率中位数为4.04%,最高5.77%,最低-8.17%);其中有34家亏损,亏损总额超234亿元。

2022年实施的"偿二代"二期规则对行业的资本补充能力进一步加压。由于保单未来盈余确认规则发生重大调整,2022年第一季度末,73家人身险公司核心资本合计较上一季度末下降近1.52万亿元。行业资本要求大幅提升,资本回报率明显下降。

另外,"偿二代"二期规则下,权益类资产的最低资本需求显著提升(未上市股权因子提高为一期的1.46倍,合营联营企业因子提高为2.73倍,子公司因子提高10倍,顶格设定为100%),还新增了不动产、权益等集中度资本要求,这对前期因历史原因造成权益和不动产类投资占比较高的公司形成了精准打击。

三个问题既独立又高度关联,每一个问题都是一个大的课题和难题。保障体系定位(一问)是框架和根本,政策定位不清,商业保险作用难以发挥(二问);商业保险优势难以发挥,既影响行业定位,也降低了资本吸引力(三问)。作为一名从业者,怀着对这份事业的热爱,也深感肩头的责任,很想利用这个机会发出以下呼吁：

一是明晰商业保险在社会保障体系中的政策定位。政府有关部门和社会各界应充分重视商业保险在社会保障体系的定位问题。在构建同经济发展水平相适应的具有中国特色的社会保障体系中，做好顶层设计，清晰界定社会保险和商业保险的边界，以充分发挥商业保险的功能作用和独特优势；建立、完善配套制度，支持商业保险参与第三支柱个人养老金建设和医疗保障体系建设，出台个人购买商业养老保险和健康保险的税收优惠，以及支持企业补充医疗保险资金购买商业健康保险等一系列政策，以有效应对我国严峻的人口老龄化挑战。

二是完善促进行业参与社会保障体系建设的监管政策。如修订"偿二代"二期保单未来盈余的确认规则，减轻保险公司内源性补充资本的压力；研究制定相关规则，合理降低养老保险业务的资本要求和压力；鼓励人寿保险与长期护理险责任互换、鼓励开发长期护理保险并参与养老、医疗领域的社会服务体系建设。推动行业积极服务社会保障体系大局。

三是各家市场主体积极作为、坚定转型，练好内功，主动融入国家社会保障体系建设大局。在转型的发展道路上，中小保险公司面临的压力更大，参与保障体系建设的挑战更大，寻求资本投入防范处置风险的难度更大。

希望在制定监管政策时公平对待中小公司，允许他们参与互联网保险、税优健康险、税延养老险等业务（当前有些政策对中小公司发展非常不利，甚至可以说有所歧视，上述业务均要求偿付能力充足率120%以上，净资产或者偿付能力溢额超30亿元）。

同时希望各方实事求是分析中小公司的历史问题及其成因，善待中小公司自强不息的积极力量，"一司一策"，分类监管，在风险化解中，减少社会救助成本，避免"一刀切"和"乱棍打死"。以时间换空间的思路解决资产负债的错配问题，推动公司实现转型升级。

保险公司，无论规模大小、国有民营，都在行业发展这艘大船上，只有中小保险公司转型成功，行业巨轮才能真正获得社会认可，并行稳致远，也才能全面落实中央关于金融业高质量发展和"人民至上"的根本要求。

成本上升，资本撤退，困顿寿险业何以突围？这里有一份全球范围转型指南总结*

麦肯锡　2023年2月28日

> **编者按**
>
> 近年来，国内寿险业步入深度转型进程，迄今仍在摸底过程之中，未来的寿险业究竟是什么样的？《麦肯锡全球保险业报告（2023）》为这一问题的解答提供了全球化的视野。而本文恰是对于该报告核心内容的提炼。
>
> 文章总结了全球范围内寿险业所面临的多重挑战和机遇，包括实际利率长期保持低位、地缘政治风险重现、寿险公司成本收入比不断提升、寿险业投资回报不足逐渐失去资本青睐、寿险价值来源从理赔管理转向寻找投资回报、第三方分销商的主导地位越发明显等。同时也对于当下市场正在发生的转型趋势进行了概述，指出"保险业正从两大重要方面重塑价值链管控方法：即产品服务组合和职能分拆"。

明者因时而变，知者随事而制。研读《麦肯锡全球保险业报告（2023）：重塑人寿保险》，我们发现全球寿险市场过去、现在和未来面对的问题与挑战与中国寿险业有很多共通之处，国外同行的应对举措和相关经验也能给我们带来启示。

立足当下，砥砺前行。回到中国寿险行业，中产阶级壮大、个人风险保障意识崛起以及数字科技带来的行业重塑，给险企提供了一片成长沃土。伴随后疫情时代经济复苏，寿险行业将迎来触底反弹，从行业转型阵痛中涅槃重生。春回大地，我们认为行业整合、渠道革新和效能提升将成为推动行业发展的主要动力。

带着这份思考与乐观，我们将回顾过去十年全球人寿保险业的发展历程，展望

---

* 本文原题《麦肯锡全球保险业报告(2023)：重塑人寿保险》。目前大标题为编者所加。

未来重塑行业的四股力量，抓住全球人寿保险行业破局重塑契机。

麦肯锡全球资深董事合伙人林桂莲（Kweilin Ellingrud）：

提升盈利能力是共同话题：纵观过去20年多年，美国、欧洲、亚洲寿险行业在扣除股本成本后，并不能保证每年都有正向的盈利回报，存在强烈的周期性，降低了寿险行业相较于其他行业在资本市场回报的吸引力。同时长期处于低位的实际利率促使险企投资重点向阿尔法收益转移，行业结构成本桎梏与投资回报疲软造成行业盈利难。值得关注的是，业绩排名倒数20%的寿险公司中，近2/3在10年后排名依旧处于下游，提质增效问题迫在眉睫。

转型是一种动态、长期成长性思维：无论是美国寿险公司引入私募资本、向第三方分销的结构转变，还是跨国险企重新思考与评估"全球保险公司"的意义，转型永远不是一劳永逸，而是一种动态的长期成长性思维。在转型重担下，领导者坚定的战略信念和审时度势的策略是成功基石。

立足当下，砥砺前行。回到中国寿险行业，中产阶级壮大、个人风险保障意识崛起以及数字科技带来的行业重塑，给险企提供了一片成长沃土。伴随后疫情时代经济复苏，寿险行业将迎来触底反弹，从行业转型阵痛中涅槃重生。春回大地，我们认为行业整合、渠道革新和效能提升将成为推动行业发展的主要动力。

麦肯锡全球董事合伙人、中国区保险咨询业务负责人吴晓薇：

寿险行业未来将呈现多层面整合趋势。在"偿二代"影响下，我们预计企业层面未来会有更多并购事件发生；而在资产层面或将出现保单资产包交易。对险企而言，如何成为带动行业整合的中坚力量并从中真正获得价值，这将对企业自身经营效能提出极高的要求。不仅如此，如何获取资本以及获取什么样的资本，也将是险企亟待思考的核心问题。

渠道模式革新是险企业务经营的关键。代理人渠道未来仍将是价值率的关键来源，险企不应仅是点状优化，而应全面革新模式。下一代代理人定位需要从"产品销售专员"向"客户经营专家"转型。在总部层面，构建"赋能中台"将是重中之重，通过新技术应用和新模式转换，打破产能瓶颈。

银保渠道定位显著变化，由"规模驱动"转向"规模与价值并重"，尤其是在中短期代理人渠道转型过程中，银保渠道是重要后盾。这对险企与银行在服务体系和能力上全面深度融合提出了极高要求，银保业务渠道经营策略也将更差异化与定制化,总部未来职责将从管理转为经营。

效能提升是险企未来构建差异化竞争优势的主阵地。险企经营理念将发生显著变化,未来价值增长将不单依靠增量价值获取,而会将存量价值优化作为新阵地。中国险企尤其要紧密关注机构效能、组织效能、运营效能这"三驾马车"。尤其是在新监管与利率趋势下,求诸己反而是险企最直接可行的战略选择。

一、四大外部力量:为全球寿险市场带来机遇与挑战

(一)个人风险意识不断提升,依赖社会公共福利的不确定性增加

越来越多的人意识到,他们要为自己未来的健康和养老费用负责。目前来看,退出劳动力市场后的预期寿命年数,女性从 16 年增加到 24 年,男性从 12 年增加到 20 年(见图 1);预计未来 30 年,65 岁以上人口数量翻倍,其中 67% 数量增长来自亚洲。同时,发达经济体的政府负债累累,政府健康和养老计划面临资金缺口;据统计,全球养老金缺口近 41 万亿美元①。寿险市场规模持续扩大。

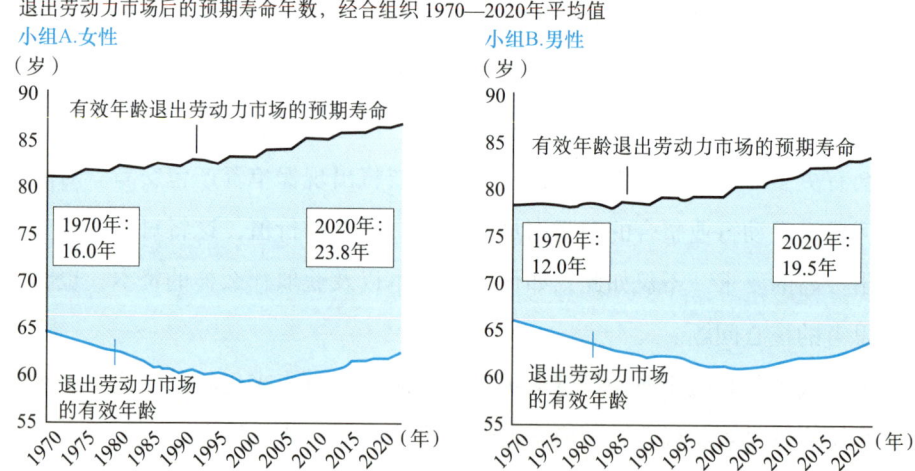

图 1 退出劳动力市场后的预期寿命年数,女性从 16 年增加到 24 年,男性从 12 年增加到 20 年

资料来源:麦肯锡公司;经合组织。

---

① https://www.genevaassociation.org/sites/default/files/research-topics-document-type/pdf_public/pensions_epidemic_summary_final.pdf.

（二）名义利率上升带来短期利好，但实际利率可能长期保持在低位（见图2）

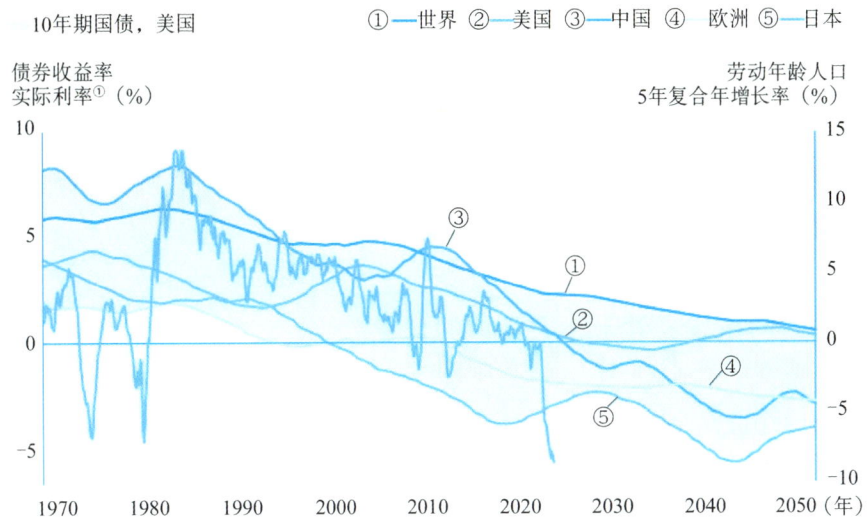

图2 劳动人口变化率的下降预计未来实际利率将持续走低

注：①所有城镇消费者，名义月利率减去 CPI 年变化的 5 年移动平均值。

资料来源：麦肯锡公司；联合国：《世界人口前景》；10 年期国债和 CPI 指数来源于圣路易斯联储经济数据。

在可预见的未来，各国央行都希望能控制通胀，名义利率将保持在高位。这与过去 20 年的量化宽松政策和超低的名义利率形成鲜明对比。

短期内，这可能会给寿险公司带来增长机会，特别是当投资端的资产轮换比负债端调整得更快时（因为这会导致更高的利差）。然而，从中长期来看，市场波动性持续推高名义无风险利率和风险溢价，投资者的回报要求也将提高，进而要求寿险企业实现更高的净资产收益率以满足股东预期。

此外，利率走高也可能造成信贷环境恶化，导致更多违约和信用等级迁移，这可能对险企的投资组合产生直接影响。

（三）技术影响与日俱增

客户对服务水平的要求不断提高，希望传统产品能够融合数字技术成果。为满足这一期待，多家险企已着手改变自身商业模式，采用云计算和应用人工智能等颠覆性技术，实行更加敏捷的工作方式，并启用新的人才吸引战略。在这一背景下

（再加上险企正在淘汰复杂的旧有系统和平台，以支持未来投资），险企IT支出占总保费收入占比还将提升。

（四）亚洲经济体崛起，地缘政治风险重现

亚洲和其他发展中国家已经开始出现新的中产阶级。预计到2030年，中国、印度和东南亚的中产阶级人口将增长到12亿[1]，占全球总人口的近14%。然而，鉴于地缘政治风险升温，充分抓住这些机会并非易事。

二、全球寿险市场：处于十字路口的行业

上述这些因素一直在影响寿险行业，转移价值创造来源并加速结构性变革。纵观当前行业动态，寿险企业应该立即行动起来。

（一）市场表现不佳：寿险企业业绩令人失望，行业重要性下降

近年来，诸多因素（部分由寿险企业直接控制，部分为外部因素）交织作用，深刻影响着寿险行业的业绩表现。

名义GDP增长远远超过保费增长。寿险企业在实现增长和回报方面挑战重重。在过去20年间，经济增速超过保费增速，表明保险企业的增长落后于所在经济体。美国和欧洲过去20年的名义GDP年复合增长率为4%，但保费收入的年复合增长率为2%。在亚洲（不含日本），整体经济的年复合增长率为10%，保费增长却仅为3%（见图3）。

寿险行业回报较难跑赢资本成本。同一时期，寿险行业在扣除股本成本后，并不能保证每年都有正向的盈利回报（见图4）。

大部分寿险企业也难以在业绩上赶超同业，竞争格局难破：排名处于行业下游的公司中有66%在10年后仍然处于这一水平（见图5）。

寿险企业仍未解决成本结构问题。较之其他行业，寿险企业仍未解决成本结构问题。自2003年以来，寿险公司的成本收入比（SG&A/总收入）增加了23%，相比之下，财产保险公司的成本收入比仅增长5%；而资产管理等其他行业已经能够应对成本问题。寿险企业的结构性成本20年来持续上升，该问题亟待解决（见图6）。

---

[1] 世界银行：中国工业公司论坛——中产阶级的崛起，2011年。

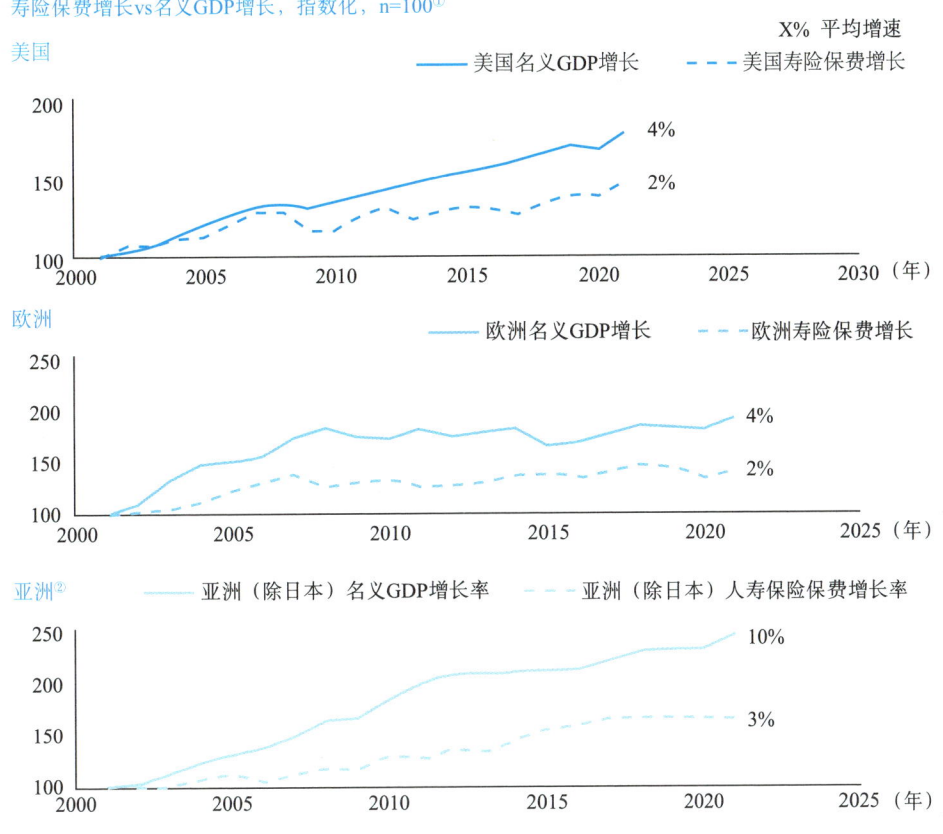

图 3　全球寿险保费增速低于名义 GDP 增速

注：①数据截至 2022 年 8 月；②不含日本。

资料来源：麦肯锡公司，美联储经济数据（FRED）；宏观趋势（Macrotrends）；标普 Capital IQ Pro。

寿险企业日渐失去资本市场青睐。由于寿险企业在扣除资本成本后的回报不足、增长乏力、利润波动性高、风险/收益及价值来源不透明，再加上寿险公司个体的业绩转型能力不足，全球寿险行业逐渐失去投资者青睐。

麦肯锡在分析美国前 20 强上市寿险公司、银行、资产管理和证券经纪公司数据后发现（见图 7），过去 35 年，美国最大的寿险公司相对于其他金融服务机构的市值份额比率从 1985 年的 40% 下降到 2005 年的 17%，到 2020 年仅剩 9%。

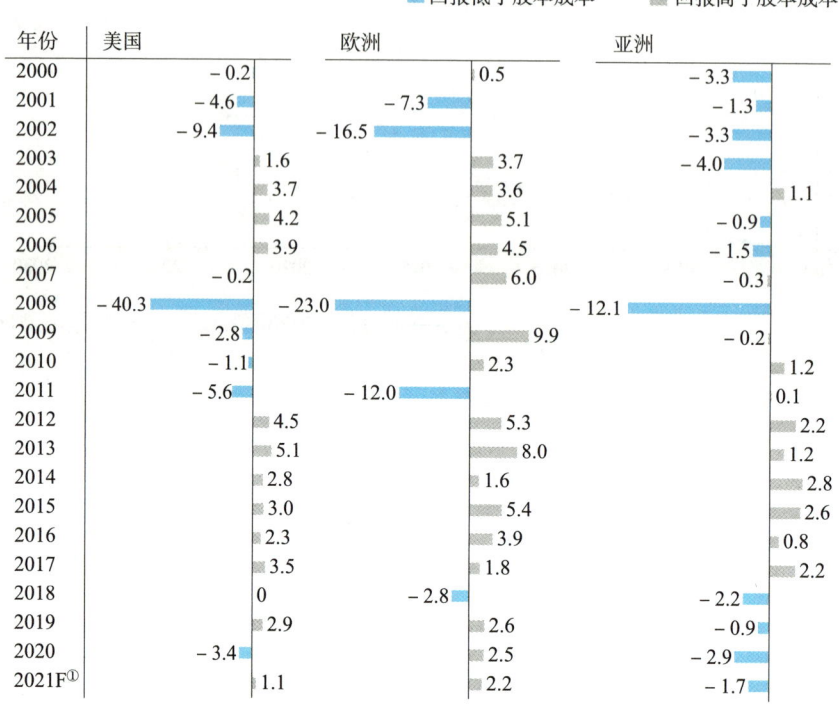

图4 寿险行业的回报经常低于股本成本

注：①盈余收益率＝净资产收益率－净资产成本。

股权成本＝美国无风险利率（10年期国债）＋5%×保险业长期贝塔系数（1.1）。每个地区的股本成本还适用了牛津经济研究院（Oxford Economics）给出的通胀差异。以中国数据代表亚太地区的通胀差异。

②基于最新可用数据得出2021年预测数据。

资料来源：麦肯锡公司；牛津经济研究院（Oxford Economics）；麦肯锡全球保险数据库（McKinsey Global Insurance Pools）。

（二）价值来源转移：寿险价值来源从理赔管理转向寻找投资回报，增长潜力在不同地区和产品间差异明显

整个寿险行业的价值池和价值创造来源并不相同。寿险企业需要明智选择产品、价值链环节和地理位置。

增长热点极为分散。尽管整体行业表现令人失望，但全球市场内仍有引人注目的增长点和机遇点。不过，这些增长热点极其分散，精准把握这些增长热点要求寿

初步
保险实力曲线流动性概率
流动概率百分比，%

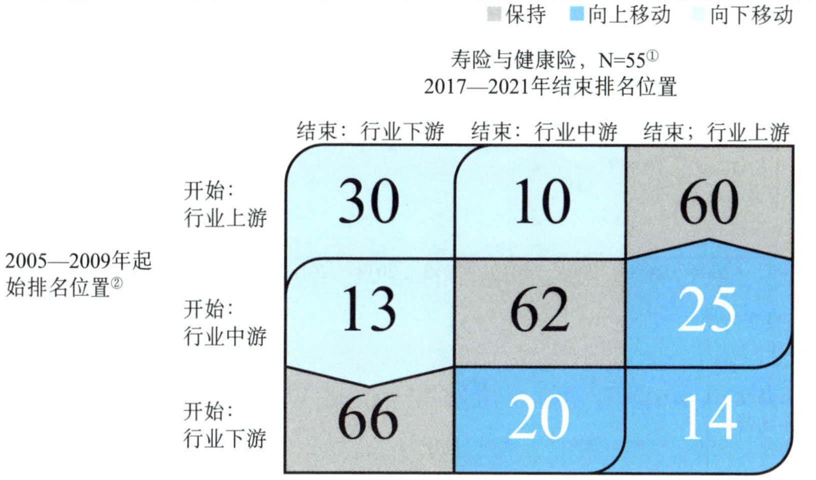

■ 保持　■ 向上移动　■ 向下移动

寿险与健康险，N=55①
2017—2021年结束排名位置

	结束：行业下游	结束：行业中游	结束：行业上游
开始：行业上游	30	10	60
开始：行业中游	13	62	25
开始：行业下游	66	20	14

2005—2009年起始排名位置②

· 开始即处于行业下游的公司中有66%保持原来排名
· 30%从下游或中游起步的公司进入了较原来靠前的行业位置
· 10%从中游或上游开始的公司落到了靠后的位置

图 5　竞争格局难破——排名处于行业下游的公司中有 66% 在 10 年后仍然处于这一水平

注：①样本包括 2021 年收入超过 100 亿美元的保险公司，并有足够的历史数据来计算 2007—2011 年和 2017—2021 年的平均经济利润。

②分位数基于 2007—2011 年和 2017—2021 年的经济利润产生，使用 2005—2009 年和 2015—2019 年的排名截止值。

资料来源：麦肯锡保险团队。

险企业制定详细的战略。

在亚洲，增长热点的分布与地区和产品均有关系。地区方面，考虑到经济增长和人口增长因素，印度和中国的前景向好。产品方面，亚洲险企主要关注解决私人医疗保险的高额自付费用和该地区日益增长的养老需求。

价值创造向阿尔法收益转移。 由于过去 20 年利率下行，投资的阿尔法收益成为凸显竞争优势的重要来源。尽管短期内出现名义利率利好，但长期处于低位的实际利率将继续促使投资重点向阿尔法收益转移。

从行业整体来看，美国寿险公司尚未从结构上解决成本问题

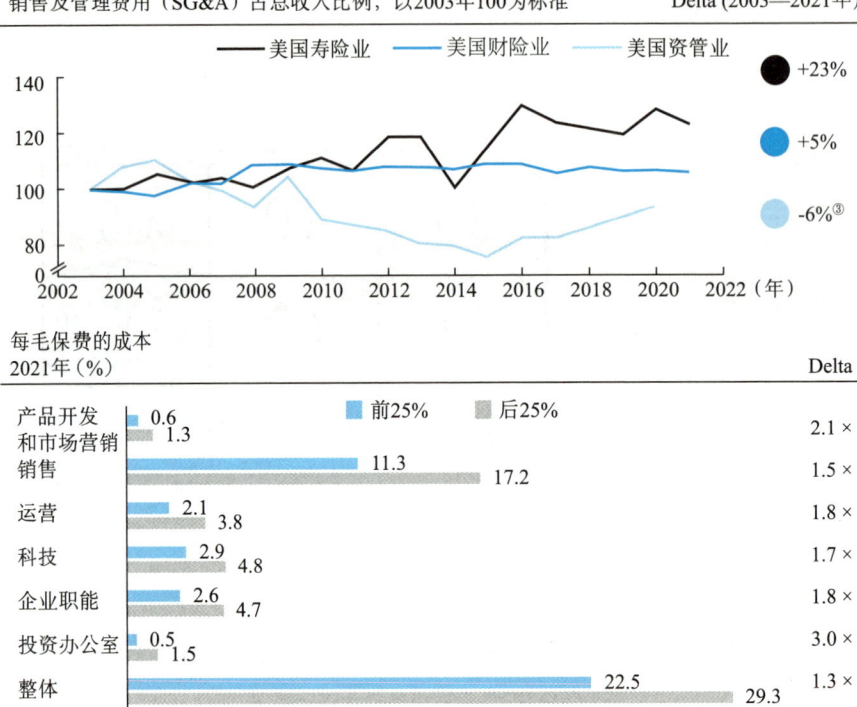

图6 2003—2021年，寿险公司销售及管理费用（SG&A）占总收入比例增加了28%，而财险仅增加6%

注：①指数：表示为"销售管理总费用占收入的百分比"。

②基于大型的、有连续报告的全球保险公司及参与保险的公司——28家保险公司（10家综合性公司、9家寿险、9家财险），10家电信公司（包括AT&T、沃达丰、中国电信），8家公路和铁路公司（包括俄罗斯铁路、日本铁路公司、DSV），10家汽车公司（包括丰田、大众、福特）和10家航空公司（包括美国航空公司、法航、荷航、阿联酋航空）。

③2003—2020年。

资料来源：S&P Capital IQ；小组分析；麦肯锡北美寿险和年金360绩效对标调查。

保守投资配置的回报率已跌破传统保险负债的持有成本，在融资成本低廉的环境中，寿险公司的高收益资产越多，就越具有竞争优势。随着寿险公司扩大高收益资产配置，投资决策应更加重视风险管控。这就需要险企细致评估公司的风险容忍度，确保风险管理能力与投资相匹配。

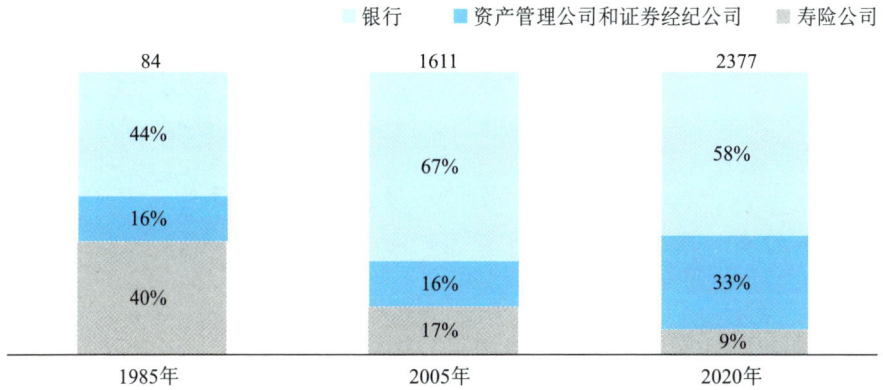

图7　美国寿险企业对投资者的重要性呈下降态势（单位：十亿美元）

注：①排名前20位的美国上市寿险公司、银行、资产管理公司和证券经纪公司（基于2020年市值）。

寿险企业正在权衡发展中经济体的经营风险与财务成本。寿险企业已开始重新思考"全球保险公司"的意义。过去，为扩大市场份额、推动营收增长，寿险企业会把目光投向与自身经营所在地相似的市场（这些市场在地理位置上也往往更近）。但随着技术进步加速全球化进程，寿险企业开始在全球扩张，特别是在亚洲，以此分散其投资组合并提高自身估值。如今，世界经济形势的变化促使寿险企业重新权衡在多地运营的风险和财务成本。

（三）动荡中的重大结构性变化：资本与销售渠道变革

新进入者和新的资本来源正在颠覆寿险行业并推动结构性变革。

私募资本平台地位提升。私募资本平台在过去十年崛起，这些平台通常全部或部分由另类资产管理公司所有。这些私募资本平台发现寿险行业具有一定的吸引力：首先是有机会推动业绩改善，且可以通过稳定的保险负债池获得"永久"资本，后者可用于配置各类投资策略，既包括传统固收产品，也包括结构化产品或另类产品。相应地，私募资本平台将获得可预测性更高的费用收入流，同时减轻整体募资负担。

据麦肯锡分析，私募资本平台持有的一般账户储备金仅在美国就接近2920亿美元，约占行业存量的9%。这类平台在特定类别的新增业务中也占有相当高的市场份额：在相应产品线的头部企业中，私募资本平台的固定指数年金销售占比从2011年的7%提升到2021年的40%（见图8）。

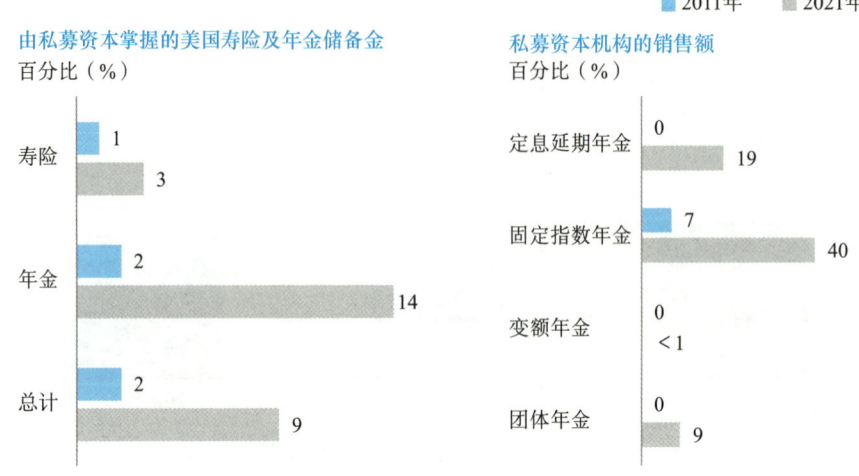

图8 在美国，私募资本平台拥有约9%的寿险行业储备金，在固定年金领域增势强劲

注：2011—2020年数据来源于A. M. Best；根据A. M. Best数据预测2021年数据；个人年金销售数据来源于2010年和2020年LIMRA个人年金年鉴；团体年金保费数据来源于A. M. Best。

资料来源：麦肯锡公司，A. M. Best；寿险行销与调研协会（LIMRA）。

向独立、第三方分销的结构性转变。分销专长一直是部分险企的价值创造优势，即能够不断满足并超出客户和保险顾问的预期。投资者十分认可经纪公司、独立营销组织和现场营销组织等纯分销商的收益流创造能力，并对这类轻资本模式给出更高估值。自2010年以来，这类公司产生的总体股东回报是寿险企业的2.6倍，目前的市盈率接近寿险企业的2.8倍。

除了持续创新和价值向分销端倾斜，寿险行业还呈现出分销独立化的结构性转变。由于大量保险和年金产品的商品化程度提高，保险分销商也转而提供更加开放的技术架构和选择，许多寿险企业已逐渐放弃专属分销或联属分销。

在美国市场，第三方分销商的主导地位越发明显，其市场份额从2010年的49%扩大到2021年的55%；相比之下，同一时期内自营分销网络的市场份额则从30%下降到26%。

亚洲市场的第三方分销商总体占比仍然较低，这意味着拥有优质自营分销能力的特定保险公司仍将以现有模式创造大量价值（见图9）。

寿险分销渠道（%）

图9 过去十年，美国、欧洲和亚洲的第三方分销网络开始崛起

注：因四舍五入，数字总和可能不等于100%。

①直属代理及分支机构。②独立经纪商。③远程渠道，如邮件和互联网；其他渠道，如零售商和职场营销。④ 2021年数据为预测数据。

资料来源：麦肯锡全球保险数据库（McKinsey Global Insurance Pools）。

三、寿险公司转型：需重构业务模型，创造不同价值

传统上，寿险公司创造利润和实现增长的方式是识别具有吸引力的产品和市场（如个人保障和年金产品），并打通端到端价值链以支持相应产品和市场。因此，掌握大部分价值链环节的所有权有助于简化运营流程并掌控终端客户体验。如今，保险业正从两大重要方面重塑价值链管控方法，即产品服务组合和职能分拆。

在产品方面，满足同类客群需求的产品（如养老、财富和资产管理服务或团险和个险销售）呈现趋同化态势，促使寿险企业探索新的领域。如果确有客户需求，部分保险公司甚至会进军健康和保障生态圈。险企不断发展扩增产品组合，将产品结构从传统的表内产品转向轻资本产品，同时活用分销点，简化服务流程，提升一体化客户体验。

四类保险职能构成了这一转变的核心：产品设计与承保、资产负债表管理、分

销以及技术和行政管理。险企可以先锚定其业务模式优势并将其与这四类职能相匹配（见图10）。例如，善于管理资产负债表的公司可以考虑寻找分销合作伙伴，而长于分销的寿险企业则适合与产品设计、承保或资产负债表管理合作伙伴联手。这样，险企可以全力发挥自身优势，促进盈利增长并吸引投资者。

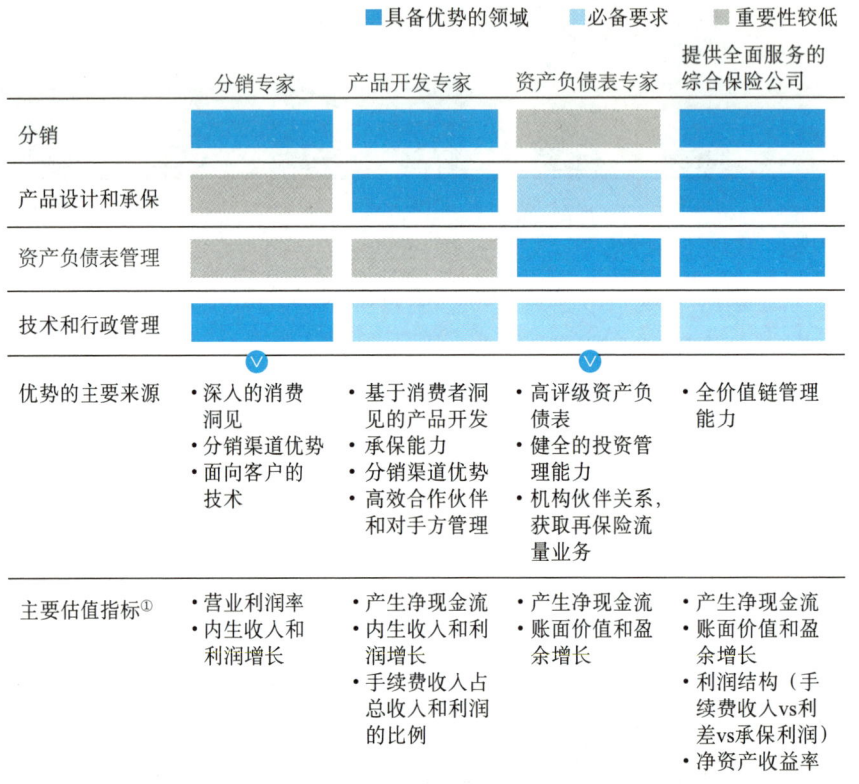

图10　"职能分拆"商业模式为险企开辟价值创造新路径

注：①所有寿险公司都必须考虑长期目标改善（LDTI）的财务影响，这意味着自由现金流将作为重要估值指标。

资料来源：麦肯锡公司。

展望未来，寿险公司将不断"分拆"其价值链，深挖独特的价值创造来源，同时寻找合作伙伴，或将价值链其余部分分包给优势企业。这样的分拆有助于在一体化的商业模式中深挖价值，发挥独特优势，创造新的增长点和价值来源。

国内首家因利差损破产的险企会是谁？复盘25年前日本寿险公司破产潮，发现了这些内忧与外患[*]

沙银华[**] 2023年5月22日

> **编者按**
>
> 一段时间以来，围绕着"定价利率3.5%"及其长期维持有可能引发的利差损风险再度成为行业热议话题。
>
> 对于利差损，行业并不陌生，1999年预定利率过高、市场利率快速下滑引发的利差损危机至今仍深刻影响着某些公司，只是在国内目前的金融体制下，最终是政府为持牌机构"爆雷"承担了兜底的功能，动用各种方式积极化险，才最终没有危及消费者的合法权益。
>
> 也因此，无论情况怎样糟糕，迄今，国内没有一家险企真正"破产"，唯一与破产沾边的，是易安财险。不过，其体量较小，且均为短期产品，对市场影响很小，且通过"破产重整"，很快找到了接盘人。
>
> 但显然，政府不可能一直为金融风险兜底，最终风险的预防、化解还是要在市场化框架内形成一整套机制，而市场主体毫无疑问就是风险防范的第一责任人，了解风险发生的规律，及时防范，是眼下市场利率不断下滑之下险企最迫切的任务之一。
>
> 本文作者通过回顾25年前8家日本寿险公司的集中破产危机，全面复盘了导致寿险公司破产的内忧与外患及其解决方式，用事实为国内寿险业敲响警钟。

---

[*] 本文原题《沙银华：回顾八家日本寿险公司破产经历，探寻抵御寿险经营风险之道》，当前标题为编者所加。文章原载于《保险业风险观察》。

[**] 作者：沙银华，银华金商咨询股份有限公司董事长兼总经理。历任日本生命保险基础研究所主任研究员，东京海上日动火灾保险（中国）有限公司副总经理，中国太平保险服务（日本）有限公司总经理、董事。

3年来,受新冠疫情以及局部地区战争的影响,能源价格上涨,世界经济承受了较大的下行压力,欧美各国均出现不同程度的通货膨胀。2023年世界经济仍可能继续下行,若波及中国寿险业,是否会出现受经济大环境负面影响的挤压而造成寿险经营困难的局面?寿险行业该如何事先做好防御,以免被卷入风险中?

25年前发生在日本的那场泡沫经济破灭导致多家寿险经营失败的风波,至今仍让各国保险行业心有余悸。重温这段历史,探究当年导致多家寿险公司走麦城的缘由,对身处世界经济动荡大环境中的中国保险业如何防止此类事件的发生,有着重要的警示和防范意义。

一、当年日本多家寿险公司经营失败事件回放

日本保险事业是支撑日本国民经济的主要支柱之一,第二次世界大战后50多年,日本的保险公司曾是最保险的。但是,自20世纪末开始的日本泡沫经济破灭之后的20多年中,日本几家寿险公司经营失败,特别是2000年的后半年,在短短两三个月中接二连三地出现了寿险公司经营失败进行重组的事件,一直延续到2008年10月大和生命保险公司的破产重组,震惊了日本内外(见表1)。

表1　　　　　　　日本寿险公司经营失败的情况概要

公司名称	公司性质	经营失败日期
日产生命保险株式会社	股份有限公司	1997年4月25日
东邦生命保险株式会社	股份有限公司	1999年6月4日
第百生命保险株式会社	股份有限公司	2000年5月31日
大正生命保险株式会社	股份有限公司	2000年8月28日
千代田生命保险相互会社	相互公司	2000年10月9日
协荣生命保险株式会社	股份有限公司	2000年10月20日
东京生命保险相互会社	相互公司	2001年3月23日
大和生命保险株式会社	股份有限公司	2008年10月10日

资料来源:根据日本各报社的统计汇总而成。

如何看待多家寿险公司集中出现经营失败？其经营失败与经济大环境的变化是否有直接关联？真正导致经营失败的原因究竟何在？

二、诱发寿险经营风险的外部因素

（一）股市低迷加剧经营困难

1989 年日经平均股价达到巅峰状态，为 38915 日元。1996 年中期，日经平均股价还在 21000 日元左右，而到 2001 年 3 月前后，日经平均股价已经跌破 13000 日元大关。2003 年 4 月，跌到 7607 日元的谷底。1989—2003 年，下跌超过 80%。一些中小银行和非银行金融机构经营困难，有的甚至进入经营失败行列。

例如，北海道拓殖银行、日本长期信用银行、日本债券信用银行、三洋证券公司以及日本四大证券公司之一的"山一证券公司"倒闭，数家寿险公司亦在此期间跌入经营失败的旋涡中。

（二）高失业率引发消费的低迷

经济下行带来一个明显的后果就是失业率升高。1992 年失业率为 2.2%，2000 年上升至 4.7%。与此同时，在职职工的收入明显减少。若以 1995 年为 100%，1996 年职工工资对比上年的增长指数为 1.6%，1998 年为 -1.7%，1999 年为 -0.8%。

由于失业增加和工资减少导致内需不足物价下滑，同时，寿险销售市场也出现了保费收入减少、业绩下滑的下行压力，经营面临困境。

（三）低投资收益加重"利差损"

日本政府为了应对经济下行，开始实施金融宽松政策，调低储蓄和借贷利率，史称"零利率"政策，2001 年 1 年定期存款的基准年利率为 0.25%[1]；同时，1996 年银行贷款的平均年利率为 2.603%，2000 年 10 月为 2.087%[2]。

---

[1] 2022 年 11 月，1 年定期存款的基准年利率为 0.003%。
[2] 2022 年 11 月，部分金融机构的房贷年利率为 0.48%。

当投资回报率低于寿险公司所售出的保险产品的预定利率时，其产生的"利差损"① 使众多的中小寿险公司经营陷入了困境。1999—2001 年的三年中，日本寿险行业的"利差损"已经达到较高水平（见表 2）。

表 2　　　　日本寿险业"利差损益"情况（1999—2001 年）　　（单位：亿日元）

损益	1999 年	2000 年	2001 年
费差损益	11433	9999	7898
死差损益	25177	25195	27067
利差损益	-13993	-14706	-15198
其他损益	-4633	-10910	-13291
损益余额	17984	9578	6476

资料来源：根据日本寿险协会的统计数据制作。

资金雄厚的大型寿险公司凭借自己早年积蓄的盈余以及从"费差"和"死差"中的盈利，用于补贴"利差"中的亏损，尚可应对经济环境的下行压力，但有些中小寿险公司则不具备这种能力，从而出现偿付能力逐渐下滑的现象。

三、诱发寿险经营风险的内部因素

（一）投资渠道的选择急功近利

日本寿险业在经历 11 年的经济下行之后，面对高回报的诱人投资项目，一般不敢轻易投放。例如，房地产投资、未上市股票、金融派生商品（Derivatives）等高风险的投资渠道。

但也有个别寿险公司急于摆脱困境，非但没有采取避开经济下行风险的谨慎方式，反而采用急功近利的做法，将投资比例高于监管规定以上的一些资产投到一些高收益、高风险的金融产品中，结果在 2008 年导致经营失败，这家公司就是大和生

---

① 寿险公司按预计营业费用率计算的费用支出与实际支出所产生的差额，称为"费差"；预计死亡率计算的保险金理赔金额与实际给付金额的差额，为"死差"；基于预测利率所算出的投资回报与实际投资回报之间的差额，为"利差"。上述三个差额有盈亏，亏损时，被称为"损"，如"费差损"，盈余时被称为"费差益"。类推。上述三个差额在日本寿险行业内被称为"三利源"。

命保险株式会社。

大和生命对上述高风险投资渠道投放了占投资总量 30% 左右的保险资金进行运作，而日本其他寿险公司仅占投资总量的 5% 以下。另外，在海外资产运用方面，日本一般寿险公司的海外资产运用比例为 1%—2%，大和生命则加大筹码，运用高达 20% 左右的比例投资美国的次级房地产债券以及美国的其他债券。大和生命的这种资金投资组合，在 2008 年美国次贷危机金融风暴的冲击下，导致经营失败。

（二）过高设定预定利率

1997 年 4 月，日产生命保险株式会社（以下简称"日产生命"）经营失败，其失败的原因之一是过高设定寿险产品中的预定利率。寿险行业的预定利率 1985 年 4 月为 6%，1990 年 4 月下调至 5.5%，1996 年 3 月下调至 3.75%。但是，日产生命却没有跟随行业下调行情，而是自定预定利率为 8%，有的甚至高达 9% 以上，远远高于 1985 年 4 月行业的 6%（见表 3）。

表 3　　　　　　　　　　人寿保险的预定利率[1]

保险合同签约时间	人寿保险的预定利率（%）
1985 年 4 月—1990 年 3 月	6.00
1990 年 4 月—1993 年 3 月	5.50
1993 年 4 月—1994 年 3 月	4.75
1994 年 4 月—1996 年 3 月	3.75
1996 年 4 月—1999 年 3 月	2.75
1999 年 4 月—2001 年 3 月	2.00

注：[1]以 10 年长期险种为标准。
资料来源：根据日本生命保险协会网站所公布的统计数据制作。

结果官方救市的金融宽松政策（以下简称"低息政策"）登场后，日产生命卷入"利差损"泥潭，无法应对 10 年到期合同支付高额预定利率，最终退出保险市场。

四、日本政府从宏观和微观两方面同时调整市场

（一）宏观方面的调整措施——日本政府施行改革

日本政府着手采取以拉动内需为中心的拯救经济危机的一系列措施，一方面调

整宏观金融市场，以降息为中心，缓解市场压力，为中小企业提供低息贷款，活跃市场；另一方面加强对金融机构的监督管控。

1. 力推金融宽松政策，意图缓解经济下行压力

1995年日本政府为了应对经济下行，振兴经济，刹住地价下跌，扭转股市下滑，阻止日元过度上涨，推出了以低息政策为核心的金融宽松政策，就是政府将基准利率下降到史无前例的最低点，即一年定期存款利率为0.50%。金融宽松政策确实能达到阻止一部分投资家和投机家购买日元欲望，也确实能让一些处于财务困境的中小企业以低息贷到需要的款项，以度过暂时的困境。这种政策在缓解困窘的经济、激发和拉动消费、将经济环境引导到良性循环中发挥了一定的作用。

2. 成立监管机构"金融厅"，加强金融监管

日本的银行面对大批企业破产之后遗留下来的庞大坏账无法处理，只得收紧对贷款对象的审查，结果造成大量资金无法进入信贷市场，供需失去平衡。为了便于监管，日本政府将原大藏省（现为财务省）主管金融的部门独立出来，成立了金融厅，专管银行、保险、证券以及非银行金融机构。

金融厅成立之后，一个比较大的动作就是将日本长期信用银行暂时收归国有。因日本长期信用银行经营失败，从保护消费者（储户）的利益出发，政府暂时将其收归国有，由国家来管理。2000年引进美国资本，改名为新生银行。

1999年12月，金融厅成立了"保险契约者①保护机构"，旨在重点保护投保人利益。

3. 调整市场机制，重整寿险企业

2007年次贷金融风险爆发后，在有些日本企业撤出海外市场的同时，不少日本国内的企业开始整顿，名曰"企业重整"。保险公司在此风潮中，鉴于不良的经营状况，不得不考虑对有上百年历史的公司进行局部的企业重整。

企业重整主要有以下几种形式：

（1）引进外资。以外资企业的资金增强公司的资产结构，并以外资的经营管理方式来刺激日本保险业。

日产生命保险公司破产后，由日本生命保险协会担纲，几家大保险公司出钱组建了"青叶生命保险公司"作为过渡性公司。当时监管机构规定新公司不能开展新

---

① 中文"投保人"。

的展业活动，只能对现存的保险合同进行管理，当任务完成后立即解散。但是，由于情况复杂，在它任务完成之前，出现了第二次经营失败的迹象。为此，生命保险协会四处奔波寻找愿意收买它的外资。直到两年以后由法国的 Artemis 出面收购，成为全外资寿险公司。日本公司在引进外资的同时，达到了改善经营机制、增强资本结构的目的。

（2）与银行、证券、信托合作。日本寿险业调整策略，向银行、证券、信托等"招手"表示愿意携手合作，借横向经济联合来稳固自身的地位。有的大型寿险公司和国内超级证券公司以及实力强大的银行建立合作关系，有的大型寿险公司则和著名的跨国公司建立起合作关系；中小型保险公司也纷纷寻找自己的合作伙伴，进行横向经济联合。

（3）相互公司向股份公司转换。当时，日本保险界关注的相互公司向股份公司转换问题[①]逐渐浮出水面。金融市场改革形成了开放的形势，使得金融机构拥有更大程度上的自主经营权。

为了摆脱困境，人们企图以扩大企业规模来抗衡经济下行所带来的风险。金融机构大合并的序幕拉开，跨行业的集团公司、控股公司出现，使企业在重组即"合"的过程中充实经济实力。

从经营范围、种类来看，人们不再坚持"单一"化倾向，为此，银行、证券、保险、信托、信用、消费金融等行业之间互相渗透。这种互相竞争、互相渗透为欧美的跨国公司提供了商机。而以相互保险为主体的日本寿险业限制了这些超级化的行动，从理论上、实务上都制约着相互公司不能成为金融控股公司。再者，相互公司不是股份公司，因而也无法上市。为了适应这一竞争激烈的时代，相互公司转制为股份公司受到关注。数家寿险公司从相互公司转制到股份公司，大同生命（2002年）、太阳生命（2003年）、三井生命（2004年）以及日本排名第二位的第一生命（2010年）完成了转制。

当时人们也有一些疑虑，相互公司本身具有许多股份公司所无法比拟的长处，特别是保险公司，转制之后，这些优势将会失去，这"得"与"失"之间如何平

---

① 关于此问题可以参照沙银华的论文《日本人寿保险公司的管理体系》（《国际金融信息报》，1999年5月20日）中关于相互公司的论述。亦可参照沙银华、潘红艳著：《日本保险精要》（元照出版社，2019年3月出版，P181—P184）。

衡？同时，大规模互相渗透之后，不论哪家金融机构均可从事银行、证券、保险、信托、信用、消费金融的业务，会不会出现专业性混乱？本文经过对20多年经营的复盘论证，发现上述担忧并没有出现。

（二）微观方面的调整措施

1. 下调预定利率

（1）逐渐下调新签保险合同的预定利率。寿险行业在经济大环境的下行压力之下，保单预定利率同保险资金投资收益率之比产生了较大的负差。这就是前文所述的"利差损"。日本寿险公司在金融监管机构的认可下，开始一路下调人寿保险的预定利率，从1985年的6%，下调至1996年的2.75%。值得留意的是，这些下调仅限于新签发的保险合同，而对已经生效的以往的保险合同不具有溯及力。换言之，不能下调正在有效期间的保险合同的预定利率。例如，1985年4月至1990年3月签署的保险合同，当时的预定利率为6%，尽管此后开始逐渐下调预定利率，但是这些调整并不影响有效保险合同中约定的6%的执行，此利率将伴随保险合同期满。

（2）对下调有效保险合同预定利率的顾忌。这一系列举措并没有能大幅度缓解当时寿险"利差损"带来的压力。在2000年下半年连续发生寿险公司经营失败事件后，寿险业界纷纷提出要求有效保险合同下调预定利率，以缓解"利差损"压力。但是，日本金融监管当局持谨慎的态度，只是同意经营困难的公司在取得同意之后方能下调。后来监管当局通过修改保险业法，允许下调有效保险合同的预定利率。但是，没有一家寿险公司敢领头吃"螃蟹"，因为谁先下调，谁就有可能成为众矢之的，会影响该公司的经营业绩。尽管法律规定放开了，但还是没有公司愿意尝试和实施。

除了8家陷入经营失败的公司在重组时使用了上述下调措施之外，不论是当时经营状况依然十分良好的寿险公司，还是经营状况处于下行通道的寿险公司，都没有使用下调有效保险合同预定利率的方法来解除"利差损"的问题。正是这种坚持使大家都渡过了难关。

2. 加强对偿付能力的管理

在对金融下行进行紧急管理的情况下，日本金融监管当局对保险公司的偿付能力比率①的标准进行了修订。根据金融监管当局2001年3月公布的新标准来看，其比原标准更为严格。以偿付能力比率最高的大同生命保险公司为例，按照旧标准计算的话，该公司的比率可达1016.8%，但按照新标准来计算，则降至900%。为此，各保险公司受新标准的影响，普遍出现偿付能力比率下降。

更值得一提的是，金融监管当局对偿付能力的比率有比较严格的规定：

比率在100%至200%之间的保险公司，金融监管当局则要求其立即提出改善计划，并迅速实施。

比率在0%以上至100%以下的保险公司，金融监管当局则指令该公司：（1）停止分红；（2）禁止给公司的高层管理人员发放奖金；（3）控制事务费的开支；（4）废止一部分分支机构或代表处；（5）缩小子公司等业务。

比率在0%以下的保险公司，金融监管当局则将命令停止该公司的全部或一部分业务。

在金融监管当局的早期整理整顿措施下，各家寿险公司都采用了提高经营效率、削减成本、充实资本的方针。其中，各家公司为求生存，均提出了一定规模的裁减人员措施。

3. 对当年日本政府施策的评估

日本政府当年采取了一些应对经济和金融风险的政策调整，20多年后，我们可以对当时经济下行的紧迫性和采取这些措施的背景进行复盘和评估，验证当时采取与寿险有关的措施是否有其必要性和实效性。

通过前文对日本政府的各种施策进行了具体的描述和评估，我们可以得知，日本政府以及当时成立的金融监管机构采取了缓解和安定经济的各种措施，回避了许多经营风险，稳定了寿险市场，保护了消费者利益，在如此大的泡沫经济破灭时期，仅出现8家寿险公司经营失败，其余的寿险公司都扛住了这波冲击，20多年过后依旧生机勃勃。其抗风险能力之强，具体表现在当泡沫经济破灭袭来之时，一方面是政府和监管机构及时出手稳局势、给政策，安稳度过危机；另一方面是各家寿险公司紧紧把握风险管控，在产品设计、营销方面提升内部工作效率，推出各种提升盈

---

① 日本的偿付能力（solvency margin）比率是根据下列公式进行计算的：

偿付能力总额÷（风险总额×0.5）×100 = 偿付能力比率（%）

偿付能力总额包括资本金、价格变动的准备金、风险准备金、股份中的一定比例、土地的一定比例等。风险总额包括一般保险风险、巨大损害风险、预定回报率风险、资产运用风险、经营管理风险。

利的创新服务，扩大市场营销力，在保护消费者利益的前提下，做到了保护好消费者个人信息，提高客服质量，让客户明明白白买寿险、安安心心用寿险。

五、我国寿险业回避经营风险的措施

在回避寿险经营风险中，根据风险发生前后阶段，一般有两种对应措施。

一是在风险发生前，做好"事先预防"。经济大环境下行压力严重时，做好预测提前采取各种预防措施，预防寿险业卷入风险中。

二是在风险已经波及时，做好"回避或减损"。一旦有陷入风险的苗头或倾向出现时，及时采取回避风险或减少损失的措施。

（一）经济大环境下行尚未波及国内前的预防措施

1. 调整投资策略，抵御外部经济环境下行风险

第一，适时调整投资策略，适应外部经济下行环境。

根据日本寿险业经营失败的教训，在世界经济下行的乌云压顶、山雨欲来风满楼之际，国内寿险业需要采取预防措施。

寿险公司宜及时调整和紧缩高风险渠道的投资比例，如降低对房地产、境外投资渠道等的投放比例。当年日本某大型寿险保险公司提前几年就做好了如上所述的各种预防措施，因此安然度过泡沫经济引发的经济下行的风险期。以保守、稳重为主线，投资的重点可选国债、银行定期储蓄、稳健类的货币市场基金（Money Market Fund，MMF）等。

第二，可由监管部门或寿险行业自主建立经济大环境研究机构，组织业内的专业人士，跟踪和研究经济大环境的各种风向和指标，把握经济环境的脉搏，及时或定期将信息反馈给寿险业，以便作出符合经济大环境变动的适应方针或决策。

2. 加强寿险预定利率风险监管

第一，对浮动预定利率加强管控，防止任意设定过高的预定利率。

保险监管机构可利用保险行业协会平台，定期公布符合经济环境的预定利率，可赋予一定的浮动幅度，应随时根据经济环境变化而调整利率，禁止超越浮动上限及任意设定或变相设定高预定利率，不得以预定利率的高低作为产品宣传的主要口号。

第二，加强对"费差"和"死差"的管控，以"节流"为重点，节约开支，精兵简政，开启"死差益最大化"的操作预案。

3. 防止盲目追求扩大市场规模风险

第一，提倡各种符合民生的寿险产品的创新，为国民提供细致精准的寿险服务。但需要防止盲目追求扩大市场份额和规模，在创新产品时避免任意提高预定利率，随意扩大保险范围，刻意缩小免责范围，脱离科学合理的精算费率和厘定保险范围的基础，违背保险经营大数法则的经营原理等各种非合规的开拓新产品的行为，从而避免引发经营风险。

第二，盲目追求扩大市场份额和规模，容易导致一些逆选择保险合同，加大道德风险的发生率。需规范寿险营销行为，加强科学、合规核保，控制盲目扩大市场的经营风险。

（二）已经被卷入风险，如何回避经营风险或减损

一旦经济形势下行，寿险公司已经被卷入风险，根据日本的经验，除了前述三种预防风险的措施之外，大致可以采取以下几种措施来回避风险或减损。

第一，如果寿险公司已经上架的产品中有预定利率过高的因素时，监管机构可与行业协会联手，采用宏观调控紧缩政策，对新合同的预定利率（行业基准预定利率）灵活采用统一下调策略，让各家寿险公司自行根据行业基准利率设定或调整新保险合同的预定利率。但对有效合同的预定利率采取下调措施需要十分谨慎，不到万不得已，一般不作这样的决策。

第二，科学、有效压缩经营成本，尤其是对三利源中的"费差"进行压缩。其中包括缩减办公经费、合理精减人员、合规调整销售成本和人力成本等措施。

第三，积极采取"死差益最大化"系统性措施，利用科学、合规的经营行为，提升"死差益"，改善经营盈利。

第四，改善投资结构，减少高中风险投资比例，增大保本微利型投资，情况紧急时，可启动应急预案，调动流动资金应急减损。

（三）重点保护好消费者利益

由于寿险合同一般是长期合同，有的长达数十年，占人生经济收入最好的时间

段。一旦发生寿险公司经营失败的事件，消费者将面临极大的财务风险，处理不当，消费者的经济损失将很有可能打乱其一生的生活设计和安排。因此，欧美和日本都在保护消费者利益上下了很大的功夫。

第一，在采取预防发生经营风险措施时，力求避免影响或减少消费者权益的事情发生。

例如，前述的下调既有寿险合同预定利率的措施。日本的经验告诉我们，尽管监管机构已经放开，并通过立法予以明确，在公司经营情况不良时，可向监管机构申请下调；监管机构批准后，可以下调。有的寿险公司尽管已经陷入困境，但没有一家提出这样的申请，最大程度地保护了消费者利益。

第二，在经济大环境下行时，会有个别寿险公司诱使保户换产品，将预定利率高的产品解约，换成预定利率低的产品，美其名曰"新产品"有很多优惠，实际上就是想降低预定利率的压力，这种营销方式不值得提倡。寿险公司应当竭尽全力保护好消费者利益，而非改头换面诱使消费者换产品，这样做实际上或多或少侵犯了消费者的利益。

第三，设计产品时应将防止高通货膨胀对策植入产品中。由于寿险属于长期的保险产品，有的可长达20年到30年。在如此漫长的时间里，谁都无法预料是否会出现高通货膨胀的情况。作为长期的寿险产品，有必要在产品设计阶段就把如何应对高通货膨胀的对策植入产品中，一旦出现超过预测的高通胀，可以启动对策或措施，以保护消费者的利益。

六、结语

随着世界进入后疫情时期，经济下行压力逐渐增大，欧美各国高通胀频现，能源、粮食价格高企，会不会引发类似1997年的亚洲金融危机和2007年的次贷危机，目前无法准确预测。

寿险业经营的特性是长期寿险合同的保费所形成的长期债务，在当前经济和金融环境下，需要十分谨慎地进行资产管理和运用，其需要应对风险的难度远远超过其他金融行业。"凡事预则立，不预则废"，因此，寿险行业应未雨绸缪，事先做好金融风险的防范，以免被卷入经济和金融下行通道。

3.5%时代终结在即,严防日式破产潮,低利率助推保险业从"海派"转型"山派"

李容海 2023年6月27日

> **编者按**
>
> "降息"是近期的热门话题,与之伴随的是业界对于寿险产品预定利率即将从3.5%下调至3%及其相关话题的密切关注。
>
> 对于当下的保险行业而言,降息引发更多的是负债端的正面联想,诸如"银行降息了,保险产品在理财产品市场更有竞争力了"……然而"降息"给保险行业带来的影响注定是系统性的,不能只注意到降息对负债端的"减压"效应,更应看到降息对资产端的"加压"作用——低利率市场环境下,保险业无法独善其身,"降息"势必挤压保险公司的利差益空间、利润空间,甚至招致巨大的利差损风险。迄今,美国、日本等国历史上的保险公司破产潮依然值得警醒。
>
> 本文作者就试图全面梳理"降息"、长期的低利率市场环境,对于国内保险业经营逻辑带来的深层次影响。
>
> 他认为,未来是否会继续降息,取决于国内经济复苏的程度,复苏越快,进入低利率通道的速度和程度的可能性都会越低;而经济能否继续保持较快发展,则取决于新工业革命与人口、经济增长困境的赛跑。
>
> 作者同时指出,国内保险业以往依赖投资属性,属于典型的"海派"逻辑,而从日本的发展经验来看,低利率环境下,国内保险业经营逻辑将从"海派"转向"山派",即从投资属性为重点转向保障与投资兼顾。

6月20日,央行发布最新一期LPR(贷款市场报价利率)数据,5年期以上LPR下调10个基点,也就是从4.3%降为4.2%。这是自2019年8月LPR改革以

来，5 年期以上 LPR 第 7 次下调（共下调 65 个基点），同时也是 2023 年以来首次下调。

6 月 9 日，中国人民银行行长易纲赴上海调研金融支持实体经济和促进高质量发展工作时指出："按照党中央、国务院决策部署，继续精准有力实施稳健的货币政策，加强逆周期调节，全力支持实体经济，促进充分就业，维护币值稳定和金融稳定。"再结合 5 月份统计数据，我们认为经济回升仍然低于大众预期。10 个基点的降幅更多地表达的是一种态度，表现出对未来的信心。毕竟对于很多个体和行业来说，现在信心比黄金更可贵。

如果逆周期调节持续，那么降息最终会降多少，中国会步西方国家后尘，进入低利率乃至负利率的通道吗？

而这些又会给保险行业带来哪些深层次影响？

一、保险业的"海派"与"山派"之争：同样是低利率，为何美、日保险业会出现破产潮，而德、瑞等国却表现稳健？

对于保险行业来说，低利率一直如笼罩在保险业大厦上美丽而晴朗天空中的乌云，利差损的风险始终如影随形。日本、美国在历史上都出现过利差损导致的行业性危机。

国内在 20 世纪实际也经历过利差损导致的行业性危机。从 1997 年开始央行连续降息，保司投资收益率随之下降，击穿前期承保的预定利率，导致大幅度利差损。监管机构只能紧急将费率锁定在 2.5% 的低位（部分时段低于十年期国债收益率），这也导致了行业长期的萧条，毕竟买保险不如买国债。后续随着经济恢复，引入创新产品（投连险、分红险等），行业才逐渐恢复到正增长。

对比美、日等国，德、瑞等国的保险行业在欧洲旷日持久的低利率和负利率进程中似乎表现得更加稳健，保险行业在欧洲金融中的作用也更大更稳固，没有出现明显的行业性大起大落，更多充当的是金融压舱石的角色。

出现这种现象的原因是多方面的，但其中一种和保险业两种基本经营逻辑有关，也就是"海派"和"山派"之争。

所谓"海派"，是以英、美等国为代表，继承了 2000 多年以前地中海沿岸国家海上保险的冒险借贷这一保险业的雏形，在经营管理上强调保险是金融的一部分，注重资金运用，通过最大化提升投资回报获取利润，利润的主要来源是保险公司投资收益和预定利率之间的差。

所谓"山派"，是以阿尔卑斯山附近的德、瑞等国家为代表，更多继承了中世纪的日耳曼民族基尔特制度（相同职业的人自发组成的小团体，对其成员因为死亡、疾病、意外等损失共同出资进行救助，是人寿保险的雏形），在业务上强调保险公司应在责任分担中追求利润，利润的来源应该主要以承保利润为主。

二、公司治理乱象频出、热衷炒作3.5%预定利率概念：当前国内保险业表现为"海派"，依赖利差更倾向于承保端激进操作

在过去40年的时间里，世界主要发达国家的利率整体呈现下行状态。根据马克思生产论，利率由社会利润率决定，利率反馈的是利润获取能力。

从产业革命的视角看：

在工业革命开始的初期，资本获取利润的能力逐渐增强，利率开始上升；在工业革命的后期，资本获取利润的能力逐渐下降，利率开始下降。

从20世纪80年代开始，第三次工业革命的红利在西方主要国家开始消退，资本获取利润的能力下降，利率逐渐降低，随着老龄化、工业空心化等导致的一系列支出压力，后期随着债务的累计甚至发展为借新还旧的债务循环，这些都促成了低利率乃至负利率的出现，随之而来的就是货币超发。瑞士再保险提出的著名保险行业"S曲线"，也发生在这一时期。

大量国家的保险行业"起飞"，虽然背后有经济发展支撑，但也很难摆脱低利率下货币大量发行在背后的推动。

过去40年的低利率和货币超发，让"海派"逻辑在业界取得较大的发展空间，保司只需要从市场上获取低利率资金，在随着低利率蓬勃发展的金融市场进行操作，就能获得不菲的利润。

因此在"海派"逻辑下，保司实际上总是有获取更多资金而在承保端有更为激进的操作。

由此可判断，目前国内保险业基本表现为"海派"。

与海外相比，国内外利率表现为前期不同步，但后期趋势开始趋同。

改革开放初期，由于资本的缺乏，整体表现为高利率；随着国内经济的发展和海外资本的引入，利率开始下降，国内强劲的经济增长保证了资本获取利润的能力，因此国内利率整体相对海外仍然较高，这也是央行始终强调政策空间很大的底气来源。随着开放程度的不断加深，国内利率走势也不可避免与世界逐渐趋同——是在"以我为主"的总体趋势下开始与世界趋同。

3年世界性的疫情，也将世界各国带入更为相似的环境：经济恢复缓慢、压力大，同时面临通胀和经济恢复的两难选择。

国内保险行业设立之初在于分散风险，因此基本表现为"山派"逻辑，但随着国内经济尤其是金融行业的大发展，逐渐表现为"海派"逻辑。

最好的证明就是过去20年驱动国内寿险行业发展的根本动力就是"广义利差"。

随着新世纪几次金融"狂飙"，保险行业的"海派"属性愈发明显，各种行业乱象也随之而生，有些寿险公司甚至成为控制人的融资工具，利用国内仍然存在的金融抑制，通过承保端获取的低价资金能够很轻易地在资本市场套利，甚至获取暴利，这也是很多保险公司治理乱象的根本源头。

行业内最近一直热炒的3.5%产品退市，依然是"海派"逻辑的体现，用时间换空间，赌的是随着时间通胀能够将预定利率填平。但是如果一旦进入低利率通道，投资收益率击穿预定利率，昔日脖子上的花环就会变成绞索。

三、经济发展潜力决定一切，长期低利率将推动保险业逻辑从"海派"走向"山派"，从以投资属性为重点转向保障与投资兼顾

低利率对于保险行业的影响，本质上还是受经济发展路径的影响——此处采用"路径"而非常用的"模式"，是想强调路径只是经济发展的一种结果，而非原因。本文重点在于以经济发展结果作为输入讨论对于保险行业的影响，而非经济发展结果的原因。

回顾过去经济、通胀、利率的关系，发现大约可以分成四种类型，其中两个类型是经典西方经济学理论比较容易解释的三种路径，即经济增长与通胀、利率基本同步，代表国家为20世纪90年代后的日本、德国及20世纪七八十年代的日本。另

外两个类型就是一些相对反常的情况，20世纪七八十年代的美国（滞胀）、20世纪80年代的拉美（恶性通胀）、疫情前的中国和美国（中国楼市、美国股市）。

从对保险业的影响看，最优选择是高增长、低通胀、温和利率；次优选择是温和增长、温和利率、温和通胀。高度的通胀、通缩都引起过保险行业的破产潮。

从结果看，保险业发展的关键还在于经济发展的潜力，只要经济基本面有支撑，保险的保障属性就能够获得消费能力支撑，同时经济增长潜力保证了资本获取必要利润的能力，也支撑了保险的投资属性。保障和投资两种属性协调发展对于行业是较优的选择。

三年疫情使得国内经济不可避免地受到影响，目前仍然处于复苏的早期阶段，结构性复苏特征较为明显，总体恢复速度不及预期。

从利率看，央行存在进入降息通道的可能性，但大幅度降息的可能性会随着经济复苏程度变小。低利率会不会出现，本质上是经济复苏和降息的赛跑，复苏越快，进入低利率通道的速度和程度的可能性都会越低。

更深层次的赛跑实际是新工业革命与人口和经济增长困境的赛跑。从历史上看，新工业革命是创造需求、推动增长的最佳武器，谁掌握了下一次新工业革命，谁就掌握了世界发展的主导权。以新能源、新材料、下一代信息数字技术为代表的新动能产业发展空间越来越大，保险行业是否能够有所作为，是一个于国于己都很有意义的话题，实际上也是未来行业发展一个重要新空间。

未来保险行业的发展虽然存在着诸多不确定性，但我们认为一个确定的方向就是从"海派"到"山派"，即从以投资属性为重点转向保障与投资兼顾。

（一）承保端：跟随经济发展路径开展产品设计

"雁行模式"（一种关于产业结构在国际尤其是在亚洲地区国家传递的学说）决定了中日经济发展具有部分相似性，参考日本寿险行业的发展，可以发现其重心从储蓄型产品向保障型产品转变，具体如下：

从第二次世界大战后到20世纪60年代的主题是"保生"。普通生死两全保险的发展主要得益于日本人储蓄习惯（中国同样有这个习惯），在储蓄同时也希望得到死亡保障，毕竟此时"昭和男儿"还忙着奋斗。

20世纪60年代中期到80年代的主题是"保某一阶段、某些家庭成员的死"。

因为经济高速发展，作为家庭的"顶梁柱"，为保证其万一出现事故时家庭成员仍有稳定的生活来源，加大了死亡保障需求，毕竟"昭和男儿"逐渐开始进入暮年。

20世纪80年代以后到2000年的主题是"保死"。附加定期终身保险逐渐增加，这一阶段日本保险进入成熟期，老年人成为主要需求主体，中老年人群对死亡保障更多且保费更低的需求急剧增加。此时"平成废物"开始接棒，低增长、低通胀、低利率不可逆转。

2000年以后的主题是"保老""保病"。人口老龄化、少子化、医疗费用开支压力大、对医疗和护理保障需求增加。未来"令和死宅"的表现，只能拭目以待了。

参考日本寿险行业，结合中国加速的老龄化，可以预期医疗、癌症等专病保险需求会越来越大，保险行业必须跟随经济发展路径设计自身的产品，未来赚病人的钱、老人的钱概率会越来越大，对于精算等要求越来越高，保障属性必然越来越倚重。

同时我们也应该关注新动能行业的发展，创新就意味着风险，风险就意味着保险行业保障属性的发展空间，这也是"海派"到"山派"应有之意。

行业内外面对低利率通常提出降低预定利率，这在利率下行阶段短时间也许有效，但长期看意义并不大，因为随着利差空间的压缩，综合费率下降空间会更加狭窄，并且会侵蚀利润空间，加剧行业的恶性竞争。

（二）投资端：寻找下一个中国

关于低利率，行业内外开出的药方无一例外都是增加高收益率产品（权益类、另类投资等），但问题是随着利率下行，此两类资产的收益同样也会下行并伴随风险的加大，短期也许能够见效，但正负抵消后长期真正能够起到的作用到底有多大并不是很清楚。

本质上看这仍然是"海派"逻辑的发挥，利用低利率的货币效应寻求利润空间，因为过去另类（房地产变种）和权益（股市）仍然以货币现象为主。

回顾海外过去20年的保险行业，其很幸运的一点是有像中国这种新型经济体的实体增长，海外保险公司无一例外增加了海外投资的比例。"寻找下一个中国"意味着一方面关注诸如"一带一路"建设等政治稳定、信用良好、具有经济发展潜力的机会，另一方面在国内寻找绿色、科技等新的投资空间同等重要。"寻找下一个中国"是寻找新的经济发展潜力。

同时，回归对于实体增长的寻找，同样能够促进行业回归本源，从源头上消除将保险变成资金募集渠道这一行业乱象，这也是从"海派"到"山派"的另一重含义。

（三）监管端：呼唤政策创新

回顾行业过去20年的发展，行业走出低谷的背后虽然是经济发展潜能的支撑，但监管端的政策支持同样不能忽视。投连、万能等新险种的引入，银保互联网等新渠道的推广、费率改革等无不需要监管端的推动。回归保障早已经在监管端形成共识，那么我们呼唤监管端能够推出让回归保障更加落地的措施，"触发"行业恢复。

诀别3.5%，万能险又迎"双限"：保底收益不得高于2%，前6个月超四成产品下调结算利率

慧保天下　2023年7月25日

降降降，成为这一段时间以来金融产品市场的主旋律。对于保险行业来说，人身险产品预定利率从3.5%降至3%，成为近几个月最受关注的事情之一，同时"炒停售"也成为助推保费收入持续高速增长的直接原因。

降低预定利率的目的是防止利差损风险，即通过调低负债成本，使之与资产收益更加匹配，避免险企无法兑现承诺。而降低负债成本的方式不止调低产品预定利率一种，调低万能险产品结算利率、降低手续费等，都是降负债成本的有效方式。

而从媒体的报道来看，监管部门几次召开座谈会一直是聚焦于"负债成本"，而非单纯地降低预定利率。"慧保天下"获悉，在保险行业协会组织召开的一次会议上，监管部门有关人士除了要求险企尽快降低预定利率之外，还要下调万能险结算利率，目标是不超过4.2%；之后的一次会议，则又要求保底收益不得高于2%。

"年金险+万能险""增额终身寿+万能险"……是险企变相进一步提升产品收益率、加大客户吸引力度的一种方式。在不少公司，"万能险"主要作为给予大单客户的专属权益，即客户交费达到一定额度之后才有资格拥有相应的万能险账户，而该万能险账户往往具备较高的保底收益或结算利率。

本次，"慧保天下"就将目光投注到以高收益率为重要卖点的万能险，预定利率上限即将从3.5%下调至3%的时刻，万能险结算利率有没有立刻随之下调？

"慧保天下"对各保险公司官网披露的万能险产品及结算利率进行统计，目前，市场上有68家寿险公司公布了共1585款万能险产品的结算利率，其中：

52家674款产品上半年结算利率下调，前海人寿、和谐健康降幅最大达到2个百分点；

51家372款产品结算利率超过4.2%，信美人寿最高达5%；

还有13款不降反升，上升后6月结算利率也超过了4.2%的红线①（见表1）。

表1　　　　　　　　　　2023年6月产品结算利率下调

机构	产品名称	6月结算利率（%）	下调幅度（对比1月,%）
大家人寿	安邦致远5号两全保险（万能型）2017年12月31日以后生效的保单	3	-1.8
	安邦东风10号两全保险（万能型）2017年12月31日以后生效的保单	3	-1.8
	安邦致远10号两全保险（万能型）2017年12月31日以后生效的保单	3	-1.93
	安邦利丰年金保险（万能型）E款（区间2）	3	-1.6
	安邦利丰年金保险（万能型）D款（区间2）	3	-1.6
	安邦盈泰10号年金保险（万能型）（区间2）	3	-1.8
	安邦如意10号年金保险（万能型）（区间1）	3	-1.93
	安邦东风5号两全保险（万能型）（区间1）	3	-1.8
	安邦养老E养天年养老年金保险（万能型）	3	-1.5
	大家养老福寿安康养老年金保险（万能型）	3	-1.75
富德生命人寿	富德生命长盈二号年金保险（万能型，升级版）	2.50	-1.5
	富德生命长盈二号年金保险（万能型）	2.50	-1.5
和谐健康	和谐康裕一号护理保险（万能型）（区间2）	3	-1.5
	和谐一号护理保险（万能型）B款（区间2）	2.50	-1.8
	和谐一号护理保险（万能型）B款（区间3）	2.50	-2
恒大人寿	恒大金玉安泰六号年金保险（万能型）（2017年10月21日及以后生效）	3	-1.5
	恒大金钱冠年金保险（万能型）	3	-1.5
前海人寿	前海附加财富管家年金保险（万能型）	2.50	-2

---

① 数据来源于各保险公司官网，截至7月21日，中荷人寿、中融人寿仍未公布6月结算利率。此外，共有13款万能型产品只公布了6月当月结算利率，历史结算利率未公布。

续表

机构	产品名称	6月结算利率（%）	下调幅度（对比1月,%）
上海人寿	上海人寿浦江恒盈年金保险B款（万能型）	3	−1.95
	上海人寿盛世鑫利五号年金保险（万能型）	4.95	−1.95

一、52家674款产品上半年结算利率下调，前海人寿、和谐健康降幅最大达2个百分点

万能险结算利率持续下调，过往常见的5%的结算利率消失不见，逐渐进入4%再进入3%的时代。

从2023年上半年来看，市场上68家寿险公司共1585款万能险产品中，有52家公司共674款产品上半年结算利率下调，将近半壁江山。

总体来看，1月结算利率均值为3.83%，而6月仅为3.61%，平均下调幅度为0.22个百分点。

具体来看，万能险结算利率下调区间为0.08—2个百分点，降幅最大为2个百分点，涉及两款产品，分别来自前海人寿、和谐健康。

其他下调幅度较大的有20款产品，降幅位于1.5（含）至2个百分点，有前海人寿1款、大家人寿10款、和谐健康3款、富德生命人寿2款、恒大人寿2款、上海人寿2款产品（见表1）。

来看降幅榜首：前海人寿结算利率下调2个百分点的产品为前海附加财富管家年金保险（万能型），该产品在5月将结算利率由4.5%降至2.5%。

官网显示，前海人寿目前有24款万能险，除该产品外，还有14款产品的结算利率在5月下调了1个百分点，7款产品在3月下调了0.5个百分点。

与前海人寿相似，和谐健康降幅达到2个百分点的产品——和谐一号护理保险（万能型）B款（2017年5月3日至10月31日投保保单），其结算利率也是从4.5%下调至2.5%，目前仍维持2.5%。

和谐健康万能险产品较多，共有52款，其中超过半数共27款产品的结算利率进行了不同程度的下调。但值得注意的是，经下调后，仍有21款产品6月结算利率不低于4.2%，有15款位于4.5%—4.75%。

从保险公司的角度来看，公布数据的 68 家险企中有 52 家万能险结算利率在上半年进行了下调。从下调数量看，下调最多的为大家人寿（含安邦人寿产品）和泰康人寿，分别为 67 款和 52 款产品；下调超过 20 款产品的有 10 家公司。

头部公司也同样在下调万能险结算利率，国寿寿险、人保寿险、人保健康、平安人寿、太保寿险、太平人寿、太平养老、泰康人寿、泰康养老分别下调 8 款、36 款、27 款、19 款、28 款、1 款、4 款、52 款、2 款产品的结算利率，共计下调 177 款产品。

二、51 家险企 372 款产品结算利率仍超 4.2％红线，最高达 5％，另有 13 款不降反升

在降低保险公司负债成本的大基调下，监管部门对万能险的利率要求更加严格，分别给结算利率和保底利率划了 4.2％、2％的"上限"。

据"慧保天下"统计，68 家寿险公司的 1585 款万能险产品中，仍有 51 家公司的 372 款产品 6 月结算利率超过 4.2％，196 款产品的结算利率为 4.5％—5％。其中，最高的为信美相互人寿的"信美相互卓越两全保险（万能险）"，该产品 1—6 月的结算利率均为 5％。此外，信美还有 3 款产品结算利率位于 4.5％—5％。

值得关注的是，在结算利率普降的大背景下，上半年还有 13 款产品对结算利率进行了上调。比如，和谐健康的和谐康福护理保险（万能型）产品从 3.92％上调至 4％，太保寿险 3 款产品从 2.5％上调至 3.5％。

甚至有的产品上调后，结算利率反而超过了 4.2％的红线。比如交银人寿、中韩人寿、汇丰人寿、中信保诚上调之后，结算利率均超过了 4.2％。

交银人寿惠民保养老年金保险（万能型）产品上调 0.25％至 4.25％；

中信保诚的"汇金资本"两全保险（万能型）产品上调至 4.3％；

汇丰汇添利年金保险（万能型）产品从 4％上调至 4.5％；

中韩人寿更是夸张，包括中韩附加定盈宝两全保险（万能型）在内的 5 款产品均从 4.5％调至 4.8％。

此外，除了结算利率外，明确写进合同的保底利率也同样值得关注。据悉，目前监管部门对万能险的保底利率同样严要求，近日提出不能超过 2％。"慧保天下"

发现，目前市场上万能险产品的保底收益多在2%—2.5%，但也有一些产品处于3%的较高水平。

三、难在降息中独善其身："炒停售"业绩狂飙后，保险业严阵以待利差损风险

仅从眼前来看，降息对保险业的影响当然是正面的。理财产品打破刚兑，权益市场表现不佳，保险产品的比较优势更加凸显，"炒停售"带来的业绩增量是实实在在的。从上市公司2023年6月数据来看，7家上市寿险公司（不含阳光人寿）6月单月同比增速达到了惊人的28.01%，而5月，这一数据仍为13.7%。

除大公司外，中小险企同样受益，上市公司中相对体量较小的国华人寿，单月保费增速超100%。对于非上市险企来说，据了解，目前已有一些公司在这波冲刺下完成了全年关键绩效指标（KPI）。

但喜悦过后，还需要静下来思考未来。正如"盈亏同源"，降息对保险业带来的影响是系统性的，资债联动的保险业不能只注意到对负债端的"减压"效应，更应看到其对资产端的"加压"作用。

低利率市场环境下，"降息"势必挤压保险公司的利差空间、利润空间，甚至招致巨大的利差损风险。

从最新的数据来看，保险业资产端承压前行已成常态。根据金融监管总局披露数据，2022年，保险资金的年化财务投资收益率为3.76%，年化综合投资收益率为1.83%，2023年第一季度有所回升，年化财务收益率达到3.4%，综合收益率达5.24%，这受到第一季度权益市场反弹的影响，但第二季度又有所回调。

巨大的资产端压力，以及伴随业务快速发展而至的偿付能力压力、增资发展难等问题，已经让一些敏锐的中小险企人士直呼，当下是"躺平等死，不躺找死"，是进亦难、退亦难。

利差损风险攸关生死，预定利率下调、万能险结算利率下调、手续费下调是险企降低负债成本的最直接的办法。从这个角度来讲，监管强制险企下调、对行业进行统一调整，其实是给行业踩一踩刹车，也给了所有公司一个喘息的机会。

后3.5%时代亟待"新银保":解决银行客户挖潜难题,开启不一样的双向奔赴

慧保天下　2023年7月6日

随着人身险产品预定利率进入3.0%时代,自2019年重回寿险舞台聚光灯下的银保业务,正在迎来一次换挡。常常有人说,"三年一个循环,五年一个周期"。此刻的银保恰好处在这样一个重要的历史时刻,在这个有望实现业务重构并且完成转型升级的绝佳时刻,"新银保"模式呼之欲出。

从外部市场看,在资本市场低迷、银行存款利率下降、银行中间业务收入缺口较大、银行客户可配置的金融产品不够多元化等多重因素的推动下,银行对于保险的需求前所未有地强烈,而这个趋势在未来也将持续。在逆周期的特性下,保险产品的竞争优势仍在,银保渠道业务增速长期来看也会高位运行。

转型升级是为了更好地发展,面对日益激烈的银保渠道竞争,什么才是"新银保"?大家人寿认为应该具有三方面的特点:一是保险业务要真正融入银行网点的业务体系;二是保险产品要满足银行客户全生命周期保险需求;三是保险服务要实现多媒介、高频度的客户触达和互动。

一、产品切换下的市场水温:银保渠道短期或受冲击,迎接全新转型升级契机

3月下旬,原银保监会在北京、南京、武汉三地对23家寿险公司进行座谈调研,引导人身险业降低负债成本。自此,行业里一直流传着有关预定利率3.5%人身险产品将被叫停的消息。市场上有关"炒停售"的声音从未停止过,3.5%的增额终身寿产品也始终热销不衰。

而在这一波热销中,银保渠道成为受益最多的渠道。业内交流数据显示,2023年前4个月,人身险公司原保费收入约1.8万亿元,同比增长9.8%。分渠道看,个险渠道保费收入8612亿元,同比增长2.79%;银保渠道保费收入约7690亿元,同比增长18.84%。可以看到,银保渠道不仅增速快,从规模上看,与第一大渠道个险的差距也不足千亿元。

随着时间推移,"最后一只靴子落地"渐行渐近,产品切换基本成定局。据了解,多家寿险公司已完成预定利率为3.0%的产品设计,如期进行产品切换。对于市场的忧虑此时也开始逐渐抬头,前期发展最快的银保渠道,此时又成了焦虑的源头。

不可否认,产品的切换、预定利率的下调,不可避免地会对市场造成一定影响,尤其是,前期的热销已经在相当程度上透支了客户的购买力。

短期冲击或许难以避免,但长期的悲观主义却大可不必。相较之下,保险产品"逆周期"属性依然存在,较之其他金融理财产品的相对优势也仍然存在。消费者对于具有长期保证收益、刚性兑付属性的保险产品的需求也仍处于高位,储蓄型产品、银保渠道未来发展仍然可期。

可以预见的是,面对急剧变化的形势,银保市场也即将进入新一轮调整期。一方面,主力产品切换,逐渐从增额终身寿一家独大,发展至终身寿险、年金险、分红险等险种百花齐放;另一方面,各家险企也会主动推动银保渠道转型,积极应对日益升级的行业竞争,并因此走向分化。或许不久的将来就可以看到,伴随市场震荡,银保市场重新洗牌。

二、不一样的银行保险双向奔赴:核心是银行更需要保险,保险业亦亟待摆脱过度依赖利差

在近几年亮眼成绩的鼓动下,银保渠道"重回C位"的声音萦绕已久。业内认为,近年银保的高增长其实是多重因素叠加的结果。宏观层面,经济下行,居民投资意愿趋于保守,保险产品具有安全稳健确定的优势;社会层面,老龄化加速,保险产品解决养老焦虑的独特功能被消费者认可,同时,行业层面,保险业个险渠道转型艰难,银保渠道成为谋增长新的发力点。

但在众多因素中,本轮银保渠道持续增长的最重要的因素,在于银行对于保险

的需要。当前,利率持续下行,银行传统的息差业务持续承压,纷纷转型轻量化的财富管理业务,资本占用较低、风险低、稳定性好、持续强并且能与其他金融业联动的中间业务成为重要方向。

而从现实看,银行虽然有了方向,但成果不达预期。据"慧保天下"统计,2022年国有六大行合计手续费及佣金收入5583.52亿元,同比下降2.93%,手续费及佣金净收入4858.51亿元,同比下降2.86%。

这受到权益市场震荡、资管新规实施打破刚兑等因素影响,银行代销理财、基金等产品带来的收入减少,但代销保险的手续费及佣金收入在逆势增长,众多银行便将代销业务的重点转向保险业务。保险,已成为银行中收业务中不可或缺的对象。

除短期的中收任务压力外,银行需要保险,还在于其中长期难题——专业销售能力、客户资源枯竭、沉睡客户难以激活等问题。2022年国有六大行的个人客户数量增长已呈明显放缓之势,个人客户数量"天花板"或已临近。而与此同时,大量基层银行网点的重要性开始下降,营业收入减少而刚性成本难以压缩,面临迫在眉睫的业务转型压力。

两重深层次焦虑下,银行对于保险的需求较过往显著提升。未来,银行对于保险的需求将长期维持高位,银行与保险的"双向奔赴"将长期持续,且不断深化。而这或将带来一个更平等的合作关系,关系地位的变化也将有利于解决销售误导等长久以来制约银保渠道发展的问题。

当然,银行需要转型,保险公司也需要转型。近期,降息消息频出,金融业高度关注并产生了诸多讨论。而对于保险业而言,降息引发更多的是负债端的正面联想,诸如"银行降息了,保险产品在理财产品市场更有竞争力了"。

然而,在保险公司资债联动的经营模式下,降息给保险业带来的影响是系统性的,在降息对负债端的"减压"效应外,还应看到降息对资产端的"加压"作用——利率下行时代,保险业难以独善其身,"降息"势必挤压保险公司的利差空间,甚至引发巨大的利差损风险。显然,过度依赖利差的经营模式也不可持续。

三、打造"新银保"模式:树立客户思维,不拘一格赋能银行破局获客、挖潜难题

面对急剧变化的市场环境,以及轰轰烈烈的银保市场变革,手续费率不再是取

胜关键,更有专业水准且切实有效的策略才更为重要。对此,大家人寿总结其四年来的转型经验,提出自己的洞察和解决方案。

"新银保"的前提是"客户思维"——消费者是终端客户,银行是渠道客户,要同时解决两个客户的短期和中长期的痛点和难题。

可以说,"新银保"是对银行和保险的角色进行重新定位,"新银保"模式下,银行不再是保险公司简单的销售渠道,同样也是保险公司的客户。随着角色和视角的转换,渠道经营的思维模式和行为逻辑也要随之而变。

在解决银行短期的中收压力问题方面,保险公司已经积累了相当丰富的经验。以大家人寿的实践为例,应对此次产品切换,其积极开发了新型产品,以满足银行客户全生命周期的保险需求。

更重要的是,大家人寿充分发挥专业服务团队优势,在日常实际工作中为核心合作网点提供服务支持,并提供一揽子培训,努力提升银行销售人员销售技能。目前,针对银行销售人员的不同特点,大家人寿已经形成包括线上、线下等多种形式,涵盖产品、理念、销售技术、专项技能等方方面面内容的成熟的培训课程。

面对银行中长期的专业销售能力不足,客户资源枯竭、沉睡客户难以激活等问题,保险行业尚在摸索过程当中,其中涌现的一些有益实践,值得业界关注学习。

例如,为彻底解决银行专业销售能力不足等问题,大家人寿力推"客户服务线上化、业务支持场景化、运营作业智能化、费控管理数字化、支撑能力平台化"五化策略,以此对银保业务进行全方位赋能,提升银保经营效能、业务管理精细度和管理效率,让银行渠道的保险产品销售更体系化、更便捷、更智能。

不断拓展客户资源,深度激活、挖潜既有客户资源,不仅是银行面临的困境,也是保险业必须努力的方向,而最核心的解决方案之一,就是以差异化服务吸引和赋能客户。近年来,保险行业在这方面已经有了相当积极的尝试,在丰富度上远远走在银行业前面。

例如,一些保险公司利用投资端优势,围绕人们的衣食住行广泛布局,尤其是重点布局了养老社区、医疗产业等,逐渐形成差异化的服务优势,进而以服务反哺业务端。

近年来,大家人寿也正积极整合资源,构建生态,通过丰富的增值服务深度赋能银保渠道业务端。例如,通过开发专属产品、组织养老社区带看、高端客户沙龙等活动，显著提高银行客户的关注度，同时与客户构建起更高频、更深层次的链接，在深化客户经营方面做出了一些初见成效的有益尝试。

将银行作为客户来进行经营，知易行难，面对不同性质、不同类型、数量庞大、需求分散的银行，操作难度可想而知。在差异化的经营策略之下，大家人寿的经营成果也已经显现。2022年，银保渠道实现新业务价值19.5亿元；趸缴规模较2019年下降75%；期缴新单保费达236亿元；期缴业务13个月继续率超过95%，25个月继续率超过98%。截至第一季度末，大家人寿合作银行超过50家，不仅有主要的国有银行、股份制银行，同时还在大力拓展蓝海市场，争取进入更加广大的城农商行领域，目前，已在北京银行、上海银行等头部城农商行上初见成效。

重拳整治银保费用乱象，2023年的银行中收还值得期待吗？ 上半年个别机构期缴保费收入增超80%，依然难掩颓势

慧保天下　2023年9月19日

银保渠道当仁不让是保险业近期的关注焦点，除了在上半年为行业两位数增长立下汗马功劳，近日，监管部门及行业协会动作频频，想要给狂飙的银保渠道踩一踩刹车，降低负债成本。

近期，监管部门频频下发文件，对银保渠道的产品和费用等进行规范，要求严格执行"报行合一"政策，坚决杜绝银保小账问题；行业协会方面，上海、广东等地也相继发布了银保业务自律公约，要求保险机构承诺不通过其他渠道及方式变相增加银保业务手续费；与此同时，险企也纷纷展开了与银行的新一轮签约谈判，希望能尽可能压降手续费，压降负债成本，规避利差损风险。

同业交流数据显示，2023年1—8月，人身险公司银保渠道期缴新单保费3704亿元，同比增加57%，但从单月来看，受到上述因素影响，8月银保渠道新单期缴保费仅82亿元，同比锐减60%。

银保渠道大调整不仅会给保险公司带来冲击，对银行中收业务的影响也同样不能忽视。

2023年上半年，受到市场利率下行、LPR下调、提前还贷等多重因素影响，银行息差继续收窄。据招商证券统计，2023年上半年，42家上市银行利息净收入总额为2.15万亿元，同比下降1.4%。而下半年，在降低存量房贷利率等多项重磅政策的影响下，可以预计，银行息差仍将进一步收窄。

同时，在权益市场表现不佳的影响下，银行代销理财、基金、信托等产品带来的收入仍在减少。招商证券统计数据显示，2023年上半年，42家上市银行手续费及佣金净收入增速为-3.61%，虽然较第一季度-4.24%的降幅有所收窄，但中收增长仍然乏力。

从国有大行及最有代表性的股份制银行即可验证这一情况，中收业务勉力持平成为大部分银行的写照。"慧保天下"对国有六大行及"零售之王"招商银行2023年上半年的中收业务情况进行了梳理，总体来看，六大行合计手续费及佣金收入3310.02亿元，同比增长2.17%，手续费及佣金净收入2839.56亿元，同比增长0.38%。

但其中，代销保险的手续费及佣金收入仍在逆势增长。保险，已成为银行综合财富管理中不可或缺的对象。

此前，在银行与保险的合作中，银行占据主导地位，对于费用的要求也更加"随心所欲"，但在保险公司努力压降负债成本、降低银保手续费率的情况下，银行的中收业务还会好吗？

以下就是2023年上半年各大银行中收业务的具体情况（见表1）。

表1　　　　　　　　2023年上半年六大行及招商银行中收业务

机构	手续费及佣金收入			手续费及佣金净收入		
	2023年上半年（亿元）	2022年上半年（亿元）	同比（%）	2023年上半年（亿元）	2022年上半年（亿元）	同比（%）
工商银行	823.63	836.49	-1.5	734.65	760.41	-3.4
农业银行	576.21	562.27	2.5	507.31	494.89	2.5
中国银行	528.47	498.12	6.09	463.76	444.46	4.34
建设银行	774.74	771.39	0.43	706.01	702.47	0.50
交通银行	266.91	270.72	-1.41	245.8	247.74	-0.78
邮储银行	340.06	300.74	13.07	182.03	178.8	1.81
六大行合计	3310.02	3239.73	2.17	2839.56	2828.77	0.38
招商银行	513.38	576.14	-10.89	470.91	534.05	-11.82

一、工商银行：龙头老大中收业务显颓势，把握市场机遇加大保险等重点产品营销

从2022年起，工商银行中收业务的颓势已经逐渐显露出来。2022年上半年勉

强持平,全年未能保持正增长。数据显示,2022 年全年,手续费及佣金净收入 1292.65 亿元,减少 37.59 亿元,下降 2.8%。

2023 年,这一颓势更加明显,降幅扩大。2023 年上半年,工商银行手续费及佣金净收入为 734.65 亿元,同比下降 3.4%(见表2)。但值得关注的是代销保险在其中分量的提升——2022 年代销个人保险达到 1144 亿元,同比上涨 5.73%。

表 2   近 3 年上半年工商银行手续费及佣金净收入及代理业务手续费情况

年份(上半年)	手续费及佣金收入(亿元)	同比(%)	手续费及佣金净收入(亿元)	同比(%)
2021	832.32	1.2	759.43	0.5
2022	836.49	0.5	760.41	0.1
2023	823.63	-1.5	734.65	-3.4

注:2022 年手续费及佣金净收入数据有所调整,此处使用调整后数据。

2023 年上半年,工商银行虽然并未公布具体代销保险的数额,但有关负责人在回应热点问题、谈及手续费及佣金收入时表示,把握市场机遇加大保险等重点产品营销,相关业务规模扩大带动收入增长较好。

可以看到,工商银行对于保险业务态度积极。其半年报还显示,上半年,其曾联合重点保险公司组织营销活动,推进"固保培训计划"等,推动代理销售保险业务快速增长;大力开拓保险资产管理产品的发行业务,持续加强多元投资能力和项目挖掘能力,积极提升客户需求响应质效。

二、农业银行:代理期缴保费收入增超 80%,丰富代理保险产品体系、提升服务能力

六大行中,农业银行是 2023 年上半年代理期缴保费收入增长最好的一家,达到 347.7 亿元,同比增长 85.2%。这与其连续三年推进代理保险业务转型有关。

据其年报显示,农业银行自 2019 年开始深入推进代理保险业务转型,近三年还从科技赋能、期缴业务营销、业务结构等不同方面发力,加大代理保险业务的力度。

2023 年上半年,半年报显示,农业银行将重点放在了"丰富代理保险产品体系,持续提升服务能力"上,以切实满足客户多元保险保障需求。也因此,农业银行实现了代理保险业务的快速增长,年报称,其代理保费、手续费收入以及收入同

比增量均处于同业领先地位（见表3）。

表3　近3年上半年农业银行手续费及佣金净收入及代理业务手续费对比

年份（上半年）	手续费及佣金收入（亿元）	同比（%）	手续费及佣金净收入（亿元）	同比（%）	代理期缴保费收入（亿元）	同比（%）
2021年	574.87	12.10	481.5	8.8	157	4.2
2022年	562.27	-2.2	494.89	2.8	187.77	19.6
2023年	576.21	2.5	507.31	2.5	347.7	85.2

注：2022年上半年代理期缴保费收入为前后数据计算，报告原文"上半年实现代理保险保费809亿元，保持同业领先地位。其中代理期缴保费同比增长19.6%"。

三、中国银行：扭转中收下降颓势，利用香港地区优势为中银人寿提供助力

与其他银行有所不同，2023年上半年中国银行的中间收入，扭转了2022年的下降态势，实现不错的增长。数据显示，2023年上半年，中国银行手续费及佣金收入528.47亿元，同比增长6.09%，手续费及佣金净收入463.76亿元，同比增长4.34%。

其中，代理业务手续费虽然仍在下滑，但下滑趋势减缓。对于具体的保险代销情况，中国银行没有进一步的披露（见表4）。

表4　近3年上半年中国银行手续费及佣金净收入及代理业务情况

年份（上半年）	手续费及佣金收入（亿元）	同比（%）	手续费及佣金净收入（亿元）	同比（%）	代理业务手续费（亿元）	同比（%）
2021年	529.12	10.27	468.13	11.93	169.71	26.27
2022年	498.12	-5.86	444.46	-5.06	141.19	-16.81
2023年	528.47	6.09	463.76	4.34	134.01	-5.09

注：2022年手续费及佣金收入、代理业务手续费等数据不一致，此处使用2023年半年报数据。

此外，值得一提的是，中国银行利用其全球化优势，特别是我国香港地区优势，为其保险子公司提供助力。其半年报称，中银人寿加强与中银香港业务联动，强化专属代理团队，打造业务价值较高的产品销售链条，推出高端产品"理钻私人财富

终身寿险计划"，抓住香港与内地全面恢复通关机遇，推出一系列项目以抢占业务先机。

四、建设银行：中收下滑趋势难止，代理保险强化客户资产配置、推动期缴转型

2023年上半年，建设银行在中收业务上最终还是保住了正增长，其手续费及佣金净收入为706.01亿元，同比增长0.5%。

但同时，下滑的趋势仍未止住，无论是整体的手续费及佣金收入，还是其中的代理业务，都呈现震荡下行的态势。

代理业务方面，2023年上半年，建设银行实现手续费收入135.49亿元，较上年同期增加5.95亿元，同比增长4.59%。对此，建设银行在半年报中解释道，主要是代理保险强化客户资产配置、推动期缴转型，带动收入较快增长（见表5）。

表5　　　　　　近3年上半年建设银行手续费及佣金收入及代理业务情况

年份（上半年）	手续费及佣金收入（亿元）	同比（％）	手续费及佣金净收入（亿元）	同比（％）	代理业务手续费（亿元）	同比（％）
2021年	775.70	6.69	694.38	6.82	118.42	17.80
2022年	771.39	-0.56	702.47	1.17	129.54	9.39
2023年	774.74	0.43	706.01	0.50	135.49	4.59

注：2022年手续费及佣金净收入数据不一致，此处使用2023年半年报数据。

五、交通银行：中收业务降幅扩大，但代销保险产品余额增幅拉大超20％

交通银行中收业务同样也呈现出下滑的态势，且降幅略有扩大。2023年上半年，交通银行手续费及佣金收入为266.91亿元，同比下降1.41%，手续费及佣金净收入为245.80亿元，同比下降0.78%。

但在手续费及佣金收入和手续费及佣金净收入都下滑的同时，交通银行的代销保险产品余额逆势增长。数据显示，2023年上半年，交通银行代销保险产品余额达

到 2847.56 亿元，同比增长 20.37%（见表6）。

表6 近3年上半年交通银行手续费及佣金收入情况

年份（上半年）	手续费及佣金收入（亿元）	同比（%）	手续费及佣金净收入（亿元）	同比（%）	代销保险产品余额（亿元）	同比（%）
2021 年	272.99	4.14	249.66	2.84	—	—
2022 年	270.72	-0.83	247.74	-0.77	2365.59	—
2023 年	266.91	-1.41	245.80	-0.78	2847.56	20.37

注：2022年手续费及佣金净收入数据不一致，此处使用2023年半年报数据。

值得注意的是，这一增幅也呈现出加大趋势。由于缺少此前数据，以有数据的2021年全年和2022年全年为参考，二者代销保险产品余额的增速分别为19%、15.23%。

六、邮储银行：代理业务手续费增速达 51.62%，丰富产品货架、代理保险贡献大

与其他大行相比，邮储银行2023年上半年中收业务的表现可以称得上较为优秀：手续费及佣金收入340.06亿元，同比增加39.32亿元，增长13.07%；手续费及佣金净收入182.03亿元，同比增长1.81%。

其中，代理业务手续费收入177.90亿元，同比增加60.57亿元，增长51.62%。对此，半年报解释道，主要是由于其积极打造财富管理差异化增长极，深入推进客户分层分类分群经营模式，持续丰富产品货架，代理保险等业务收入实现快速增长（见表7）。

表7 近3年上半年邮储银行手续费及佣金收入情况

年份（上半年）	手续费及佣金收入（亿元）	同比（%）	手续费及佣金净收入（亿元）	同比（%）	代理业务手续费（亿元）	同比（%）
2021 年	240.35	46.72	114.29	37.86	98.54	124.36
2022 年	300.74	25.13	178.80	56.44	117.33	19.07
2023 年	340.06	13.07	182.03	1.81	177.90	51.62

注：2021年代理业务手续费收入数据不一致，此处使用2022年半年报数据。

当然,不可忽视的是,虽然实现了正增长,但邮储银行中收业务的质效还需要进一步提升,与规模相近的交通银行相比,虽然其手续费及佣金收入更多,但净收入表现存在差距。

七、招商银行:加大期缴保险配置力度,代理保费同比增长 54.88%

被称为"零售之王"的招商银行,2023 年上半年的中收业务出现了两位数的下滑:手续费及佣金净收入 470.91 亿元,同比下降 11.82%。

但与此同时,招商银行也是对上半年银保渠道狂飙最好的印证。2023 年上半年,招商银行实现代理保险保费 573.94 亿元,同比增长 54.88%。这一增速,不仅扭转了过去上半年下降的趋势,还贡献了手续费收入。对此,其半年报称,主要是其进一步抓住市场机遇,加大期缴保险配置力度,带动保费快速提升(见表 8)。

表 8　近 3 年上半年招行财富管理业务手续费及佣金收入、代理保险保费情况

年份(上半年)	零售金融代理保险保费(亿元)	同比(%)	集团财富管理代理保险收入(亿元)	同比(%)	在财富管理手续费及佣金收入中的占比(%)	手续费及佣金收入(亿元)	同比(%)	手续费及佣金净收入(亿元)	同比(%)
2021 年	373.28	-14.7	55.59	32.51	26.97	560.05	22.79	522.54	23.62
2022 年	370.57	-0.73	89.84	61.61	47.60	576.14	2.87	534.05	2.2
2023 年	573.94	54.88	92.60	3.07	54.64	513.38	-10.89	470.91	-11.82

而整体来看,宏观经济弱复苏、资本市场维持震荡等市场变化,对于重点推进零售业务的招商银行挑战不可谓不大,因此,适时调整业务策略成为其必须面对的课题。

全面"报行合一"撼动保险业格局：银保经代费用锐减、个险优势凸显，市场份额或进一步集中

慧保天下　2023年10月26日

从当前行业焦点的银保渠道开始，再到近日金融监管总局召开新闻发布会，明确表示也要在个代、经代渠道实施"报行合一"，再加上财产险行业力推的车险"报行合一"，保险业正迎来全面"报行合一"新时代。

所谓"报行合一"，就是要求保险公司报送给监管部门审批或者备案的佣金费率水平与实际保持一致，杜绝"说一套做一套，实际考核又一套"，似乎要求并不高，但实际对于险企而言，意味着巨大的挑战。因为长期以来，"报行不一"已然成为保险业的常态，从"报行不一"到"报行合一"，对于险企而言，是一场涉及从行动到理念等方方面面的、真正的、重大的改革。

对于险企各渠道而言，"费用"是最核心的经营资源之一，费用投放策略则是一家险企负债端经营智慧的最直接体现，全面施行"报行合一"，压降费用腾挪空间，意味着监管开始深入企业经营核心。

毫无疑问，这不仅会对眼下的业务推进带来影响，长期来看，也或将进一步改变市场格局。

"报行合一"的好处是显而易见的：

显著降低中介手续费率，真正实现降本增效。例如银保渠道，相较"报行合一"之前，费用水平已经下调30%，人身险行业皆大欢喜。

挤压灰色操作空间，最大程度杜绝财务数据造假、保单套利、退保黑产等行业乱象等。

但不少业界人士也表达了忧虑：

费用趋同，会否导致进一步的同质化？

压降费用空间，会否导致保险销售从业者无法获得较高收入，进而无法留住高素质人才？

虽然监管一直在强调"报行合一"，但实际上，激烈市场竞争下，"报行不一"总是会存在，既然无法真正实现，"报行合一"的意义又是什么？

本文就试图厘清"报行合一"这场大变局下，谁受的影响更大，谁才是最终赢家？

一、银保渠道率先推行，率先受益：费用水平下调约30%左右，降本增效立竿见影

喧闹一时的银保渠道报行合一目前基本落定，近日，人身保险监管工作相关负责人表示：截至目前，通过保险公司和银行机构充分沟通，绝大多数银保业务的银行已与保险公司按照"报行合一"重新签约。初步估算，银保渠道佣金费用较之前平均水平下降了约30%左右。

对于这一下降水平，有行业人士认为好于此前预期，认为这表明在重新签约后，银行销售保险的动力依旧强劲。

这种解释很好理解，当前，资本市场萎靡、存款利率下行、刚兑属性稀缺、居民储蓄意愿仍处于扩张周期，保险产品长期保本且利率高于存款利率仍然具有显著优势，对于低风险偏好的客户来讲，保险仍是其优先选项。

同时，银行其他代销业务不振，为了留住保险代销对其中收的贡献，仍具有明显的积极性。

二、经代渠道如临大敌：出单中介或彻底退出市场，头部中介须重新定位

人身险经代渠道在2023年迎来了"最好的时光"，顺应市场趋势，保费暴涨。其中的头部中介，以明亚保险经纪为例，其新单规模保费收入甚至已经足以比肩新华保险、友邦人寿等头部保险机构。

保险经代渠道依靠人身险公司中介渠道费用生存，与银保渠道类似，"报行合一"、压降费用，实际就是在压降经代渠道的生存空间，这将给整个经代渠道带来深刻影响。

车险领域早已推行"报行合一"，其中经代渠道的一些变化，对于人身险领域或许同样适用："报行合一"后，率先倒下的或将是那些没有核心能力的出单机构，其费用空间将被率先砍掉。

议价能力强的头部经代机构，也须直面费用大幅压降带来的阵痛：产品相对优势或将不再明显，销售人员佣金优势或也将下降，必须彻底转型，摆脱费用驱动思维，转向"向经营要效益"。

三、个险"报行合一"带来最多忧虑：高素质代理人计划能否持续，转型是否受影响

根据监管有关负责人的介绍，个人代理人渠道的"报行合一"也即将开始。但与银保渠道"报行合一"协调的是保险公司与银行的利益分配不同，个人代理人渠道的"报行合一"协调的保险公司与其代理人的利益分配问题，属于"内部问题"，因而引发了更多争议。

最大争议点在于：部分业界人士认为，个人代理人渠道实施"报行合一"实际是触动了人身险企的经营核心，人身险公司在推进个人代理人渠道改革方面会面临更多的掣肘。因为个险渠道作为保险公司自有渠道，能够不受到银行、第三方的限制，往往能带来更高的价值贡献，在费用上应予以更多倾斜。

此时要求个险渠道"报行合一"，近年来不断推进的个险渠道改革会怎样变化？特别是近几年，业界纷纷发力高端代理人队伍建设，是否还能吸引足够的高素质人才？高素质人才往往能带来高产能，但不可忽视的是其对高收入的要求。

四、个险优势凸显，市场或进一步向头部险企集中

近年上市险企市占率略有小幅下降，但在"报行合一"持续推进的背景下，未来的行业格局将会发生相应变化，而头部险企份额有望持续集中。

一方面,从产品角度来看,降费后产品进入同水平竞争,头部险企拥有更多资源,可加大让利客户的力度,在叠加品牌优势后,其竞争力或将更为明显。

另一方面,由于代理人渠道成本高昂,中小险企不具备资本优势,诸多险企并未建立代理人渠道,而费用控制将导致经代渠道收缩,进而限制中小险企激进展业。头部险企由于代理人渠道的优势,在市场平稳后,其保费质量以及个险价值率或将得到进一步提升。

因此,头部公司或将凭借自己的风控、品牌、产品等综合优势,在监管强化"报行合一"下,受影响更小,同时凭借过往积累的资源,收获更多的优质、高贡献值客户,从而进一步提升自己的市场份额。因此,从整个行业来看,行业的集中度或许将进一步提升。

五、车险费用管理加强,返佣或被重点打击,"明折明扣"能否成为可能

9月中下旬,监管层下发《加强车险费用管理的通知》,要求全面加强车险费用内部管理、全面加强商业车险费用监督管理,同时要优化考核机制,降低保费规模、业务增速、市场份额的考核权重。有业内人士认为,该规定为"史上最严监管"。随后,各个地方也相继发文落实,据统计,目前已有深圳、安徽、青岛、江苏等地先后发文规范具体业务。

对于车险业务来讲,手续费竞争一直都很激烈,也是监管强调"报行合一"最多的领域。这受到其产品高度同质化影响,因此,为了赢得客户,很多财险公司不惜采取各种方式套取费用,给予渠道、客户等合同约定以外的利益,破坏市场秩序。即使到了如今,不时还能看到财险机构因为套取费用等被行政处罚的信息。

车险以自身的实际情况证明了一个道理:"报行合一"是一个理想的目标,行业永远追求"报行合一",但完全的"报行合一"很难实现。

如今进一步加强车险的费用管理,未来影响几何?可以肯定的是,任何改革对于当期业务都会产生巨大影响,但完成之后往往能带来正面效果。比如,目前财险公司保费增速在综改后都回归稳健增长。那么未来,可以预期,在费用管控加强下,目前仍较为常见的返佣(给予保险合同约定以外的利益)等问题会成为整治重点。返佣不会彻底消失,但行业永远走在追求"明折明扣"的路上。

监管重磅新规严控"开门红":严禁大幅提前收取保费,杜绝实际费用过高"报行不一"

慧保天下　2023年10月18日

10月18日下午,原银保监会人身险部向各人身险公司下发《关于强化管理促进人身险业务平稳健康发展的通知》(人身险部函〔2023〕428号,以下简称《通知》),从四个方面入手,直指"开门红"乱象:

科学制订公司年度预算,防止激进发展、大进大出。

要规范承保管理,不得采取大幅提前收取保费并指定第二年保单生效日的方式进行承保,不得将客户实质为保费的资金存放于其他投资理财类账户,防止出现承保空档,引发合同纠纷,滋生经营风险。

加强费用规范性、真实性管理,确保实际费用不高于报备费用,杜绝恶性竞争。

对侵害消费者合法权益、违反监管规定的行为,将发现一起,查处一起。

值得注意的是,由于"炒停售",大部分人身险公司都在2023年7月底完成了全年的任务目标,这导致进入8月之后,人身险公司分支机构、销售队伍缺乏动力进一步开拓业务。为调动其积极性,各人身险公司在经历了8月的调整休息之后,纷纷于9月开始了新一年"开门红"筹备工作,希望以相对丰厚的激励,给2024年打造一个红火的开局。

"开门红"作为国内人身险业长期以来的"特色"之一,存在发展已久,争议也一直不断:

拥护者认为,年底人们有更多时间和余钱来进行资产配置,"开门红"符合市场需求,且能有效提振公司士气;

反对者则认为,"开门红"提前收取保费,合同实际却要等来年元旦才能正式生效,实际上造成了"保障真空";提前收取的保费在财务处理上也存在一定争议;

尤其是很多公司为了在"开门红"期间实现好的业绩,往往会设计过高的激励方案,实际给数据造假、套利、退保等造成了空间。

近年来,随着行业推进转型,"淡化'开门红'"的声音空前响亮,但面对2023年特殊的市场环境,显然所有公司都不想错过机会。据了解,部分人身保险公司启动了2024年度业务计划制订及营销工作,一些公司的"开门红"产品也已经上市。

大规模提早布局"开门红"的举动,以及由此可能带来的市场乱象,显然让监管层保持了高度的警惕;而《通知》的下发,核心就是要"严控'开门红'"。

以下就是《通知》的主要内容:

一、从预算入手,要求人身险企科学制订年度预算,防止激进发展、大进大出

年度预算是制订业务计划的前提和基础,也是险企开展"开门红"的依据。《通知》要求人身险企要坚持高质量发展,科学制订年度预算。

《通知》明确,各人身保险公司要以优化负债质量、提升发展可持续性为目标,科学制订公司年度预算,防止激进发展、大进大出。

《通知》指出,预算应紧密结合公司实际,与公司发展规划有效衔接,平衡好规模、价值、费用、利润等指标,严格偿付能力等资本约束条件,并制订相配套的考核指标及年度业务计划。

《通知》要求,董事会和公司主要负责人应切实履行职责,强化预算制订及实施全链条管理,确保预算科学合理并得到有效落实,实现预期经营目标。

二、从费用管控入手,要求人身险企严格执行"报行合一",确保实际费用不高于报备费用

产品设计、费用投放,也是人身险企开展"开门红"的重要一环,《通知》针对这一环节有可能产生的产品设计不合理、费用过高等问题,进行了规范。

《通知》表示,各人身保险公司应当从保险消费者的真实需求出发,公平合理

设计保险产品，努力回归保障本源，不断优化产品供给。应当在回溯分析基础上，合理确定产品预定利率、保证利率、投资收益率、预定附加费用率等各项精算假设，按照监管要求进行审批备案。

《通知》尤其强调，要落实产品销售执行的管控责任，采取有效措施，加强费用规范性、真实性管理，确保实际费用不高于报备费用，杜绝恶性竞争。

此外，针对"开门红"期间人身险企常常采用的"年金险+万能险"的"双主险"产品设计方式，为防止负债端成本过高，《通知》还明确，应当保持万能保险实际结算利率以及分红保险红利分配政策的科学性、连贯性和一致性。

三、从规范销售入手，杜绝套利风险，严禁大幅提前收取保费

《通知》第三部分旨在通过规范销售行为，从保护消费者合法权益入手，管控"开门红"。

《通知》明确，各人身保险公司要加强销售渠道、人员和行为管理，严禁销售误导、强制捆绑搭售等侵害消费者合法权益的行为。

针对近些年频发的大规模套利行为，《通知》也要求完善管理制度，建立大数据筛查模型，开展全面排查，坚决杜绝套利风险。

在这一部分，《通知》更是直接对"开门红"中最常见的"提前收取保费并指定第二年保单生效日"的承保方式进行了表态，明确要规范承保管理，不得采取大幅提前收取保费并指定第二年保单生效日的方式进行承保，不得将客户实质为保费的资金存放于其他投资理财类账户，防止出现承保空档，引发合同纠纷，滋生经营风险。

《通知》还表示，要及时妥善处理消费者投诉，努力化解存量问题，防控增量风险，对于查实侵害消费者合法权益的行为，严肃追责问责。

四、从处罚入手，将重点查处套取资金、财务数据不真实等行为

除了上述要求之外，《通知》还明确了可能的监管手段，表示将加大查处力度，维护市场平稳运行。

《通知》明确，将加强非现场监测和现场检查，重点查处通过虚列费用等方式套取资金向中介渠道账外暗中支付手续费、未按照规定使用经批准或者备案的保险条款和保险费率、销售误导、截留挪用保费资金、财务业务数据不真实等违规行为。

此外，《通知》还明确，会密切关注新闻舆情、举报投诉所反映的问题，对问题集中的公司、渠道、地区视情开展专项调查，对侵害消费者合法权益、违反监管规定的行为，将发现一起查处一起，并严肃追究相关保险机构和人员责任，对典型案例进行行业通报，维护市场秩序。

政策性惠民保产品的六大趋势详解，保险"二开"[①]和商业带病体保险成"保后"市场最大价值所在

耳木　2023年1月6日

  惠民保自2020年进入爆发期，到2022年已走过近3个年头。如果将2015年深圳推出的"重特大疾病补充医疗保险"作为惠民保的起点，则可以将其发展历程大致划分为三个阶段：

2015—2019年：惠民保萌芽期，这期间惠民保缓慢发展，并未出现太多项目，也未在市场激起太大水花。

2020—2022年：惠民保高速发展期，全国多数省份和大部分三线及以上城市均被惠民保产品覆盖，参保人数和保费规模快速增长。

高速发展期又可以2021年6月原银保监会发布《关于规范保险公司城市定制型商业医疗保险业务的通知》为界分为两段：

前半段是爆发型高速发展，众多中小型保司尤其是财险保司以及新、小、杂的第三方机构迅速涌入、跑马圈地，市场迅速炒热；

后半段是规范型高速发展，大型保司开始入场并逐步占领市场，以医保局为代表的政府机构参与度持续增强，第三方机构出现具备领先优势的第一梯队，"政府—保司—第三方机构"的三方合作模式臻于成熟，市场趋于规范。

2023年开始：惠民保市场发展或将进入新阶段——随着2022年下半年部分重点地区典型项目的变化，以及部分省份重要政策的陆续出台，笔者觉察到诸多变化

[①] 保险"二开"指二度开发保险客户。

正在或将要发生，惠民保市场或将进入一个新的发展阶段并呈现出不同以往的发展特点。

而其中最重要的变化和趋势性影响因素是政府参与度的加深和对惠民保市场主导作用的增强，未来惠民保市场的走势和发展前景，将在很大程度上由政府作用决定。

笔者预测，在政府机构的深度参与下，惠民保产品社会属性将持续增强，筹资端得到医保个账更大支持，产品端保障力度持续提升，支付端赔付率稳步提升并保持在较高水平，资金管理类大病化；"同区多保"走向终结，"一区一保"成为主流，省级统筹渐次铺开，惠民保有望成为医保补充型区域性居民综合健康保障平台。

目前，更多地区对惠民保项目赔付率提出高达90%甚至更高的刚性要求，以及采用结余滚存的封闭式资金管理模式，并要求更高的保障水平和更丰富的健康管理服务，惠民保项目留给保险公司和第三方机构的盈利空间将被极大压缩。

对部分头部保险公司而言，参与惠民保项目没有盈利目标，但对多数中小保险公司和第三方商业机构而言，追求盈利是天性使然，也是商业必然。

因此，在如此局面下，需要判断是否值得继续投入，更需要思考惠民保还是不是一门好生意？

一、政府强主导下的惠民保六大趋势：生死不是问题，社商平衡才是

（一）筹资端：更多项目支持医保个账支付，团体投保进一步增强，筹资渠道更加丰富

政府在惠民保发展中的主导作用不断增强，对于筹资端的影响主要体现在以下三个方面：

第一是支持医保个账支付和家庭共济的项目和地区数量及占比将进一步提升。

据众托帮统计，截至2022年12月底，全国共有289个地级市的232款惠民保产品，其中有130个地级市的83款产品支持医保个账支付保费，产品占比约36%，城市占比约45%。

随着政府参与度的加深，开放医保个账和家庭共济成为政府侧对惠民保最重要

的支持手段，预计2023年支持医保个账和家庭共济的项目数量和城市将进一步提升，项目占比有望达到60%，城市占比有望达80%。

第二是家庭投保、企业投保、集体经济组织投保等团体投保模式进一步拓展。

以往惠民保项目的参保形式主要以个人为主，但2022年家庭投保及团体投保模式占比有明显提升。从多个项目公布数据看，为家庭成员投保的比例持续上升，且随着医保个账家庭共济的开放，家庭投保比例将进一步提升。

团体投保方面，除了相关部门的动员鼓励及保险公司的线下推动，已有地区出台税收优惠等支持政策给予更强力的推动，如浙江省出台的《关于深化浙江省惠民型商业补充医疗保险改革的指导意见》（以下简称《指导意见》）中提出，"鼓励用人企业使用福利费等方式为本单位职工投保浙里惠民保，符合规定的，允许在税前扣除""鼓励城乡集体经济组织为城乡居民投保浙里惠民保"。

笔者也已经看到，2022年多个项目中来自当地大型企业的团单贡献了不俗单量，2022年12月31日结束原定参保期的北京普惠健康保项目，也将企业团险参保延期至2023年1月31日，足以证明团体渠道的重要价值。

随着部分地区政府机构的推动尤其是税收优惠政策的出台，以福利形式为员工投保以及为组织成员投保的团体保单量将进一步增长。

第三是筹资渠道进一步丰富。

当前的筹资渠道主要是以微信公众号为主的线上渠道和以保险公司代理人为主的线下渠道，未来掌握广泛客户流量和客户资源的银行渠道（包括线上的手机银行及线下的银行网点）、以支付宝为代表的泛金融流量平台、以抖音为代表的短视频平台等，将成为惠民保市场的重要筹资渠道。

其中，银行渠道的参与将更多依赖于当地银保监局的推动，这在2022年北京普惠健康保、重庆"渝快保"等部分项目中已有体现。

（二）产品端：惠民保与基本医保衔接显著提升，参保人保障力度不断增强

医保局参与惠民保项目的主要目的是通过惠民保产品补充基本医保外的保障责任，提升本地居民医疗保障水平。因此，随着政府机构尤其是医保局参与度的提升，势必要持续加强惠民保产品与基本医保的衔接和对参保人的保障力度，尤其是优化和增强对医保外责任的保障水平。如进一步降低免赔额、提升报销比例（尤其是对

医保外责任的报销比例和既往症人群的报销比例)、增加特药和药械数量等。

同时笔者也观察到，除在保障责任上进行优化和升级外，设置动态调整的"保障清单"（如药品清单、诊疗项目清单等）也是有效提升保障水平的重要手段和尝试，如2021年赔付率超90%的"浙丽保"，便采用了动态调整的药品清单和诊疗项目清单模式。在浙江出台的惠民保《指导意见》中也提出，"浙里惠民保赔付范围实行清单化管理，建立健全'省级+市级'赔付清单制度，并实行动态调整"。当前这并非主流，但预计未来将有更多地区参照和借鉴。

（三）支付端：医保局提要求将显著推高赔付率水平，资金管理大病保险化，"一站式"结算更普及

第一是赔付率将稳步提升并最终稳定在较高水平。

公开数据显示，2021年惠民保产品共有18个地区公布了理赔数据，这18个地区覆盖参保人4200万，保费收入50亿元，理赔金额29亿元，获赔人数38万人，赔付率约58%。但更多的项目并未公布理赔数据，从全国整体看，赔付率将远低于58%的平均水平。

2022年，很多地方医保局都对惠民保项目赔付率提出了明确且较高的要求，比如浙江、山东等省明确发文要求，惠民保的赔付率要达到85%—95%的水平。

笔者预计，随着更多地区的医保局等政府机构提出明确的理赔率要求，全国惠民保项目平均理赔率将稳步上升，并逐步达到一个医保局等政府机构、共保体及参保人三方均基本满意的平衡范围。

需要注意的是，从社商平衡和项目可持续的角度出发，政府机构不应强制要求过高的理赔率水平，以避免项目陷入亏损和影响共保体参与积极性。

参考近5年我国基本医保基金收支情况以及海外成熟市场健康险赔付率情况，笔者认为惠民保理赔率在80%上下是一个较为合理的赔付水平（见表1）。

表1　　　　　　　　　近5年我国基本医保基金收支情况

年份	2017	2018	2019	2020	2021
收入（亿元）	17932	21090	24421	24846	28728
支出（亿元）	14422	17608	20854	21032	24043
比率（%）	80.4	83.5	85.4	84.6	83.7

第二是资金管理将走向"类大病保险"模式。

2022年以来，在医保局的深度参与下，多个典型项目的资金管理模式，有明显的向基本医保或大病保险借鉴的痕迹，即采用结余滚存的封闭管理模式。

如北京医保局对北京普惠健康保项目即要求保险公司把运行资金滚存使用，同时根据滚存情况，调剂调整保障水平，这类似于大病保险中的风险调解机制。

在浙江出台的惠民保《指导意见》中也提出，"浙里惠民保资金实行封闭式管理，承保机构自负盈亏、自担风险。同一承办周期内，上年度资金结余部分转入下一年度滚存使用；上一个承办周期内的结余部分，转入下一承办周期滚存使用。年度筹集保费收不抵支时，由承保机构先行垫付，可在下一年度适当调整筹资标准或赔付水平"，对"浙里惠民保"结余滚存的封闭式资金管理模式进行制度化明确。

第三是理赔效率持续提升，"一站式"结算进一步普及。

在医保局的深度参与下，惠民保与医保体系的链接将愈加紧密，与医保系统的互联互通也更加顺畅，"一站式"结算作为打通惠民保与医保系统的最重要成果，可以大幅提升理赔效率，优化理赔体验，将被越来越多的项目使用。

从2022年的情况看，支持"一站式"结算的项目已有明显提升，尤其是政府深度参与的重点项目，"一站式"结算已成为标配。

同时，当前未实现"一站式"结算的项目中，医保及商保两端也在通过简化理赔材料要求、加强理赔作业线上化和智能化、垫付等手段，缩短理赔人员等待时间，优化理赔体验。笔者预计，2023年支持"一站式"结算的项目占比将进一步提升，并有望在未来3年内成为所有项目的标配。

（四）"同区多保"走向终结，"一区一保"成为现实

"同区多保"即同一省级或市级区域存在多个产品的现象将走向终结，"一区一保"即同一省级或市级区域内仅留存一个惠民保项目走向主流并将成为现实。

2022年惠民保市场一个很重要的变化是同一个区域（包括省级、市级）的两个或多个项目合并为一个，从"同区多保"走向"一区一保"，2022年北京地区的京惠保合并到北京普惠健康保即是一个重要例证。当然，究其原因，一个重要的因素是政府机构的介入，为了避免同区域多个项目同质化竞争，影响项目参保率和老百姓参保体验，推动不同项目整合；另一个因素则是项目自身原因，往往保留下的项

目是政府深度参与的、参保率相对高的，而被合并项目自身往往没有政府机构的深度参与，且参保率逐年下降，项目自身可持续发展能力下降。

2023年这一趋势在全国范围内将进一步加强。随着政府机构的深度参与，不管从规范市场、避免同质化竞争和资源浪费的角度，还是从优化本地居民参保体验、提升本地区惠民保项目参保率、确保项目可持续发展的角度，政府机构都会推动本地区同质化的多项目合一，集中资源形成合力。同时，随着政府侧对深度参与项目的支持及医保侧的资源支持，无政府（尤其是医保局）参与的项目自身也会逐步走向衰落，最终退出市场。

预计经过未来两到三年的政府推动和市场自然演化，"同区多保"现象将逐步消失，不管是省级还是市级区域，同区域内将仅保留唯一的政府深度参与项目。

（五）统筹层次升级，省级统筹渐次铺开

2022年另一个重要的现象或趋势是省级统筹走向台前。

一方面是省级项目增多，尤其是部分惠民保无覆盖或非成熟地区，在保险公司及第三方商业机构和本地医保局等政府机构的联合推动下，直接推出省级项目；

另一方面是部分成熟省份，各地市已有运行良好的成熟项目，因此通过推出省级规范性文件的方式，对项目运作提出省级规范性和统筹性要求，保障各地市成熟项目规范、可持续运行的同时，促进和推动筹资标准、保障责任、待遇水平等项目要素的省级统筹；

最后是部分成熟区域，在区域统筹协调发展等政策推动下，或将有机会探索突破省级界限的更大区域性惠民保政策和项目维度的统筹发展。

1. 无覆盖及未成熟省份走向项目型省级统筹

在省内尚无惠民保项目或惠民保市场尚在起步期，如省内多数地市仍未推出惠民保项目或推出的市级项目发展情况不佳（存在参保率过低等问题），此类省份更大概率也是更优策略是直接推出省级项目，由省医保局等单位牵头统筹，协调银保监等相关部门及各地市政策和资源，共同打造好本省唯一性省级项目，这尤其适合当前尚无项目覆盖或尚处发展初期的西南、西北及东北等地区部分省份。

对此类省份仍在存续期的项目而言，有两种发展可能：一是主动加入新的省级项目，引导项目往期参保人参加新项目；二是固守疆土，最后因参保率降低走向自

然消亡。

2. 成熟省份走向规范型省级统筹

在诸如浙江、山东、广东等辖内各地市已有成熟且发展较好的地市级项目的省份，将通过省医保局联合银保监局等相关部门出台省级规范性文件的方式，对本省区域内惠民保项目提出包括筹资标准、参保率、赔付率、保障责任等在内的项目关键要素的规范性要求，框架性统一和制度性规范本省惠民保市场发展。保障辖内各地市项目规范发展和可持续发展的同时，推动各地市项目在筹资水平、待遇水平、理赔服务、增值服务等方面实现全省范围内的统筹发展，浙江的惠民保《指导意见》即是先行者。

3. 部分成熟区域将探索"区域统筹"

随着国家城市群战略、区域协同发展战略的推进和相关政策的支持，在大湾区、珠三角、长三角等区域经济发展水平、居民收入水平、保险认知水平及政府管理水平均较高，且惠民保市场发展成熟的区域，有希望突破省级区域限制，探索区域型惠民保项目。尤其是大湾区，有率先取得相关突破的基础和可能。

这与基本医保从省级统筹走向全国统筹的趋势是相符的，也有利于通过惠民保这个居民健康保障平台，推动区域内居民医疗保障水平的协调统筹，为区域一体化发展积累经验。

（六）平台化是大趋势，惠民保有望成为医保补充型区域性居民综合健康保障平台

当前，惠民保的作用主要是为参保人提供大病风险保障，在基本医保和大病保险的基础上进行二次报销，减轻重大疾病对居民家庭的财务冲击，更多的是从病后或事后的角度为参保人提供费用补偿。而随着国家推动医保改革及居民健康保障从治病向预防转变，为了提升惠民保项目对居民健康保障的价值，更有效地发挥对医保基金的减负作用，以及项目自身的可持续发展，不管是被动还是主动都需要为参保人提供更多的健康管理等增值服务，以及护理、生育、地方病、重疾等健康相关保障。随着这些服务、项目和相关责任的增加，惠民保将逐渐从单一的医疗责任保障产品向综合健康保障平台演化。

从被动方面看，惠民保项目为了避免陷入"死亡螺旋"，需要为健康体和年轻人提供高频、刚需的价值型增值服务，提升他们的获得感和体验感，以吸引和留存

这部分群体,保障项目参保率、续保率和可持续发展。

从主动方面看,当前惠民保已成为各地医保局在基本医保体系外最重要的提升居民健康保障水平的抓手和工具,且惠民保对减轻医保基金压力、激活个账沉淀资金、带动商保发展、减轻居民自费压力等均有重要价值,各地医保局有积极的动力充分利用惠民保平台,附加更多健康保障服务和项目,加强参保群体尤其是带病体的健康管理,增加重疾、长护等相关健康保障项目和责任,提升居民健康保障水平。

不过值得注意的是,在优化和加强增值服务方面,目前还有一些问题需要解决。

首先要解决当前多数项目将增值服务作为宣传工具甚至噱头,包装大于实质,宣传大于服务,甚至有过度包装和夸大功能的现象,在服务落地和质量管控方面也不尽如人意。

要切实增强无理赔行为的健康体和年轻人的体验感和获得感,增强这部分人的参保率和续保率。一是要转变观念,为参保人提供"真服务",少包装、不夸大、真服务、有管控、成闭环,服务要落地,加强对服务供应商的质量管控,建立客户服务评价和回访机制;二是要提供"真需要、用得上"的服务,尤其是对健康体而言的一些非疾病相关服务,如洗牙、体检、挂号、癌筛、购药福利等,具体形式可以使用免费、折扣、优惠价、自费(或包含于保费中)等灵活方式,关键是让健康体和年轻人想用、能用,并得到真正的实惠。

在打造区域性居民综合健康保障平台方面也有一些问题需要注意。

一是加强政府内部各机构协调合作,充分利用惠民保经过几年发展已积累的海量参保人规模、较好的群众认知和"政府支持+惠民"的品牌效应,将相关部门负责的原有政府出资或支持的健康类保险产品进行整合和衔接,提高财政资金和政府资源利用效率,并形成资源合力,将本地区政策性健康保障类项目统一到惠民保体系内。这方面已有省份在行动。

二是在惠民保项目当前的大病医疗保障基础上,增加包括门诊保障(尤其是门诊慢病保障)、给付型重疾保障、康复护理及长期护理、生育保障和地方病保障等相关健康保障责任。

2022年下半年已有多款产品增加了门诊保障责任。如2022年11月上线的"齐鲁保"2022版,即增加了对门诊慢性病基本医保统筹范围内外费用的保障责任;又如浙江的惠民保《指导意见》中所提出"探索试点地区将长期护理保障、生育保障等纳入浙里惠民保的赔付范围"。相信有更多地区正在规划相关行动。

三是依托惠民保平台为本地区居民提供健康教育，充分发挥惠民保投保平台（主要是公众号）关注量大、阅读量大、触达效率高等优势，将其打造为重要的居民健康教育平台，提升公众健康意识和健康水平。

根据对上述六大趋势的分析，笔者认为惠民保将成为具备社会属性的政策性产品，在政府深度参与和支持下，"存亡"问题无须再担心，在可预见的时期内惠民保一定会持续发展下去。更需要关注和思考的是社商平衡问题，要划清政府和市场的边界，建议为商业机构保留一定的、合理的盈利空间，确保各方有动力积极参与，共创共建惠民保市场。

二、保费规模 500 亿元封顶，利润持续压缩，机构退出市场

（一）对保险公司、第三方机构：预计 500 亿元封顶，这并非一个足够大的新市场

据统计，2021 年惠民保产品的平均保费是 101 元，比 2020 年的平均保费 70 元上涨了 44%。2022 年部分惠民保产品保费有一定幅度的统一上涨，如上海"沪惠保"从 2021 年的 115 元/年上涨至 2022 年的 129 元/年，杭州"市民保2022"从 59 元/年上涨至 89 元/年。

具体操作上，部分项目通过设置"普通版"和"升级版"或根据年龄划分的不同价格版本等阶梯费率的方式提高平均保费。如广州"惠民保"，基础版价格为 49 元，升级版价格为 89 元；"齐鲁保"分为 99 元的 23 周岁（含）以下版本和 149 元的 23 周岁以上版本。但多数产品保费未作调整，如"北京普惠健康保""西湖益联保"。

整体来看，2022 年全国惠民保产品平均保费较 2021 年有小幅上升，预计 2022 年全国平均保费大致为 110 元。未来 3 年平均保费预计将保持平稳微幅增长，增幅将与居民可支配收入增幅基本一致。

结合当前投保数据，预计 2022 年我国惠民保市场参保人数将达 1.36 亿左右，较 2021 年增长约 35%；结合对平均保费的预测，2022 年惠民保市场保费将达到 150

亿元左右。

从未来3年市场发展看，基于对医保局为代表的政府机构、保险公司及第三方机构、居民等主体行为的预测，以及对经济发展、居民收入、政策（尤其是医保政策）、保险认知等市场影响因素的分析，推测2023年惠民保市场年度参保人有望达1.8亿人规模，2025年将达2.5亿人规模；根据对平均保费年度增幅的预测，2023年平均保费将近120元，2025年将超130元；从年度保费规模看，2023年将超200亿元，2025年将超300亿元（见表2）。

表2 2021—2025年惠民保市场情况

年份	2021	2022	2023	2024	2025
参保人（亿人）	1.01	1.36	1.77	2.13	2.45
平均保费（元）	101	110	118	125	131
保费规模（亿元）	102	150	209	266	321

可以看到，未来3年，惠民保市场不会再像2021年一样爆发式增长，市场增长将趋向平稳。同时，即使再乐观一些，到2025年惠民保市场年度保费达400亿元，与当前近9000亿元的健康险保费及2025年2万亿元的健康险保费目标相比，仍在不同量级，占比为个位数。

因此，对保险公司尤其是第三方机构而言，这并非一个足够大的新市场，且有明显的天花板（预计在500亿元规模），因此对于近几年出现的一批以惠民保为主营业务的第三方机构而言，以及在2020—2021年火热的爆发期甚至是泡沫期迅速投身其中的创业者及投资人而言，需要做好赛道评估和合理预期。

（二）保险公司及第三方商业机构利润空间压缩，部分机构将退出市场

1. 保险公司及第三方商业机构利润空间压缩

第一，随着项目数量减少，竞争压力增加，商业机构将被动或主动降低盈利空间。在"同区多保"走向"一区一保"的趋势下，全国范围内项目数量将逐步减少。随着项目数量的减少，留给保险公司及第三方机构的参与机会减少，竞争压力加剧。为了保持竞争力，确保一定的项目参与量，商业机构将被动或主动降低项目报价，进而降低单个项目盈利空间和整体业务利润空间。

第二，随着医保局等政府机构对理赔率和待遇水平提出较高要求，同时采用结

余滚存的封闭式资金管理模式，保险公司参与的最佳结果是保本微利；对第三方机构而言，已有部分省份直接要求规范和压缩第三方机构费用水平，以保证有更多的保费来支撑更全面的服务和较高的理赔率，留给第三方商业机构的盈利空间将进一步被压缩。

2. 部分机构或将退出市场

可参与项目数量减少、市场竞争压力增加、项目参与门槛及要求提高、项目盈利空间压缩等因素将对保险公司及第三方机构产生持续性负面冲击，部分机构或将退出市场。

第一，对保险公司而言，预计一部分中小型尤其是民营保险公司，将逐步退出惠民保市场，尤其是市场竞争激烈、参与门槛高及盈利空间小的项目和区域市场。以国企为主的大型头部保险公司基于自身深厚实力、与政府较好的关系及惠民保项目的非强制性盈利目标等优势，将成为未来惠民保市场的主要参与者。同时，各地地方性国有保险公司，在地方政府支持、自身当地深厚积累及当地强势股东方等优势因素下，也将成为未来属地区域惠民保市场的重要参与者。

综上，未来惠民保市场保险公司端参与者将主要由大型头部保险公司及地区性国有保险公司构成，部分中小型民营保险公司将退出市场。

第二，对包括TPA、经纪公司、平台型公司及技术公司在内的第三方商业机构而言，一方面，各机构将从追求收入、跑马圈地走向追求盈利、精耕细作，逐步降低红海市场的激进投入和激烈竞争，稳固当前存量项目，保住存量市场并在优秀存量项目上积极开拓包括健康管理、保险"二开"在内的惠民保"保后市场"，最大化存量项目价值贡献；另一方面，部分机构将退出市场竞争激烈且盈利空间小的区域，部分当前仍未取得一定市场地位且惠民保收入和盈利贡献较小的机构，将逐步退出惠民保市场。

综上，随着市场走向成熟，第三方机构将从小、散、乱走向规范、集中和精细化，逐步演进到参与者数量减少、激烈竞争走向终结、各方占据较稳定市场份额的市场局面。

3. 合理赔付率水平将有助于参与主体留存和惠民保可持续发展

2021年9月，国务院办公室印发的《"十四五"全民医疗保障规划》中，设定2025年职工基本医保住院费用报销比例为85%左右，城乡居民基本医保住院费用报

销比例为70%左右，整体看2025年基本医保报销比例目标应在80%左右，这与本文对惠民保合理赔付率应在80%上下的建议是基本一致的。

对80%的赔付率而言，一方面，可以有效地做到对出险人员应赔尽赔，充分履行产品保障责任，提升项目所在地区居民医疗保障水平；另一方面，20%的保费空间既可以为潜在的超赔风险留有较充分的安全边际，也可以为第三方机构提供一定的、合理的费用空间，同时在覆盖项目各项成本后为参与保险公司（共保体）提供"微利"或保障"保本"，确保各方均能有合理的商业回报，支持项目稳定持续运营和可持续发展。

（三）市场最大想象空间：保险"二开"及带病体保险，研发及战略定力尤为重要

随着商业机构在惠民保市场盈利空间被压缩，保险公司及第三方机构必将加大对惠民保"保后市场"的开发，以此挖掘新的盈利空间。关于惠民保"保后市场"开发，将主要聚焦于保险"二开"和带病体保险领域的探索。

1. 保险"二开"

2022年8月，中国人保副总裁、人保财险总裁于泽在中国人保2022年中期业绩发布会上表示，人保正在开发上线与惠民保互为补充的住院医疗津贴险、重疾险、学幼险、个人家庭综合保险、服务型家财险等"二开"产品，截至6月末，惠民保"二开"项目的保费已累计突破5000万元。

对于人保、国寿等大型头部保险公司而言，参与惠民保项目虽然不仅出于单纯商业化考量，同样看重彰显社会责任、加强与地方政府合作、积累客户资源等方面价值，但也必然希望项目至少达到保本微利状态。

而对追求更高盈利的第三方机构而言，随着医保局等政府机构参与度的加深，市场走向平稳和规范，留给第三方机构的项目端盈利空间将逐步缩小，对保险公司而言甚至有亏损风险。

因此，为提升盈利空间和获取更多盈利机会，保险公司及第三方机构均有较强动力探索保险"二开"领域机会。

对惠民保用户的保险"二开"，笔者的判断是有机会，但难度很大，短期内很难为保险公司及第三方机构带来明显的盈利贡献。主要面临以下三方面问题。

首先，是用户数据获取及使用的问题。在开放个账、开通"一站式"结算后，惠民保项目涉及很多医保信息，而医保数据的使用具有较高的敏感性，数据获取和使用难度较大。

同时，由于惠民保的共保体模式，导致项目内客户实际归属于不同保险公司，调用全量客户数据统一进行二次开发协调各方难度较大。如果使用用户留存在投保平台的相关信息进行"二开"，既面临标签化数据不足影响"二开"转化率的问题，也面临客户信息安全隐患问题。

其次，是政府机构支持度问题。惠民保在政府深度参与下，已经不是单纯的商业项目，尤其是政府强支持、强推动和深度参与的，代表了一定的政府形象，在老百姓印象中甚至部分项目宣传中，也有民生性、普惠性甚至公益性的社会形象，进行商业化的二次开发可能会影响用户对项目的认可度和体验感，医保局等单位或有顾虑，是否给予支持存疑。

最后，还是开发价值和转化率问题。

一是当前惠民保参保人群普遍对产品价格敏感性较高。水滴保近期发布的惠民保用户调研报告显示，用户购买惠民保排名第一位的原因（占比54%）即是价格优惠，因此进行"二开"的产品价格要求不能太高，较低的件均保费将制约保费规模，这从当前惠民保市场占有率最高的保险公司——人保半年"二开"才积累5000万元保费可见一斑。

二是由于当前惠民保项目参保人平均年龄偏高，预计全国平均在50岁左右，同时带病体占据不小的比重，高龄人群和带病体人群可购买的商业保险种类较少，"二开"产品最好不限年龄和健康状况，对可"二开"的产品种类产生限制。

三是当前惠民保用户普遍缺乏对商业保险的认知，对保险产品接受度不高。同样是在水滴保的用户调研报告中，有超50%用户是首次购买商业保险，51%的用户购买是因为有政府牵头和参与，因此脱离政府参与的商业化保险"二开"转化率不容乐观。

2. 带病体保险

带病体保险无疑是当下中国健康险市场最关心的话题，也被普遍认可是未来健康险市场最重要的突破点和增长点。

对于惠民保而言，由于不限既往症，积累了大量的带病体参保客户，这是传统

商业健康险几乎从未具备的，这就给了惠民保积累带病体参保人数据，尤其是理赔、医疗、医保等维度数据的机会。

这也是当前我国商业带病体保险发展最薄弱的环节，而惠民保为这一环节提供了补齐的机会，当然这需要时间和产品端、理赔端、服务端、医药险机构数据交互等方面的配合和努力。

实现数据积累后，才能有效支撑带病体保险从产品开发到用户触达、需求激发及后续的增值服务等环节，打通带病体保险全链路。获取带病体人群数据，支持商业带病体保险发展也成为惠民保对保险行业以及参与其中的保险公司和第三方机构最重要的价值和吸引力之一。

笔者认为，对惠民保而言，带病体保险的相关机会具备极大的想象空间，但短期内同样面临诸多困难，具有长期性和复杂性以及较高的不确定性，难以在短期内为保险公司及第三方机构做出直接可见的价值贡献。

一是高价值数据获取难度大，带病体人群的医疗行为及基本医保理赔数据当前难以获取。

二是可获取数据存在样本量小、可见不可用等问题，虽然目前有一定比例的惠民保产品对带病体人群可保可赔，但一方面项目占比仍较低，另一方面多数对既往症引起的相关疾病不可赔，导致有理赔机会并发生理赔行为的既往症人群绝对数量仍较小，理赔数据积累缓慢；同时受到客户信息安全保护及医保局等政府机构监督和制约，积累的带病体客户理赔数据往往可见不可用，难以直接推动商业带病体保险产品的开发等应用。

三是带病体保险市场当前及未来一段时期仍面临客户认知度低、医药险融合不畅等问题制约，仍需要较长时期的培育。

惠民产品大发展，改善多层次医疗保障水平，8600亿元商业健康险需要的不只是银保监会

耳木　2023年3月24日

编者按

　　近年的"两会"提案、议案中，积极应对人口老龄化成为重要的民生话题，反映到商业保险领域，就是人们对于普惠性商业健康险的关注度显著提高，包括惠民保、有助于进一步减轻医疗负担的带病体保险以及针对失能老人的商业护理保险等。

　　国内人口老龄化程度快速加深，与此同时，还伴随着生育率的快速下降、家庭小型化等，基本医保承受的压力势必越来越大，亟待包括商业健康险在内的多层次医疗保障体系快速完善。上述险种如果能获得高质量发展，无疑能在很大程度上解决人们的后顾之忧。

　　2022年，商业健康险保费收入8653亿元，规模已经相当可观，但距离解决现实问题，依然有相当大的发展空间。

　　事实上，商业健康险相关机构近年来对普惠性险种确实投入颇多，惠民保的大发展即是证明，但即便如此，其发展仍面临诸多制约因素，如缺乏医保数据支持，缺乏政府信用背书以降低渠道成本，缺乏足够的税优政策鼓励等。

　　回顾惠民保发展历程，除了商业保险机构的积极创新推动外，地方政府造福一地百姓的意志，地方医保局、银保监局提升本地区居民医疗保障水平的愿望，都不可或缺。

　　同样，更多元的普惠性商业健康险要想获得大发展，也离不开多部门的共同支持；而建设更加完善的多层次医疗保障体系，因为牵涉部门众多，更是离不开彼此之间的跨部门协作。

> 基于此,本文作者发出灵魂拷问:"究竟谁来统筹多层次医疗保障体系建设?"这无疑既是破解当下商业健康险创新困局的关键,也是真正推动"多层次医疗保障体系"发展完善所必须回答的根本问题。

一、医疗保障体系建设面临多重不足:补充层覆盖广度、深度不足,不同层次间衔接不足,居民需求未得到满足

2020年3月发布的《中共中央 国务院关于深化医疗保障制度改革的意见》中明确了我国"多层次医疗保障体系"的架构设计,提出"到2030年,全面建成以基本医疗保险为主体,医疗救助为托底,补充医疗保险、商业健康保险、慈善捐赠、医疗互助共同发展的医疗保障制度体系"。

经过新中国成立以来尤其是改革开放后的持续探索和建设,我国已经初步建立起符合国情的多层次医疗保障体系,为国民搭建起较完善的医疗保障网络,但从进一步减轻国民医疗费用负担、提高全体国民医疗保障水平并保障制度可持续的角度看,当前仍存在不同层次医疗保障制度间衔接不畅、商业健康险等商业性保障制度发展不及预期等问题,制约了国民医疗保障水平的进一步提升。

(一)多层次医疗保障体系中补充层的覆盖广度和深度不足

当前我国多层次医疗保障体系中,主体层覆盖广度最大,发挥效用也最强。据国家卫健委数据,我国基本医保覆盖人群超13.6亿,参保率稳定在95%以上,但补充层尚未发挥出制度设计所期待的效用,未得到充分发展,对居民的覆盖广度和深度不足,在居民医疗保障体系中未能发挥出应有价值。

据银保监会数据,截至2021年底,商业健康保险覆盖人数约7亿,与基本医保相比在覆盖广度上仍有巨大差距。

另据麦肯锡分析,2020年我国直接医疗支出中个人支出占比高达46%,医保支出49%,补充层的商业健康险赔付仅占5%。

补充层未发挥出应有效用和价值是当前我国居民医疗费用负担仍较重的一个重要原因(见图1)。

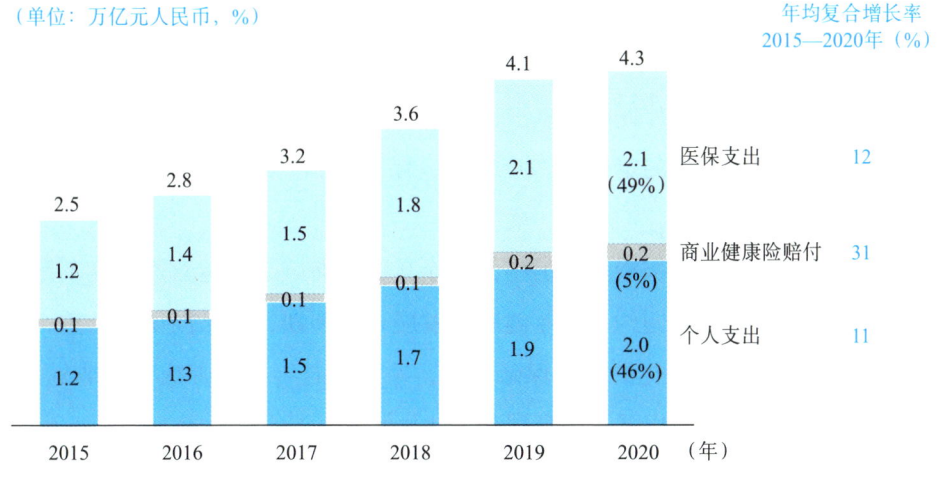

图 1　中国直接医疗支出

注：直接医疗支出定义为用于药品、医疗产品与服务的直接支出，不包括卫生总费用中的非医疗直接支出（如政府对医院和基层机构的财政补助与行政管理事务支出、计生事务支出、医保和商保结余、社会办医支出、社会捐赠援助等）。

资料来源：麦肯锡：《奋楫正当时：中国商业健康险的挑战与破局》，2022 年 6 月。

（二）不同层次间衔接不够紧密

我国多层次医疗保障体系中不同保障层次间衔接不够紧密，制约了多层次保障体系整体效用的最大化。

由于主体层的基本医保和补充层的城乡居民大病保险一般均由医保部门负责，因此，两者间的衔接在政策支持和医保局统筹推动下已较为紧密，但在完成基本医保和大病保险之上，与补充层其他部分，如商业健康险的衔接不够紧密；之下，与医疗救助的衔接同样有不畅之处。

如商业医疗险与基本医保和大病保险之间的衔接问题，一方面是保障责任衔接不紧密，很多商业医疗保险的保障范围与基本医保及大病保险的保障责任有诸多重合之处，而对基本医保和大病保险责任范围外的费用保障力度不足。

另一方面是理赔结算方面衔接不紧密，目前基本医保与医院已基本打通一站式结算，患者可直接在医院经医保结算后仅支付剩余费用，不用单独再跑医保报销，但基本医保与商业健康的一站式结算当前仍未打通，影响患者体验。

（三）居民多样化医疗保障需求未得到有效满足

在我国当前多层次医疗保障体系中，主体层的基本医疗保障制度覆盖人群最广，影响力最大，但基本医保的定位是"广覆盖，保基本"，更多样化的保障需求需要由补充层来满足。

而由于补充层中慈善捐赠规模仍小，医疗互助面临第三方运营透明度不足、商业性和公益性平衡问题等制约，商业健康险发展未达预期、产品同质化严重，因此无法有效地满足居民多样化的医疗保障需求，尤其是老年人和带病体等非标人群、贫困人群及低收入人群，以及有中高端和个性化保障需求的高收入人群等。

二、多方统筹协调才能更好地推动多层次医疗保障体系建设，才能更好地造福于民

在医疗保障制度自身改革和多层次医疗保障体系建设中，涉及诸多责任主体，除最主要的医保局之外，还需要与卫健委在医疗机构改革、支付方式改革等方面进行配合；在药品集采等方面与药监局、卫健委等部门配合；在商业健康险发展和与基本医保衔接方面要与保险监管部门配合，在税优健康险发展方面需要保险监管部门与税务部门配合等。

各项改革措施涉及不同主管部门和责任主体时，需要多方统筹协调，这增加了改革的难度和进程。

同时，由于不同部门职能职责不同，因此会对同一改革事项基于自身职能职责视角产生不同判断，会提出不同的改革意见和措施建议；另外，对某项改革事项甚至是协商一致所达成的改革措施，各部门的优先级会有不同，推动力度会有差异。

因此，不同部门间的统筹协调和摩擦成本易产生多层次医疗保障体系建设中的诸多问题和掣肘，影响各层次保障制度的建设、衔接和整体制度的完善融合。

如商保和医保系统及医疗系统的信息互联互通问题。对三方而言，实现脱敏数据信息的合规性互联互通，不仅有利于商保基于更丰富的医疗数据开发带病体保险等创新型健康险产品，推动商业健康险的发展，也有利于发挥商业保险机构的专业

优势以帮助医保和医疗机构更好地研究、分析并应用相关数据，提高医疗及医保机构运营效率和服务能力等。

但遗憾的是，在当前的格局下，三方信息互联互通中仍面临一些制约性因素，如部分管理部门对数据的互联互通态度过于保守，更多的是"守土"思想，缺乏"共建共享"意识。

而如果某项制度或创新型保障产品的发展建设可以得到各相关部门的高效协同支持和推动，往往可以更快更好地推出并得到良好的发展。

如在惠民保的发展建设中，医保局、银保监局、地方金融局以及部分地方的其他相关部门，均能从推动医疗保障制度建设、提升本地区居民医疗保障水平、造福一地百姓的视角出发和行动，推动惠民保制度的建设和完善，成为多层次医疗保障体系中重要的衔接力量。

医保部门的支持和推动、银保监部门的规范和支持、多部门的协同推动，是惠民保近年来取得快速发展的重要因素。

三、提高"共建共享"意识，亟须建立更高层次跨部门协同机制

（一）完善多层次医疗保障体系，需要更高层次跨部门协同机制

由于多层次医疗保障体系中各保障层次及不同保障制度分属不同部门管理，因此，推动其高质量发展和各层次有效衔接，仅靠单一部门难以破局，需要建立跨部门协同机制，从更高维度和视角统筹规划，协调各部门利益和职责，解决"无人管"和"管不动""管不好"的难题，统筹推进各项制度建设和改革措施，推动相关部门通过联合发文、联合行动等方式协同推进多层次医疗保障体系建设。

当前我国已设置"国务院深化医药卫生体制改革领导小组"，由孙春兰副总理担任组长，领导小组秘书处设在卫健委，承担领导小组日常工作。

医疗保障制度属于医药卫生体制中的一部分，且当前各省、市也已参照国务院设置了本省、市级"深化医改领导小组"，因此或可基于此基础，在"深化医改领导小组"框架下建立"多层次医疗保障体系高质量发展跨部门协同会"制度，牵头单位为国家医保局，双月或季度召开协同会，统筹推进各项工作。

（二）加快推进医保、商保数据互联互通，以加快更多普惠性产品的创新发展

基本医保是多层次医疗保障体系的主体层，商业健康险是补充层的重要部分，推进两者数据信息的互联互通对双方各自的高质量发展和双方的有效衔接均有较大裨益，而这将有效助力多层次医疗保障体系主体层和补充层的衔接，提高制度的保障效力。

商业健康险的高质量发展和创新发展，尤其离不开数据的支持。当前我国商业健康险的重点创新领域，如带病体保险、老年人保险、长期护理保险等，最主要的制约点即是缺乏丰富的相关医疗数据，无法科学精准地实现产品设计和精算定价。如实现医保、商保的数据信息互联互通，将有力推动我国商业健康险行业的进一步突破和创新发展，更好地满足人们多元化风险保障需求。

建议在"多层次医疗保障体系高质量发展跨部门协同会"制度下，将医保、商保数据互联互通作为重点协同推进事项，由国家医保局和新组建的国家金融监督管理总局（原银保监会）牵头负责，建立商保与医保间的数据互联互通机制和数据信息互联互通平台，定期向协同会汇报进展；并由相关部门联合出台政策文件，明确未来商保和医保单位对信息平台数据使用的具体要求。

（三）提高基本医保资金利用效率，或可允许个账资金投保商业健康险

2021年4月国务院办公厅发布的《国务院办公厅关于建立健全职工基本医疗保险门诊共济保障机制的指导意见》（国办发〔2021〕14号）提出"个人账户主要用于支付参保人员在定点医疗机构或定点零售药店发生的政策范围内自付费用；探索个人账户用于配偶、父母、子女参加城乡居民基本医疗保险等的个人缴费"，并未明确职工医保个人账户是否可以用于本人或家庭成员购买商业健康险。

在后续各省发布的本省实施方案或实施办法中，部分省份已明确提出"支持用于购买与基本医疗保险相衔接的本市商业健康保险产品"（即惠民保），部分省份在支持个账用于家庭成员基本医保缴费外，还增加了长护险的缴费等。

根据国家医保局最新数据，截至2022年底，我国职工个账累计结余资金达1.35万亿元，虽然国办发〔2021〕14号文（《国务院办公厅关于建立健全职工基本医疗保险门诊共济保障机制的指导意见》）开启的个账改革已经放开了家庭共济和

基本医保家庭缴费的口子，部分省份也进一步明确个账可为本人及家庭成员购买本地惠民保，但从满足群众多元保障需求、提升个账资金使用效率等方面，建议一是从国家层面明确职工个账可用于本人及家庭成员购买惠民保等普惠保险产品；二是探索个账可支持购买经保险监管部门和医保部门共同认定的商业健康险产品，也可在部分地区先行试点。

（四）完善税优手段，支持商业健康险高质量发展

商业健康险作为我国多层次医疗保障体系中的重要组成部分，对提高居民医疗保障水平、减轻基本医保压力、促进多层次医疗保障体系进一步完善和可持续发展均有重要价值。因此，推动商业健康险的高质量发展是推动多层次医疗保障体系高质量发展的重要手段。

上文已提到推动商保和医保信息互联互通对商业健康险高质量发展有巨大价值；此外，从欧美等发达健康险市场发展经验看，税收政策的支持对商业健康险的发展同样至关重要。当前我国对商业健康险的税收支持力度仍有不足，未能发挥出税优政策对商业健康险发展的充分作用。

因此，建议一方面可在居民和企业税收政策方面，加大对商业健康险的税收优惠支持力度，提升个人和企业购买商业健康险的积极性；另一方面优化当前税优健康险政策，降低税优门槛，拓宽税优产品，优化产品购买流程和税优操作流程，提升税优健康险产品的竞争力和客户吸引力。

平安破千亿元，泰康破百亿元，保险金信托狂飙，打响高净值客户争夺战

慧保天下　2023年6月7日

近日，又有保险公司宣布签下亿元保险金信托大单，再次引发业内关注。

随着消费者收入K型分化，高净值人群财富管理意识逐渐提升，诸多保险公司都将高净值客群视为兵家必争之地。针对其中的财富传承需求，保险金信托业务则应声而起，近年来呈现出狂飙之势。

应对这一需求，保险公司也纷纷加码保险金信托。据"慧保天下"统计，国内已有平安人寿、泰康人寿、友邦人寿等超40家保险公司与中信信托、平安信托、国投泰康信托等30多家信托公司合作开展了保险金信托业务，且双方的合作不只停留在业务层面，还逐渐向股权层面渗透。

个别公司的表现尤其突出，例如平安保险金信托业务规模已率先突破千亿元大关，而泰康也突破了百亿元大关。

按照目前的火爆程度，未来将会有更多的保险公司开展保险金信托业务，这也正是保险公司"瓜分"高净值客户的手段之一。

一、险金信托规模"狂飙"，预计20年内传承财富规模51万亿元，平安规模率先破千亿元

一系列公开数据都显示，"保险金信托"领域喜讯不断：

2023年5月26日，人保寿险宣布，其与中诚信托签下了亿元保险金信托大单，据了解，这已经是人保寿险2023年以来签下的第二单亿元保险金信托大单；

年初人保寿险与中诚信托在深圳签下2023年首个亿元保险金信托。

2023年5月，华润信托与太平人寿签署了保险金信托业务合作协议，正式开启

双方在保险金信托领域的全面合作。

2023年4月末，报道称，平安保险金信托业务规模率先突破1000亿元，市场占比超60%，服务客户超2.3万人，落地超1亿元大单25笔，在市场规模、客户数量、设立时效等各方面领跑行业。

2023年1月，泰康人寿宣布，泰康人寿保险金信托累计总规模保费日前突破100亿元，累计成单件数突破2500件。

2022年11月，阳光人寿推出养老、传承、慈善三大保险金信托服务品牌，通过不同品牌间特色来满足客户的养老、健康和财富管理等需求，为客户提供一站式服务。

2022年1月，中国人寿与中信信托、广大银行联合推出"汇聚和"保险金信托服务，并成功完成首单落地。

……

近两年来，融合了信托和保险优势的保险金信托，受到我国保险业、信托业及高净值人士的高度关注。

一方面，表明高净值人群财富管理，尤其财富传承意识逐渐提升；另一方面，经济环境中的不确定因素增多，股市波动、房地产风波、存款利率下调等因素都显示出传统理财的风险偏大，这也直接导致具有刚兑属性的金融产品成为客户刚需。

最重要的是，高净值人群的财富传承需求极其旺盛。胡润研究院发布报告预计，有19万亿元将在10年内传承给下一代，将在20年内传承的财富规模达51万亿元，30年内传承财富规模达到98万亿元。

而保险金信托恰恰兼具保险和信托的双重优势，迎来了高速发展。据中国信托登记公司数据显示，2023年1月新增保险金信托规模89.74亿元，环比增长67.05%，规模为近11个月新高。

与此同时，保险金信托的客户也呈现爆发态势。2014年，中信信托与信诚人寿推出"家"系列保险金信托产品，成为国内首个保险金信托产品。公开数据显示，当时，全年设立保险金信托的客户数量仅有10位，2016年，客户数量只有500位；到了2022年，国内设立保险金信托的客户数量达到1万余人。

二、迎战K型分化，瓜分300万名高净值客户，超40家险企争相入局信托，与其他金融机构一较高下

保险金信托是一种集合保险和信托双重优势的财富管理工具，能够将自己购买

的保险产品或者保单作为信托财产委托给信托公司管理，并按照客户的意愿和需求制订信托计划，达到财富管理和有序传承的目的。

当前，我国寿险业进入深度转型期，面对收入 K 型分化，以及人力坍塌式下滑，努力提高产能成为行业共识。对于保险业而言，保险金信托业务不仅能够驱动保费增长，很重要的一点还在于其更精准地识别高净值客户，为其匹配更优质的服务，开拓高端市场。

从目前的参与程度来看，整个寿险行业已经有半数险企参与进来。据"慧保天下"不完全统计，国内已有超 40 家保险公司已经和信托公司开展合作，并发行了保险金信托产品。

其中包括中国人寿、平安人寿、人保寿险、太保寿险、太平人寿、新华保险、阳光人寿、国华人寿 8 家上市寿险公司；泰康人寿、友邦人寿、百年人寿、建信人寿，以及中英人寿、中宏人寿、北京人寿、信美人寿等非上市险企。

一直以来，高净值客户群体都是金融机构的"兵家必争之地"。根据 BCG-GWMS 全球财富市场规模预测智库显示，到 2025 年，预计中国高净值人群规模将达 302 万人（个人金融资产超过 600 万元）。

面对有限的高净值人群，金融机构已经开始了跑马圈地般的争夺。在这场没有硝烟的群雄之争中，保险公司的优势在于代理人队伍对客户关系的长期深耕，以及对复杂产品更强的销售能力。因此，只要合理安排战术，充分发挥优势，保险公司完全能凭借独特的差异化定位与客户建立长期陪伴式信任关系，在广阔的高净值客户市场里面再争一席之地。

在保险机构发力的同时，其他金融机构也不甘落后，尤其是银行。从银行的角度来看，保险金信托可以成为银行开展私人银行业务的获客方法，也被视为拓展家族信托服务的重要突破口。近年来，与保险金信托发展情况类似，家族信托业务也呈现井喷式发展。

据了解，保险金信托的设立门槛为 100 万—300 万元，而家族信托的门槛不低于 1000 万元。相对较低的门槛，也是保险公司争夺信托客户最大的优势所在。

三、直面综合财富管理市场，信保合作深化至股权层面：8 家保险机构持股或控股信托公司，9 家信托公司参股保险机构

值得注意的是，为了迎合高净值客户的综合财富管理需求，除了与信托公司开

展直接业务合作外，保险公司也加大了股权投资力度，直接入股信托公司。目前，据"慧保天下"不完全统计，共有 8 家保险机构入股信托公司（见表 1）。

表 1　　　　　　　　　保险公司入股信托公司

保险公司	信托公司	持股比例（%）
中国平安	平安信托	99.88
富德生命人寿	国民信托	40.72
人保集团	中诚信托	32.92
民生人寿	万向信托	28.01
泰康保险	国投泰康信托	27.06
国寿投资	重庆信托	26.04
长城人寿	华融信托	14.64
大家人寿	天津信托	3.91

其中，中国平安集团控股平安信托，持股比例为 99.88%，为第一大股东。人保集团控股中诚信托，持股比例为 32.92%，为第一大股东。据了解，中诚信托前身为中煤信托，2008 年，经国务院批准，财政部将其持有的中诚信托 32.35% 的国有股权全部划转至人保集团。

富德生命人寿控股国民信托，持股比例 40.7%，为第一大股东。2022 年 6 月，上海创信资产管理、恒丰裕实业获批将其持有国民信托合计 40.72% 的股权，转让至富德生命人寿。

泰康保险持有国投泰康信托 27.06% 的股份，为第二大股东。

中国人寿集团旗下国寿投资公司持有重庆信托 26.04% 的股权。

民生人寿与以 3.02 元/股的价格认购万向信托增发的 5.21 亿股股份，持股比例为 28.01%。

长城人寿保险持有华融信托 14.64% 的股份，为第二大股东。

大家人寿持有天津信托 3.9% 的股权。

不仅如此，保险业拥有"信托背景"的公司也不再是少数，据"慧保天下"不完全统计，已经有 9 家信托公司参股保险公司。具体包括：利安人寿、中融人寿、农银人寿、珠江人寿、上海人寿 5 家寿险公司和渤海财险、泰山财险、永安财险、天安财险 4 家财险公司（见表 2）。

表 2　　信托公司参股保险公司

信托公司	保险公司	持股比例（%）
江苏信托	利安人寿	22.79
吉林信托	中融人寿	20.00
北方信托	渤海财险	11.15
重庆信托	农银人寿	10.34
山东信托	泰山财险	9.85
陕西信托	永安财险	5.56
雪松信托	天安财险	4.46
粤财信托	珠江人寿	1.79
上海信托	上海人寿	1.33

随着高净值客户的增长以及财富管理概念的持续火爆，保险机构和信托公司的互相渗透呈明显增加的趋势。

事实上，目前，保险公司与信托公司已经不断对保险金信托的业务模式进行创新和迭代，如"保险金信托+遗嘱""保险金信托+慈善""保险金信托+公益"等。例如，2022年，泰康人寿与泰康健投联合五矿信托，在寿险市场推出首单信托直付养老社区的"养老类保险金信托"。

未来，信托公司和保险公司可以进一步合作开发创新产品，利用二者之间的优势互补，增强合作的深度和广度。

某种程度上，这也成为保险行业不断深入财富管理领域的一种写照。随着居民家庭财富增长，家庭资产结构也逐渐开始改变，专业的财富管理服务成为我国居民，尤其是高净值客户迫切的诉求。但专业化的财富管理业务想要蓬勃发展，并不只能靠一种业务、一家机构，或者一个平台，而是多方协同，和谐共生。

第五部分

财产险·服务大局稳与进

2023年是财险业的高光一年,一方面,相较于仍高喊转型口号的人身险业,早已经经历"报行合一"洗礼的财险业已然进入更为平稳的发展阶段;另一方面,财险公司在抗洪救灾中的突出表现开始被更多人看到,其作为增进社会治理的有效手段,势必会在未来发挥更大的作用。

汽车巨头情迷保险屡败屡战，比亚迪豪掷36亿元能否改写历史

慧保天下　2023年6月5日

近日，"比亚迪100%控股易安财险"的一则批复，犹如一石激起千层浪，引发了行业内外的广泛关注，也成为2023年截至目前保险业最大的并购事件。

在笔者看来，车企入股保险公司早已不是新鲜事，欲拨开迷雾，讨论比亚迪财险今后到底如何发展，不如回归现实，先来复盘几家车企保险公司的经营状况。

一、车企系保险公司经营状况"乏善可陈"：4家险企仅1家实现利润打平

2010—2012年，为了鼓励保险公司专业化、差异化经营，我国曾批设了两家专业车险公司，即广汽设立的众诚车险和一汽设立的鑫安车险。这是车企做保险在传统燃油车时代的第一次率先尝试。

十余年后，随着互联网保险的兴起和保险业并购浪潮，滴滴投资入股了本就具有车企属性的现代财险，意在强强联合；吉利也投资入股了合众财险33.3%的股权，主打小而美的互联网财险。这是车企做保险在互联网时代的第二次尝试。

那么，现在再来复盘这4家车企系保险公司的经营情况，笔者认为，只能用"乏善可陈"四个字来形容（见表1）。

表1　　　　　　　　4家车企系保险公司经营情况

险企名称	众诚	鑫安	现代	合众
成立（收购）时间	2011年6月	2012年6月	2020年3月	2021年4月

续表

险企名称	众诚	鑫安	现代	合众
注册地	广州	长春	北京	北京
注册资本（亿元）	22.69	10	16.67	10
分支机构数量（家）	14	6	6	3
保险业务收入（亿元）				
2022年	28.28	8.97	6.71	3.1
2021年	24.3	8.25	5.36	1.78
2020年	18.91	8.42	2.28	2.19
净利润（亿元）				
2022年	0.65	0.35	-0.61	-0.92
2021年	0.64	1.28	-1.42	-0.92
2020年	0.5	1.27	0.31	-0.51
未分配利润（亿元）	-3.63	0.29	-2.29	-4.54

从保费收入来看，情况最好的是众诚车险，近3年平均保险业务收入23.83亿元，远超其他3家。众诚车险在连续亏损7年后，终于在2018年实现盈利。虽然近3年平均保险业务收入超过20亿元，但盈利能力非常有限，平均净利润仅不到6000万元，开业12年账面还有未弥补亏损3.63亿元。

从盈利能力来看，情况最好的是鑫安车险，连续3年盈利，3年平均净利润0.97亿元，留存收益刚刚弥补完亏损。现代财险2020年已实现盈利，然而在滴滴入股后，2021年、2022年反而连续亏损。

合众财险不仅从未盈利，亏损还有连续扩大的趋势，导致了未弥补亏损也在进一步扩大。

连续亏损也让两家公司暴露出一些负面问题。2023年1月，加入现代财险两年半的总经理辞职，由副总经理兼任临时负责人，目前总经理职位仍处于空缺状态。2021年，现代财险的经营评价结果仅为C级，部分业务存在销售误导嫌疑，截至2022年第四季度末的综合成本率高达138%，盈利能力着实堪忧。

合众财险在吉利入股后，股东又于2021年同比例补充注册资本6亿元，才挽回偿付能力不足的局面。2023年1月，也出现了加入公司不满3年的总经理辞职的新闻。

连续亏损、管理层频繁变动、偿付能力下滑、评级结果下调等一串连锁反应，是摆在公司面前亟待解决的几大重要问题，也决定了公司是否能够扭亏为盈，还是在亏损的路上越走越远。

二、车企做保险，到底难在哪：成败关键在于对产业链掌控力度有限

虽然车企保险公司仅有4家，但涵盖了传统和互联网、国有和民营、新设和并购等多种业态，非常具有代表性。为什么车企做保险并没有想象中那么美好？笔者认为主要有以下三个原因。

（一）规模效应：中小保险公司的共同困境

众所周知，车险业务是典型的大数法则和规模经济，必须有足够的业务规模，才能覆盖展业费用和管理成本。上述4家公司中，分支机构最多的众诚，开业12年也仅设立了14家省级分支机构，鑫安车险、现代财险有6家，合众财险仅有3家。车险不允许在未设分支机构的省份展业，这就限制了公司的展业能力，但维持总部必需的人力、系统、运营等高企的成本，若没有足够的业务支撑，难以有效摊销。

保险公司是双轮驱动的盈利模式，车险业务没有形成规模前，难以实现承保盈利，投资收益就成为盈利的关键。但投资受到宏观经济、社会发展、政策变动等因素影响极大，不可控性极强，尤其是对于财险这样的短期资金，更考验资产负债匹配能力，非常需要专业人士的运作管理。

（二）资源协同：股东业务是把"双刃剑"

关于车企保险公司的经营困境，网上有些"专业人士"给出了建议，即应当尽可能拓展股东业务。然而纸上谈兵容易，在实际操作中难上加难。

一方面，保险公司不仅要面对来自车企内部的保险经纪公司、保险代理公司的"赛马机制"，还要面对外部其他保险公司特别是"老三家"的残酷竞争，竞争的结果通常是"价低者得"。即使有个"富爸爸"，也不意味着全部资源手到擒来，必须凭借自己的本事吃饭。

另一方面，股东业务也有着双面性。如国资保险公司虽然是个商业主体，但同时也承担着服务地方经济的社会责任，做业务时必须顾全大局。有时在股东的要求

下，保险公司不得不承保高风险业务，此类事件也时有发生。

（三）外部环境：对产业链环节的掌控力有限

汽车行业具有超长的产业链，产业链各个主体的盈利能力，直接取决于其对链条上各个环节的掌控能力。因为只有牢固地掌控了更多的环节，才有更大的谈判溢价能力和更强的成本压缩空间。

汽车产业链上游有设备厂、零配件厂、主机厂等，中游有汽车销售公司、汽车金融公司、保险公司等，下游就是种类繁多的售后维修保养服务机构、二手车销售商、拆解回收商等。从产业链的划分显而易见，车企、"4S"店明显比保险公司掌控的环节更多、更牢固。

"老三家"保险公司通过多年业务积累，早已建立了遍布全国的销售理赔服务网络，在这个过程中也构筑起难以逾越的护城河。车企保险公司优势在于有主机厂和销售公司作为股东，只能说比普通保险公司离产业链的环节更近，但也谈不上"掌控"。其他中小保险公司更不用说了，在产业链中不具备任何优势，因此也很难形成壁垒、获得收益。

三、比亚迪财险是车企跨界保险的第三次尝试：既是主机厂又是电池厂，有望改写游戏规则

既然车企做保险早已不是新玩法，那么比亚迪财险为什么甫一出世就引起了全行业的轰动？笔者认为，这是车企做保险在新能源车时代的第三次尝试，是具有里程碑意义的事件。

与前4家相比，比亚迪财险值得期待之处主要在于：

首先，有望解决保险公司分支机构难以拓展的问题。

不同于传统保险公司，易安是我国四家互联网保险公司之一，不用铺设机构即可在目标地区展业。比亚迪则拥有遍布全国的销售服务网络，再辅以必要的风控手段，比亚迪财险则具备了全国范围展业的基础，也有希望尽快解决车险业务规模不足导致的成本费用无法有效分摊等问题。

其次，有望解决保险公司对汽车产业链掌控力度较弱的问题。

涵盖了驾驶行为、车辆情况和电池状况的海量数据实时采集，是新能源车有别于燃油车的一大特点，也是保险公司用于风险定价不可或缺的因素，却是主机厂和电池厂不愿分享的。传统保险公司只能寻求第三方获取数据，准确性会有所降低。比亚迪财险的股东既是主机厂又是电池厂，具备了掌控产业链的天然优势，意味着更强的风险定价和管控能力。

此外，比亚迪财险还有两项独特之处：全资控股、增量市场可期。

一是全资控股的股权结构。比亚迪接手易安财险，属于《保险公司股权管理办法》规定的风险处置情形，可以突破持股比例限制。吉利、滴滴等通过市场化并购方式，则最多持股33.33%。众诚车险、鑫安车险也有其他股东参与，车企没有实现全资控股。全资意味着股东对经营决策的绝对影响力，可以匹配更多的资源，而不用担心被分一杯羹。在公司治理层面杜绝了股东间的摩擦与内耗，这对于起步或转型阶段的保险公司至关重要。

二是增量业务的蓝海市场。大力发展新能源汽车是我国"双碳"目标的重要组成部分，2022年新能源车的销量近600万辆，2023年前4月新能源车的销量已超过200万辆，渗透率近30%。与燃油车相比，新能源车在原理、制造和维护方面的变化是颠覆性的，风险也是截然不同的。因此，这不是现有市场的简单扩大，而是一个全新的市场，燃油车时代的规则和玩法，大部分可能需要推倒重来。

又一爆款产品将至？普惠型家财险落地14城，三大创新模式试图复制惠民保奇迹

慧保天下　2023年8月24日

继爆发式增长、快速全面铺开的惠民保之后，近两年，家财险以其普惠性正在焕发新的生机。自2022年7月成都推出国内首款普惠型家财险后，上海、宁波等数十个城市相继跟上，涌现出多款普惠型家财险产品。

那么问题来了，普惠型家财险会成为继"惠民保"之后的另一类爆款产品吗？

一、再造业务流程和服务场景，普惠型家财险多地开花，三类产品提供四大保障

2022年7月，全国首款普惠型家财险——成都市专属普惠型家财险"蓉家保"正式上线。2023年7月，2023年"蓉家保"升级上线。对此，四川银保监局一级巡视员刘勇评价道，"蓉家保"为四川及全国家财险市场创新发展探索出了一条成都路径，基本实现人民群众、财险公司、政府部门三方获益。

自首款推出之后，全国各地相继推出自己的普惠型家财险。据"慧保天下"不完全统计，截至目前，共有14款相关产品。但仔细来看，可以将这些产品大概分为三类：

一是城市定制型普惠家财险，即由当地政府部门指导、行业协会统筹、多家保险公司共保，遵循低保费、高保额、全保障的普惠性质推出的产品。

二是市场化普惠家财险，即有城市特色，但没有相关监管部门背书，仅由多个市场主体联合推出。

三是综合型产品，即由一家保险公司与当地监管部门联合，或者结合惠民保等其他产品推出的综合保障型产品。

具体来看，有政府背书的城市定制型普惠家财险更"物美价廉"，价格区间为59元/年—666元/年，普惠版基本在百元水平，部分产品不足百元。并且，绝大部分产品都提供了不同版本可供选择，这一比例明显高于惠民保。

而纯市场化的新型家财险价格会更高，比如北京、南京最低版本的保费将近200元。

从产品保障责任看，这些新产品主要包含四大类：一是家庭财产保障，如受暴雨等自然灾害、火灾、燃气爆炸、入室盗窃、管道爆裂等，造成的房屋主体、室内装潢以及屋内财产等的损失；二是家庭责任保障，如火灾爆炸三者责任、高空坠物等；三是家庭意外保障，即因各种意外风险造成的人伤；四是生活服务，包括家电维修、管道疏通、开锁等多项服务。

部分产品城市特色较为明显，比如，宁波"甬家保"在基础保障外，考虑到宁波的常见灾害，还把因暴雨、暴风、雷击、台风、洪水、雹灾、雪灾等13种自然灾害导致的家庭财产损失也囊括进保障范围。

换句话说，近年来涌现的这些普惠型家财险对家财险的业务流程和服务场景进行了再造。产品在基本保障的基础上，大多还提供多项服务，而这也是与传统家财险产品形成明显区别的地方。

同时，由于政府部门的参与，普惠型产品能够更好地获取消费者信任，拥有更多运营和推广的优势。一般来看，参与普惠型家财险的政府部门主要包括地方金融监管局、银保监局，部分城市还有民政局、医保局等，而保险行业协会通常发挥统筹协调的作用。

而由多家保险公司组成的共保体，也为产品推广提供了渠道优势。比如，共保体单位数量最多的成都"蓉家保"，就有18家保险公司参与其中，有效扩大了覆盖面；上海"沪家保"上线5天保险保障突破300亿元。

二、非车险加速内卷、监管积极推动，家财险2022年保费大增67.22%

"慧保天下"梳理了近十年家财险及财产险保费收入及增长情况，可以发现，家财险与财产险的发展并不完全同步，占比也一直低于1%。甚至，家财险从2019年开始增长放缓，2020年还同比下降，但2022年却创造了近十年的最大增幅，达到67.22%，占比也终于突破1%（见表1）。

表 1　　　　　　　　近十年家财险及财产险业绩情况

年份	家财险保费收入（亿元）	财产险保费收入（亿元）	家财险同比增长（%）	财产险同比增长（%）	家财险占比（%）
2013	37.86	6481.16	33.00	17.20	0.58
2014	33.68	7544.4	-11.06	16.41	0.45
2015	41.69	8423.26	23.80	11.65	0.49
2016	52.15	9266.17	25.06	10.01	0.56
2017	62.94	10541.38	20.70	13.76	0.60
2018	76.77	11755.69	21.97	11.52	0.65
2019	91	13016	18.82	10.70	0.70
2020	91	13584	-0.23	4.36	0.70
2021	98	13676	8.12	0.68	0.72
2022	164	14867	67.22	8.71	1.10

再往前看，相关研报数据显示，1998年家财险在财险业中的占比为2.4%，而2009—2011年，家财险的占比逐渐降低，降至0.5%、0.47%、0.48%。

分析过往我国家财险长期销量不佳的原因，有业内人士认为，与国外不同，中国住宅建筑结构抗风险能力高，对自然灾害的风险暴露较低，消费者对相关风险的感知度也更低，因此需求一直没被激发。此外，与国内完全不同的是，美国等地住房贷款与家财险的强制绑定也保证了其基础覆盖率。

查询市面上普通的家财险产品，整体呈现出保障不足、同质化严重、服务不足等特征。比如，平安的某款家财险，室内财产损失、房屋主体损失、房屋装修损失、水暖管爆裂损失费用补偿、盗抢损失分别对应5万元、20万元、5万元、1万元的保额，但保费已经超过146元。

车险综改后，财险行业情况整体发生变化，各险企纷纷发力非车险，力图开拓新的增长点，家财险也成为创新的重点之一。从2023年上半年来看，非车险各险种维持了两位数增速。

进入2022年，政策的支持也对家财险的增长起到助推作用。2022年3月，银保监会、中国人民银行发布《关于加强新市民金融服务工作的通知》，其中明确提出"推广家财险，增强新市民家庭抵御财产损失风险能力"。并且，地方监管局也在积极推动，比如天津银保监局明确表示要推动新型家财险创新发展，满足投保家庭多样化保险需求。

同时，其他部委也有相关表态，例如，2022年9月，应急管理部在答复政协委员提案时表示，将多方联动加强家财险宣传，鼓励财险公司创新家庭财产保险保障方案，优化保险服务，并通过在部分地区开展试点和研究的方式，积极推动家财险发展。2023年3月，住建部部长倪虹也提出，要像汽车一样建立房屋的体检和保险制度。

三、房龄渐长或成助推家财险增长的重要因素，部分产品"以修代赔"特征明显

20世纪80年代，总设计师邓小平同志提出要走住房商品化的道路后，部分城市开始试点。1982年，我国第一个商品房小区诞生于深圳。1992年南方讲话后，社会主义市场经济体制开始建立，房地产开发热潮也由此开启。

因此，从时间背景看，我国第一批进入市场的商品房的房龄已进入"30 +"阶段。据统计，城市家庭住房中，88.4%是1990年以来所建，已面临房屋老化带来的漏水、开裂等问题，维修需求大量真实存在。但维修难、维修贵的案例屡见不鲜，"马桶刺客""空调刺客"频频出现。

而对这些日常高频服务的保障，成为家财险吸引投保的重要武器。以2023年"蓉家保"为例，在2022年的基础上，2023年新增了更多高频便民服务项目，如开锁、厕所、浴室、厨房等管道疏通及24小时在线医疗问诊。同时，还额外增加了可自愿加购的服务，比如手机屏幕破碎维修、老年人意外伤害保障等。

仅由市场主体主导的普惠型家财险，与其他普惠型家财险比较起来，服务更是重中之重，甚至可以看到明显的"以修代赔"的特征。比如，"山城好房保"就为参保家庭提供涵盖管道疏通、五金安装、电路维修等在内的约100项上门维修服务。但值得注意的是，这类型家财险部分对房龄进行了限制，比如，南京"金陵好房保"和重庆"山城好房保"均限制为30年以下的房屋。

对于如何整合服务提供商，也分为不同情况。惠普型家财险背后一般有第三方服务机构的身影，有的还包括地产和物业公司，比如三明"明家保"就由三明明房房地产服务公司提供增值服务；重庆"山城好房保"由第三方科技公司整合搭建房屋维修标准化平台，分配师傅提供服务。其实，通过合作，保险公司可以同时解决服务提供和成本控制的两大问题。

"产品＋服务"是近年来各类保险产品迭代的重要方向。为客户提供高频、高

品质的服务，不仅能促进投保，更是在提升客户服务体验、增强客户黏性上具有重要意义。

四、2000亿元市场待冲刺，但能否复制惠民保奇迹仍是未知数

回归当前，家财险是否还有发展空间？据方正证券测算数据，家财险仍有超千亿元的市场增量空间，预计家财险到2030年的贡献将超2000亿元，占总财产险保费规模的比重有望提升至3%，年复合增长率超20%。

与国际市场相比，我国家财险发展水平仍有进步空间。瑞士再保险研究院数据显示，2021年，法国、美国、巴西、德国、南非、英国、日本、俄罗斯的家财险占财产险市场的比例分别为17.9%、15%、14.9%、14.7%、10.9%、8.9%、8.8%、5.7%。

与美国对比来看，我国家财险增速迅猛但覆盖面较窄。2022年，美国财产险总承保保费规模为8703亿美元，其中家财险承保保费规模为1331亿美元，占总承保保费的15.3%，近两年年复合增长率为21.0%。我国家财险占比虽然突破1%，达到1.1%，但与美国家财险占比仍相差14.2%。

此外，近年来自然灾害频发，风险事件发生概率提升，或将提升居民对家财险的投保意愿。

但普惠型家财险能否如惠民保一样快速发展，仍是一个未知数。

惠民保事关人身健康，而健康无疑才是人们更为显性的需求，相较之下，我国居民对于给房屋买保险仍明显意识不足，这将在很大程度上导致参与率不及预期。

部分地区支持医保个账支付惠民保保费，这极大地调动了人们的投保、续保积极性。相较之下，消费者对于家财险的投保及续保意愿或许会更加随机。

并且，家财险仍有一些不可回避的风险点需要注意——与惠民保一样，普惠型家财险存在逆向选择风险，而这或将导致赔付超预期。

而最直接的，是自然灾害的一体两面，其在激发投保意愿的同时，也会给理赔端带来压力。特别是近年来我国自然灾害频发。以2023年为例，暴雨导致的洪涝灾害影响巨大。据金融监管总局统计，截至8月18日，河北、北京等16个受灾地区保险报案26.93万件，估损金额99.22亿元，赔付及预赔付19.58万件、44.64亿元。

人保平安等八大财险公司主动规范手续费，车险渐别猫鼠游戏，展现了什么样的深层次变化

慧保天下　2023 年 11 月 23 日

11 月 22 日，八大头部财险公司人保财险、平安产险、太保产险、国寿财险、中华联合、阳光产险、大地保险、太平财险签署车险合规经营自律公约的消息，引发了市场的广泛关注。在马太效应显著的车险市场，八大财险公司几乎占据了市场份额的九成，他们主动规范市场秩序、严控手续费，对于市场而言，当然至关重要。

从过去与监管部门大玩"猫鼠游戏"到如今主动规范，从过去重规模到如今重承保利润，巨大变化背后，折射的是财险公司在发展理念上的不断演进……

一、八大财险公司自主缔结自律公约，主动规范车险市场秩序

与很多地方的车险自律公约根据市场份额确定手续费率上限不同，此次流传出来的八大财险公司的自律公约版本，没有明确的手续费率档次划分，更多是要求理念上的同频。

（一）摒弃规模至上，树立高质量发展理念

根据该自律公约，签约公司不应一味追求市场规模，而是"应树立高质量发展理念，严格履行内控合规和风险管控职责。转变保费规模、市场份额导向，树立效益经营、合规经营理念，促进车险高质量发展"。

（二）严格执行报行合一，车险手续费比例不得超过报批报备上限

自律公约还要求签约公司必须严格执行"报行合一"，在此基础上，充分展开

市场竞争。公约规定,"签约公司应在符合报批报备车险条款费率监管要求的前提下,根据各自经营情况,充分开展市场竞争,给予消费者更多的自主选择权"。具体而言,则包括以下三项要求:

(一)严格执行车辆保险条款费率管理有关规定,严禁对条款费率报行不一,不得以各种理由随意扩大或缩小保险责任,不得随意变更报批报备的条款费率。

(二)不得偏离精算定价基础,以低于成本的价格销售车险产品,开展不正当竞争。

(三)车险手续费比例不得超过报批报备上限。

(三)全面加强车险费用内部管理,不得以虚列"会议费""咨询费""服务费"等业务及管理费科目的方式套取费用

公约还要求签约公司全面加强车险费用内部管理,主要通过以下几个方面进行:

(一)加强费用预算、审批、核算、审计等内控管理,据实列支各项经营管理费用,确保业务财务数据真实、准确、完整。不得以直接业务虚挂中介等方式套取手续费。不得以虚列"会议费""咨询费""服务费"等业务及管理费科目的方式套取费用。

(二)对于保险销售过程中向保险中介机构支付的费用,应坚持实质重于形式的原则,如实记入"手续费支出"科目。不得将在车险销售过程中产生的、与车险销售收入或保单销售数量挂钩的费用记入业务及管理费等其他科目。

(三)严格执行有关规定和会计准则,财务处理实事求是、符合实际,不得将费用在不同时期、不同地域、不同险种、不同分支机构以及同一集团内部不同子公司之间,或以违规签订再保险合同的方式在不同市场主体之间进行调节,不得无故拖延或提前将费用核算入账。

(四)总公司及省公司本级不开展销售活动的,不得在总公司及省公司本级列支销售类费用。总公司及省公司本级开展销售活动的,应将销售费用分摊到保险业务所在地的分支机构。总公司及省公司本级产生的与具体业务开展脱钩的职场租金、水电支出、管理人员工资绩效等固定成本支出,应细化核算列支标准,并在定期向监管统计查询系统报送数据时,在总公司及省公司本级"业务及管理费"科目中予以体现。

（四）强化中介渠道管控，不得向不具备合法资格的机构支付或变相支付车险手续费

中介渠道也是手续费"跑冒滴漏"的关键环节，公约明确"签约公司应严格对车险中介业务合规性管控，履行好对中介机构及个人的授权和管理责任，不得委托未取得合法资格的机构从事保险销售活动，不得向不具备合法资格的机构支付或变相支付车险手续费，不得委托或放任合作中介机构将车险代理权转授给其他机构"。

（五）强化保障、服务以及人员管理，要求不得拒保摩托车、营运车等高风险车辆

公约第十条规定，签约公司应做好各类机动车辆保险保障，高度重视摩托车、营运车等高风险车辆保险承保服务工作，不得拒保、变相拒保交强险或捆绑搭售商业险，确保实现应保尽保，积极承保摩托车、营运车等高风险车辆商业保险，促进商业险愿保尽保。

公约第十一条规定，签约公司应加强车险增值服务管控，切实维护消费者合法权益，提升车险服务水平。不得通过返还或赠送现金、预付卡、有价证券、保险产品、购物券、实物或采取积分折抵保费、积分兑换商品等方式，给予或者承诺给予投保人、被保险人保险合同约定以外的利益。

公约第十二条又从人员管理入手，规定签约公司应加强各级从业人员管理，建立完备的监督检查处理机制。加强从业人员合规教育、持续培训和严格监督，使其严格按照法律法规、自律公约开展业务。应立即纠正在业务开展过程中的违法、违规、违约行为，对于违反法律法规及自律规范的，予以坚决查处。

二、车险综合成本率飙涨，冲刺业绩关键时点，险企更倾向严控手续费

又到年底，正是各财险公司冲刺业绩的关键时间节点，防止各险种手续费率飙涨成为监管以及市场共同的任务。而这无疑正是此次八大财险公司发起签署车险自律公约的重要背景之一。

可以看到，2023年，财险部针对车险市场发布的两大文件，几乎都是在业务关

键节点发布的。

其一,6月中旬发布的《关于规范车险市场秩序有关事项的通知》(财险部函〔2023〕192号),从五大方面着手规范车险市场秩序,包括严禁险企盲目拼规模、抢份额,向分支机构下达不切实际的保费增长任务,同时也要求险企不得偏离精算定价基础,以低于成本的价格销售车险产品等。

彼时正值财险公司冲刺半年业绩的关键时点,市场上的车险手续费率有明显的抬升趋势,部分地区甚至逼近35%。针对这一情况,各地监管部门强力压降手续费率竞争烈度的同时,财险部也发布了这一文件。

其二,9月上旬发布的《关于加强车险费用管理的通知》(金办便函〔2023〕450号),从十个方面入手,要求各监管局、各财险公司全面加强车险费用管控。内容上与192号文有所不同,但内核却高度一致,都是延续了车险综改及其"报行合一"的精神。

这一通知的发布是在9月上旬,是第三季度业务收官的关键时点,明显也是要"防患于未然"。

如今,年终将近,车险手续费率竞争加剧现象再度出现,根据行业交流数据,截至10月底,行业车险综合成本率已经达到了98.8%左右,全行业实现车险原保险保费收入7036亿元,而承保利润只有81亿元左右。

其中,人保财险59亿元,平安产险39亿元左右,太保产险10亿元左右,国寿财险2亿元左右,中华联合3亿元左右……前五大财险公司的承保利润之和已经超过行业整体水平,说明其他财险公司车险业务整体已出现承保亏损现象。

当然,成本率提升背后,有赔付率提升的原因——新冠疫情防控措施解除后,人们的出行水平显著提升,车险出险概率也因此提升。也正是因为赔付率提升,所以倒逼各财险公司必须在手续费率管控方面下更多功夫。

三、从监管主导到险企自发,财险公司发展观念大转变

通过前文分析不难发现,此前,对于市场秩序的规范,往往是监管主导的,但最近这一次八大财险公司缔结车险自律公约,却是保险公司的自发行为——财险公司从被动规范到主动规范,"慧保天下"认为,这恰恰是此自律公约所体现出的最

深刻意义所在。

回顾国内车险发展历程，始终充斥着大量的监管与市场主体之间的"猫鼠游戏"，而在很长时间内，车险市场陷入了"一放就乱，一管就死"的迷局，在"乱"与"治"中徘徊。

直到2018年，车险行业开始施行"报行合一"，才彻底改变了这一局面。2018年8月1日，对于很多从事车险业务的人来说，注定是个难以忘记的大日子，因为从这一天开始，车险产品、费率"报行合一"正式实施。从此，监管对于保险公司的费用管控大大强化，险企车险费用率大幅降低，承保利润在改善；同时，保险公司开始将更多费用投入提升客户体验以及风险管控当中，助推行业真正走向良性发展。

到2020年9月19日，车险综合改革正式全面实施，又进一步巩固了"报行合一"的成果。此次改革最核心的内容之一，即参考国际经验，将预定附加费用率从35%下降至25%，在让利消费者的同时，有计划地提升车险行业整体赔付率水平；同时，大幅压降手续费空间，倒逼保险公司在有限的费用空间内，努力提升经营水平。

从2018年到2020年，再到如今，通过深度改革，严控手续费的概念俨然已经深入行业骨髓，而此次自律公约的缔结无疑正是一个证据——无须监管、行业协会主导，市场主体自身已经有了明确的维护市场秩序的意识。

业内人士坦诚，近年来，财险公司已经逐渐放弃了原来只重规模不重质量的粗放的发展方式，逐渐适应存量市场逻辑，公司内部考核也更侧重承保利润指标，所以财险公司在控制手续费方面已经有了非常强烈的主动性。

当然，这与持续数年的"严监管"密不可分，新的市场环境下，保险公司对于合规的重视程度也有明显提升。

一个有趣的观察是，近年来，伴随市场不断规范，财险部针对车险业务的发文频率已经明显降低，2023年，除前文提及的两个文件外，已经没有更多，且两个文件精神高度一致，核心仍是在强调报行合一、严控手续费等。

与之形成鲜明对比的是人身险领域，监管部门针对业务、渠道等的发文依然频繁，而前一段时间，更针对银保渠道率先落地"报行合一"，并称后续将扩展至个代、经代等渠道。

64%非上市财险公司承保亏损：比亏损更可怕的，是股东伤心资本灰心

慧保天下　2023 年 8 月 4 日

2023 年上半年，财产险行业依然维持了较为稳健的发展态势，据行业交流数据，行业整体保费增速超 9%；与此同时，整体再度实现整体承保盈利，且额度达到 115 亿元。

然而，除去几家上市险企，非上市险企依然是承保亏损的。

截至 8 月 1 日，据"慧保天下"统计，共有 71 家非上市财险公司披露了 2023 年上半年偿付能力报告，其中，25 家综合成本率低于 100%，45 家综合成本率高于 100%，占比超过 63%。剔除综合成本率显示为负数的安心财险、凯本财险以及未披露数据的劳合社，68 家非上市财险公司的综合成本率高达 108.60%。

需要注意的是，承保亏损只代表承保端的业务质量，不代表是否最终亏损。根据"慧保天下"统计，已披露偿付能力数据的 71 家险企中，共有 51 家财险公司实现盈利，占比 72%，累计盈利额达 69.98 亿元。

即便是 45 家综合成本率高于 100% 的财险公司中，也有 26 家公司在 2023 年上半年实现了盈利。

实现盈利的公司同样分化明显，大小公司差异巨大。总体而言，盈利排名前 10 位的财险公司累计盈利 56.25 亿元，占总盈利额的 81%，有 38 家公司盈利规模在 1 亿元以下，占总盈利公司数量的 75%。而且，排名第 1 位的国寿财险盈利达 20.81 亿元，远超排名第 2 位的英大泰和 7.79 亿元和第 3 位的鼎和财险 6.94 亿元。

20 家财险公司出现不同程度亏损，且亏损总额达 9.31 亿元，包括珠峰财险、燕赵财险、太平科技、黄河财险、东海航运、融盛财险、中航安盟、海峡金桥、瑞再企商、亚太财险、浙商财险、合众财险、现代财险、华农财险、诚泰财险、安盛天平、国任财险、长江财险、安心财险、中原农险。

对于以一年期业务为主的财险公司而言，一时的亏损并不可怕，可怕的是持续亏损。比持续亏损更可怕的是信心的丧失。持续的亏损、低迷的投资回报率会严重挫伤股东的积极性，原有股东不愿意追加投资，其他资本也不愿意接盘，小型险企又难以依赖自身发展实现内源性增值，结果陷入经营的恶性循环，求生不得，求死不能——而这样的局面已经开始出现，小型财险公司股权挂牌无人问津，冻结股权拍卖流拍的新闻时常见诸报端。

纵观2023年上半年非上市财险公司综合费用率、综合赔付率、综合成本率以及净利润等指标：

第一，31家公司综合成本率在100%—110%，包括国任财险、利宝保险、久隆财险、北部湾财险、都邦财险等。在这31家险企中，国任财险、亚太财险、中航安盟、华农财险、燕赵财险、浙商财险、珠峰财险、中原农险和安盛天平9家险企2023年上半年净亏损，其他险企均有不同程度盈利。

第二，非上市财险中规模最大的第二梯队险企，国寿财险、中华联合财险综合成本率分别为98.36%和99.82%，净利润分别为20.81亿元和5.88亿元，在已披露的险企中分别列第1位和第4位。

第三，"富二代险企"主要是指股东业务资源丰富的险企，在综合成本率低于100%的企业中，约半数险企符合这一特征。例如，中石油专属财险上半年综合成本率为77.36%，鼎和财险、英大泰和财险两家电网系险企也表现出较强的承保盈利势头，综合成本率分别为80.08%、85.5%。

第四，互联网巨头系"喜忧参半"。腾讯参股的三星财险，蚂蚁金服旗下国泰财险，京东参股的安联财险，滴滴、联想参股的现代财险均是典型的互联网巨头险企。其中三星财险、国泰财险实现承保盈利，综合成本率分别为86.42%和98.83%；安联财险和现代财险出现了不同程度的承保亏损，现代财险的综合成本率甚至高达148.16%。

第五，2023年上半年，"小而美"的外资企业表现异常亮眼，7家外资企业综合成本率低于100%，4家外资企业综合成本率低于90%。其中，美亚财险、日本财险、苏黎世综合成本率分别为68.12%、72.19%、77.62%。

值得注意的是，凯本财险的综合成本率是负值，为-87.03%，主要是由于其综合费用率为-145.12%导致的。

近六成财险公司承保亏损!"减震器"功能获肯定,难解中小机构盈利困境

慧保天下　2023 年 11 月 13 日

2022 年行业还在感慨财险公司迎来了最好光景,行业综合成本率大幅改善降至 100% 以下;2023 年前三季度就出现了综合成本率显著提升的情况。

根据"慧保天下"的统计,随着飓风、暴雨、火灾等自然灾害迭起,与之相关的保险和报损需求大幅上升,加之疫情防控措施解除,导致车险、意外险赔付回升等因素,2023 年前三季度,已披露数据的 84 家财产险公司净利润相较 2022 年同期有显著下降,净利润 444.99 亿元,较 2022 年前三季度减少约 74 亿元。保险业面临巨额赔付,承保盈利愈发艰难,近六成财险公司出现承保亏损。

好消息是,灾害来临时,保险业首当其冲,充分发挥保险业"减震器"的角色,积极承担理赔责任,保险业的价值也在一件件的赔案中得到更加充分的体现。灾情过后,数家保险公司均收到了来自当地政府有关部门的感谢信。

一、坏消息:极端灾害频发,车险赔付率上升,前三季度近六成财险公司承保亏损

7 月以来,受台风暴雨天气影响,北京、河北、北京、河北、黑龙江、福建等地遭受严重灾害,主要涉及家财险、企财险、车险、农险。

根据应急管理部公布的数据,前三季度我国自然灾害造成的经济损失同比增加近 50%,是近三年来的最高水平。

大灾导致保险公司赔付额大幅激增。金融监管总局披露数据显示,截至 8 月 15 日,河北等 16 个受灾地区保险报案 26.6 万件,估损金额 97.6 亿元,赔付及预赔付

共计 14.5 万件、25.4 亿元。

其中，北京、天津、河北、吉林、黑龙江、福建 6 个受灾严重地区保险报案 24.5 万件，估损金额 90.5 亿元，赔付及预赔付共计 13.3 万件、24 亿元。

"慧保天下"粗略统计了受 2023 年自然灾害事件影响更大的财险公司的接报案以及预估赔付情况。截至 8 月 21 日，仅纳入统计的几家保险公司就已经接到相关报案 17.7 万余件。另据近期了解，头部财险公司在 2023 年水灾赔付中，基本都达到了 10 亿元以上。

根据中国人保半年报发布会上透露的信息，截止到 8 月 28 日，仅杜苏芮台风估损的毛损失大概就达到了 38.6 亿元。

自然巨灾频发所导致的赔付率上升自然传导至经营端，2023 年前三季度，保险业承保盈利愈发艰难，近六成财险公司面临亏损。各大险企也在 2023 年前三季度业绩说明会上不约而同谈及，受大灾以及出行需求恢复等因素影响，前三季度承保综合成本率有所上升。

整体来看，在 84 家财险公司中，共有 50 家险企综合成本率超过 100%，6 家险企综合成本率超过 150%。

抗风险能力最强的"财险老三家"的综合成本率也均出现上涨：

财报显示，2023 年第三季度，中国人保实现营业收入 1379.98 亿元，同比下降 0.6%；实现归母净利润 6.22 亿元，同比下降 89.6%。

对于第三季度净利润的下降，中国人保称，一方面，受"杜苏芮""海葵"强台风等灾害事故影响，人保财险赔付成本同比增加；另一方面，实施新金融工具准则叠加资本市场波动较大影响，使得部分金融资产价值波动于当期体现在公允价值变动损益中。财报显示，前三季度，人保财险综合成本率 97.9%，同比上升 1.7 个百分点。

同期，平安财险整体承保综合成本率同比上升 1.6 个百分点至 99.3%；太保产险承保综合成本率为 98.7%，同比上升 1.0 个百分点。

二、好消息：多家险企受到地方政府表彰，保险业"减震器"角色获肯定

虽然因为车险赔付增加、自然灾害频发等因素导致财险公司赔付率有显著上升，

导致行业整体综合成本率明显提升,但由于在自然灾害应对中表现出色,财险业也正得到来自社会各界的更多的肯定。

据了解,一些财险公司在 2023 年水灾之后,收到了地方政府有关部门的感谢信,表彰其在灾害发生后的积极行动。

事实上,在经过多年发展以及高度竞争之后,国内保险公司在应对各类自然灾害时已经形成了相当成熟的应急预案:灾害发生后,第一时间启动应急预案,当地查勘定损人员第一时间赶赴灾区开展工作,总公司视灾害发生情况,酌情从其他地区抽派人手,赶赴灾害现场。

在 2023 年极端的暴雨台风灾害中,各大保险公司首当其冲,积极承担理赔风险。中国太保走访重点企业 7943 家,开展救援服务 5000 余台次,在全国七大线上理赔平台成立了 170 人小组专项支援客户回访;中国人保在全国调集、储备大灾理赔专业人员 400 多人,实施车辆救援 2 万余次,为客户提供医疗救援和医疗费用垫付……

在一整套成熟流程的作用之下,保险公司俨然已经成为到达各类灾害现场最早的社会力量之一,在灾害发生初期,给受灾民众吃下一颗定心丸。

除了在职责范围内积极开展查勘定损赔付等工作,保险公司还会以其他方式参与灾害救助,甚至采用捐款的方式,为受灾地区进行慈善捐助。

无论是在 2021 年的河南水灾,还是在 2023 年的北京、河北、东北等地的水灾救助中,保险公司,尤其是财险公司都成为一股不可或缺的力量。

值得注意的是,在近期召开的中央金融工作会议,对于保险业是有明确要求的,要求其发挥"经济减震器和社会稳定器功能"——保险业的定位进一步得到明确,这在某种程度上,也意味着,其"经济减震器和社会稳定器功能"的功能已经得到了更高层面的认可。

极端灾害过后,高额的赔付着实会令保险公司本就承压的业绩雪上加霜,但保险业的价值也在一件件的赔案中得到更加充分的体现——风险保障功能是保险业区别于其他金融服务业的最大特征所在。

三、距离国际水平仍有巨大差距,防灾减灾将成未来重要发展方向

保险业的功能和作用正得到越来越多的认可,但不能否认的一个现实是,尽管

近年来国内保险业在各类自然灾害中发挥的作用越来越大,但相较发达国家仍有很长的路要走。

有报道称,2014年时,国际上的巨灾保险赔款比例一般占到灾害损失的30%—40%,但当时国内保险赔款占比不足1%。到2021年,国内保险业在灾害赔付中发挥的作用有了显著提升,达到了10%左右,但相较国际水平仍存在巨大差距。

尤其是在极端天气频繁的当下,各类灾害导致的损失仍有可能急速增加,这更是保险业必须直面的难题之一。

根据瑞士再保险研究院发布的报告,2022年,因自然灾害导致的全球经济损失约2750亿美元,保险损失1250亿美元,连续两年超过1000亿美元。2022年的自然灾害损失状况再次验证过去30年巨灾保险损失年均增长5%—7%的长期趋势,预计这一趋势仍将持续。

灾害的频繁发生会进一步激发人们的投保欲望,这预示着保险公司更大的发展空间。同样是根据瑞士再保险公司的报告,预计到2040年,气候变化将使风险资产池扩大33%至41%,随着灾难损失激增,全球新增财产保费将达到1490亿美元至1830亿美元。届时财险公司尤其是再保险公司的潜在市场将扩大两倍不止。

但与此同时,膨胀的保费也预示着更高的赔付责任,保险公司能否在业务发展与赔付中寻找到可持续发展之道成为关键所在。

在面对此次极端自然灾害时,不少保险公司在发挥缓释和对冲风险作用的同时,纷纷利用科技手段提高预警防范,从而做到高效能的减灾减震,帮助受灾的个人和企业转移风险,赔偿损失、减轻经济负担。

值得注意的是,国家"十四五"规划纲要中也明确提出,要完善应急管理体系,加强应急物资保障体系建设,发展巨灾保险,提高防灾、减灾、抗灾、救灾能力。

时代呼唤担当者,社会需要担当者。作为经济"减震器"和社会"稳定器",在面对此次极端自然灾害时,保险公司在发挥缓释和对冲风险作用的同时,纷纷利用科技手段提高预警防范,从而做到高效能的减灾减震,帮助受灾个人和企业转移风险,赔偿损失、减轻经济负担。在车险综改后,原保险公司的理赔负担很可能因巨灾风险纳入车险条款而有所加重。

第六部分

中介录·棋至中盘再抉择

2023年是保险中介喜忧参半的一年。喜的是,在多重因素影响下,各保险中介业务发展不俗;忧的是,"报行合一"直指各类中介过高费用率,车险行业已经全面落实,银保渠道大力推进,而经代、个人代理人两大渠道也面临重塑……在降本增效的大浪潮下,各类中介该如何重新锚定站位,这是当下必须思考的问题。

券商龙头开卖保险，竞逐 600 万亿元超级赛道，金融业跨界合作全面提速

慧保天下　2023 年 4 月 19 日

全世界都在加息，中国却在降息，与此同时，国内居民存款开始暴涨，在房地产不再是理想投资品后，金融理财开始受到追捧，国内迎来财富管理大时代。根据麦肯锡的研究，截至 2022 年底，中国已经成为全球第二大财富管理市场，而未来 10 年，预计个人金融资产将继续以 9% 的年复合增长率平稳增长，到 2032 年全国整体个人金融资产将达到 571 万亿元。

财富管理市场巨大的想象空间正在无形中倒逼金融理财市场格局深度演变，为满足客户多元需求，不同金融行业之间的跨界合作正在悄然增长。就在近期，国内规模更大、实力最强的综合型券商之一——中信证券正式上线其保险代理销售业务，而与此同时，汇丰保险经纪也提交了公募基金销售资质的申请，其母公司汇丰集团更豪言"加速投入把握中国财富市场机遇"。

一、中信证券开卖保险

近日，中信证券发布公告称，2022 年，公司保险代理销售业务正式上线，成为业内首家且唯一获批保险兼业代理业务"法人持证、网点登记"的创新试点公司。

官网显示，目前，中信证券共上线了 22 款保险产品，产品范围覆盖定期寿险、终身寿险、重疾险、万能险、意外险等类型保险产品，这 22 款产品均属于 R1——低风险评级，并且均来自中信保诚人寿，中信保诚人寿与中信证券同属于中信金控旗下（见表 1）。

表1　　　　　　　　　　　中信证券部分保险产品

产品名称	管理人	风险评级	认购金额起点
中信保诚「明爱」定期寿险	中信保诚人寿保险有限公司	R1——低风险	根据投保人投保额及被保险人情况测算确定
中信保诚「祯祥世家」终身寿险	中信保诚人寿保险有限公司	R1——低风险	
中信保诚「诚托未来」终身寿险	中信保诚人寿保险有限公司	R1——低风险	
中信保诚「传富世家」终身寿险（分红型）	中信保诚人寿保险有限公司	R1——低风险	
中信保诚「世家典藏」年金保险（分红型）	中信保诚人寿保险有限公司	R1——低风险	
中信保诚稳利人生年金（万能型）	中信保诚人寿保险有限公司	R1——低风险	
中信保诚「惠康」重大疾病保险（至诚版）	中信保诚人寿保险有限公司	R1——低风险	
中信保诚「惠康」重大疾病保险（至诚少儿版）	中信保诚人寿保险有限公司	R1——低风险	
信诚智赢金生两全保险（万能型）	信诚人寿保险有限公司	R1——低风险	10000元
信诚至尊「悦康」健康保障计划	信诚人寿保险有限公司	R1——低风险	1000元

早在2013年，中信证券就已经获准开展保险兼业代理业务。当年，中信证券北京分公司和北京安外大街证券营业部获得原北京保监局核准兼业代理保险资格，但近10年来，中信证券并未披露过其开展保险代理业务的详细情况，直到2022年，中信证券才在年报中表示，正式上线了保险代理销售业务。

近几年来，受市场波动影响，券商理财产品收益不如预期，甚至出现大量亏损情况，证券客户的投资偏好正在向低风险的理财产品转变，而保险产品的"刚兑"属性正与之契合。中信证券也在年报中提到，将保险代销业务纳入了公司财富管理版图中，这或许也代表着公司财富管理转型之举。

其实，券商入局保险并非新鲜事。2011年4月，原保监会曾发布《保险公司委托金融机构代理保险业务监管规定（征求意见稿）》，其中明确券商等金融机构可以代销保险产品。

2012年，证券公司销售保险政策正式开闸，当年证监会正式出台了《证券公司代销金融产品管理规定》，明确证券机构可以代销保险产品。此后，不少证券公司向保险监管机构申请代理保险业务资质，多家券商的分支机构或营业部取得兼业代理保险资质。其中，2013 年 6 月，国元证券公告称，公司已经获得保险兼业代理资格。

但热度持续不久，券商机构一度放弃保险代销业务。例如，2019 年，北京地区 21 家北京券商营业部放弃了保险代销许可证，其中就包括中信证券北京安外大街证券营业部和中信证券北京分公司两家机构，均是因为保险兼业代理业务许可证有效期届满未延续，而被注销保险代理资质。2016 年 1 月到 2017 年 1 月，上海地区也有 40 多家券商营业部和分公司的保险兼业代理资格到期被注销。

当时业内人士表示，券商卖不动保险的主要原因是证券客户的风险偏好与银行客户不同，对中小散户而言，他们的风险偏好比较高，喜欢高风险高收益的产品，对保险相对不感兴趣。

值得注意的是，在相关政策中，并没有找到关于证券业代销保险产品的"法人持证、网点登记"的说法，只有关于银行类机构代销保险产品改为"法人持证"的相关政策。2016 年 5 月，原保监会发布《关于银行类保险兼业代理机构行政许可有关事项的通知》，对银行类机构由过去各个营业网点均需申报保险兼业代理资格，改为实行法人机构申请保险兼业代理资格、法人机构持证、营业网点统一登记制度。

二、保险公司代销基金稳中有升

在证券机构发力卖保险产品的同时，保险机构从事代销基金业务的热情也稳中有升。

2013 年 6 月，证监会正式允许保险机构代销基金业务。当年，证监会发布了《保险机构销售证券投资基金管理暂行规定》，明确保险机构参与基金销售业务的具体监管要求，并针对保险机构参与基金销售业务的机构类型具体区分为保险公司、保险经纪和保险代理公司。

在经过 10 多年的发展后，截至目前，在基金代销领域，保险公司还是"势单力薄"。证监会网站显示，目前，共近 500 家基金代销机构中，仅有 9 家公司为保险公司，分别为中国人寿、平安人寿、阳光人寿、泰康人寿、中宏人寿 5 家保险公司及华瑞保险、玄元保险、和谐保险、方德保险代理有限公司 4 家保险中介公司（见表 2）。

表 2　　　　　　　　保险机构基金业务资质

序号	保险公司名称	基金业务资质核准时间
1	阳光人寿	2014 年 6 月
2	中宏人寿	2015 年 6 月
3	平安人寿	2014 年 7 月
4	中国人寿	2016 年 7 月
5	泰康人寿	2023 年 3 月
序号	保险中介机构	基金业务资质核准时间
6	华瑞保险销售	2014 年 11 月
7	玄元保险代理	2014 年 12 月
8	和谐保险销售	2015 年 9 月
9	方德保险代理	2016 年 4 月
10	汇丰保险经纪（受理中）	2023 年 4 月

从规模来看，根据基金业协会披露的 2022 年第四季度基金销售机构公募基金销售保有规模前 100 位榜单中，仅有中国人寿、玄元保险代理两家保险机构上榜，其中，中国人寿代销的权益基金、非货币基金保有规模分别为 545 亿元、684 亿元，行业排名第 24 位、第 27 位。即便如此，仍远逊于银行系、券商系以及第三方基金销售机构超万亿元的保有规模。

在此情况下，仍有保险机构申请注册基金代销业务。证监会发布公告显示，已受理汇丰保险经纪有限公司从事公募基金销售的机构注册申请，受理材料日期为 2023 年 4 月 14 日。一旦正式获批，意味着保险业的基金代销机构将由原来的 9 家增至 10 家。

不过，在萎靡的销售情况下，也有保险机构选择退出基金代销业务。2023 年 4 月，永诚财险旗下的全资子公司永鑫保险销售提交了注销公募证券投资基金销售业务许可证的申请，距离其拿到基金销售资格约 8 年时间。

另外，泰康人寿在 2022 年 6 月向监管机构申请注销了证券投资基金销售业务许可证，但又在 2023 年 3 月重新向证监会申请了基金销售业务资格，并获得核准。

三、迎接财富管理黄金时代，金融跨界融合提速

当以美国为代表的西方国家陷入严重通胀、全世界都在加息的时候，中国却在不断减息，以加速货币流通、提振经济。

与此同时，由于房地产投资失去了吸引力，居民存款开始大幅增长。根据央行数据，2022年，住户存款新增17.84万亿元，比上一年多增7.94万亿元，创历史新高。而2023年第一季度，人民币存款增加15.39万亿元，其中，住户存款增加9.9万亿元，一个季度就已经超过2022年全年新增额的一半。

一面是降息，一面是存款大幅增加，持币观望的民众不再热衷于买房，但对于金融产品的投资需求开始暴涨，财富管理在国内迎来黄金时代。

这一点在保险行业早已经有所显现，近年来，理财属性明显的储蓄型产品（增额终身寿为典型代表）持续热销、银保渠道的崛起等，都是明证。

居民财富管理诉求激增，尤其是高净值客户，其财富规模庞大，需求较为复杂，往往需要更高阶的综合解决方案，充分发挥各类金融产品的属性，以达到财富管理的大目标。这种综合需求的提升，也开始倒逼财富管理行业加速整合。

上述无论是证券公司开始热衷卖保险，还是保险公司开始下注基金销售，无疑都是财富管理行业不同性质业务之间融合度提升的鲜明注脚。

例如，正在申请公募基金销售资质的汇丰保险经纪，其母公司汇丰集团4月14日宣布，要在中国内地市场正式启动大财富管理矩阵策略，加速投入，把握中国财富市场机遇。

迎接财富管理大时代，保险行业的整合也早已开始，一些保险中介选择投靠财富管理机构，通过客户资源共享，在满足客户财富管理需求的同时，进一步提升资源挖掘力度。

为满足一些高净值客户的财富管理需求，部分保险公司更是纷纷招聘法律、财会以及保险等专业人才，成立家族办公室，以应对更高端、更专业的客户需求。

而保险金信托业务，作为保险、信托跨界合作的范本业务，近年来发展势头也是相当迅猛。根据中信信托发布的《中国保险金信托可持续发展之道（2021）——渠道深度洞察报告》，国内客户对保险金信托的需求持续增强。近七成的调研对象

称，有客户主动向其询问过保险金信托，其中近一半的客户多次表示对保险金信托感兴趣，希望设立保险金信托。

另据统计，2020年开展保险金信托业务的信托公司达15家，开展保险金合作的保险公司超过20家。开展保险金信托业务的信托公司及合作的保险公司还在持续增加中。

伴随居民收入提升，中国迎来财富管理大时代，而这将为包括保险行业在内的各类金融理财机构带来巨大的想象空间。

根据麦肯锡最新报告《后疫情时代财富管理重启增长》，截至2022年底，中国居民个人金融资产已接近250万亿元，成为全球第二大财富管理市场。未来10年，预计个人金融资产将继续以9%的年复合增长率平稳增长，到2032年全国整体个人金融资产将达到571万亿元。

不过，保险业迎接财富管理大时代，必须思考的一个问题是：财富管理注定是一个超级赛道，围绕以客户为中心，各类金融理财机构将在这里同台竞技，保险业要想从中分得一杯羹，必须突出其竞争优势。

泛华重走"平台"路，3天连收2家保险中介，中国式MGA走到哪步了

慧保天下　2023年2月14日

近期，被称为"亚洲保险中介第一股"的泛华控股集团（以下简称"泛华"，FANH.US）开启"买买买"模式，不仅收购了中融汇金，宣布终止私有化，还在3天时间内接连收购2家保险代理公司，而更多收购还在路上……

这些事情都发生在泛华董事长兼首席执行官、创始人胡义南重掌泛华1年的时间之内，而目的在于打造"泛华开放平台"。

保险中介领域加速转型，中小中介渴望"抱团"以提升竞争力，头部中介则倾向于通过打造开放平台连接更多机构，以进一步提升话语权，同时弥补快速下滑的人力。

事实上，泛华成立早期，就曾打出过"平台"的概念，通过统一后援平台，投资创业团队、中小型中介等，实现了规模的快速扩张。

一、泛华3天收购2家保险中介机构，未来欲参股或并购20—30家

自2022年末宣布收购一家MGA（管理型总代理）平台后，泛华便开启了"买买买"模式，前不久先后收购了吉林世安保险代理、武汉泰平在线保险代理两家保险代理公司。而另据了解，近期其还会再收购一家保险中介机构，相关收购公告也将于近期发布。

2022年年末，泛华宣布以换股的方式，增发6200万普通股新股，置换中融慧金57.73%股权，一举拿下中融慧金。

同时，泛华还公布了一项宏大的规划——泛华开放平台战略，拟面向保险行业

打造基础设施——泛华开放平台。

公开资料显示，中融慧金成立于2018年，是国内第一家MGA平台，共签约300家保险代理公司，为保险公司提供分销渠道。2021年，其寿险总保费规模达14.4亿元，其中新单保费7.3亿元。

胡义南表示，"收购中融慧金后，泛华将在未来几年内投资或收购20—30家中小型保险中介机构，通过与中融慧金管理总代理平台的整合，有望对接300—500家中小保险代理机构"。

明确目标之后，泛华迅速展开行动。2023年2月6日，泛华发布公告称，将收购中吉保代51%股权，交易预计将在2023年第一季度内完成。此次收购仍是通过换股的方式进行，且包含对赌协议。

具体来说，泛华将以最高68.3万股泛华ADS（美国存托股份）置换中吉保险代理51%股权。截至2月9日收盘，泛华股价报7.8美元，若结合该股价测算，收购价最高532.74万美元（3615万元）。

根据协议，中吉保险代理预计2025年达成总保费规模约2.1亿元，并承诺2025年达成净利润1500万元，2023—2025年复合增长率分别为16%和44%。

宣布收购中吉保险代理仅仅两天之后，泛华又宣布与武汉泰平在线保险代理现股东签订正式收购协议，将收购武汉泰平51%股权。与收购中吉保险代理如出一辙，此次交易仍采用换股方式，也包含了对赌协议。

根据协议，泛华将以最高45.53万股泛华ADS置换武汉泰平在线保险代理51%股权，若结合泛华2月9日股价测算，此次收购价最高355.13万美元（2409.7万元）。

在协议中，武汉泰平在线保险代理预计2025年总保费规模不低于1.6亿元，并承诺净利润不低于1000万元，2023—2025年总保费规模和净利润复合增长率分别为40%、26%。

两次收购的最终对价均将按照被收购公司未来3年对赌业绩的达成情况进行调整，股票锁定期3年，2025年后分两次解禁。

二、胡义南重掌泛华，主导平台化转型

"泛华之变"主要开始于2021年末，那年，58岁的胡义南重新掌舵泛华，此

后，推出一系列重大举措。

其一，泛华宣布终止私有化邀约。

2022年12月23日，泛华官网发布重磅消息，决定撤回2021年12月16日发出的私有化邀约，即时生效。

泛华在公告中表示："去年发起私有化邀约，初心希望借这个契机推动公司内部的战略调整，而近期PCAOB公布中概股审计取得重大进展，中概股退市风险已经缓解，同时公司的战略调整也已经得到了确立，其认为保留泛华在美国的上市地位更符合公司的长远发展利益。"

泛华第二次私有化正式宣告终止。泛华第一次宣布私有化是在2011年，但最终也不了了之。

其二，泛华公布开放平台战略，向平台型公司转型。

在撤回私有化邀约之前，2022年11月，泛华正式推出"泛华开放平台战略"，宣告向全市场推出行业基础设施——泛华开放平台，拟全方位赋能保险中介机构及个险销售主体。

据悉，泛华开放平台将为市场各类主体提供包含统一合规框架、全市场产品与服务货架、科技与数字运营能力、专业培训服务支持、流动资金与资本变现通路等核心内容。

据业内人士透露，泛华平台不仅仅链接保险中介机构，也会为独立代理人个体、独立代理人工作室、独立代理人联合体等进行赋能。

胡义南曾公开表示，"以独立代理人模式为主，将成为个险队伍转型后的行业趋势"。不过，在他看来，独立代理人模式成为行业生态有一个重要前提，即需要建立公共基础设施平台，用于解决合规框架，并实现对独立代理人赋能。

胡义南预测："未来三到五年，由若干家公共的行业级基础设施平台赋能和支持独立代理人作为基本的销售作业单元，将呈现出欣欣向荣的态势。"

某种程度上，市场确实已经印证了胡义南的说法，在中介渠道转型的大环境下，打造开放平台已经成为行业共识。据不完全统计显示，除了泛华外，2018年，水滴公司建立了开放平台，后来还升级推出水滴开放平台2.0；2021年，慧择也上线了"慧择开放平台"……这些"平台"，从本质上都可以理解为MGA，与泛华开放平台都有异曲同工之妙。

保险中介领域的开放平台，符合中小型保险中介转型的诉求。一直以来，保险中介市场都呈现"小、散、乱"的特点，难以向保险公司定制有竞争力的产品和服务，只能通过帮助头部机构分销的模式提升市场竞争力，平台的出现，有利于其更好地"抱团"。

保险中介领域的开放平台，同时也满足了头部机构的转型诉求。行业不景气，保险中介市场也难以自保，头部中介机构均出现了显著的业绩下滑。2022年第三季度，泛华保险代理业务收入5.2亿元，同比减少7%；收入为4.8亿元，较2021年同期同比下降8.5%；寿险出单人力为7598人，相较2021年同期减少了9878人。这与最高峰时泛华数十万名的代理人规模相比，如今的人力堪称惨淡。

一面是渴望"抱大腿"的大量中小中介机构，一面是亟待转型扩大能力范围的头部中介机构，二者一拍即合，"平台化"在保险中介领域蔚然成风。

三、泛华重走"平台"路，中国式MGA发展仍面临多重挑战

作为国内首家上市保险中介，泛华一直是国内头部保险中介的代表机构；泛华创始人胡义南凭借成功的资本运作，也成为很多保险中介创始人学习的对象。回顾泛华发展史，"平台"也并不是一个陌生的词汇。

实际上，早期泛华正是通过搭建统一的后援平台降低运营成本，打造创业计划，推动个人、地方小型保险代理公司以创业者身份加盟泛华，享受泛华提供的资金支持、后援服务以及股东式的利益分享等，才在短时间内实现保费规模的跨越式发展，并于2007年成功登陆纳斯达克，成为所谓"亚洲保险中介第一股"。

如今，泛华再度打出"平台"的概念，大举并购平台机构、中小型保险中介公司，与早期的扩张模式形成了某种形式上的呼应。

尽管，今日之"平台"与十几年前的"平台"，在形式上、内容上都有了巨大的差异，但二者的目的仍高度相似，即通过统一的平台建设赋能尽可能多的中介机构，在降本增效的同时，实现规模利润最大化。

对于曾经主导泛华早期发展的胡义南来说，当下围绕平台化开展的种种资本运作或许并不陌生，甚至可以说是驾轻就熟，但新一轮的平台化中，最不容忽视的一个要素在于，今日之"市场"，已经远远不同于十几年前的"市场"，客户、竞争、

监管等要素已经发生巨大的变化。

当下，就 MGA 模式本身而言，最直接的困境还来自监管——不同地方监管机构对于 MGA 的态度迥然有异。

北京银保监局、深圳银保监局曾几度发文鼓励 MGA 这一模式发展。2022 年 8 月，北京银保监局下发《支持和规范管理型保险中介业务发展工作方案（征求意见稿）》，指出拟推动北京地区一批有条件、有能力、有意愿的保险专业中介机构发挥专业优势和管理价值，规范有序开展管理型保险中介业务。

不过，也有一些银保监局明确表示反对或者警惕 MGA 这一模式。例如，河南银保监局于 2021 年 11 月曾下发《河南银保监局办公室关于规范人身险公司与保险中介机构合作方式的通知》，明确叫停人身险公司、保险中介机构以"管理型总代理（MGA）"方式进行合作，原因是"涉嫌虚挂保险中介业务，无法实现保险公司对合作中介渠道的有效管理"。

对于 MGA 模式持反对或者警惕态度的根源则在于，平台难以有效管控旗下机构风险——很多保险中介机构自身都无法有效管控销售人员行为，平台通过保险中介机构间接管控销售人员行为、控制风险，更是难上加难。

新一代客户对于保险产品以及服务品质均有着更高要求，这对于各类中介机构销售人员素质、能力都形成更大的挑战。如何最大程度确保合规经营，防止侵害消费者权益的行为出现，将是 MGA 发展过程中必须回答的一道关键大题。

水滴 3.6 亿元收购深蓝保，新一轮中介巨头兼并潮再起：泛华慧择，明亚大童策略各不同

慧保天下　2023 年 6 月 19 日

保险中介市场重新引人注目。

近日，水滴宣布将以总价 3.6 亿元分阶段收购深圳存真求实科技有限公司，即深蓝保主体公司。第一阶段交割 56% 的股权，于 2023 年 6 月完成；第二阶段交割 4% 的股权，在第一次交割后 6 个月内完成；剩余的 40% 将在 3 年内完成。

高达 3.6 亿元的收购价，在相对平静的保险中介市场投下了一颗不大不小的石子，荡起的水花正溅到每一个关注行业未来发展的人身上。

近年来，持续构建"医药险"生态，着力布局线下队伍的水滴，此次收购的意图不言自明：继续提升长险销售能力，提升客户黏性与客单价，提升长期可持续发展能力。

水滴公告显示，存真求实成立于 2018 年，通过多种线上渠道提供保险知识化内容和保险产品评论，吸引用户，并将其转化为保险消费者产生佣金。而据深蓝保官网信息，其用户数已超过 1000 万人，服务用户 83 万人，出具保单 82 万张。

实际上，不只是水滴，趁着个险渠道式微，不少专业中介机构都在凭借船小好调头的优势，加速招兵买马，承接中小险企无处安放的长险销售需求。无论是被视为传统保险中介巨头的泛华，还是凭借网销长险异军突起的慧择，都在近年兼并了不少中介机构，目的同样是强化长险销售服务能力。

严监管逻辑下部分业务门槛有所提升，中小中介机构业务范围更多受限，信息系统要求升级又导致中小中介机构运营劣势进一步凸显。新的市场形势下，保险中介市场"赢者通吃"的逻辑更加强化。受此影响，中介行业正迎来新一轮整合热潮。

一、头部中介"赢者通吃"，花式兼并中小机构，加速市场整合

不只水滴，近年来，通过兼并迅速扩张线上线下长险销售能力，正成为专业行业一股新的风潮。

（一）水滴多元化布局，试图通过收购拿下多张牌照

在本次收购深蓝保之前，水滴在拓展长险销售能力方面已经进行很多布局。

其最核心的长险销售能力来源于其电销渠道，通过自建电销团队与外包两种方式，实现了长险销售的快速突破。

2016年9月，水滴公司还通过收购陕西保多多保险经纪有限公司，拿下第一张保险经纪牌照，后更名为水滴保险经纪，成为水滴公司最主要的互联网保险平台之一，主营医疗、重疾、意外、寿险、年金等人身健康险各类险种。后续，为更好地服务客户，该公司还在河北、江苏等地开设了分支机构。

2019年，水滴公司收购一家保险公估公司，斩获保险公估牌照。

2020年6月，水滴公司又以75358元收购泰瑞保险代理全部股权，获得全国性保险代理牌照，这成为其发力线上业务以及线上线下融合业务的又一重要平台。根据该公司官网资料，泰瑞保险代理除北京总部外，已在上海、广州、深圳、成都设立分公司，且其在售产品多为长期人身险产品。

值得注意的是，水滴公司在意的不仅仅是中介牌照，还有保险公司牌照，其旗下子公司纵情向前科技曾拟以3.05亿元收购安心财险第三大股东通宇科技全部股份，该公司持有安心财险9.67%股份。但此次交易最终未能成功。

（二）泛华通过换股收购多家保险代理公司股权，对赌协议要求高增长

6月5日，泛华在第一季度财报电话会上呈现出积极的面貌，而这来源于其好于同业的业绩。数据显示，第一季度，泛华总保费规模达到44.4亿元，同比增长29.0%，超出行业8.9%的平均增速；新单保费规模8.5亿元，同比增长51.4%，

超出国内上市险企14.9%的平均增速；营业收入达到8.3亿元，同比增长20.6%；归母净利润为6357.1万元，同比增长57.2%。

而这些增长，就有其所收购公司的贡献。数据显示，2023年第一季度，中融慧金链接了近400家持牌中介机构，贡献新单保费约1.9亿元。

此前，泛华就因收购中融慧金格外受人关注。2022年11月，泛华宣布增发6200万普通股新股（占增发后股本5.44%），来置换中融慧金57.73%股权。泛华表示，中融慧金作为国内第一家MGA平台，自2018年开展业务以来发展迅速，已形成成熟的渠道业务模式与资源。

而2023年，泛华又以带对赌协议的换股方式连续收购了两家保险代理公司。2月6日，泛华发布公告称，将以最高68.3万股泛华ADS置换中吉世安保险代理51%股权。结合当时股价推算，这笔收购价最高532.74万美元（3615万元）。根据对赌协议，中吉世安保险代理预计2025年达成总保费规模约2.1亿元，并承诺2025年达成净利润1500万元，2023—2025年总保费规模和净利润复合增长率分别为16%和44%。

仅仅两天之后，2月8日，泛华宣布将以最高45.53万股泛华ADS置换武汉泰平在线保险代理51%股权。根据泛华2月9日股价测算，此次收购价最高355.13万美元（2409.7万元）。根据对赌协议，武汉泰平在线保险代理预计2025年总保费规模不低于1.6亿元，并承诺净利润不低于1000万元，2023—2025年总保费规模和净利润复合增长率分别为40%、26%。

(三) 慧择线上线下融合，成功收购全国性保险代理公司

慧择作为中国互联网保险中介第一股，在2020年成功登陆纳斯达克后，就有意开拓线下布局，弥补互联网场景下保险销售的不足。

2021年8月，慧择与湖北盛世安康保险代理签署备忘录，宣布收购事宜。9月，慧择全资子公司智选投资以4268万元收购盛世安康56.19%股权，并注资1500万元，当时预计2021年底完成收购。

但2022年1月，慧择宣布终止收购。公告称，公司正因延迟交割而提前十个工作日行使其终止本次收购的权利，终止于2022年1月28日生效。但据业内人士分析，是因为盛世安康只是一家区域性保险代理公司，不能满足互联网保险新规中

"保险公司委托保险中介机构开展互联网人身保险业务，保险中介机构应为全国性机构"的监管要求。

但箭在弦上不得不发，互联网保险新规的出台，让线上线下渠道的融合成为大势所趋。慧择首席执行官（CEO）马存军在2022年3月的财报电话会上表示，2021年12月，签订了收购上海森昊保险代理（现名深圳得同保险代理）100%股权的最终协议，此次收购预计将于3月完成。

天眼查显示，2022年3月12日，上海森昊保险代理原两家股东公司退出，新增慧择子公司智选财富投资，马存军为新任法定代表人。而该公司经营范围就包括在全国区域内（港、澳、台除外）代理销售保险产品。

二、头部、中小中介各取所需：抱团取暖外，巨头中介发展战略趋向分化

其实，不论是收购保险经纪公司还是保险代理公司，中介巨头们都有一个共同的目标——强化长险销售能力，提高客户黏性与客单价。更高的保费、更长的缴费周期以及更优的业务品质，是在目前环境下，中介巨头们向保险公司"喊价"最重要的底气所在。

同时，在保险业转型过程中，中介市场一样面临阵痛。随着行业底层逻辑转向价值逻辑，中介巨头们也须重视市场需求，对高价值的长险业务倾注更多心力。

更重要的是，紧抱巨头"大腿"，也符合当下中小型保险中介转型的诉求。一直以来，保险中介市场都呈现"小、散、乱"的特点，难以向保险公司定制有竞争力的产品和服务，只能通过帮助头部机构分销的模式，提升市场竞争力，拥抱中介巨头，有利于其获得更好的产品、资源支持。

一面是渴望"抱大腿"的大量中小中介机构，一面是亟待转型扩大能力范围的头部中介机构，二者一拍即合，"兼并"在保险中介领域蔚然成风。

不过值得注意的是，在增强自身长险销售能力这个目标之外，各家公司还面临不同的道路和经营策略选择。整体来看，大抵可以分为三类：一类是以水滴公司为代表的"医药险生态"模式；一类是泛华、慧择等所选择的MGA模式；还有一类则是大童、明亚等坚持的巩固既有优势、夯实线下能力、培养高素质代理人模式。

(一)水滴公司等:打通产业链,构建"医药险生态"

除了追求多张保险中介牌照,水滴公司的"翼帆医药""水滴健康"寄托了其打通"医药险"生态链的目标。其于2018年7月设立的妙医互联(北京)科技是目前水滴健康App的主体公司;2018年9月,水滴公司还设立了山东水滴互联网医院(现已注销)。

2022年6月,水滴将组织架构调整为保险保障事业群、水滴筹和患者服务事业群、医药创新事业部三大业务单元。其中医药创新事业部是新成立的部门,更凸显其对于构建"医药险生态"的野心。

但目前来看,"医药险"的道路并不好走,这些产品的收入也较为有限,只能算作"其他"。财报显示,2023年第一季度,水滴临床试验解决方案收入为2280万元,占比仅3.76%。

(二)泛华、慧择等:团结中小机构,打造中国版MGA

对于同样在美上市的泛华来讲,经营策略更加明确——就是开放平台、打造中国版MGA。

2022年在收购中融慧金的同时,泛华公布了自己的开放平台战略,宣告向全市场推出行业基础设施——泛华开放平台,拟全方位赋能保险中介机构及个险销售主体。

对于自称为其战略起势之年的2023年,泛华在财报电话会上表示,2023年坚定实施"专业化 职业化 数字化 开放平台"战略。而"坚定实施"从数据上看,就是更多的投入。数据显示,2023年第一季度,泛华数字化和开放平台相关投入从2022年同期的1730万元增加至2130万元。

慧择同样也是逐渐从保险电商转型为保险服务平台,其在2020年第三季度就提出,将以云计算、大数据、人工智能、区块链等新技术为核心,打造"保险产品及服务云平台"。新平台将打破商业模式边界,融合线上线下,以科技和数据赋能产业上下游,使慧择的保险产品和服务,可以全场景、全方位触达保险客户。

(三)明亚、大童等:深耕队伍建设,发力绩优代理人、经纪人培养

而市场中,还有其他仍在坚持深耕保险经纪、夯实线下业务能力的中介巨头,

比如明亚保险经纪、大童保险服务等。当下，其策略是重点发力培养高素质绩优保险经纪人、代理人。

大童早在2018年就开启了销售队伍的优化升级，彼时的提法是打造"新保险人"，因为"新时代需要新保险人"；2019年，其推出了针对省会及以上城市更加系统化的"领鹰计划"，持续招募高素质人才，培养能够面向未来、最专业的保险服务顾问；在经过有效的市场实践后，2021年，大童又推出了"领鹰计划"的标配版——"雏鹰计划"。二者内核相同，更多地面向较为发达的城市，强调的是"因地制宜"。

明亚保险经纪长期持续深耕高素质经纪人队伍，重点选取高学历、高素质、自主学习能力强、没有保险业经验的人员。目前，其在全国设有33个省级分支机构、37家营业部，拥有2万余名保险经纪人，2022年实现新单规模保费达74.24亿元，总业绩达成率119%。

激进费用带飞保险经代，明亚业绩碾压多数险企，两大挑战或拖累渠道后续发展

慧保天下　2023年10月16日

2023年前7个月，受到多重因素影响，保险专业中介渠道迎来高光时刻，从新单保费收入的绝对数值来看，位于头部的明亚保险经纪甚至是有了比肩头部寿险公司个人代理人渠道的底气。

然而，保费爆发式增长的同时，看空保险专业中介渠道未来一个时期发展的声音也空前响亮：问题险企逐渐出清，激进定价策略、激进费用策略或将明显减少；监管力推"报行合一"，将倒逼手续费率大幅下滑……这些都给保险专业中介渠道未来发展蒙上了一层阴影。

尤其是近期，一些负面传闻在业界悄然传播，即便是底气最足的明亚保险经纪也传出了"股东有意转让股权"的消息，一桩桩一件件更给这种针对保险专业中介渠道的看空情绪增添了一丝确定性的信息。

一、明亚碾压大部分寿险公司个代渠道，保险专业中介领域看空情绪却与日俱增

受益于上半年的"炒停售"，保险专业渠道也像银保渠道一样迎来爆发式增长。以头部机构明亚保险经纪为例，据其高管披露的数据，1—7月累计实现新单规模保费高达90.84亿元。

这是什么概念？仅就负债端而言，明亚保险经纪已经有了与部分头部寿险公司个险渠道一较高下的销售实力。

根据上市险企发布的半年报，2023年1—6月，新华保险个险渠道新单保费收

入90.84亿元；同期，友邦保险在中国内地市场实现年化新保费11.95亿美元，粗略换算，折合人民币87亿元。

这也同时意味着，这家头部保险专业中介的销售能力已经足以碾压国内绝大部分寿险公司个代渠道。

明亚之外，其他头部保险专业中介也同样在2023年上半年取得爆发式的增长，成绩单看起来相当亮眼。

根据泛华控股集团（NASDAQ：FANH）披露2023年第二季度未审计财务报告，其第二季度实现总保费规模44.2亿元，同比增长55.2%；其中，寿险期缴新单保费规模15.6亿元，同比增速153.1%。

同样上市的慧择，2023年上半年实现总保费33.1亿元，同比增长49.8%；第二季度实现总保费13.8亿元，同比增长58%，其中，第二季度新单保费9亿元，同比增长85.2%。公司成功把握储蓄险高景气机遇，储蓄险新单保费更是同比增长136%至6.7亿元。

对比行业整体，更能了解保险专业中介渠道高增长意味着什么。数据显示，2023年上半年，保险公司原保险保费收入3.2万亿元，同比增长12.5%，其中，人身险业原保险保费收入同比增速为13.38%。

对比保险专业中介渠道历年的整体保费增速，2023年上半年的表现也相当突出（见图1）。

图1　2014—2022年三阶段寿险公司经代渠道期缴保费规模

资料来源：中国银保传媒、波士顿咨询：《思以致远：展望中国保险专业中介高质量发展之道》。

不过，保险专业中介渠道新单保费的高增长之下，资本市场的反应却依旧平淡，上市机构估值没有出现明显改善，非上市机构也问题频传。即便是头部机构明亚，在实现傲人业绩的同时，却也传出了大股东正寻找潜在买家、有意转让股权的消息。

目前，明亚大股东的真正意图尚不明确，但负债端暴涨、资本端遇冷的保险专业中介领域正日益为一种声音所充斥，即看空未来一个时期内的保险专业中介发展。不少业内人士认为，在上半年的爆发式增长过后，保险专业中介发展再度达到阶段性顶点，未来伴随着市场环境大变，保险专业中介发展至少面临两大挑战。

二、挑战一：部分问题险企带飞保险专业中介，而如今，问题险企逐步出清

回溯这一轮保险专业中介大发展的源头，不得不提及 2013 年 8 月上海泛鑫保险代理公司高管携巨款出逃事件。事后证明，上海泛鑫存在擅自销售自制固定收益理财协议的违法行为。

泛鑫事件的爆发，虽然具有一定的偶然性，却也深刻揭示了当时保险专业中介领域的多重乱象，所以立刻在保险专业中介领域引发了一波海啸。当时的保险监管部门，即原保监会紧急发文，要求保险公司对中介业务进行风险排查，并在保险中介领域开展了全面的清理整顿，遏制了保险专业中介的乱象。

2014 年，谋求业务规模快速突破的华夏人寿开始发力保险专业中介渠道，推出"常青树"系列产品，以其相对全面的保障、激进的产品定价、高企的手续费率等，迅速在保险专业中介领域掀起一阵风潮。

对于保险专业中介渠道而言，最重要的就是依托更高性价比产品构建比较优势，可以说，华夏人寿"常青树"系列产品的出现，以一己之力带飞彼时低迷的保险专业中介渠道，并为后续 10 年间保险专业中介渠道产品设计提供了"最佳范本"。

这之后，越来越多的中小险企开始加大对于保险专业中介渠道的投入力度，天安人寿、信泰人寿等都成为保险专业中介领域的重要供应商。

中国银保传媒、波士顿咨询公司联合发布的报告《思以致远：展望中国保险专业中介高质量发展之道》（以下简称《报告》），揭示了 2014—2022 年这 9 年间经代渠道市场份额排行榜前 5 位的激烈争夺。2014—2018 年，基本是华夏人寿在经代渠道

"独领风骚",牢牢占据"一哥"之位,最高时,市场份额甚至将近60%(见图2)。

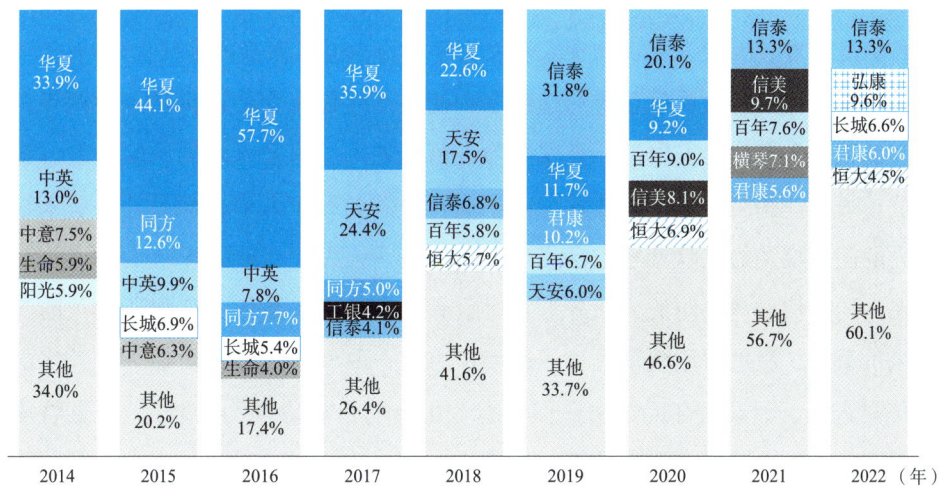

图2 2014—2022年寿险公司经代渠道新单期缴保费占比

注:百分比已四舍五入,部分总和不为100%。

资料来源:中国银保传媒、波士顿咨询:《思以致远:展望中国保险专业中介高质量发展之道》。

注重多渠道发展的外资险企中意人寿、中英人寿、同方全球人寿、工银安盛人寿,以及生命人寿、阳光人寿、长城人寿、天安人寿、信泰人寿、百年人寿、恒大人寿等也都曾进入过前5位榜单。

不同公司在不同时期的策略也显著不同,阳光人寿只在2014年上榜过前5位,此后,对于经代渠道的投入力度明显赶不上其他同业,迅速淡出市场前5位。与之相反的是,天安人寿、信泰人寿、百年人寿、恒大人寿等后来者居上。

尤其是在2019—2022年这4年,改由信泰人寿高居榜首,华夏人寿、天安人寿的市场份额急速收缩,君康人寿、信美人寿、横琴人寿、弘康人寿等又成为榜单上的新星。

《报告》描述了经代渠道不同保险公司之间激烈的竞争:

进入2020年之后,市场领先者的座次变换更替更为频繁。即便一家公司在某一年推出最激进的产品和最高的费用政策,而进入前5名甚至第1名的领先地位,往往第二年就会面临其他"追随者"保司相似产品的猛烈冲击……

激进产品定价策略、激进的费用政策因而构成了自2014年以来保险专业中介大发展的基本要素,而惯用激进产品定价策略、激进费用政策打开市场的激进险企,

又容易在经营上出现风险。

可以看到，保险专业中介渠道市场份额排名前5位的险企中，有着大量的问题险企：华夏人寿、天安人寿、信泰人寿、百年人寿、恒大人寿……

近年来，保险业发展最重要的趋势之一就是，问题险企加速出清。近两年，华夏人寿、天安人寿、易安财险、天安财险、恒大人寿、信泰人寿的风险处置方案已经出炉；另外一些险企的风险处置也有了眉目，例如百年人寿；而另外一些未被媒体曝光的问题险企的风险处置也已经在暗中提速。

在问题机构加速出清的大趋势下，保险专业中介过去数年大发展所仰仗的激进产品定价策略、激进费用政策也将逐渐淡出市场，取而代之的是更加理性务实的经营（华夏人寿、天安人寿近年来在保险专业中介的市场份额明显收缩），这将成为保险专业中介未来不得不面临的第一个挑战。

三、挑战二：监管力推"报行合一"严重挤压中介手续费空间，银保之后，或许就是专业中介

除了问题险企逐步出清会导致保险专业中介渠道费用水平逐渐回归理性之外，监管部门力推"报行合一"也为保险专业中介发展带来了更为直接的负面联想。

近期，人身保险业最受关注的话题之一就是"报行合一"。所谓"报行合一"，简单理解就是要求险企向监管部门报备的费用水平与实际执行的费用水平保持一致，杜绝"说一套做一套，实际考核又一套"。

"报行合一"并非一个新概念，一直以来都是保险监管最基本的要求之一，但实际上，过去很长一个时期内，"报行不一"才是行业常态——人身险公司普遍存在这样一种现象，报给监管部门的定价假设，比如预定附加费用率，与公司实际执行的费用支出以及公司内部的费用考核政策，三者标准并不一致，导致了"报行不一"的出现。

"报行不一"，让人们难以看清人身险企发展的真实成色，成为人身险行业乱象滋生的最重要的温床之一，财务造假、行贿受贿、小账普遍、虚假增员、违规套利、退保黑产等乱象，乃至同质化竞争、手续费率居高不下等行业痼疾都能从中寻找到根源。

如今监管部门在银保渠道力推"报行合一",其实就是通过维护数据的真实性,倒逼险企、银行合作"阳光化",将一切费用摆到明面上来,最大程度上杜绝各种乱象痼疾的发生。

根据最新消息,在严格执行"报行合一"之后,保险公司支付给银行的手续费率,将从目前较为普遍的趸缴、3 年、5 年、10 年期缴分别为 4%、13%、19%、25%,大幅下降至 3%、9%、14% 和 18%。手续费率将因此大为降低,银行渠道中收也将因此受到显著的负面影响。

然而银保渠道的改变或许只是一个开始,在"服务实体经济""减税降费"的大趋势下,"报行合一"不仅仅是监管部门的手段,更是来自更高层面的意志。就在近期,连国内最知名房产中介链家,都宣布大幅下调手续费率。

在银保渠道严格执行"报行合一"之后,保险专业中介渠道下调手续费率已经被认为是大势所趋。

值得注意的是,早在 2021 年,原银保监会就曾下发《人身保险销售管理办法(征求意见稿)》,其中最为核心的内容之一就是对佣金做出限制。根据该征求意见稿,人身险企"佣金占总保费的比例以所售产品定价时的附加费用率为上限",这与近期对于银保渠道"报行合一"的要求基本一致。

一旦《人身保险销售管理办法》正式落地,可以想见,针对所有中介渠道的"报行合一",都将使变动更加有据可依。而保险专业中介渠道一旦正式开始实施"报行合一",产品竞争优势被削弱、手续费率下调都将成为现实。保险专业中介原有的建立在激进产品定价政策、激进费用政策基础上的粗放的发展模式将不再成立,必须战略转向至"拼经营效率"。

从"报行不一"到"报行合一",对于保险专业中介而言,也将同样是一场涉及从行动到理念等方方面面的、触及灵魂的革命。

数百万保险代理人再迎大考：拟划分四大等级剑指财富管理，推动升级还是加速脱落

慧保天下　2023年11月24日

酝酿已久的代理人分级管理制度建设，近日终于向前迈出一大步，人身险行业现存的200多万代理人又一次站在了大变革的关口。

继9月金融监管总局发布《保险销售行为管理办法》，明确产品分类，销售人员分级之后，保险行业协会于近日面向部分保险公司正式下发了《个人保险代理人销售能力资质等级标准（人身保险方向）（讨论稿）》（以下简称《讨论稿》）——全行业性的代理人分级管理大幕即将正式拉开。

个人保险代理人模式落地中国30年以来，在带动国内人身险业大发展的同时，也招致诸多非议，号召改革之声不绝于行业，但彼时行业高速发展的基础仍在，市场主体缺乏彻底"革命"的动力和勇气。当行业深陷转型困境，在经历代理人数量的大幅下滑后，各市场主体已然明确了转型创新的重要性与紧急性。

然而分级管理后，个人代理人这一模式的弊病是否就能得到革除？这一问题恐怕仍不能得出确切结论。

一、详解代理人销售能力资质等级标准：拟划分四大等级，高等级代理人须掌握财富管理专业知识

《讨论稿》主要内容如下：

（一）拟实行四级分类管理，保险代理人等级可逐步升级

根据《讨论稿》，个人保险代理人拟划分四个等级，由低到高分别为四级（初

级)、三级(中级)、二级(高级)、一级(特级)。其中,四级和三级的鉴定方式以考试为主,二级和一级的鉴定方式是考试与综合评审相结合。

四级(初级):具备基础保险知识和专业技能,能在指导下以产品为导向开展保险销售业务,协助订立保险合同及提供相应的客户服务。

三级(中级):具备丰富的保险专业知识和基础的金融专业知识,能识别评估客户个人和家庭的各类风险、启发客户保险需求,熟练掌握保险销售专业技能,独立开展保险销售业务并产生持续稳定绩效。

二级(高级):具备全面深入的保险专业知识和丰富的金融专业知识,能从财富管理的角度分析客户面临的风险并启发保险需求,精通保险销售专业技能,能指导低级别人员开展保险销售业务,绩效水平良好。

一级(特级):具备全面的金融专业知识,精通各项专业技能,能组织团队培训和销售管理,能合规开展非保险金融业务,能分析评估客户需求,设计财富管理方案并协助执行,绩效水平优秀。

《讨论稿》规定,各能力等级的申请应当具备一定的申报条件,包括综合学历、从业年限、诚信记录等基础要素,符合条件的个人保险代理人可以直接申请三级,三级以上则需要逐级取得。

例如,从二级升到一级,首先,需要取得二级保险销售能力资质后,累计从事保险代理业务工作四年(含)以上;或者是具有相关职业的高级职称,取得二级保险销售能力资质后,累计从事保险代理业务工作两年(含)以上。其次,需要完成一级参考性培训学时要求。最后,需要满足相应条件,即保险代理人五年内在执业登记管理系统中未有违法违规信息和执业失信信息记录。这意味着,一个人从成为保险代理人到获取一级证书,最快需要 3 年。

(二) 与时俱进,保险专业能力外,还强调保险代理人的财富管理能力

随着财富管理大时代的到来,市场需要代理人在健康管理、财富规划与传承等方面提供更优质的综合解决方案。针对这一点,《讨论稿》与时俱进,对代理人的专业能力要求不再局限于保险专业技能,而是更加强调代理人的财富管理能力,在"三个转变""六项专业能力"内容中,强调:

个人保险代理人销售技能的关键转变,由保险规划向全面的财富管理服务转变;

个人保险代理人独立完成人身保险销售工作应当具备的主要专业能力，包括财富管理能力（为客户提供财富规划、投资管理和风险控制的能力）。

（三）顺应趋势，关键是引导代理人群体从销售导向转向以客户为中心

从销售导向转向客户导向，做到"以人为本"，是市场进化的必然。究其根源，市场竞争加剧以及保险客户自主意识崛起之下，买方与卖方的市场地位已经发生了根本性的逆转，保险市场彻底转向买方，强势的销售导向已经难以适应新的市场环境，这倒逼险企与代理人彻底转向"以客户为中心"。

而这一点，也正是保险行业协会制定《讨论稿》对代理人进行分级的关键目标之一。《讨论稿》多次强调保险代理人要以客户为中心，从客户个人及家庭面临的风险出发，为其提供服务。

"编制原则"一栏中提到："2. 客户导向。以客户为中心，识别分析客户及家庭的人身和财产风险，聚焦五大核心需求，注重风险评估、需求分析和方案设计能力建设，能为客户提供全生命周期的保险规划、风险与财富管理服务。"

"主要内容"一栏中提到："（四）五大保障需求。从客户个人及家庭面临的风险出发，帮助客户识别分析各类风险，启发客户与风险对应的保险保障需求，主要包括健康医疗保障需求、身故伤残保障需求、退休养老保障需求、子女教育金保障需求以及财富管理需求。"

二、分级管理争议不断：或加剧人员流失？级别≠技能？业绩仍是王道？

《讨论稿》显示了行业协会拟进一步推动代理人分级管理的趋势，这与当下无论是监管还是保险公司都更倾向于精细化管理的理念保持了高度一致。

而《讨论稿》主要是根据《保险销售行为管理办法》来制定的，根据该办法：

第十五条　保险公司应当建立保险产品分级管理制度，根据产品的复杂程度、保险费负担水平以及保单利益的风险高低等标准，对本机构的保险产品进行分类分级。

第十六条　保险公司、保险中介机构应当支持行业自律组织发挥优势推动保险销售人员销售能力分级工作，在行业自律组织制定的销售能力分级框架下，结合自

身实际情况建立本机构保险销售能力资质分级管理体系，以保险销售人员的专业知识、销售能力、诚信水平、品行状况等为主要标准，对所属保险销售人员进行分级，并与保险公司保险产品分级管理制度相衔接，区分销售能力资质实行差别授权，明确所属各等级保险销售人员可以销售的保险产品。

这也就意味着，对代理人销售能力进行分级还只是第一步，最终目标还是要与产品销售权限进行挂钩，等级低的代理人可销售的产品范围小，且产品相对简单、风险相对较低；而等级高的代理人则可以销售分红险、万能险、投连险等相对复杂且需要消费者承担一定风险的产品——以此倒逼保险机构招募更多优质代理人，同时，倒逼代理人不断提升自身专业能力，提升服务质量。

对代理人销售能力进行分级的初衷无疑是业界人士所乐见的，但《讨论稿》的发布，在迎来肯定的同时，也招致了一些非议：

（一）分级＝裁员？部分代理人或因分级加速流失

根据《讨论稿》，目前的销售能力资质等级对于代理人的最低要求是高中毕业或同等学力，这一标准貌似不高，但在一些传统队伍之中，初中学历的人仍占有一定比例，资质等级一旦正式实施，或导致这些人被排除在外，进而加速这些人的流失。

此外，四级和三级的鉴定方式以考试为主，二级和一级的鉴定方式是考试与综合评审相结合，一些成熟代理人脱离课堂已久，即便满足申报条件，达到了相应的学历、培训时长等要求，也依然可能在考试中失败。

再者，根据《讨论稿》，代理人入门之后的升级，从业时间是一个重要条件，这会导致一些资源丰富、销售能力强，但是不满足相应销售能力资质等级标准的代理人的收入在一定时间内受到一定影响，某种程度上，实施分级，也不利于增加保险业对这类人的吸引力。

（二）等级并不等同于销售能力，缺乏相应激励，无法改变代理人"销售为王"的本质

根据《讨论稿》，其以学历、职业资质、培训经历、工作时长、投诉情况等作为划分代理人销售能力等级的主要判断标准，而这些标准并不能很好地反映其销售

能力,这也就意味着,等级高的代理人不一定就是销售能力强的代理人。

这其中不容忽视的一个悖论是,代理人这一职业属性决定了其收入水平与业绩永远高度正相关,"以客户为中心"是目标是手段,但"收入"才是代理人利益的根本所在。如果只是要求代理人提高素质,而缺乏相应配套的激励机制,则不能从根本上改变保险行业业绩为王的营销本质,误导和乱象则不会停止。

(三)诸多细节问题仍待进一步完善

或许由于只是讨论销售能力等级划分标准问题,《讨论稿》针对该标准实施中面临的很多细节问题并没有涉及,例如,谁来培训,谁来考试,谁来制定标准题库,一、二级评定中涉及的"综合评审"又会由谁来执行……这些问题显然都有待进一步明确,保险公司才好有的放矢。

波士顿咨询：预计保险专业中介体量5年翻倍，合作双方亟待破除手续费迷思，从博弈走向共赢[*]

波士顿咨询等　2023年8月22日

> **编者按**
>
> 未来发展最快的渠道是哪个？中国银保传媒、波士顿咨询合作编写的研究报告《思以致远：展望中国保险专业中介高质量发展之道》（以下简称《报告》）结合客群变化、需求变化等要素，给出的答案是"保险专业中介"。
>
> 数据显示，尽管在寿险公司总保费收入中，保险专业中介市场份额仍远远低于个险、银保两大王牌渠道，但近年来，其一直在快速成长，市场份额持续攀升。
>
> 2022年保险专业中介渠道保费收入规模已经达到整体市场的15%左右，而《报告》预计未来这一渠道仍将保持高于行业整体水平1.5倍上下的增速，继续高歌猛进；到2027年，保险专业中介体量可接近翻番，达成近1.2万亿元保费收入，市场份额进一步提升至17%。
>
> 支撑当下以及未来一个时期内保险专业中介高速发展的原因是什么？寿险方面，《报告》认为源于客群结构变化，消费者需求从单纯保险需求演变到保险保障、财富管理、健康养老等综合多元需求，因此也期待更专业、中立的保险服务与咨询。财险方面，《报告》则认为源于不断融入各类场景的趋势下，既要满足场景方需求，又要满足终端客户需求，因此需求也变得更加多元。

---

[*] 本文改编自中国银保传媒、波士顿咨询合作编写的研究报告：《思以致远：展望中国保险专业中介高质量发展之道》。当前标题为编者所加，内文略有改动。

> 尽管大有可为，但保险专业中介也面临两大转变的挑战：其一，保司合作模式上，从专业中介与保司之间传统的"零和博弈"，转变为共生、双赢的可持续合作，对此，《报告》认为，双方在合作时首先应当破除"手续费迷思"。其二，业务发展模式上，从资源型发展模式转变为专业型发展模式，通过优增优育、数字化经营赋能等专业化手段促进可持续的规模化发展。

2023年上半年，中国宏观经济发展迎来"喜忧参半"的局面。季度GDP增速和国家统计局发布的消费者信心指数都实现了显著的反弹和恢复。然而在国内国际双循环发展格局下，经济下行周期似乎不可避免，各方不得不做好面对GDP增速趋缓、利率下行等相对不利因素的准备。

中国保险行业正处于向高质量发展的转型进程之中，尤其是寿险公司，代理人队伍规模下滑严重，普遍面临增员难、留存难的"两难"挑战。然而，专业中介公司发展迅速，估算2023年第一季度专业中介的新单标准保费已经占到寿险新单标准保费的7%—10%。相较2022年全年专业中介只占寿险保费收入6%的市场份额，专业中介渠道展现了进一步向上发展的良好势头。

一、专业中介市场这十年：市场探索期、开放激长期和规范发展期三大阶段，长期保持快速增长

专业中介市场发展演进分为市场探索期、开放激长期和规范发展期三个阶段，每个阶段中都有来自宏观政治经济环境、消费者需求变化的外部推动，也有自身监管引导、参与主体业务模式转型的内生驱动，不断推动专业中介市场发展。2022年渠道保费规模提升至约6800亿元，占据保险市场14.5%的份额。

2014—2022年专业中介市场年复合增速情况见图1。

（一）第一阶段市场探索期（2014—2016年）：国内宏观政策利好，市场参与者大量入局，专业中介渠道保费规模以每年23%的复合增速快速提升至约2200亿元规模

2014—2016年，中国保险市场保持着强劲的增长态势。中国保险监管发布了一

		市场探索期 (2014—2016年)	开放激长期 (2017—2019年)	规范发展期 (2020—2022年)
保险	整体保险	24%	8%	4%
寿险	整体寿险	31%	7%	4%
	专业中介	23%	27%	34%
	直销	14%	18%	−9%
	代理人	28%	15%	−3%
	银保	39%	−8%	17%
产险	整体产险	11%	12%	3%
	专业中介	23%	46%	1%
	其他渠道	8%	2%	4%

图1　2014—2022年三个阶段专业中介渠道保费分阶段年复合增速情况

资料来源：中国保险年鉴；原中国银行保险监督管理委员会；专家访谈；BCG分析。

系列针对专业中介市场的利好政策，立法明确保险经纪人的内涵和中立立场，鼓励保险公司深化与第三方专业中介公司的合作关系，并且推动"产销分离"模式，鼓励专业中介机构提升服务能力。

在发展利好背景下，2014—2016年中国保险专业中介市场经历了快速增长，3年间新成立超过400家专业中介公司，机构数量增速远超后续两个发展阶段。在寿险领域，专业中介发展重视度不及个险和银保，但寿险专业中介市场保持稳定的增长态势，为23%。在财产险方面，专业中介渠道相对更受重视，产险市场整体保费规模增长率达11%，而专业中介市场达23%，显示出专业中介在拉动整体财产险行业快速发展方面发挥了积极作用。

在市场摸索发展阶段，专业中介监管仍在不断完善过程中，各种经营漏洞和竞争乱象不断涌现，例如未经授权代理保险产品、违规获取佣金、虚报保费、误导销售等。这些市场乱象造成了消费者权益受到侵害，使消费者对专业中介渠道的信心受挫。监管机构及时启动了对这一系列问题的整顿工作，给处于探索发展阶段的专业中介市场敲响警钟、及时纠偏。

（二）第二阶段开放激长期（2017—2019 年）：互联网红利激发巨大的增量市场，专业中介的保费规模实现了 42% 的年复合增速，规模提升到 5700 亿元，增速远超同阶段中国整体保险市场 8% 的增速

随着全国网民普及率 2016 年已超过 50%，到 2019 年更升至 65%，消费者开始接受并习惯通过互联网获取保险资讯、比较保险产品，并在线上完成购买，形成巨大的潜在保险消费客群。保险行业及互联网企业纷纷入局互联网保险市场，带来更多消费场景和保险产品的创新、更多增量的客户流量、更多新兴技术的成熟应用，加速推进整个保险市场的发展。

大量互联网企业入局参与线上线下保险专业中介市场，2017 年左右，市场熟知的互联网巨头都已涉足保险专业中介市场，部分甚至参股了保险公司；同时许多中小型互联网中介也从保险比价平台或保险资讯媒体等起家，迅速发展并获取了专业中介牌照。

保险公司也意识到通过互联网开展保险业务的巨大潜力。相比自建网销平台，保险公司更多选择拥抱互联网企业的资源优势，包括庞大的线上用户规模（流量优势）、渗透到消费者的"衣食住行"各个生活场景中（场景优势），及通过用户数据分析来洞悉消费者需求（数据优势）。

同时，不少传统线下专业中介公司，也在互联网保险热潮下开始探索补强自身的线上能力，比如提供基于微信生态的保单管理功能、线上保险方案、理赔等咨询服务，期望通过线上平台不断提升吸引新客户、服务老客户的核心能力。

在互联网的催化下并迎接客户的各类需求，市场涌现出了不少基于互联网诞生的场景化与定制化保险，通过产品创新确实提升了国内保险保障的广度和力度。如百万医疗险以其"高保额、低保费"的特性迅速获得市场青睐，为广大消费者在基本医保之外提供了可观的补充保障；共享单车企业与线上支付平台共同合作，提供骑行意外险。

2017—2019 年是最近十年专业中介三个发展阶段中最为迅速的时期。寿险和产险分别斩获 27% 和 46% 的年复合增速，各自都大幅跑赢了产、寿险行业整体增速。

从线上和线下细分角度来看，线上专业中介市场的保费规模从 2016 年到 2019 年实现了约 80% 的年复合增速，最终将市场份额从 2016 年的 7.2% 提升到 2019 年的约

18%；同期线下专业中介市场的保费增速也在每年 30% 左右，取得不俗的成绩。

与前一阶段相比，此阶段机构总量增长虽然趋缓，从 2017 年的 2596 家稳步增长至 2019 年的 2669 家，但专业中介公司普遍强化自身线上经营能力，不同类型专业中介公司竞争逐渐达到平衡有序状态。

（三）第三阶段规范发展期（2020 年至今）：专业中介经营进一步规范有序，市场竞争进入内力比拼，对比保险市场整体保费规模增速放缓到 4%，专业中介仍保持相对较高的 8% 增速

2019 年末开始，新冠疫情暴发。一方面，疫情提升了消费者对医疗和健康的风险意识；另一方面，疫情对中国宏观经济也造成了冲击，再加上疫情管控下，线下保险销售和客户服务受到巨大限制，保险行业整体发展受压。

监管部门陆续出台各项监管要求，以应对保险中介不合规行为和互联网保险经营中持续扩大的各类风险。在专业中介方面，展开机构人员登记数据的清核工作，地方监管机构也出台专业中介分级管理办法，差异化实施监管措施。在互联网保险新规实施之前，小型保险公司提供通过互联网销售较激进的产品，其经营资质往往不能符合新标准，导致参与互联网中介渠道的保险公司和保险产品出现大幅收缩和调整。

同时，专业中介普遍调整经营策略，锻造线上线下融合业务模式，线上强调客户经营和加强线上客户黏性，线下强化销售队伍布局，把握行业整体代理人大幅脱落的机遇，抢占市场优质专业人才。

寿险方面，受互联网新规影响，大量长期人身险产品无法在互联网渠道销售，专业中介渠道发展出现回落再反弹之势，在线上线下融合的业务转型下展现出较强的增长韧性。2020 年专业中介渠道期缴保费规模同比下降 12%，是 2014 年来首次负增长；随后两年，专业中介渠道期缴保费恢复良好增长态势，同比增速快速回升至 20% 以上。

财产险方面，市场整体趋于饱和，行业竞争从增量市场竞争转入存量市场竞争。财产险整体保费规模增速从上一阶段的每年 12% 趋缓为 3%，其中专业中介市场仍能保持 35% 的市场份额，但其保费规模的复合年增速则从上一阶段的 46% 骤降至 1%，过往互联网红利的动能正逐渐释放完毕。

二、专业中介在产、寿险领域发展和关键动因迥异：寿险客户更倾向专业、中立服务，财险融入各类场景

基于不同的产品特性及业务经营逻辑，产、寿险细分市场上，专业中介发展现状也差异明显。

截至 2013 年，专业中介渠道市场份额起点相对较低，近 10 年以 24% 的复合年增速高速发展，增长速度领先于其他几大渠道，从行业渠道贡献度排名角度位列第三。但是对比个险代理人和银保两大主渠道，体量差距仍然较为明显，对应的行业影响力暂时仍较有限。

财产险市场上专业中介起步更早，一开始主要围绕企业客户开展企财险、工程险等领域业务，发展到 2013 年专业中介渠道已经取得了 13% 的市场份额。近 10 年来，斩获超过 20% 的年复合增速，专业中介渠道和兼业代理渠道、个人代理渠道共同位列几大主渠道之一。

究竟是什么关键因素驱动了专业中介市场的发展？

寿险行业在需求端是直接服务 C 端个人消费者，因此，客群体量和需求变化是驱动市场变化的关键原因。从客群体量和结构角度，随着人口红利消退，保险消费者群体进入总量趋稳、新增需求时代。

随着消费者的收入水平、认知成熟度、数字化程度不断提高，其需求也从单纯保险需求演变到保险保障、财富管理、健康养老等综合多元需求。消费者期待更专业、中立的保险服务与咨询，既可以听懂他们这个世代消费者的声音，又可以网罗市场上最优质的产品服务，进行高效整合后于第一时间传递给他们。

产险行业在需求端则服务于场景方（如车商、互联网平台等）生态内的终端客户，其需求侧既有场景方的需求，也有终端客户的需求，相对而言整体需求更为多元。

大量场景方优先考虑从财产险领域入局市场，加速了财产险供给侧改革，推动更多场景化、定制化解决方案的转型，也带来可观的新增量业务；反观寿险领域，即使是互联网中介，也不得不转型线下经营，摸索线上线下融合模式下的发展新动力。

在市场供需差异之外，国务院及相关金融监管部门始终在为推动专业中介市场的健康发展不断指明新方向、给出新遵循，对无论寿险还是财产险的专业中介市场而言，监管引导一直是推动市场发展、优化经营模式的关键动力。

三、未来五年专业中介体量有望快速翻番，这符合客户需求、保司意愿、专业中介自身规划

行业整体对于专业中介渠道的未来增长抱有乐观的态度。不论是来自保险公司还是专业中介的受访者都相信未来专业中介渠道会保持积极增长趋势，并一致认为专业中介渠道未来能在中国市场有稳健的成长，背后有三大方面的核心驱动力：客户需求、保司需求以及中介公司的专业积累。

核心驱动力一：在客户需求层面，保险行业以"客户为中心"的核心价值已然确立，"产销分离"模式持续发展是大势所趋。

"产销分离"模式有利于保险市场供给侧的改革深化。保险公司能专注于产品的设计与开发，提供更丰富多元的保险产品，优化目前市场产品同质化的问题，并提升产品的质量和风险保障；而中介公司则能更多致力于市场营销和客户服务，通过个性化的销售和专业的咨询，为客户提供更公正客观的产品推荐以及更好的售前售后服务体验。

借鉴美国等领先市场，"产销分离"模式有助于提升客户体验，也更受到消费者的欢迎。而随着中国经济的发展和人民收入水平的提高，个人和家庭对保险和金融服务的需求逐渐多样化和个性化，类似的专业中介模式势必可以更好地满足客户的多元化需求。

核心驱动力二：不少保司期待专业中介渠道成为其业务增长的突破口，"掩护"或辅助保司其他渠道的稳步发展。

以寿险公司为例，个险代理人队伍持续脱落，队伍和业务的成功转型往往需要较长的时间；银保渠道近几年行业虽发力价值转型，但当前新业务价值率仍显著低于个险及专业中介渠道；网电直销渠道发展在短期内的增长也受到不少限制。因此，不少中小寿险公司或者区域型寿险公司转向发力专业中介渠道。

核心驱动力三：不少专业中介公司已经将部分自身专业能力构建为市场竞争"护城河"，可总结为四大类型。

- 队伍能力过硬：聚集并培育了一批高素质的线下销售队伍，销售人员普遍拥有专业过硬的保险知识、服务经验和客户经营技能，辅以领先的保险理念、沟通技巧、团队士气，在传统线下保险营销上独具优势。
- 数字化场景经营领先：自身拥有丰富的场景资源，擅长线上流量运营和场景资源开拓。这类专业中介利用线上平台和社交媒体等媒体矩阵，通过融会贯通的公域—私域运营、线上—线下配合，精准触客获客。
- 赋能体系立体完善：擅长线上线下融合，打造客户经营闭环以深挖价值。利用中后台各领域专家赋能团队、海量的数据模型策略分析、整合的数字化经营工具、高效的经营支持团队，帮助每个一线经纪人或代理人实现更好的展业效率。
- 精深传统风控定价优势：具备强大的风险管理专业能力，这类保险中介多为全球性的专业中介公司，拥有横跨全球的丰富的保险行业经验和专业知识，能够深入识别不同细分行业和领域的风险，并提供相应的保险解决方案。

随着人均收入水平的提升、保险认知成熟度成长以及健康养老等综合多元需求，《报告》预估中国保险市场从 2022 年到 2027 年将稳步以每年 7.5% 的增速成长到 6.8 万亿元的保费规模（见图 2）。

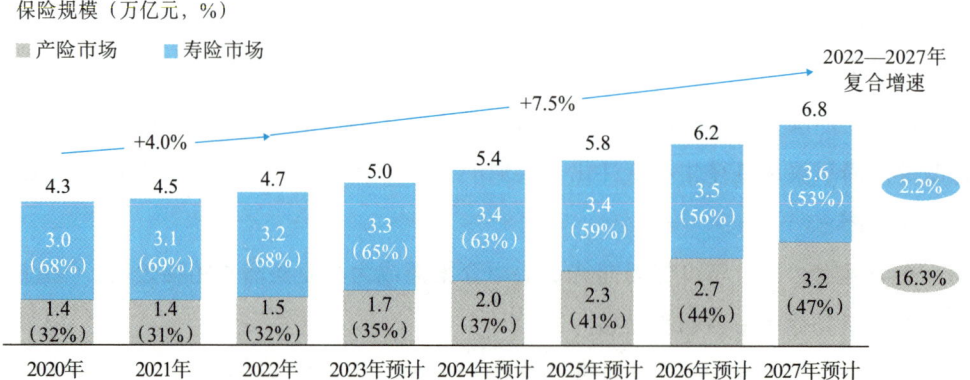

图 2　2022—2027 年中国保险市场保费规模预估

资料来源：中国保险年鉴；BCG INSights 数据库；BCG 分析。

专业中介渠道方面，2022 年其保费收入规模约占整体市场的 15%。《报告》预计专业中介渠道未来 5 年增速保持在市场整体增速的 1.5 倍上下，到 2027 年体量可接近翻番，达成近1.2万亿元保费收入，市场份额进一步提升至17%（见图3）。随着其规模的进一步提升，专业中介将成为行业不容轻视的关键渠道之一。

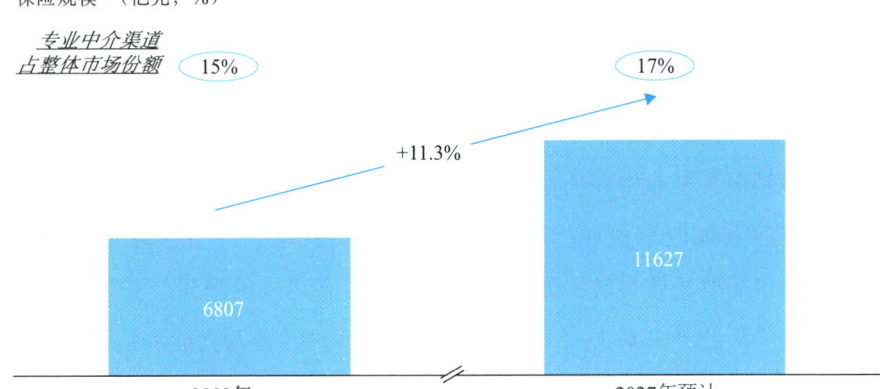

图3　2027年中国保险市场专业中介渠道保费规模预估

注：①BCG INSights 数据库预测未来5年中国保险市场年复合增速约为7.5%；借鉴调研结果，假设专业中介增速达到整体市场的1.5倍，即11.3%。

资料来源：保险机构调研问卷（N＝36），BCG INSights 数据库；BCG 分析。

四、专业中介市场需完成两大转变，与险企共生共赢，践行专业型发展模式

转变一：保司合作模式上，从专业中介与保司之间传统的"零和博弈"，转变为共生、双赢的可持续合作。

为实现共生合作模式的转变，应分"两步走"。

第一步，双方在合作时首先需破解"手续费迷思"，从理念上应摒弃"零和博弈"思维。无论对专业中介公司还是保险公司来说，手续费都不是合作中最看重的考量因素，地域市场覆盖度、业务品质、产品供给能力、战略稳定性等因素反而更受两边关注。

第二步，专业中介和保险公司应当"双向奔赴"。从专业中介公司的角度，需深入思考数字化时代下保险"产""销"两方各自应在价值链中如何分工与合作，而不是单纯的替代与颠覆；从保险公司的角度，也需要充分理解专业中介在不同场

景中所承担的角色、所创造的价值，而不是受制于部分行业偏见，被"去中介化"片面地影响了判断。

转变二：业务发展模式上，从资源型发展模式转变为专业型发展模式。

在寿险领域，专业中介公司需开发、强化优质业务员资源，通过优增优育、数字化经营赋能等专业化手段促进可持续的规模化发展。线下服务能力、高客服务能力和线上线下融合模式是未来3—5年的关键能力建设方向。

在非寿险领域，专业中介公司的规模化发展一方面有赖于场景深度经营，即深耕自身场景资源（如股东资源、流量资源等）以开拓客户多元需求并定制解决方案；另一方面也需要场景突破，即开拓原生资源生态之外的场景，并匹配对应的专业化能力建设。因此，未来3—5年的场景深挖和客户经营两大能力是财产险专业中介市场上的核心能力建设方向。

五、专业中介制胜五策：强化"中立＋专业"的价值主张，实现共赢局面

借鉴国内外市场经验及领先实践，可总结出提升中国保险专业中介专业化发展的五条"锦囊"。

锦囊一：以客户为中心，全方位多角度推动专业中介能力升级换代。

专业中介普遍全面贯彻"以客户为中心"的经营理念，围绕服务客户建立自身的经营策略，围绕满足客户的需求升级迭代自身的关键能力，围绕客户的诉求满足度衡量自身的经营成败。以寿险为例，面对国民收入水平提升和需求愈发多样化带来的增量机遇，专业中介将有机会围绕客户财富管理需求逐步延伸至全品类经营。

锦囊二：强化"中立＋专业"的价值主张，打造线上线下融合的差异化专业竞争力。

面对数字化时代的新一代客户，线上线下融合将是保险营销大势所趋，只有及时把握线上人群和其行为需求发生的变化，方能抓住新增长机遇。"80后""90后"这一互联网核心人群成为保险主力消费群体，其投保行为和需求已经发生多种变化，越来越多的客户会主动通过微信公众号、视频号、朋友圈、微信群等了解保险信息，并且大部分客户期望在线上咨询人工或智能客服。基于这样的客户行为需求，行业

也应在获客、活客和黏客三大方面及时关注并进行调整。

相比保险公司，专业中介通过强化"中立+专业"的价值主张将更有助于打造"线上营销获客+线下经营转化"差异化专业竞争力。在线上线下各个环节，加强"中立+专业"的客户体验塑造，成倍放大客户经营成效，构筑竞争"护城河"。

锦囊三：开拓创新场景，深耕存量场景，聚焦场景深度经营，最大化发挥专业中介的站位优势。

专业中介作为客户经营主体，可以更贴近终端客户，听取一线的呼声、收集他们的需求，因此更需立足于开发场景、深挖客群多元需求、定制或包装产品服务组合、提升终端客户黏性。

以非寿险为例，面对新能源车险、小微企业保险、宠物险等增量机遇，场景突破是关键。这里的场景突破不应当是"蜻蜓点水"式的散点发力，而应该是围绕客户使用核心场景，"以点及面"地进行场景的融汇延展，"步步为营"地夯实每个子场景中的客户服务、优化体验。

锦囊四：构建配套的细分领域或行业专业能力，洞悉需求并敏捷定制产品服务。

场景深度经营的关键在于建立配套的细分领域或行业专业能力，精准把握细分客群的痛点与需求，提供针对性的服务与产品，真正实现从资源型到专业型发展模式的转变。

全球领先市场上专业中介发展更早，在市场高度认可"产销分离"模式的背景下，专业中介发展更充分更蓬勃。不少领先专业中介已经围绕各类客群及各方面需求构建了高度专业且多维一体的服务能力体系，一方面可全面直接地服务好C端或B端客户，另一方面也为保险公司提供优质的"补位"能力。

锦囊五：发力产业共生共建，实现共赢。

经纪公司在选择合作财产险公司时，往往将细分行业的解决方案定制能力作为最重视的关键因素之一，原因是客户期望经纪公司能协助解决自身面临的各类独特挑战，获得定制化、个性化的解决方案，此时财产险公司在细分领域的产品设计、定价及风控能力自然成为决定性因素。

站在保险公司的角度，破局盈利博弈的关键也正是在于做精场景或行业，打造风险定价和产品创新专业能力，最终在承保端建立人无我有的差异化竞争力，这样渠道方势必会协助链接更广阔的业务机会，双方实现共生共赢。

换位到专业中介的角度亦是如此。以车险市场为例，如果专业中介能够深入参与到汽车产业变革及车企数字化转型之中，在汽车产业链的多个环节找到自己的定位，再深耕场景，通过销售运营服务、信息交换、数据模型、系统平台等各种手段为产业链参与各方创造价值，相信一定能获得大有可为的发展空间。

六、结语

在中国整体保险行业高质量发展的主题下，保险专业中介市场在未来5年内能秉持"以客为核"、长期主义的价值取向，收获长足的发展与变革，迎来一个市场参与各方平衡发展、合作共赢的繁荣兴旺新局面。

（一）保险公司方

正视客户愈发需要中立专业的顾问意见、生态场景方会更多入局中介市场，认可专业中介所发挥的关键价值，通过保险"产""销"双方深度配合，进一步推进保险供给侧深化改革，充分发挥保险的经济"减震器"和社会"稳定器"作用。

（二）保险中介方

笃志、笃行专业型高质量发展模式，扎根自身角色定位，深入理解保险客户及保险公司，积极链接供需双方，遵循监管引导及市场规范，全力打造各方有口皆碑的专业标杆。

（三）市场监管方

积极研判市场趋势（如客户更习惯线上线下融合的保险选购，更多不同科技背景的场景方会参与到市场中等），从"一体两面"的角度继续引领专业中介市场风险防控与有序发展。

第七部分

小趋势·进退之间新融合

　　风险机构如何出清、资本从何而来、保险业务如何发展、资金又投向哪里，无疑就是当下保险业最核心的命题。新的资本介入加速重塑市场格局，地方国资俨然渐成主角；内地、香港保险业务交流加深，需要打造新的平衡；振兴资本市场、服务人口老龄化、促进共同富裕等话题下，保险业如何发挥作用都颇费思量。

20年风险处置模式更迭，未来还能怎么改？
18家未披露年报险企资产超1.5万亿元

海棠* 2023年7月11日

"中汇人寿""瑞众人寿"的正式获批，标志着历时7年之久、行业所关注的4家被接管公司的风险处置工作取得重要进展。

任何行业的发展都伴随着风险，我国保险业也不例外，在发展的40年间，也曾经历了数波风险，多家险企遭遇风险处置问题。

第一轮是在2000年前后的行业发展早期，政策手段不完善、市场认知有限，新华、中华联合等险企未严格遵循保险原理开展经营，因此遭遇了重大风险。

第二轮是在2010年前后的行业快速发展期，股权结构、产品类型、投资渠道等逐渐放开，市场活力得到有效激发，但部分险企，如安邦、明天系等，走上激进经营的道路，引发了各类严重风险。

第三轮是在2020年前后，随着经济结构调整、产业转型升级，有些行业的股东经营状况恶化，无法持续补充资本，使险企面临偿付能力危机和持续经营的风险。

随着风险的演化，风险处置的模式也在不断探索。保险保障基金作为行业最终"防火墙"，多年来在推动化解风险、保护保险消费者权益方面，做出了巨大的贡献。然而，从华夏人寿、天安人寿、天安财险、易安财险的风险处置开始，可以发现，保险保障基金的角色不再是从前的"主导者"，而更多是以"参与者"的方式出现——国资保险公司、保险保障基金等设立新公司，再行受让资产负债——风险处置的模式已经发生了嬗变。

如今，针对华夏人寿、天安人寿、易安财险等的风险处置尘埃落定，它们的故

---

* 作者：海棠，资深从业者，"惟益智库"高级顾问。"惟益智库"聚焦金融保险领域的政策、合规与可持续发展，打造业界领先的智库机构，为客户提供全面专业的服务。

事即将翻篇,但与此同时,还有更多疑案仍在路上。截至 2022 年底,尚有 18 家险企未披露有关报告,其中仍不乏需要风险处置的险企,而这些都需要巨量资金来支撑。未来,风险处置的可行模式还会不会继续进化?

一、险企风险处置的难度不断增加,保险保障基金严重承压

截至目前的公开信息,保险保障基金共参与了 6 家险企的风险处置(见表 1)。

表 1　　　　　　　　　　险企风险处置情况

序号	被处置公司	动用资金(亿元)	占比(%)	历时	退出方式和收益
1	新华人寿	30	38.8（单一第一大股东/实际控制人）	2 年（2007—2009 年）	协议转让（中央汇金），年化收益超过 20%
2	中华联合财险	60	91.50	5 年（2012—2017 年）	挂牌转让（辽宁成大/中国中车/富邦人寿),年化收益达 24%
截至 2018 年 1 月末,保险保障基金余额 1159 亿元					
3	安邦集团	608（一年后减资至 405）	98.23	已超过 5 年（2018 年 4 月至今）	未明确（曾于 2021 年挂牌,溢价 60%,无结果)
截至 2022 年 12 月末,保险保障基金余额 2033 亿元					
4	天安人寿	66.4	20	2023 年入资	—
5	华夏人寿	226	40	2023 年入资	—
6	恒大人寿	37.5	25	尚未明确	—

从以上总结中,可以看出风险处置的难度不断增加,主要体现在以下四个方面。

(一)风险处置的资金需求量剧增

保险业的发展离不开宏观经济环境,随着我国经济近 20 年来的飞速发展,险企依靠"杠杆"迅速膨胀,规模早与 21 世纪初不可同日而语。因此,当年仅需用动用几十亿元,即可化解掉新华人寿和中华联合财险的风险,但十年后仅安邦一家,就动用了近一半的保险保障基金,相当于救助了 10 家中华联合和 20 家新华人寿,更不用说拥有巨大体量的华夏人寿及其同门的天安人寿、天安财险、易安财险,以及后续还需处置的其他险企了。

（二）从入资到退出的时间越来越长

保险保障基金救助新华人寿，2 年便实现全部退出；救助中华联合，2015 年大部分退出，2017 年全部退出，总共历时 5 年；在安邦项目上，虽然引战、挂牌的消息一直不绝于耳，但 5 年后的今天尚未真正实现任何退出。

保险保障基金退出的难易，与社会资本对保险牌照的需求密不可分。2010—2017 年是行业突飞猛进、资本蜂拥而至、"一照难求"的时代，而现阶段保险牌照热度早已不复往日，极大地增加了保险保障基金的退出难度。

（三）退出收益的预期逐渐下降

如果说退出难度取决于供需关系，那么退出收益则取决于对险企经营状况的整改能力。尤其在牌照遇冷的时期，更加凸显了重组改造的重要性。

一家治理良好、经营稳健、持续盈利的险企，更容易以高溢价卖出。在新华人寿和中华联合项目上，保险保障基金都实现了超过 20% 的年化收益；从安邦项目的挂牌来看，3 年 60% 的溢价，说明对收益预期已有所降低。

随着险企的经营环境愈发严苛，改革难度不断增大，可以预计未来的收益预期将进一步降低。

（四）保险保障基金，未来不仅要开源，更要节流

2022 年末和 2023 年初出台的保险保障基金新规，将原有的固定费率调整为风险导向的差别费率，并将缴纳上限从公司总资产占比调整为行业总资产占比，虽然提升了保险保障基金缴费的合理性和积累空间，但也增加了中小规模险企和问题险企的缴费负担。在难以补充资本的情况下，"开源"手段是否有效，尚需时间验证。

从实际数据来看，保险保障基金 2022 年累积了 203 亿元，从 2018 年 1 月到 2022 年末的 5 年间，也仅累积了 874 亿元，平均每年累积不到 200 亿元，尚不够救助一家华夏人寿。因此，保险保障基金寻求与社会资本配合，开源与节流并重，更有利于其平稳可持续发展。

二、政策环境演变，为风险处置新模式留下想象空间

值得注意的是，在保险行业官网上，截至 2022 年末，尚有 18 家险企连续数年未向社会公众披露年报。其是否属于第三轮风险处置对象尚不可知，但可以肯定的是，其财务状况一定是出现了严重的问题，或资产状况不实，或偿付能力不足，且暂时无法通过自身能力解决。

仅列举其中 8 家比较有代表性的险企最后披露的资产规模，其数据依然是惊人的（见表 2）。

表 2　　　　　　　　　　8 家险企资产规模

序号	总资产（亿元）	备注
1	2500	截至 2022 年末
2	3700	截至 2021 年末
3	850	截至 2020 年末
4	1600	截至 2019 年末
5	500	截至 2020 年末
6	800	截至 2020 年末
7	450	截至 2021 年末
8	5200	截至 2020 年末
总计	15600	—

表 2 中险企总资产合计已超过 1.5 万亿元，考虑到部分截止于 4 年或 3 年以前，目前很可能已发展到 2 万亿元以上，总规模超过了当年的安邦集团。

如此巨量的资产和复杂的风险，举保险保障基金一家之力开展处置，是非常不理智且不现实的行为。这些都倒逼行业加速风险处置模式的更迭。值得注意的是，这样的想象空间已经打开。

（一）《保险保障基金管理办法》修订，打破"刚兑"

修订后的《保险保障基金管理办法》，规定了对于利益超过 5 万元的保单及带有投资属性的保单，均无法得到全额救助，明确打破了"刚兑"。

无论是对于险企股东、地方政府，还是对于保险消费者来说，这都是很好的教

育过程，也能从另一层面防范潜在风险。

（二）对于风险机构以及保险保障基金而言，引入成熟团队，业务重整比单纯救助更重要

保险保障基金能够实现溢价退出的前提，是在化解风险的基础上，形成持续稳定的盈利模式。在行业更加内卷的今天，单纯由保险保障基金团队主导的方式，已很难应对激烈的市场竞争。因此，华夏人寿引入了国寿团队、天安人寿引入了新华团队、天安财险引入了太保团队……引入的均为经营稳健的老牌险企，其丰富的经营管理经验，能够早日带领救助对象走出泥沼，重回良性发展的轨道。

（三）《金融稳定法（草案）》明确可充分发挥地方政府和市场配置资源的作用

目前，《金融稳定法（草案）》已提请人大常委会审议，虽未正式发布，但政策精神已经贯穿至华夏人寿、天安人寿、易安财险等几家险企的风险处置过程中。

这部上位法的出现，为未来的险企风险处置打开了新的想象空间：

一是夯实了地方政府的主体责任。要求其履行辖区内金融风险防范、化解和处置责任，采取有效措施维护社会稳定。可以看到，在近一段时间的险企风险处置中，地方政府、地方国资已经开始发挥出巨大的作用。

二是强调了市场配置资源的作用和市场化引入战略投资者的重要性。行业保障基金作为市场化、法治化的处置平台，依法履行促成收购承接、出资等职责。因此，这也很好地解释了地方政府在此轮风险处置中扮演的重要角色。对于具有市场化风险处置可能性的易安财险，首要就是市场化引入符合条件的投资人。

我国改革开放的总设计师邓小平曾经说过，发展中的问题，要靠发展来解决。保险业作为管理风险的行业，也应不断完善自身的容错和纠偏机制。对于即将接受风险处置的险企及其股东来说，丰富的风险处置模式，也是多一重选择、多一道保障、多一份对保险消费者的负责。

除了央企、地方国资、大型保险公司以外，未来希望能够看到更多诸如大型民营企业、外资险企等有切实保险需求、经营管理能力和资本实力的市场主体，参与到风险处置的过程中，贡献宝贵的经验和智慧，以实现资源优化配置，保护保险消费者利益，共同助力行业持续健康发展。

142家险企508名独董全梳理：48家未落实到位，平安薪酬最高人均超50万元

慧保天下 2023年7月12日

找一家保险公司当独立董事，每年多拿几十万元薪水，在不少业内人士看来是一份"美差"。然而在监管全面强化保险法人机构公司治理，保证独立董事监督职能切实发挥的大趋势下，独立董事所承担的职责正变得愈发沉重。

行业对于独立董事的高度重视是从2018年前后一些保险机构暴雷开始的，这些机构或多或少出现了违规入股、资金不实，尤其是关联交易不规范等公司治理乱象，独董制度不够健全，未能有效发挥监督作用成为其中一项重要因素。

此后，在持续加强公司治理监管的大趋势下，超过50多项新规陆续出台，独董制度的健全也成为题中之意。早在2018年，原银保监会就印发了《保险机构独立董事管理办法》，对2007年发布的《保险机构独立董事管理暂行办法》进行全面修订。同时，保险业协会也据此加强信息披露系统建设，于2021年12月22日正式上线了独董人才库，强化保险机构独董自律管理。

在制度的保障下，保险业独立董事的职能愈发关键。目前，保险业尚未出现独立董事因失职被罚的现象，但上市公司方面，早已经掀起滔天巨浪。在2021年康美药业5名独董合计被判承担连带赔偿责任达3.69亿元后，上市公司一度出现独董集体离职潮。就在2023年，大智慧公司因证券欺诈被判令承担民事赔偿责任后，董监高还再次被追诉赔偿。

从保险业监管来看，非上市公司看齐上市公司已经是显性趋势，这从各种信息披露制度就可见一斑。就独立董事制度而言，也正逐渐强化，大有赶上上市公司的势头。保险公司的独立董事们也开始承受愈加沉重的压力。

《保险机构独立董事管理办法》发布5年，究竟落实如何？"独立董事"还是一份"美差"吗？

为了回答这些问题,"慧保天下"对上市、非上市保险集团及控股公司、寿险、财险公司的独立董事们进行了全面梳理。

整体来看,在监管的不断强化之下,保险业对于独立董事制度的重视程度有显著改善,142家险企目前共有508位独董,从上市险企公布的数据作为参考,他们的年薪普遍在二三十万元,其中中国平安独董薪酬最高,人均超过50万元,但同样实行递延支付。

与此同时,独立董事相关的问题也依旧突出:一方面,不少机构独立董事配置仍未能达到监管要求;另一方面,由于监管对于独立董事任职资格审批严格把关,过往"不懂事不独立""花瓶独董""人情董事"等声音渐消,但市场上也出现了难觅合格独立董事的情况。

一、48家险企独董落实不到位:国资险企、外资险企尤其突出

按照原银保监会《保险机构独立董事管理办法》要求:"保险机构董事会独立董事人数应当至少为3名,并且不低于董事会成员总数的1/3。"因此,独董人数一般为3—6位。

但并非所有险企都落实了该规定,在年报中没有独董相关信息的险企共有29家,包括11家寿险公司与18家财险公司。此外,还有19家公司独董人数不合格,如三峡人寿、长江财险等分别只有2名独董。(《保险机构独立董事管理办法》明确保险集团(控股)公司设立独董制度后,经申请备案,其保险子公司可以不用设立,故这里不包括13家未设立独董制度的保险子公司)。

当然,有些公司不设立独立董事是有其特殊原因的。例如中国人寿保险(集团)公司尚未进行股改,目前其仍只有两家股东——财政部持股90%、社保基金理事会持股10%。除董事长以及副董事长外,没有其他董事信息,更没有独立董事的信息。但旗下主要的保险子公司,包括上市的国寿寿险、非上市的国寿财险等是按规定设置独立董事的。

其他未设立独董以及独董人数不满3人的,大多为外商独资和中外合资险企。例如工银安盛人寿,其年报中明确提出:"公司董事会由10名董事组成,包括执行董事4名,非执行董事6名,目前暂未实行独立董事制度。"此外,中意人寿、中银

三星、德华安顾、华汇人寿、瑞泰人寿、中荷人寿、招商信诺、中美联泰、恒安标准等寿险公司也未公布独立董事信息。

融通财险、美亚财险、中石油专属、瑞再企商、史带财险、中意财险、苏黎世、凯本财险、安达保险、广东能源、三星财险、长安责任、劳合社、中铁自保、中远海运等财险公司也未公布独立董事相关信息，主要也是国有独资险企、外商独资险企以及中外合资险企等。

但按照《保险机构独立董事管理办法》第三条：

保险集团（控股）公司、保险公司、保险资产管理公司、相互保险社应当建立独立董事制度，并根据本办法的规定，建立健全实施独立董事制度的各项内部配套机制和工作流程。

经中国银行保险监督管理委员会批准设立，并依法登记注册的外资股东出资额或者持股占保险机构注册资本或股本总额25%以上的保险机构参照执行。

有观点指出，严格独立董事制度是监管大势所趋，无论是国资控股险企，还是外资险企，未来或都需要完善"三会一层"运作，建立独立董事制度。

有关专业人士表示，独董作为独立第三方，在高管人员聘任、绩效考核以及重大投资风险、重大资金运营、关联交易等方面，有利于对公司管理层和董事会形成制衡，而公司治理的核心就在于动态博弈实现制衡。

二、专业素质和良好信誉兼备：教授独董最多占比近40%，法律财会背景为优

作为涉及国计民生又有相当专业性、复杂性的保险业，对于独立董事，同时要求专业素质和良好的信誉。按照独董人才库分类标准，"慧保天下"对508名独董职业和身份背景进行划分：有203位教授，占比39.96%；89位为经营管理，占比17.52%；75位为法律，14.76%；42位为财务会计，20位为资本运作，19位为研究员，11位为审计，8位为科技金融，4位为战略研究，3位为精算，3位为国家机构干部，2位为人工智能，29位是其他。

可以看到，教授、行业专家、企业高管为最受欢迎的对象；从专业来看，财务会计类、法律类、资本运作又更为突出。显然，这与保险公司资金管理、公司经营

的要求息息相关。

此外，作为保险公司的独董，在专业的细分领域上，也有诸多精算、科技金融、人工智能等专业对口的专家。例如，强调信息化数字化的信美相互人寿，就聘请了科技金融方面的独董。

对于专业性的要求，《保险机构独立董事管理办法》中有明确规定："保险机构应当结合保险行业特点和自身发展阶段特点，选择具有财务、会计、金融、保险、精算、投资、风险管理、审计、法律等专业背景或经历的人士担任独立董事，不断优化董事会专业结构，提高董事会专业委员会运作效能。"

而独董的专业性，不仅是监管的要求，同样也是投资者对上市公司独董的关注点。上市险企的独董履职报告中通常会强调独董的专业背景及丰富经验，以证明其履职能力，能为董事会决策提供专业支持。

当然，能够担任独董的人士，通常为在行业具有较高声誉的专家，所以他们大多还有着复合型的背景。比如，有多位独董同时在高校、研究机构、行业组织或者官方组织中任职。

三、独董薪酬普遍在二三十万元左右，中国平安独董薪酬最高，但实行递延支付

独董付出了时间和专业能力，会从保险机构获取薪酬或者津贴。由于非上市险企未公布独董的薪酬，仅能从上市险企窥见一角。

公布薪酬的上市险企中，独立董事的薪酬在17.5万—51.65万元，其中大部分是二三十万元的水平。最高者，中国平安独董平均薪酬达到51.65万元。

不过，值得注意的是，保险业也同样实行高管薪酬递延支付。比如，中国平安在年报中明确表示，根据相关规定，高级管理人员及关键岗位人员的部分绩效薪酬将进行延期支付，支付期限为3年。

保险业有多"缺钱"？34家险企陷偿付能力困局，协会总结15大难点，谏言降低增资发债门槛

慧保天下　2023年8月11日

7年前，200多家保险公司排队等待批筹的消息曾经令保险业着实风光了一把，彼时，持续两位数增长的保险、个别险企快速膨胀的资产负债表以及在资本市场上的呼风唤雨都令不少资本对保险牌照垂涎三尺。

时过境迁，大发展遮盖下的风险相继暴露，"严监管"取代"促发展"成为保险业主旋律，一些企业被接管，一些企业发展陷入困境，资本也纷纷退潮，内外交困下，缺资本已经成为不少险企最迫切的问题。

近期，非上市险企相继披露偿付能力报告，显示"缺钱"以至于偿付能力不足的问题已经相当严峻。"慧保天下"合计统计了89家财险公司、89家人身险公司的偿付能力报告披露情况，发现其中16家险企未披露偿付能力数据；16家险企偿付能力不达标；2家未披露风险综合评级；达标的险企中，18家险企核心偿付能力充足率低于100%。

这意味着，19%的险企偿付能力或多或少已经出现问题，另有10.11%的险企也面临较为急迫的缓解偿付能力压力问题，"补充资本"已经成为行业当务之急。

一、近两成险企陷偿付能力困局

当下险企的偿付能力问题有多严峻？透过近期非上市险企的偿付能力报告，即可管窥一二。

（一）占比8.99%：16家险企未披露偿付能力数据

2022年，"偿二代"二期工程落地，为防止部分险企偿付能力快速下滑以至于无法开展业务，进而招致更大风险，监管层选择"网开一面"，允许一些险企在过渡期内暂时不披露偿付能力报告。

此外，由于部分险企风险已经暴露，且已经被接管组接管，这些处于特殊风险处置阶段的险企也早已暂停偿付能力报告。

根据"慧保天下"的统计，截至2023年8月11日，所有的直保公司中，除去上市险企、因与华泰财险合并而未披露的安达保险、明确表示延期发布偿付能力报告的长安责任保险外，因上述两种原因选择暂停披露偿付能力报告的险企已经达到16家之多。

其中，财险公司有3家——大家财险、天安财险、众诚财险。

人身险公司则多达13家，其中有原安邦系的3家人身险公司——大家人寿、大家养老、和谐健康；明天系被接管并已经更名2家人身险企——华夏人寿（现已更名为"瑞众人寿"）、天安人寿（现已更名为"中汇人寿"）；此外，还包括一直备受舆论关注、争议颇大的前海人寿、富德生命、恒大人寿、君康人寿、昆仑健康、上海人寿、中融人寿、百年人寿（见表1）。

表1　　　　　　　　　最后一次披露偿付能力报告险企

序号	财产险企	最后一次披露偿付能力报告	序号	人身险企	最后一次披露偿付能力报告
1	大家财险	无	1	前海人寿	2022年第一季度
2	天安财险	2020年第一季度	2	大家人寿	2017年第一季度
3	众诚财险	2023年第一季度	3	大家养老	2017年第一季度
			4	富德生命	2021年第四季度
			5	和谐健康	2017年第一季度
			6	恒大人寿	2021年第三季度
			7	华夏人寿	2020年第一季度
			8	君康人寿	2020年第三季度
			9	昆仑健康	2021年第四季度
			10	上海人寿	2021年第四季度
			11	天安人寿	2019年第四季度
			12	中融人寿	2021年第三季度
			13	百年人寿	2023年第一季度

（二）占比10.11%：16家险企偿付能力不达标，2家未披露风险综合评级

选择不披露偿付能力报告的险企往往是已经出现问题的险企，但选择披露偿付

能力报告的险企也不一定就意味着"没有问题"。

事实上,在已经披露偿付能力报告的险企中,多达16家险企都已经出现了偿付能力不达标的状况,还有两家险企虽披露了偿付能力报告,却拒绝披露风险综合评级,也值得高度关注。

根据最新的规定,保险公司偿付能力达标须满足三个条件,缺一不可:一是核心偿付能力充足率不低于50%;二是综合偿付能力充足率不低于100%;三是风险综合评级在B类及以上。

从这些标准出发,显然这18家险企已经步入偿付能力不达标之列。其中,只有两家险企是三项要求都不达标:

北大方正人寿,其核心偿付能力充足率、综合偿付能力充足率、风险综合评级分别为19.77%、39.53%、D级,远远低于监管红线。

安心财险,三项指标分别为-1019.21%、-1019.21%、D级,距离最低要求同样相差甚远。

其余险企,核心偿付能力充足率以及综合偿付能力充足率均在红线以上,只是风险综合评级为C级、D级,或者"未披露"。

整体来看,18家险企的风险综合评级结果,除两家未披露外,12家为C,4家为D,分别为安心财险、比亚迪财险、三峡人寿、北大方正人寿(见表2)。

表2　　　　　　　　　　18家险企风险综合评级

序号	公司名称	核心偿付能力充足率(%)	综合偿付能力充足率(%)	风险综合评级(级)
财产险公司				
1	安心财险	-1019.21	-1019.21	D
2	比亚迪财险	949.54	949.54	D
3	富德财险	377.43	380.91	C
4	安华农险	165.16	166.28	C
5	都邦财险	133.30	133.30	C
6	珠峰财险	124.54	124.54	C
7	华安财险	116.55	143.48	C
8	新疆前海财险	101.81	101.81	C
9	渤海财险	85.00	135.84	C

续表

序号	公司名称	核心偿付能力充足率（%）	综合偿付能力充足率（%）	风险综合评级（级）
人身险公司				
10	幸福人寿	73.17	128.99	C
11	信泰人寿	98.55	116.72	未披露
12	弘康人寿	79.81	125.69	未披露
13	长生人寿	91.30	110.60	C
14	华汇人寿	1328.38	1332.76	C
15	三峡人寿	70.02	75.13	D
16	北大方正	19.77	39.53	D
17	合众人寿	68.81	137.62	C
18	渤海人寿	104.73	105.00	C

（三）占比10.11%：达标的险企中，18家险企核心偿付能力充足率低于100%

偿付能力达标是险企正常开展业务的前提之一，对于险企而言，是至关重要的指标，即便是当前偿付能力满足三项要求的险企，也无法掉以轻心，新的偿付能力监管规则、快速发展的业务等、持续的亏损等，都有可能快速消耗险企实际资本，导致偿付能力充足率快速下滑。

在偿付能力达标的险企中，已经有18家人身险企的核心偿付能力充足率低于100%，占全部险企的10.11%，其中9家已经低于80%，复星联合健康甚至仅有53.25%，距离50%的监管红线只有一步之遥（见表3）。

表3　　　　　18家险企核心偿付能力充足率　　　　　　（单位:%）

序号	人身险企	核心偿付能力充足率	序号	人身险企	核心偿付能力充足率
1	复星联合	53.25	10	中华联合人寿	80.85
2	中邮人寿	70.68	11	利安人寿	84.15
3	国联人寿	71.61	12	光大永明	85.15
4	英大人寿	76.36	13	招商局仁和	85.47
5	建信人寿	77.00	14	长城人寿	87.13
6	德华安顾	77.15	15	农银人寿	91.85
7	瑞华健康	78.57	16	工银安盛	97.00
8	爱心人寿	78.75	17	信美人寿	97.10
9	泰康养老	79.94	18	鼎诚人寿	98.35

二、解决偿付能力吃紧迫在眉睫，行业协会整理 15 大难点，申请降低增资发债门槛

保险行业部分险企偿付能力吃紧的问题并非新话题，严监管逻辑下，保险行业准入门槛逐渐走高，符合条件的资本相应大幅减少，利用保险公司关联交易为股东输血的手段也受到严格限制，资本投资保险行业的意愿大幅降低。再加上险企盈利周期长、部分险企长期亏损、宏观经济不景气等因素，在处处讲求"降本增效"的大环境下，保险公司作为金融企业的光环逐渐消失，愈发难以得到资本的青睐。

难以吸引外源资本，短期内又难以产生足够的内源资本，再加上"偿二代"二期工程的落地，保险公司缺钱的问题变得空前严峻起来。增资难、发债难、股权挂牌无人接盘、股权拍卖常常流拍……逐渐成为保险行业的常态，而这距离200多家险企排队批筹的盛景不过数年。

好在这一问题已经引发了行业上下的高度关注，就在近期，保险行业协会财会专委会领衔制作的《"偿二代"二期规则执行难点及对策建议（征求意见稿）》（以下简称《征求意见稿》）开始面向行业征求意见，紧扣"偿付能力吃紧"这一核心问题建言献策。且从其目前总结的内容来看，基本覆盖了险企执行"偿二代"二期过程中的常见难点：

保险公司外源资本补充的需求提高，然而受限较多；

"偿二代"二期规则下核心偿付能力充足率降低过快；

相互保险组织在资本补充形式及规模方面劣势较大；

财产险巨灾风险最低资本快速上升；

部分固定收益类资产不计量利率风险最低资本；

公司资产负债管理有效性受到挑战；

公司关键财务指标存在披露口径不一致；

修正共保合同集中度风险的确认口径和风险暴露的计量标准不匹配；

交易对手集中度风险的统计范围难以操作；

贷款五级分类和保险五级分类两个指标存在差异资本规划报告的审议披露问题；

压力测试规则较为复杂且测算方式难度较大；

保险集团资本规划、压力测试报送时间过紧；

保险公司季度快报的截止时间较紧；

现行 SARMRA 要求不完全适用于相互制保险公司等。

针对这些难点，《征求意见稿》也提出了相应的建议，最核心的包括降低险企增资发债难度，适当调高计入核心资本保单未来盈余的比例上限（至少到 50% 以上），对风险处置类保险公司执行"一司一策"等。

目前，这些建言献策能起到多大的作用尚不得而知，但只要行业行动起来了，就意味着新的可能。

25万亿元保险资金引争抢,成各地政府"宠儿",规模更大、范围更广外还有这些因素

慧保天下　2023年3月22日

广西称,2021—2023 年要引入保险资金 3000 亿元;

四川称,要积极推进"险资入川",力争 2023 年末规模超过 5000 亿元;

河南称"十四五"末,全省新增保险资金运用要达 3000 亿元,保险资金运用余额要超 5000 亿元;

浙江称,将进一步加强与中国保险资产管理业协会和各保险公司、保险资产管理公司对接,构建常态化的投融资对接机制;

广东称,要搭建政府部门、监管机构、保险机构、融资主体"四位一体"的"险资入粤"平台。

……

为了在招商引资中吸引更多险资投资当地,多年来,各省、市、自治区正使出浑身解数,不仅谈过去的业绩,更为未来定下目标,还搭建平台,建立机制,可以说是"拼了"。

一、保险资金成香饽饽,各地争相吸引保险资金

保险资金在各地方的招商引资活动中,究竟有多受欢迎?"慧保天下"通过查询公开信息,发现各地为了吸引险资,几乎都常态化举行各类以"险资入 X"为主题的活动,一方面积极推介地方投资项目,另一方面与保险机构代表深入磋商,并协助解决相关问题等。

而从各地公布的资料中可以发现,险资已经在不少地方的建设中发挥出了巨大

的作用（见表1）。

表1　　　　　　　　　　保险资金在地方建设中发挥作用

省份	险资当地投资规模	吸引险资规划
湖北	截至2020年底，保险资金在鄂投资累计达到4130亿元	—
重庆	截至2022年上半年，保险资金在重庆投资余额达4633.7亿元	—
云南	截至2022年末，"险资入滇"余额达3651亿元	—
山西	截至2021年末，累计投资余额1164.48亿元	建立保险资金与重大项目对接机制，发布项目302个，资金需求达3700亿元
江苏	截至2022年6月末，保险资金在苏投资余额达5213亿元	—
浙江	截至2023年3月，保险资金投放浙江余额超9000亿元	2023年2月28日，举办险资入浙经验座谈会，未公布具体规划
广东	2022年保险资金累计投资金额2.19万亿元	2021年6月召开"险资入粤"线上座谈会，未公布具体规划
江西	2022年"险资入赣"项目合计1333.5亿元	2022年8月2日召开全省金融工作座谈会，指出"险资入赣"落地金额完成全年任务的93%
广西	—	力争实现2021—2023年引入保险资金3000亿元
四川	—	力争2023年末规模超过5000亿元
河南	—	力争"十四五"末新增保险资金运用3000亿元、保险资金运用余额超5000亿元
贵州	—	2023年2月召开推动"险资入黔"专题调研座谈会，未公布具体规划
湖南	—	2月17日举办2023年首场"险资入湘"工作对接会，未公布具体规划
新疆	—	2022年4月13日，召开保险业支持新疆经济高质量发展工作座谈会，探讨扩大保险资金在疆投资力度，未公布具体规划
安徽	—	2021年12月2日，召开安徽省委金融工作座谈会，会上提到要拓宽直接融资渠道，推动险资入皖，未公布具体规划

例如在广东，2022年保险资金累计投资金额 2.19 万亿元；在浙江，截至 2023 年 3 月，保险资金投放浙江余额已经超 9000 亿元；在其他地区，险资投资余额规模有很大不同，但很多都已经达到了千亿元以上的规模。

而面向未来，这些地方也都对保险资金寄予厚望。在山西，建立保险资金与重大项目对接机制后，曾一次性发布项目 302 个，资金需求达 3700 亿元。

更多地区没有公布详细的数字目标，但在各种各样的会议上都透露出对于吸引保险资金到当地投资给予大力支持之意。例如，在新疆召开的保险业支持新疆经济高质量发展工作座谈会，就尝试探讨扩大保险资金在疆投资力度。

二、一场地方政府与险资的双向奔赴

各地争相吸引险资，背后的原因不难理解。

相对于其他类型资金，保险资金的投资规模已经相当之大，且其成本适中，几乎是仅次于银行的存在。

根据银保监会官网数据，截至 2022 年底，保险业资金运用余额 25.05 万亿元，其中，投资银行存款 2.83 万亿元、债券 10.25 万亿元、股票和证券投资基金 3.18 万亿元。

更重要的是，保险资金投资范围非常广，包括现金、股票、债券、另类资产、衍生品等，资产配置相当灵活，且其期限较长，而这些特征都导致保险资金能更加灵活地服务地方实体经济发展。

例如，很长一段时间内，银行信贷资金不能进行股权投资，这使得很多无法进行抵押的轻资产企业，尤其是高科技企业等，很难获得银行贷款支持。保险资金则不同，可以直接参与股权投资，能更好地支持很多创新型企业的发展。

另有统计表明，保险业已成为公募基金市场的第一大机构投资者、股票市场第二大机构投资者、债券市场第三大机构投资者。其一举一动在资本市场上都相当受瞩目。

此外，地方政府需要招商引资的项目，大多是基础设施、民生工程等，包括路、桥、医院、学校、公园、市民广场之类，需要的资金不仅量大，且期限较长，而长久期的保险资金，无疑更匹配其需求。

此外，企业通过银行贷款筹资的资金往往在使用上会面临比较多的限制，但是通过保险资金股权投资获得的资金往往具备更大的灵活性，也有利于企业根据自身实际调整发展策略。

且为了保证资金的稳定性，无论是地方政府还是企业都更倾向于多元化的融资策略，而险企作为重要的机构投资者，自然是不可或缺的。

地方发展经济需要保险资金的支持，而从保险公司的角度出发，其也面临较大的投资压力，需要更多优质项目。

市场上优质资产稀缺，地方政府主导的各类项目，由于得到了政府部门的背书，也往往具有更好的投资价值。且从资产负债匹配管理的角度出来，地方政府力推的一些长周期的项目，也往往更符合险资长久期的特征。

地方政府与险资彼此互相需要，因此，某种程度上甚至可以说：双方的互动是一场"双向奔赴"。

保险业兼具经济补偿的"补血"功能和资金融通的"造血"功能，俨然已经成为服务实体经济高质量发展的重要力量。

中国保险资产管理业协会数据显示，截至 2022 年 11 月末，债权投资计划、股权投资计划、保险私募基金共登记（注册）产品 2815 只，登记（注册）规模 6.21 万亿元，为实体经济提供了长期稳定的资金支持。

三、"偿二代"二期不容忽视，或影响险企资产配置偏好

随着保险资金规模不断扩大，其对于各地实体经济发展的支持力度也势必逐渐增强。不过，一些新的变量的出现，也势必会影响险资的资产配置偏好，进而对这种地方政府与险资的"双向奔赴"产生影响。

所谓新的变量中，最容易被关注的是各类经济因素，最容易被忽视的则是"偿二代"二期以及各种监管新政，但实际上，后两者对于保险资金配置的影响是相当深远的。

最直接的，"偿二代"二期实施后，险企偿付能力充足率普遍下滑，这将倒逼险企对于投资端行为进行更加审慎的约束，对投资标的设置更高的要求，更加关注投资产品可穿透性和标的成长性、收益性，以取得更好的资本运用回报等。

"偿二代"二期叠加保险资产端的"分类监管"新政，也将对保险公司的投资行为造成一定影响。

最典型的，根据《关于优化保险公司权益类资产配置监管有关事项的通知》，保险公司权益类资产配置比例上限与其综合偿付能力充足率挂钩，综合偿付能力充足率普遍下滑之下，也势必普遍影响到保险公司的权益类资产配置比例上限。有测算称，"偿二代"二期实施后，险企平均权益类配置比例上限下降约5%。

此外，相较于"偿二代"一期，"偿二代"二期进行了诸多的调整，核心是解决资本认定不审慎及结构不合理两大问题，其核心变化之一是明确了长期股权投资的计量方式并强化减值要求，持有较多市价长期或大幅低于账面价值的长期股权投资的保险公司，其实际资本将有所降低，这或将促使保险公司逐步减少长期股权投资的配置额度。

"偿二代"二期刚刚实施一年，伴随着时间的延长，再加上其他因素的影响，其对于保险投资端将会产生哪些影响，仍值得密切关注。

不只是银保渠道！银行理财、券商、基金等纷纷“降费”，为业务发展更为实体经济

慧保天下　2023 年 9 月 25 日

近期，有关保险业压降银保渠道手续费率的消息充斥市场，而业界很快出现了两种声音：

一种是赞成，认为行业努力压降银保渠道手续费率，对于当下资产端严重承压的保险业而言意义重大，可以有效降低负债成本，增厚险企安全冗余，同时更多让利于民。

另一种则是忧虑，认为压降手续费率将降低银行销售保险产品的积极性，同时实施的严格的“报行合一”会导致市场产品的进一步同质化。

两种声音各有其逻辑，但必须要看到的是，眼下，“降费”不仅仅是保险行业的大事，也是整个金融行业都在积极推进的任务。

一、不只是保险，银行、券商、基金等金融机构也相继开启“降费”风潮

在保险业压降银保手续费率同期，同为金融业“三驾马车”的银行业、证券业也采取了有效手段来推动降费。

（一）基金、券商纷纷降费，财政部、税务总局实施证券交易印花税减半征收

早在 7 月 8 日，多家头部基金公司就公告称，自 7 月 10 日起，旗下部分存量产品管理费率调降至 1.2% 以下，托管费率调降至 0.2% 以下，并对基金合同有关条款进行修订。此外，新注册产品管理费率、托管费率分别不超过 1.2%、0.2%；其余存量产品管理费率、托管费率将争取于年底前分别降至 1.2%、0.2% 以下。

基金公司降费还只是一个开始。8月18日，证监会发布文件，指导上海证券交易所、深圳证券交易所、北京证券交易所自8月28日起进一步降低证券交易经手费。其中沪、深证券交易所降幅30%，从0.00487%双向收取降至0.00341%，而北京证券交易所在降低50%的基础上，再次将证券交易经手费标准降低50%，从0.025%双边收取下调至0.0125%双边收取。

8月24日，券商巨头也纷纷公告称降低佣金。其中，中信证券发布公告《关于降低投资者交易佣金的告知函》，宣布自2023年8月28日起，将对存量投资者交易佣金进行全面下调。无论是沪、深证券交易所的A股、B股，还是存托凭证品种，佣金统一下调至0.00146%。而对于大宗交易，降幅更加显著，将在原有基础上分别下调0.001022%和0.00073%。北交所的普通股、优先股交易佣金也将下调0.0125%。

紧随其后，中信建投、国泰君安也纷纷响应，宣布实施类似的降佣政策。

更重磅的还在后面，8月27日傍晚，财政部、税务总局发布公告称，为活跃资本市场、提振投资者信心，自2023年8月28日起，证券交易印花税实施减半征收。

……

既降费，又减税，双重利好有利于降低市场交易成本，减轻广大投资者负担。

（二）银行系理财公司开启降费模式

相较于证券业，银行业作为国内企业融资的最主要来源，其对于实体经济发展更有着举足轻重的作用，"降费让利"也已经成为其近年来最重要的关键词之一。

伴随上半年的不断降息，银行理财子公司率先开启"降费"模式。有媒体梳理，自2023年6月以来至今，已有光大理财、兴银理财、中银理财、招银理财、宁银理财等几十家银行系理财公司宣布降低部分理财产品费率，包括下调固定管理费、销售服务费等，且下调力度不小，涉及多款理财产品，甚至有部分理财公司声称要推出"0费率"产品。

进入下半年，又有多家银行宣布调整手续费标准。例如7月，兴业银行发布了新修订的服务价目表，进一步扩大降费范围，在实行70项自主免费项目的基础上，自2023年7月1日起新增3个自主免费项目，同时下调部分服务项目收费标准。

而8月22日，建设银行也发布了《关于调整银行承兑汇票承兑手续费收费标准的公告》，宣布自 9 月 1 日起调整银票承兑手续费收费标准，一律按照票面金额的 0.05% 收取，即万分之五。

此外，工商银行、农业银行、交通银行、招商银行等多家银行也表态将从 9 月 30 日开始，减免多项涉及小微企业和个体工商户的业务收费。

二、不能只算经济账，服务实体经济发展才是金融业普遍"降费"的最坚实逻辑

纵观金融业降费逻辑，无外乎两种：

其一，为了让利促销，推动自身业务发展。银行系理财公司、券商、基金公司等普遍降费，主要还是希望通过这种方式来提高产品的吸引力，希望客户更多购买相关金融产品。这些促销手段往往是阶段性的。

以银行理财产品为例，利率不断走低之下，银行传统的息差业务增长困难，对于中收业务更加看重，然而受累于宏观经济不景气以及资本市场不振等因素，银行理财产品在 2022 年第一季度出现大量"破净"，这导致银行理财产品的销售也陷入困境。为推动银行理财产品发展，2023 年不少银行开始通过降费的形式吸引消费者。

其二，响应国家、监管部门号召，服务实体经济。在金融行业各种降费之前，实际上，无论是国家政策层面，还是相应的金融监管部门，都已经出台了一系列的措施鼓励金融机构降费。

7 月 8 日，中国证监会发布了公募基金费率改革工作安排，具体举措包括推出更多浮动费率产品、降低主动权益类基金费率水平、规范公募基金销售环节收费、完善公募基金行业费率披露机制等。

同日，易方达基金、广发基金、汇添富基金、嘉实基金、华夏基金、兴证全球基金、工银瑞信基金等多家头部公募机构就集体发布了关于调低旗下部分基金费率并修订基金合同等事项的公告。

而在更早的 2021 年 6 月，央行、发改委等多部门就曾共同发布《关于降低小微企业和个体工商户支付手续费的通知》，鼓励金融机构降费，而从那时开始，降低收费、优化流程、服务实体经济，就已经成为很多银行的大趋势。

此外，无论是财政部、税务总局减半征收证券交易印花税，还是证监会要求各交易所降低证券交易经手费，或是各家券商纷纷宣告降低交易费，除了让利投资者，最根本的目标还是要提振资本市场、服务实体经济发展。

据不完全统计，2022年以来，仅北京地区23家地方法人银行机构ATM同城、跨行业务手续费，减免近370万笔，减费金额近740万元；小微企业及个体工商户账户服务手续费、结算服务手续费、电子银行服务收费，减免近1700万笔，减费金额近18亿元。

另据公开数据，前7个月全国新增减税降费以及退税缓费已达1.05万亿元。

或为推动自身业务发展，或为服务经济发展，不难发现所有的金融机构降费举措背后，既有来自市场的竞争压力，也凸显了国家对实体经济以及金融行业本身的高度关注，所以，"降费"这件事，不能只算经济账。

三、银保渠道之后，下一个"降费"空间在专业中介

银行理财、股票、基金等金融产品纷纷降费减税的同时，保险业降费行动也已展开，而当下最为火爆的银保渠道则成为其中最受关注的一环。

业界人士对于银保渠道调降手续费率的看法很快陷入了一种矛盾之中：一方面认为降费确实有利于公司，有利于消费者；另一方面又担心这会影响到银行的销售积极性，降低保险产品的市场竞争力。

但将保险与银行理财、基金、证券等其他金融理财产品进行对比就不难发现，降费不是保险业的个别现象，而是金融业的普遍现象，所有的金融机构都在积极推动降费，或吸引消费者，或相应政策号召，降费已经成为金融业的大势所趋。

对于保险公司自身而言，降低手续费率的好处不言自明，能帮助险企有效减轻负债成本，减少各种基于费用的市场乱象（小账、财务数据不真实等），进而做厚安全冗余，得以更好地对抗各种风险。

对于客户而言，降低手续费率的好处也一目了然，保险公司得以更多的费用空间为客户进行让利。最典型如车险，在车险综改强力压缩费用空间后，保险公司的费用率下调，赔付率上行，意味着改革后，更多的利益向消费者进行了倾斜。

对于银行业而言，一个健康发展的合作伙伴显然才更符合其长期利益。

值得注意的是，在经过多次改革之后，当下的金融监管体制，更有利于保险业、银行业的高质量转型。将原保监会、原银监会合并，成立原银保监会，又在原银保监会的基础上组建国家金融监管总局，其目的之一无疑就是打破部门之间的藩篱，使金融监管部门得以从更高的层面、更系统性的角度来衡量、管控、化解金融行业风险，这同时也为保险业、银行业间的合作共赢创造了更为有利的外部条件。

银保渠道手续费率下调之后，保险业下一个降费空间在哪里？答案指向保险专业中介。

值得注意的是，早在2022年4月，原银保监会发布的《人身保险销售行为管理办法（征求意见稿）》中，就曾试图对人身保险销售佣金作出严格限制，要求保险公司面对各类中介机构和个人，在佣金支付方面应"一视同仁"，遵循"佣金占总保费的比例以所售产品定价时的附加费用率为上限"这一规定。

专业中介与个人代理人"一视同仁"，佣金据实列支，且以产品附加费用率为上限，结局只有两种：一是调高附加费用率，导致中介渠道产品定价高企；二是不调附加费用率，中介机构难以获取足够成本。

国务院重磅新规支持"保险+养老",共同富裕大旗下,还有这些改变正在发生

慧保天下　2023年10月17日

近期,国务院印发《关于推进普惠金融高质量发展的实施意见》(以下简称《意见》),指出,未来5年高质量的普惠金融体系基本建成;在谈及保险业任务时,涉及建设农业保险高质量服务体系、发挥普惠型人身保险保障民生作用、支持保险服务多样化养老需求三方面内容。

这其中最值得关注的莫过于"支持保险服务多样化养老需求"一项,此前,坊间对"保险业参与养老社区建设"一直存有争议,而从《意见》的表态来看,整体上,对于保险业"服务多样化养老需求"是持支持态度的,只是有一些限制条件,即风险有效隔离、适当方式等。

《意见》的下发并未在保险业引发广泛关注,但"慧保天下"认为,这应该也必须在保险业界得到高度重视,因为"普惠金融"服务的是"共同富裕",而"共同富裕"作为"社会主义本质要求,我们党矢志不渝的奋斗目标",一定会长期影响社会经济运行逻辑。只有深刻理解了这一逻辑,才能帮助我们在未来更好地看清趋势、捕捉机遇。

影响之一——薄弱环节发力。

中央全面深化改革领导小组第十八次会议上强调:"发展普惠金融,目的就是要提升金融服务的覆盖率、可得性、满意度,满足人民群众日益增长的金融需求,特别是要让农民、小微企业、城镇低收入人群、贫困人群和残疾人、老年人等及时获取价格合理、便捷安全的金融服务。"

这意味着,包括保险业在内的金融业,在"普惠金融"的大旗指引下,要在薄弱环节发力,比如贫困地区、低收入人群、老年人群体、带病体群体、小微企业、个体工商户等，在努力提高金融服务可获得性的同时，提高这些人和地区的金融服务获得感以及满意度——这都为保险业拓展增量市场指明了方向。

而普惠金融的最终目的是要增进社会公平和社会和谐，让所有市场主体都能分享金融服务带来的实惠，进而为实现共同富裕保驾护航。其结果必然导向中等收入群体的稳定扩容——防止脆弱的中等收入群体下滑，将更多低收入人群转为中等收入人群，这又给保险业发展创造了新的想象空间。

影响之二——坚持以人民为中心、力推减税降费、强化科技作用。

当然，"共同富裕"下的"普惠金融"在给保险业带来新的发展方向、市场空间时，也将深刻影响行业发展逻辑，而这些影响在行业已经有所体现。

一是"以人民为中心"将更加凸显。促进共同富裕的目的，是为了使人民过上美好生活，这也就意味着，"群众满意度"是衡量实现共同富裕成效的重要尺度，这要求市场主体必须坚持以人民为中心。

这一点对于保险业而言已经无须赘言，"以客户为中心""客户导向"早已成为行业共识。

二是"让利于民"的趋势将更加明显。让利于民、让利于企，促进中等收入群体增加，是共同富裕的重要手段，可以看到，近年来，各种减税降费措施正不断出炉。

保险业对于"减税降费"并不陌生，个人养老金制度出炉、税优健康险扩容，乃至车险领域、银保渠道的"报行合一"等，实际都是在推动"减税降费"。

"减税降费"已经是全社会的共同目标，金融领域，除保险业外，银行理财、基金、证券等也在扎实推动降费。

尤其值得关注的是，金融领域之外，近期，就连国内最大的房产中介公司链家，也高调宣布大幅下调中介费率，从2.7%直降至2%。

可以想象的是，在"减税降费"的大趋势之下，还会有更多的保险中介跟进降费，让利于企业，让利于民众，而保险中介从业者，包括代理人、经纪人等如何适应新形势，也值得深入思考。

三是数据、科技的作用将更加凸显，因为世界的经验证明，普惠金融最大的希望是数字普惠金融。

从国内近年来普惠性保险产品的发展就可以看到，无论是百万医疗险，还是惠民保、普惠性家财险等，都是充分借助第三方科技平台来提高效率、降低成本的。

"共同富裕"目标之下的"普惠金融"发展，给保险行业带来的影响势必是涉及方方面面的，国务院印发的《关于推进普惠金融高质量发展的实施意见》因此值得高度关注。其中，银行业依然是最主要的存在，但保险业也作为重要内容之一得以呈现，涉及建设农业保险高质量服务体系、发挥普惠型人身保险保障民生作用、支持保险服务多样化养老需求三方面的内容。

以下就是针对《意见》主要内容的划重点：

对于现代金融体系，中央提出要健全具有高度适应性、竞争力、普惠性的现代金融体系。其中，普惠金融对应着共同富裕的目标，而其本身特性又能够将影响力传导到更为广泛及下沉的领域，从而激发微观主体活力，助力经济发展，推动共同富裕的达成。

关于本次《意见》重点强调的内容，金融监管总局有关负责人总结了六个方面：

一是突出加强党的全面领导；

二是强调聚焦重点领域；

三是强调保险和资本市场的作用；

四是有序推进数字普惠金融发展；

五是重视基础设施和发展环境建设；

六是统筹发展与安全。

一、保险业三大领域被点将，仍有市场空间

对于保险业来讲，《意见》主要在三方面提出要求，完善高质量普惠保险体系。可以看到，这三方面均体现了保险对于普惠群体的相对脆弱性和敏感性的保障作用。但同时，这也将是保险业不可忽视的市场空间。

第十条：建设农业保险高质量服务体系。

推动农业保险"扩面、增品、提标"，扩大稻谷、小麦、玉米三大粮食作物完全成本保险和种植收入保险实施范围。

鼓励地方发展优势特色农产品保险，探索发展收入保险、气象指数保险等新型险种。

推进农业保险承保理赔电子化试点，优化农业保险承保理赔服务，发挥农业保

险在防灾减灾、灾后理赔中的作用。

作为全世界最大的农险市场，截至2022年底，我国农业保费规模已经达到1219.43亿元。同时，我国农险不仅规模大，发展速度还快，从2012年到2022年十年间增长了4倍。而未来，在政策鼓励和支持下，农险市场或将迎来进一步发展。

第十一条：发挥普惠型人身保险保障民生作用。

积极发展面向老年人、农民、新市民、低收入人口、残疾人等群体的普惠型人身保险业务。

完善商业保险机构承办城乡居民大病保险机制。

积极发展商业医疗保险。

鼓励发展面向县域居民的健康险业务。

支持商业保险公司发展面向农户的意外险、定期寿险业务。

普惠的思路其实为保险业贡献了一波发展热潮，近几年，以普惠为发力点的惠民保业务取得了良好的市场反馈，而近期，借鉴惠民保思路的普惠型家财险也正在逐步铺开。在政策的基础上，保险公司若能吸纳此前经验，将创新用到更多险种、更大人群上，或许将迎来新的增长点。

第十二条：支持保险服务多样化养老需求。

鼓励保险公司开发商业养老保险产品，有效对接企业（职业）年金、第三支柱养老保险参加人和其他金融产品消费者的长期领取需求。

探索开发各类投保简单、交费灵活、收益稳健、收益形式多样的商业养老年金保险产品。

在风险有效隔离的基础上，支持保险公司以适当方式参与养老服务体系建设，探索实现长期护理、风险保障与机构养老、社区养老等服务有效衔接。

保险业押注养老赛道不是新鲜事，但除高收入群体外，更广大的老龄群体养老需求仍未被满足。《意见》提出探索开发"各类投保简单、交费灵活、收益稳健、收益形式多样的商业养老年金保险产品"，这不能只看作是政治任务，不只是为了把金融业务扩展到弱势人群，同时也是保险业需要考虑的市场任务。

二、银行及其他各类金融机构协同发力

除保险业，银行及其他金融机构的作用同样重要。对于银行，《意见》要求

"各类银行机构坚守定位、良性竞争",特别是要求地方银行服务本地,"推动地方法人银行坚持服务当地定位、聚焦支农支小,完善专业化的普惠金融经营机制,提升治理能力,改进服务方式"。

同时,在规范健全监管框架的情况下,《意见》突出其他各类金融机构的专业化功能,包括"小额贷款公司、融资担保机构、商业保理公司、典当行等地方金融组织""提升普惠金融服务效能""更好服务普惠金融重点领域"。

此外,考虑到地方中小银行是实施的"主力军",《意见》还强调了要着力防范化解重点领域金融风险,重点包括加快中小银行改革化险、完善中小银行治理机制。

(一)重点支持小微企业

可以看到,本次《意见》的重点领域聚焦在小微经营主体、乡村振兴战略、民生、绿色低碳发展等领域。再往细看,小微企业又是重中之重。《意见》主要通过"鼓励金融机构开发符合小微企业、个体工商户生产经营特点和发展需求的产品和服务,加大首贷、续贷、信用贷、中长期贷款投放""完善区域性股权市场制度和业务试点,拓宽小微企业融资渠道"等措施,来支持小微经营主体可持续发展和拓宽经营主体直接融资渠道。

(二)发展农村金融

助力乡村振兴,发展农村金融也是普惠金融的题中要义。《意见》的发展目标也包括农村金融服务体系更加健全,金融支持农村基础设施和公共服务的力度持续加大,强化民生服务和保障。

(三)推进数字普惠金融发展

此外,对于影响当下金融业发展及改革深度的数字化,《意见》也提出要"有序推进数字普惠金融发展",包括提升普惠金融科技水平、打造健康的数字普惠金融生态、健全数字普惠金融监管体系;同时,将互联网金融平台纳入其中,提出增强普惠立场。

赴港投保狂飙 27 倍：保费折扣空前，回佣、高价挖角频现，国际巨头让利押注中国市场

慧保天下　2023 年 6 月 13 日

在 2023 年保险业复苏的节奏里，有一个地方格外值得关注——就是作为亚洲金融中心的香港。

近日，香港保监局公布统计数字显示，第一季度，期内毛保费总额为 1472 亿港元，同比下跌 7%。而在总体收缩之下，有一个数字令人啧啧惊叹，那就是内地访客的新单保费水平回升至 96 亿港元，同比增长 2686.4%，将近 27 倍。

分析增长原因，除积压三年的需求释放外，还有更多值得关注的内容，比如保险公司空前力度的保费折扣、预缴保费 5%—6% 的保证利率、高达平时水平四五倍的"握手费"，乃至"回佣""跨境揽客"等违规行为的抬头……

不对等的市场体系之下，强烈的刺激手段之下，香港保险似乎暂时形成了对于内地保险的"降维打击"。而这背后，则是一众国际保险巨头对于中国保险市场长期发展的看好、下注。为赢得更多高净值客户，他们愿意让渡部分利益。

不过，即便如此，对于 2023 年内地客户赴港投保的整体趋势，行业依然表示不看好，认为能达到疫情前 2019 年的八成左右，即算超预期。经济疲软的大环境下，即便是高净值客户，也无法脱离负面影响。

一、内地客户赴港投保激增：新造保费增速高达 2686.4%，市场份额达 20.5% 左右

整体来看，2023 年第一季度的香港保险市场表现并不值得乐观。

香港保监局公布的数据显示，2023 年第一季度，香港毛保费总额为 1472 亿港元，同比下跌 7%。其中，长期有效业务的保费收入 1266 亿港元，同比下跌 8.9%。

一般保险业务的毛保费207亿港元,同比上升6.9%,净保费125亿港元,同比上升4.1%;已偿付申索毛额75亿港元,同比下跌4.7%,整体承保利润由10.63亿港元下降至5.13亿港元。

最为主要的寿险市场同样呈现负增长状态。其中,个人人寿及年金(非投连业务)保费收入为1097亿港元,同比下跌3.2%;个人人寿及年金(投资业务)保费收入65亿港元,同比下跌18%;退休计划业务供款83亿港元,同比下跌47.6%。

对于各项业务都呈现下降趋势,特别是退休计划近乎腰斩的下跌,香港保监局解释,主要受2022年同期退休计划业务的个别交易以及个人人寿及年金(非投连业务)部分产品的保费支付模式影响。同时,付保单持有人的总申索和利益为785亿港元,同比上升9.6%。

一片惨淡之中,香港人身险市场新单保费却呈现出向好的趋势。

数据显示,第一季度,香港寿险新单业务(不包括退休计划业务)保费收入470亿港元,同比上升10.7%。其中,个人人寿及年金(非投连业务)新单保费收入435亿港元,同比上升15.2%;个人投连业务新单保费34亿港元,同比下跌25.2%。

一个现象尤其值得关注,那就是内地赴港投保激增。

由于跨境人流恢复保障需求释放,加上2022年同期基数较低,2023年第一季度内地访客新造业务保费高达96亿港元,较2022年同期上升2686.4%,即同比近27倍,占香港个人寿险业务总新单保费的20.5%左右。

内地访客赴港买保险,更喜欢买什么险种?从新造保单的数量上看,占比最大的是终身寿险(19198份)、危疾(11522份)和医疗(1690份),分别占比55.6%、33.4%、4.9%,分别同比增长6474.7%、3467.2%和429.8%。此外,储蓄寿险虽然占比较低,只有2.0%,但其增速也极快,同比增长了3594.7%。

从新造保单保费来看,前3位分别是终身寿险(76.7亿港元)、储蓄寿险(9.57亿港元)、危疾(310亿港元),分别占比79.8%、10.0%、3.2%,分别同比增长2827.5%、6735.7%、2114.3%。此外,年金保费增幅也巨大,达到了8933.3%。

从支付方式上看,和以往一样,第一季度内地客户群组购买的保单中约97%是以非整付方式支付(即非一次性支付),终身寿险、危疾及医疗保险分别占已发出保单份额的 56%、33% 和 5%。

虽然涨势喜人,但仍未能达到疫情前的水平。2019 年第一季度,内地客户赴港投保达到 128 亿港元,占比更高达 26.4%(见图 1)。

图 1　2013 年至 2023 年第一季度香港保费收入情况

二、空前优惠力度争抢内地高净值客户:27%保费折扣、5%预缴保费保证利率、四五倍高薪挖角已然成风

深入分析增长的原因,除了 2 月 8 日全面通关后,内地访港旅客人数大幅增长、疫情三年被压抑的需求释放这个最直观的推动因素外,还有更多值得我们关注的细节。

例如,为争夺来自内地的高净值客户,香港本地保险公司已经采取了一系列大力度的"促销"手段,在完全不同的监管体系之下,这种"盛况"几乎是无法在内地市场看到的。

(一)储蓄型险种大行其道,"多币种""高收益"吸引客户眼球

与内地市场流行"增额终身寿""年金险+万能险"为代表的储蓄型险种一致,2023 年第一季度,内地客户赴港投保增速最快的产品,也是储蓄保单,与内地不同的是,香港保险最流行的是多币种储蓄保单。

据悉，该类产品支持人民币、美元、港币、欧元、英镑、新加坡币等6—9种币种计价，可以规避汇率风险，实现跨币种、跨周期、跨区域分散配置。

此外，在内地人身险市场炒作3.5%预定利率寿险产品或将于6月底前下架的同时，一些香港保险公司却宣称产品年化收益率可达到6%—7%，这激发了很多客户的兴趣。

此外，这些产品往往还宣称具有红利锁定及解锁、灵活提取现金、无限次更改受保人、保单分拆、自选赔偿支付方式、税务规划、债务隔离和隐私保护功能。

（二）保费大打折扣形成"降维打击"，丰富的附加服务进一步吸引客户

香港的保险产品体系与内地有多方面的差别，其中很重要的一点就在于，其净保费可以明折明扣，同时完全不影响代理人的佣金收入。

2022年第一季度，香港当地各人身险公司为吸引客户投保，给予的折扣力度极其诱人，熟悉香港保险市场的业内人士评价道："不是疯狂，而是到了癫狂的程度。"

据"慧保天下"了解，有的香港保险公司针对危疾最高可以给到5个月的保费折扣；医疗险可以给到"首年6个月+第二年4个月"的保费折扣；储蓄保险方面，某香港头部保司的5年期产品，期缴保费在5万美元及以上的，基本优惠叠加额外优惠，最大保费折扣可达25%，而10年期产品期缴保费在12万美元及以上的，最大优惠更是可以达到27%。

更有甚者，在首年保费20%的优惠基础上，后续仍能继续优惠，第二年也能达到20%的优惠力度。

而如果是一次性趸缴，针对预缴保费，大部分公司还推出了5%的保证优惠利率。以年缴4万美元的5年期产品为例，叠加利息，5年最终享受的优惠利率总额可达到22076美元。

此外，客户还可以享受降低最低保额要求、简易核保程序、放宽医疗核保要求、港澳两地指定米其林餐厅晚餐等优惠政策。

在内地，给予客户保单合同约定以外的利益是被严格禁止的，因此，香港保险市场的净保费明折明扣在某种程度上，形成了对内地保险市场的"降维打击"。

（三）利益刺激不规范行为抬头，"回佣"引发香港保监局高度关注

5月中旬，随着内地居民赴港购买保险的热度上升，香港保监局根据过往的纪

律行动和投诉工作，发出 3 个投保注意事项，包括：

直接向获授权保险人支付保费，而不是向你的个人保险代理支付；

适当的香港持牌保险代理人不会参与跨境业务招揽而触犯法律；

不要与向你销售保险的无牌人士接洽。

这三项行为是当下内地客户赴港投保潮背后"灰色"一面的典型。强大的利益驱动下，各种违规行为都呈现抬头之势。

最为明显的是回佣的出现——在香港保险市场，该行为与内地一样，同属违法违规行为——针对回佣问题，香港某头部险企直接内部发文，严正提示不得提供、索取、收受回佣。

该文件内容显示：

近日，香港保监局留意到持牌保险中介人提供回佣以诱使客户投保保单的情况有上升趋势，提醒所有持牌保险经纪及业务代表，不得就长期保险产品向客户提供或支付保费回扣或佣金回扣。主要包括三项行为：

提供/收受回佣、贿赂、礼物及/或任何形式的利益；

提供任何利益（金钱或非金钱）诱使客户/准客户投保保单；

向抵港海外及内地客户支付或补贴（部分/全部）境外客户到香港/澳门的旅费以作保险招揽或投保。

三、第一季度高增速或难持续：优惠政策即将陆续退出，高收益承诺引发可持续发展隐忧

透过内地客户赴港投保的产品类型不难发现，除传统的危疾依然坚挺外，储蓄型险种，尤其终身寿险（对应内地分红险）增速最高，更多满足的是富裕人士对于财富传承和资产配置的需求，而这也反映出香港作为全球重要的金融中心对内地消费者的优势。

香港当地保险公司一系列大力度的促销手段背后，则是全球保险业对于中国保险市场的长期看好。

据熟悉香港保险业的人士介绍，香港当地很多保险公司作为国际保险巨头的分支机构，并没有决定保费打折的权限，在制订打折计划后都需要报请海外总部批准，

而总部之所以会支持这些计划,主要是看好中国香港,尤其是其背后的中国内地市场的长期发展潜力。为赢得这些潜在客户,他们愿意在一定时期内进行一定程度的让利。

不过,构建在强刺激基础上的高增长能否长期持续,尚需打一个问号。

针对未来内地客户赴港投保能否维持第一季度涨势的问题,不论是一线资深代理人,还是企业高管,对此都并不乐观。

他们普遍认为,可以从第一季度来推算全年,而第一季度在如此大的优惠力度之下,也未能完全恢复到疫情前的水平,6月底结束优惠促销活动后,增速势必下滑,2023年全年更难以恢复到2019年的水平。

比较常见的观点是,全年保费收入能够恢复到疫情前的八成左右已是超预期的表现。

值得注意的是,2019年,还不是内地赴港投保保费最高的时刻。历史数据显示,内地访客赴港投保的高峰出现在2016年,其新造业务保费达到727亿港元,占全港新单保费的39.3%,超过1/3。

此后,一系列政策之下,内地客户赴港投保有所收敛,到2019年,内地访客新造保费为434亿港元,占比也回落至25.2%。疫情期间,内地赴港投保新单保费更是大幅缩水,2021年和2022年分别跌至7亿元、21亿元。

内地客户赴港投保后续反弹乏力背后更深层次的原因则与经济整体形势有关——经济不景气,部分高净值客户的资产配置意愿、能力势必受到一定的负面影响。

此外,对于当前香港保险市场过分迎合消费者需求的倾向,也有业内人士对其未来长期发展表达了担忧。在他看来,"什么产品好卖就卖什么"的路子长期不好走,因为过高的承诺不符合可持续发展的理念,在消费者更加挑剔、监管更加严格、市场环境更为激烈的情况下,"很有可能后续发展乏力"。

撼动市场格局？ 央企拟 45 亿元底价清仓部分险企，地方国资逆势挺进

慧保天下　2023 年 11 月 17 日

9 月，中航投资控股转让中航安盟财险 50% 股权；

9 月，中煤能源转让中煤保险 8.2% 股权；

9 月，国家电投集团资本控股转让永诚财险 6.57% 股权；

9 月，国网英大转让永安财险 0.3755% 股权；

11 月，中油资本转让中意财险 51% 股权；

……

年内，央企背景的股东清仓险企股权现象不断——国资委声明严格执行国有资产投资监督管理有关规定后，多家央企加速了回归主业的动作，纷纷转让持有的、不符合有关精神的险企子公司股权。

长期依靠央企股东背景开展业务、拓展资源的中小险企，本就在行业格局重塑中的"马太效应"下夹缝生存，此时又遭逢股权结构变化、治理结构变化的挑战。一时间，数亿股权无人接盘，中小险企该何去何从？

庆幸的是，在央企资本转让股权变现退出之际，地方国企却逆势加码，成为新的接盘主力。结合中央金融工作会议中有关"严格中小金融机构准入标准和监管要求，立足当地开展特色化经营"，地方国资加码中小金融机构，又会给市场格局带来哪些深层次的影响？

一、国资撤股离场：年内 10 余起，能源类央企为出售"主力军"

据"慧保天下"不完全统计，2023 年以来，共发生 16 起央企、国企转让保险

机构股权的事项,涉及的险企包括财险、寿险、保险经纪等多个领域,转让总金额超过 45 亿元。

其中不乏央企抛售过半险企股权,欲清退离场的现象。例如,日前,中油资本在北交所挂出中意财险 51% 股权,拟转让其持有的全部股权。而此次股权转让后,中意财险也将丧失国资背景,不得继续以转让方所属国资子企业的名义开展经营活动。

9 月,中航投资控股也曾挂牌转让中航安盟财险 50% 股权,转让底价为 8.85 亿元。前者为中航集团旗下的境内股权投资公司。若此次 50% 股权转让完成,中航投资控股将退出股东行列,不再持有中航安盟财险股权。

此外,国投资本、苏州城建、国家电投等国资背景企业也纷纷"清仓"了所持险企的股权。

其中,近六成项目出让方为能源系国企、央企,包括中油资本、国家能源集团、中煤集团、国家电投、中化资本、陕西有色金属集团、武钢集团、大港油田、国网英大控股,中煤集团更是接连清空两家保险机构股权。

不过,大部分险企股权挂牌项目至今未有买方接盘,无实质性进展,仅有 4 个项目转让成功(见表 1)。

表 1　　股权转让情况

序号	保险公司	出让方	持股比例(%)	受让方	转让底价(亿元)
1	中意财险	中油资本	51.00	—	—
2	中航安盟财险	中航投资控股	50.00	—	8.85
3	锦泰财险	国投资本	20.00	交子金控集团 成都环境投资集团	3.53
4	长江财险	国家能源集团	13.26	国家能源集团资本控股	21.4
5	华农保险	中水渔业	4.20	—	1.98
6	西部保险经纪	陕西电信	8.70	—	0.016
7	东吴人寿	苏州城建	8.30	苏州国发	—
8	中煤财险	中煤集团	8.20	—	1.02
9	永诚财险	国家电投	6.57	—	2.19
10	江泰保险经纪	中化资本	5.76	—	—
11	永安财险	陕西有色金属集团	5.16	金钼集团	无偿
12	江泰保险经纪	中煤集团	5.12	—	0.49

续表

序号	保险公司	出让方	持股比例（%）	受让方	转让底价（亿元）
13	北部湾财险	武钢集团	2.00	—	0.43
14	华泰保险	大港油田	1.09	—	5.28
15	国任财险	国机财务	0.50	—	0.18
16	永安财险	国网英大控股	0.38	—	0.22

二、尚未全面撤退：央企回归主业，跨界、低效"卒子"被弃

实际上，央企回归主业已成定势。

早在年初，国资委便声明要谋划实施新一轮国企改革深化提升行动，明确要求国有企业要突出主业，聚焦实业，加快建设现代化产业体系。多家央企加快了回归主业的动作，决心集中精力发展其核心业务，纷纷剥离非主营业务资产，出清金融股权。

2023年6月，国务院国资委印发的《国有企业参股管理暂行办法》（以下简称《办法》）也延续了聚焦主责主业的要求。

《办法》第六条指出："严格执行国有资产投资监督管理有关规定，坚持聚焦主责主业，符合企业发展战略规划，严控非主业投资，不得通过参股等方式开展投资项目负面清单规定的禁止类业务。参股投资金融和类金融企业，应当符合金融行业准入条件，严格执行国有企业金融业务监督管理有关规定。"

《办法》甚至明确了国有企业退出持股的具体判断标准：

第二十四条指出："除战略性持有或培育期的参股股权外，国有企业应当退出5年以上未分红、长期亏损、非持续经营的低效无效参股股权，退出与国有企业职责定位严重不符且不具备竞争优势、风险较大、经营情况难以掌握的参股投资。"

可以看到，在国有企业响应国务院号召、回归主业的浪潮中，国有企业退出的不仅仅是保险类机构，还有其他各种类型的金融机构，包括银行股权、信托公司股权等。例如，中煤集团除退出江泰保险经纪、中煤保险外，还退出了中诚信托。中航旗下的中航西飞则转让了西部信托、永安保险的股权。

早在2023年2月，中煤集团就在官网发文表示，将连续4年清退低效、无效参股股权纳入各子企业年度经营业绩考核和提质增效奖励办法，与生产经营指标同下

达、严考核、硬兑现，督促引导子企业探索多元处置渠道，加快化解风险隐患，盘活低效无效参股股权，累计清退低效无效参股股权12项，回收资金2130万元。

目前，从央企剥离的金融股权来看，被出售的金融股权主体大多为地方中小银行和中小保险机构，且被转让股权的主体大部分规模有限，经营情况也一般。

表1中，纳入统计的14家、被央企以及其他国有企业抛售股权的保险机构，均为中小型保险公司，以及资产规模比一般保险公司小得多的保险中介机构。

这其中，中意财险、中航安盟财险作为典型的中外合资险企，央企持股比例分别达到了51%、50%，可以对公司经营发挥显著影响，甚至决定性作用，但最终还是选择了放弃。这或许能从两家险企的业务表现来找到答案。

两家险企都属于经营较为稳健的公司，近年来多数时候都保持盈利状态，但对于中方股东而言，仍难言大的吸引力。2019—2022年，中意财险的保费收入分别为8.72亿元、9.41亿元、10.6亿元、11.86亿元，同期对应的净利润为604.3万元、987.5万元、954.8万元、2816万元，看起来该公司业务稳健，利润增长也很快，但不能忽视的是，这是建立在大量中方股东业务支持基础上的结果。

此外，除了中意财险外，中石油旗下还有另一家100%持股的自保公司——中石油专属保险，近年来业务发展迅猛。对于中石油集团而言，中意财险的利润需要分享，而中石油专属保险的利润则不需要。

更值得注意的是，中石油集团同时控股了两家财险公司，而按照《保险公司股权管理办法》，"两个以上的保险公司受同一机构控制或者相互之间存在控制关系的，不得经营存在利益冲突或者竞争关系的同类保险业务"，多种因素综合考量之下，舍弃中意财险，也就成为中石油的最佳选择。

中航安盟财险2019—2022年的保费收入分别为22.22亿元、23.60亿元、25.23亿元、25.24亿元，同期对应的净利润为1665万元、-1.34亿元、1039万元、1817万元。业务规模相较中意财险更大，但属于小型财险公司，且其几年的净利润之和还抵不过一年的亏损。

必须看到的是，央企在金融行业的撤退是有选择的，在出清一批相对"低效"的保险子公司的同时，仍然留下了一批更具有优势的保险子公司。

例如，国网英大控股在出清永安财险后，仍保有多家保险公司股权，持有英大泰和20%股权、华泰保险6.3918%股权，两家险企盈利情况均表现不错，在2023

年前三季度 84 家财险公司保费排名榜中，分别位于第 11 名、第 17 名。

三、数亿险股谁来接盘？央企撤退，地方国资频繁现身

尽管央企纷纷响应号召回归主业，清仓转让部分不符合文件精神的保险子公司股权，某种程度上，这给民营企业创造了机会，有利于推动行业进一步市场化、多元化发展。然而，尴尬的一幕却出现了，即多数股权无人接盘。

宏观经济不景气、保险公司回报率不足等因素严重影响了民营经济的出资能力以及出资意愿，一些民营资本甚至也选择在此时退出保险业。在这种情况下，地方国资成为最合适的接盘人。

近年来，不少地方国有资本选择逆势加码，正逐步加大对于地方系险企的控制力度。

据"慧保天下"不完全统计，2023 年以来，共有 28 家险企宣布增资计划，拟增资总额达到 458.12 亿元，其中，有 5 家企业获地方国资背景企业增资，所涉金额占总额近三成。

例如，国宝人寿拟增资 4.8 亿元，两家地方国有股东四川发展、四川金控合计出资 8.928 亿元认购，溢价部分的 4.128 亿元计入资本公积；华贵人寿拟增资 10 亿元，其中，茅台集团出资 4.7 亿元，顶格增持重回第一大股东位列。

再者，年内，央企抛售且转让成功的险企股权项目中，其中 2 起项目受让方为原股东控股子公司，另外 3 起皆为地方国企，包括苏州国发受让东吴人寿 8.30% 股权、成都当地两家国资企业受让锦泰财险 20.00% 股权、金钼集团受让永安财险 5.16% 股权。

此外，在一些险企的问题处置过程中，地方国资也开始发挥越来越大的作用。例如信泰人寿增发新股约 52.04 亿股，每股认购价格为 1.8011 元，全部由物产中大领衔的 4 家浙江国资股东认购，共增资 93.73 亿元。

而在天安财险、恒大人寿的问题处置中，也分别由上海国资、深圳国资发挥主导作用。

另据了解，在一些尚未确定的险企股权交易案中，部分经济发达省市的国有资本也已经成为询价、竞价的主要力量。

李云泽谈保险业，首提"潜力巨大"，明确政策红利，释放了怎样的重磅信号

慧保天下　2023 年 11 月 8 日

2023 年 11 月 8 日，最受关注的莫过于国家金融监督管理总局党委书记、局长李云泽在 2023 金融街论坛年会开幕式暨全体大会上的主题演讲。演讲篇幅不长，但对于保险业而言，其中释放的积极信号值得高度关注：

一是保险业与银行业、资管业被并列提及，显示出保险业的存在感有实实在在的增强；

二是表达了坚定看多保险业的态度，显示出"信心""发展"也是现阶段监管关注的重点；

三是谈到了 2023 年以来的一些政策红利，包括优化偿付能力监管、压降负债成本等。如此大力度的监管政策快速施行到位，也显示了监管层对于引导行业高质量发展的信心、决心。

以下就是关于李云泽讲话核心内容的解读。

一、首提"保险业发展潜力巨大"

过去几年，保险业留给业外人士的印象，往往离不开"风险"二字。

持续数年的"防风险""严监管"之下，问题机构陆续得到处置；与此同时，行业的"活力"确实也在一定程度上受到了影响，再加上大环境整体低迷，行业步入转型期增速下滑等因素，曾经备受资本追捧的保险牌照，如今却常常出现增资无门、拍卖无人问津的冷清景象，不少业内人士也因此陷入了自我怀疑之中。

而在此次金融街论坛的公开讲话中，李云泽传递了一种非常积极的信号，作为监管领导,他旗帜鲜明地唱多行业,首次明确表态"保险行业潜力巨大"。

他是通过以下几个方面来进行论证的:

一是在全球视角下,中国保险市场增速依然很快——"过去3年,中国保费收入年均增速高于全球平均4个百分点";

二是中国保险深度仍低于世界平均水平——"人均保费只有全球平均的七成,还有很大的提升空间";

三是多层次社会保障体系建设给保险业发展创造了巨大空间——"疫情过后,第三支柱养老保险加速推进,大病保险覆盖12.2亿城乡居民,长期护理保险保障人数超过2亿人,健康险、家庭财产险、巨灾保险等潜力巨大";

四是监管红利不断释放——"今年以来,我们根据形势变化,优化偿付能力监管标准,有序引导人身险行业降低负债成本,持续深化车险综合改革,将进一步释放行业发展'红利'"。

这些话题对于关注保险业的人士来说都不陌生,但难能可贵的是,其出自一个监管领导之口,至少从监管层面表明了一种积极的态度,这或许在某种程度上说明,行业的监管基调有望发生一定的变化,释放更多政策红利,引导行业更好更快地发展。

二、宏观经济提供支撑,国家政策红利持续释放将提供更多机遇

除了上文提及的多层次社会保障体系建设中所蕴含的发展空间,李云泽还在讲话中从更高层面阐述了保险业发展面临的机遇。

一是中国经济基本面好——"经济兴、金融兴;经济强,金融强。中国经济基本面好、潜力足、回旋余地大,为金融业持续健康发展奠定了坚实基础";

二是来自中央的政策红利会持续释放,包括科技金融、绿色金融、普惠金融、养老金融、数字金融五大方面——"中央金融工作会议提出建设金融强国的宏伟目标,部署做好科技金融、绿色金融、普惠金融、养老金融、数字金融五篇大文章,为高质量发展注入强大动能,中国金融业迎来重大发展机遇"。

近期,中央金融工作会议的召开确实是给当下以及未来一个时期金融行业的发展指明了方向,其中释放的很多信号,也尤其值得关注。

三、坚持金融业开放不动摇，同时批设两家外资保险经纪公司

此次金融街论坛年会，主题是"更好的中国，更好的世界"，"国际化""开放"都是最核心的主题词，李云泽在演讲中对此也多有提及。他指出"金融开放是我国金融业改革发展的重要动力"；此外，还列举了近年来在推动金融业开放方面所采取的一系列举措；最后，还表明态度："未来中国金融开放的步伐不会停歇，同世界分享发展机遇的决心不会改变。"

在坚定推进金融业开放的表态之下，可以预见，未来外资金融企业，包括外资保险公司，将获得更大的市场机遇。李云泽提及，11月7日，国家金融监管总局刚刚批准在京设立宝马（中国）、安顾方胜两家外资保险经纪公司。

关于金融业未来如何开放及其影响，本文不再赘述，仅从李云泽讲话中摘编部分内容供读者参考：

目前，30家全球系统重要性银行均在华设有分支机构，全球最大的40家保险公司近半数进入中国市场。

即使三年疫情期间，在华主要外资银行保险机构资产和利润增速也远高于其母行或母公司。经济合作与发展组织（OECD）2022年报告显示，中国银行业保险业开放水平在其评估的50个国家中提升最快。

中央金融工作会议强调，要着力推进金融高水平开放，稳步扩大金融领域制度型开放，提升跨境投融资便利化，吸引更多外资金融机构和长期资本来华展业兴业。

近年来，我们对接国际标准，健全一系列监管规则，最近又全面修订商业银行金融资产风险分类办法和资本管理办法。

我们将加快完善准入前国民待遇加负面清单管理模式，进一步放宽外资机构市场准入要求，持续增强金融制度和政策的透明度、稳定性和可预期性，努力营造审慎经营和公平竞争的制度环境。

四、弦外之音，保险业正成为金融业不可或缺的一部分

纵观此次李云泽演讲全文，大致可用五个关键词来概括，分别为开放、银行业

稳健、保险业潜力大、资管业前景广阔、支持北京金融改革。

这其中，保险业、资管业与银行业并列提及，且篇幅相差不大，又在某种程度上释放了一个很重要的信号，即保险业作为金融业的一分子，在新的金融监管格局下、在新的金融监管领导眼中，自有其独到的地位。

自原银监会、原保监会合并以来，保险业监管全面向银行业监管靠拢，在诸多的监管文件中、诸多的监管领导发言中，保险业的存在感都不太强。但李云泽的此次讲话，将保险业视为金融业的重要组成部分，无形中又让保险业刷了一把存在感。

金融监管格局演变之下，监管的天平在悄悄发生变化，但保险业的努力也不可或缺。可以看到，在诸多领域，保险业正发挥着越来越显著的作用，已经到了不容忽视的地步。

以2023年备受关注的河北、东北地区水灾为例，灾害发生后，各公司纷纷启动应急预案，保险公司的理赔查勘队伍成为最早达到灾害现场的社会力量，在参与救灾的同时，还通过几十亿元的赔付弥补了部分灾害损失；一些公司还自发进行了捐款，以另外的形式积极回馈社会。

保险业在自然灾害中的所作所为已经引起了各个层面的高度重视，一些公司因为积极参与救灾，还收到了地方政府的感谢信。

所谓"有为才能有位"，保险业多年来积极扮演"社会稳定器""经济助推器"的角色，努力终于被看到。

五、监管政策变革，将持续释放红利，利好行业高质量发展

在描绘保险业发展潜力之时，李云泽还重点提及了监管政策的一些变化，"今年以来，我们根据形势变化，优化偿付能力监管标准，有序引导人身险行业降低负债成本，持续深化车险综合改革……"

这些政策"红利"，业内人士已经深有感触，未来，随着更多政策的出台，"红利"造就的机遇也将越来越多。

以下就是2023年以来尤其值得关注的几项"监管政策红利"：

（一）松绑保险公司，优化偿付能力监管，引导保险资金支持资本市场发展

9月10日，国家金融监管总局发布《关于优化保险公司偿付能力监管标准的通

知》（以下简称《通知》），明确差异化调节保险公司最低资本要求，引导保险公司在回归本源的同时，支持资本市场平稳健康发展。

总的来看，该政策一方面通过降低保险公司资本要求，松绑偿付能力；另一方面响应政策呼吁，提升险资权益投资空间，引导更多资金投向资本市场。

《通知》一经下发，立刻在市场上引发强烈反响，各种解读纷纷出炉，视之为保险业尤其是中小险企、资本市场的"重磅利好"。

（二）大手笔调降负债成本，减轻保险公司利差损风险，引导行业高质量发展

"降负债成本"无疑是2023年人身险业最重要的关键词，在监管层的力推之下，人身险产品预定利率从3.5%降至3%，成为近几个月最受关注的事情之一，也间接助推了保费收入的高速增长。

降低预定利率的目的是防止利差损风险，即通过调低负债成本，使之与资产收益更加匹配，避免险企无法兑现承诺。

而除了调低预定利率，监管层还调低万能险产品结算利率、实行"报行合一"推动降低手续费等，都是降负债成本的有效方式。

如今，银保渠道的"报行合一"已经落地，银保渠道的手续费率大幅下滑，而经代渠道、个人代理人渠道的"报行合一"也已经在路上。

（三）解压资产端：加强国有商业保险公司长周期考核，引导保险资金更好地发挥长期稳健投资功能

10月31日，财政部网站发布《关于引导保险资金长期稳健投资　加强国有商业保险公司长周期考核的通知》，明确将国有商业保险公司经营效益类绩效评价指标"净资产收益率"由当年度考核调整为"3年周期+当年度"相结合的考核方式。

其中，3年周期指标和当年度指标权重各占50%。3年周期指标采用近3年净资产收益率几何平均数，当年度指标采用当年净资产收益率。

保险资金作为重要的长期资金来源，对于支持实体经济发展、促进经济增长具有重要作用。改变其考核方式，有助于将保险资金的长期稳健投资落到实处。

附录一 2023年监管政策梳理

附表是"慧保天下"对2023年监管政策的汇总整理，资料来源于国家金融监督管理总局及其派出机构官网、媒体公开报道等。经统计，2023年，国家金融监督管理总局累计发布各类政策79项。其中，人身险方面21项，财险和再保险方面25项，中介和资管方面4项，风险管控方面16项，其他方面13项。

附表 2023年监管政策分类

人身险		
时间	文件名称	主要内容
1月4日	《一年期以上人身保险产品信息披露规则》	银保监会发布《一年期以上人身保险产品信息披露规则》，要求一年期以上人身保险产品均应制定产品说明书，并应当按照保险产品的设计类型，对产品宣传材料、保障水平、利益演示等内容进行详细披露，充分揭示产品的长期属性和各类风险特征，并明示交费方式、退保损失等产品关键内容；要求保险公司披露分红实现率指标，并取消高、中、低三档演示利率表述，调低演示利率水平。同时，给予保险公司适当的业务调整时间，防范业务经营风险
1月13日	《人身保险产品"负面清单"》	银保监会人身险部下发《人身保险产品"负面清单"》。"负面清单"总计90条，较上一版新增8条，新增内容涉及备受市场关注的增额终身寿险减保规则、投资收益假设、定价附加费用率假设，以及养老年金产品、慈善赠药等条款
1月	《关于规范保险公司销售保险产品对接养老社区服务业务有关事项的通知（征求意见稿）》	银保监会下发《关于规范保险公司销售保险产品对接养老社区服务业务有关事项的通知（征求意见稿）》，其中要求，保险公司开展"保险＋养老社区业务"，应当符合下列条件：净资产不低于50亿元；连续4个季度综合偿付充足率不低于120%；连续4个季度风险综合评级B类及以上；公司治理评估结果C级及以上；资产负债管理能力不低于第3档；连续4个季度责任准备金覆盖率100%。据"慧保天下"粗略筛选出符合条件的人身险公司，目前只有30家满足条件

续表

时间	文件名称	主要内容
1月	《养老保险公司监督管理暂行办法（征求意见稿）》	银保监会向各银保监局、各养老保险公司下发《养老保险公司监督管理暂行办法（征求意见稿）》，针对养老保险公司突出专业化经营、强化公司治理、提高注册资本金等均提出明确要求。其中提到，养老保险公司经营的意外伤害保险、医疗保险、疾病保险等不具有明显养老属性的保险业务，其合计保费规模不得超过总保费规模的40%
2月2日	《人身保险公司分类监管办法（征求意见稿）》	银保监会向各人身险公司下发《人身保险公司分类监管办法（征求意见稿）》，监管将依据《人身保险公司监管评级办法》对人身保险公司评定监管评级，并依据评级结果将人身保险公司划分为五大类，在业务范围、经营区域和资金运用范围上进行明确与限制 具体来看，Ⅰ类险企可开展基础类业务和扩展类业务外，监管还将支持其开展专属养老产品、费率可调型长期医疗保险产品等创新类业务；Ⅱ类、Ⅲ类、Ⅳ类和Ⅴ类机构，均可开展基本类业务中除万能险意外的所有业务；监管针对其万能险业务、扩展类业务会采取不同等级的限制措施，其中Ⅴ类机构更是被禁止开展万能险业务以及扩展类业务；Ⅱ类、Ⅲ类机构可在监管允许范围内开展创新类业务，Ⅳ类和Ⅴ类机构严禁开展创新类业务
3月31日	《关于开展人寿保险与长期护理保险责任转换业务试点的通知》	银保监会发布《关于开展人寿保险与长期护理保险责任转换业务试点的通知》，决定自2023年5月1日起开展人寿保险与长期护理保险责任转换业务试点，试点期限暂定两年；经营普通型人寿保险的人身险公司均可参与转换业务试点
5月21日	《关于推进基本养老服务体系建设的意见》	中办、国办印发《关于推进基本养老服务体系建设的意见》，旨在实现老有所养、老有所依必需的基础性、普惠性、兜底性服务。提出五项重点工作，其中包括完善基本养老服务保障机制，推动建立相关保险、福利、救助相衔接的长期照护保障制度等
5月25日	《关于促进专属商业养老保险发展有关事项的通知（征求意见稿）》	监管部门下发《关于促进专属商业养老保险发展有关事项的通知（征求意见稿）》，并就相关内容向各银保监局、各人身保险公司征求意见，要求在2023年6月2日下班前进行反馈。其中明确了准入门槛，符合条件的险企均可参与，不过据"慧保天下"梳理，目前只有25家人身险公司达标；允许险企使用自有资金向账户划拨启动资金，但须按时退出，以适应专属养老险经营实际；明确银保渠道、专业中介渠道可以销售专属商业养老险；效仿分红险收窄演示收益率，从高、中、低档变为高、低两档，且最高不超过5%

续表

时间	文件名称	主要内容
6月9日	《关于规范团体人身保险业务发展的通知（征求意见稿）》	国家金融监督管理总局人身险部下发《关于规范团体人身保险业务发展的通知（征求意见稿）》面向人身险公司和财产险公司征求意见。其中明确，坚持以保护保险消费者合法权益为根本目的，加强承保、理赔等环节的全流程管理，保证被保险人的知情权、同意权；坚持放管结合。收紧前端，严格团体定义，从团体保险产生的初衷出发，去除个人投保拼单成团的情况，防止"团险变团购"；坚持问题导向。针对"拼团""无具体被保险人名单业务"、恶性竞争等问题，加强监管要求，压实公司管理责任，坚守风险底线
6月	《关于推进商业健康保险信息平台与国家医疗保障信息平台信息共享的协议（征求意见稿）》	金融监管总局与国家医保局下发《关于推进商业健康保险信息平台与国家医疗保障信息平台信息共享的协议（征求意见稿）》，提出在以下五个领域进行合作：大病保险、长期护理保险等政策性业务领域；基本医保和商业健康保险在药品、医用耗材和医疗服务项目等目录；基本医保和商业健康保险历史数据汇总分析；基本医保和商业健康保险在定点医药机构支付结算情况；基本医保参保报销和商业健康保险投保理赔情况
7月6日	《国家金融监督管理总局关于适用商业健康保险个人所得税优惠政策产品有关事项的通知》	金融监管总局官网发布《国家金融监督管理总局关于适用商业健康保险个人所得税优惠政策产品有关事项的通知》，其中明确规定，符合一定要求的医疗保险、长期护理保险和疾病保险均可享受税收优惠政策；扩大产品被保险人群体，投保人可为本人投保，也可为其配偶、子女和父母投保。新规将于8月1日起实施
7月	《定期寿险示范条款》和《终身寿险示范条款》	保险业协会发布《定期寿险示范条款》和《终身寿险示范条款》两个示范条款。这是我国人身保险领域首次发布的行业示范条款。据了解，行业示范条款统一规范了人身保险产品条款的表述内容，区分为公共条款和自定义条款。本次共编制24个公共条目及11个公共释义，8个自定义条目及7个自定义释义
8月8日	《上海市人身保险银保业务自律公约（2023年版）》	上海市保险同业公会发布《上海市人身保险银保业务自律公约（2023年版）》，对保险行业人员管理、业务规范、费用管理和自律管理作出规定，强调保险从业人员不得销售银保业务相关保险产品，保险机构不得通过其他渠道及方式变相增加银保业务手续费、不得签署涉及手续费或变相提高手续费的补充协议、不得直接或者间接给予银行代理机构及其从业人员合作协议约定以外的利益等

续表

时间	文件名称	主要内容
8月22日	《关于规范银行代理渠道保险产品的通知》	金融监管总局向多家人身险公司下发《关于规范银行代理渠道保险产品的通知》，要求从即日起，各公司通过银行代销售的产品，在产品备案时，应当按监管规定在产品精算报告中明确说明费用假设、费用结构，并列示佣金上限；各公司应依据实列支向银行支付的佣金费用，佣金等实际费用应与备案材料保持一致；各公司已备案的银保产品，应于8月31日前补充报送费用结构和佣金上限等内容
9月5日	《关于个人税收递延型商业养老保险试点与个人养老金衔接有关事项的通知》	金融监管总局发布《关于个人税收递延型商业养老保险试点与个人养老金衔接有关事项的通知》，指出个税递延型养老保险试点公司要有序开展个税递延型养老保险试点业务与个人养老金衔接，原则上于2023年底前完成各项工作；银保信公司自2023年9月1日起，关闭个税递延型养老保险信息平台保险合同新单接口，停止个税递延型养老保险投保人新开户功能，停止向投保人出具个税递延型养老保险税收扣除凭证
9月	《广东省人身保险银保业务自律公约》	广东保险行业协会印发《广东省人身保险银保业务自律公约》，从人员管理、业务规范、费用管理和自律管理四方面作出规定，强调保险从业人员不得直接向银行代理机构客户销售银保业务相关保险产品，明确约定不得以任何名义、任何形式直接或者间接给予银行代理机构及其从业人员合作代理协议约定以外利益，不通过其他渠道及方式变相增加银保业务手续费。保险机构违反公约的，可责令停止违约行为、约谈、书面检讨、行业内通报、报国家金融监督管理总局广东监管局处理等
9月	《关于人身保险产品财产利益执行和协助执行的工作指引》	四川省高级人民法院和四川金融监管局联合印发《关于人身保险产品财产利益执行和协助执行的工作指引》，主要包括保险机构要积极协助配合执行，执行和协助执行要程序规范，保险消费者权益要充分保障，人民法院和保险机构要加强协作。其中提到，对重大疾病、意外伤害、医疗费用、长期护理等关系生命健康的高保障、低现价产品，一般予以豁免执行，贯彻比例原则，体现人文关怀
10月9日	《关于银保产品管理有关事宜的通知》	金融监管总局人身保险监管部通过人身险产品备案系统发布《关于银保产品管理有关事宜的通知》，表示在产品监管工作中发现，部分公司备案的银保渠道产品的预定附加费用率，与后续单独报备的银保渠道总费用不一致。监管部门将按两者孰低的原则认定银保渠道总费用。保险公司在实际执行中若超过其较低者，将按照"报行不一"依法依规严肃处理

续表

时间	文件名称	主要内容
10月18日	《关于强化管理促进人身险业务平稳健康发展的通知》	原银保监会人身险部向各人身险公司下发《关于强化管理促进人身险业务平稳健康发展的通知》，从四个方面严控"开门红"乱象，包括：科学制订公司年度预算，防止激进发展、大进大出；要规范承保管理，不得采取大幅提前收取保费并指定第二年保单生效日的方式进行承保，不得将客户实质为保费的资金存放于其他投资理财类账户，防止出现承保空档，引发合同纠纷，滋生经营风险；加强费用规范性、真实性管理，确保实际费用不高于报备费用，杜绝恶性竞争；对侵害消费者合法权益、违反监管规定的行为，将发现一起，查处一起
11月6日	《关于进一步做好短期健康保险业务有关事项的通知》	原银保监会人身险部发布《关于进一步做好短期健康保险业务有关事项的通知》，其中指出，针对短期健康险业务的产品设计、销售管理、客户服务等方面进行规范，明确"不得通过随意调整精算假设等方式改变产品的费率结构，严禁出现'0'费率等各类明显不符合精算原理的情况"以及"不得违规通过批单、批注等方式对短期健康保险产品的保障责任、免赔责任、免赔额、赔付比例等内容进行随意更改"，再度将严监管的重拳指向主要由部分财险公司经营的魔方业务等
12月12日	《养老保险公司监督管理暂行办法》	金融监管总局发布《养老保险公司监督管理暂行办法》显示，业务范围不再包括短期健康险业务经营，可经营长期健康险；要求养老险公司应当建立健全以聚焦养老主业为导向的长期绩效考核机制；商业养老保险和养老基金管理等业务的投资管理考核期限不得短于3年；加强资金管理，实现不同类型业务的资金运用有效隔离，禁止资金混同管理；强化股东约束，明确非金融机构不得成为养老保险公司控制类股东
财险和再保险			
时间	文件名称	主要内容
1月3日	《关于推动京冀交通事故车险服务一体化有关工作的通知》	北京银保监局等四部门发布《关于推动京冀交通事故车险服务一体化有关工作的通知》，其中提到，在北京市通州区与河北省北三县实施"互碰快赔"机制一体化试点，相关经验将适时向河北省全辖区域推广。同时，推动道路交通事故自行协商广泛应用，优化道路交通事故车险理赔异地办理机制，推进区域车险理赔服务标准化建设

续表

时间	文件名称	主要内容
1月12日	《关于扩大商业车险自主定价系数浮动范围等有关事项的通知》	银保监会发布《关于扩大商业车险自主定价系数浮动范围等有关事项的通知》。其中,明确商业车险自主定价系数的浮动范围由[0.65,1.35]扩大到[0.5,1.5];要求各银保监局加强属地监管,引导各公司合理设定各地区自主定价系数均值范围和手续费上限,同时持续做好车险市场监测和车险费率回溯监管;稳妥确定辖区内政策执行时间并向银保监会备案,执行时间原则上不得晚于2023年6月1日。同时,还要求保险公司优化和保障车险产品供给,提升车险承保理赔服务水平
1月13日	《农业保险产品开发指引》	保险业协会正式印发《农业保险产品开发指引》,这是保险业首次从行业自律层面制定农业保险领域的产品开发指导性文件。人保财险、太保产险、国寿财险等8家公司参与制定。分为总则、基本要求、产品分类、开发流程、命名规则、条款要求、费率要求、报备要求、修订清理、组织保障、附则十一章共49条,覆盖农业保险产品开发全过程,可为保险公司农业保险产品开发提供较为详细的指导
1月30日	《关于财产保险业积极开展风险减量服务的意见》	银保监会发布《关于财产保险业积极开展风险减量服务的意见》,要求加快发展财险业风险减量服务,要拓宽服务范围。各公司在安全生产责任保险、食品安全责任保险、环境污染责任保险等责任保险以及车险、农险、企财险、家财险、工程险、货运险等各类财产保险业务中,要积极提供风险减量服务。鼓励各公司积极为专精特新等领域提供专业化风险减量服务。鼓励各公司把风险减量服务嵌入企业管理与生产流程中,为企业提供专业的一揽子风险减量服务,构建风险减量服务新模式
2月16日	《深圳金融支持新能源汽车产业链高质量发展的意见》	央行深圳支行联合深圳银保监局等五部门联合印发《深圳金融支持新能源汽车产业链高质量发展的意见》。其中,鼓励保险机构健全价格形成机制,科学厘定新能源车险费率;充分发挥保险保障功能降低企业风险损失,用好首台(套)重大技术装备保险和重点新材料首批次应用保险政策,优化新能源车险服务,积极开发专属保险产品,用好保险融资增信和风险缓释作用,充分发挥保险资金长期投资优势;充分发挥出口信保风险保障和融资增信作用,拓宽企业融资渠道

续表

时间	文件名称	主要内容
2月28日	《山东省灾害民生综合保险理赔操作指引》	山东银保监局联动省应急厅、省财政厅、省金管局等部门，推动印发《山东省灾害民生综合保险理赔操作指引》，从保险保障内容、工作要求等方面进行细化明确，包括明确基本理赔原则及保障内容、细化索赔资料和理赔操作规则、强化监督管理。其中，对房屋财产损失救助、人员伤亡救助、特定救助事项、保单累计赔偿限额这四方面保险保障额度和赔偿限额等进行明确
4月14日	《关于银行业保险业做好2023年全面推进乡村振兴重点工作的通知》	银保监会发布《关于银行业保险业做好2023年全面推进乡村振兴重点工作的通知》，提出十五项工作要求。其中，要求保险公司积极推进农业保险扩面增品，拓展完全成本保险和种植收入保险业务覆盖面，因地制宜开展地方优势特色农产品保险；研发符合农民需求特点的人身险产品；提升涉农保险承保理赔效率
4月18日	《关于加强新市民金融服务支持京津冀协同发展的通知》	北京、天津、河北三地银保监局联合印发《关于加强新市民金融服务支持京津冀协同发展的通知》，其中提到，优化道路交通事故车险理赔异地办理机制，可将考核激励适当向个人消费业务倾斜，鼓励降低保费门槛与起保要求；简化新市民投保、理赔等业务所需资料和手续环节等
4月	《农业保险精算规定（试行）》	银保监会发布《农业保险精算规定（试行）》，明确农业保险精算规定的适用范围；明确农业保险的精算规则，包括费率的构成、费率回溯调整和保费不足准备金评估；通过明确农业保险费率中的基准纯风险损失率、附加费率和费率调整系数三要素的使用，实现农业保险价格围绕风险进行有管理的浮动；将财政补贴性产品的费率调整系数浮动范围限制在［0.75—1.25］，其他产品的浮动范围限制在［0.5—1.5］
5月18日	《农业保险承保理赔电子化作业规范标准》	保险业协会发布《农业保险承保理赔电子化作业规范标准》，明确了农业保险承保的政策宣讲、信息采集、投保告知与确认、标的核验、承保公示、收费出单、批改管理、电子保单及农业保险理赔端的报案、查勘定损、立案、理算、理赔公示、赔款确认、核赔支付、特殊理赔案件处理各环节的具体要求
6月16日	《关于金融支持全面推进乡村振兴加快建设农业强国的指导意见》	中国人民银行、金融监管总局、中国证监会、财政部、农业农村部联合发布《关于金融支持全面推进乡村振兴加快建设农业强国的指导意见》。其中提到：逐步扩大稻谷、玉米、小麦完全成本保险和种植收入保险实施范围；鼓励发展渔业保险；支持保险机构扩大农村居民意外伤害险、定期寿险、健康保险、养老保险等产品供给，不断提高承保理赔服务质量等

续表

时间	文件名称	主要内容
6月26日	《发电企业保险风险评估工作指引》	保险业协会发布《发电企业保险风险评估工作指引》，对燃煤发电、水力发电、光伏发电、陆上风电和海上风电等主要发电类型企业进行了全覆盖的保险风险评估指引；对各类型风险进行分类分级，不仅包括传统自然灾害和意外事故导致的物损及责任风险，还考虑了转型升级风险及环境污染等新型风险；不仅对投保风险进行评估，还提供防灾减损建议等风险减量服务
6月	《关于规范车险市场秩序有关事项的通知》	金融监管总局财险部向各银保监局、财险公司下发《关于规范车险市场秩序有关事项的通知》，指出：随着行业内外部情况发展变化，部分地区和机构高手续费竞争等问题又有所抬头，个别地方比较严重。从五大方面着手规范车险市场秩序，包括严禁险企盲目拼规模、抢份额，向分支机构下达不切实际的保费增长任务，同时也要求险企不得偏离精算定价基础，以低于成本的价格销售车险产品等
7月13日	《关于扩大三大粮食作物完全成本保险和种植收入保险实施范围至全国所有产粮大县的通知》	财政部、农业农村部、金融监管总局3部门印发《关于扩大三大粮食作物完全成本保险和种植收入保险实施范围至全国所有产粮大县的通知》。补贴方案显示，完全成本保险保障水平、种植收入保险保障水平原则上均不得高于相应品种产值的80%。保险费率按照保本微利原则厘定，地方财政部门应根据农业保险承保进度及签单情况，及时向承保机构拨付保费补贴资金，不得拖欠
7月17日	《关于促进网络安全保险规范健康发展的意见》	工信部、金融监管总局发布《关于促进网络安全保险规范健康发展的意见》，要求建立健全网络安全保险政策标准体系、加强网络安全保险产品服务创新、强化网络安全技术赋能保险发展、促进网络安全产业需求释放、培育网络安全保险发展生态。加强保险业政策对网络安全保险的支持，指导网络安全保险创新发展，引导开发符合网络安全特点规律的保险产品。推动健全完善财政政策，充分利用地方首台（套）、首版（次）等现有政策，提供保险减税、保险购买补贴等措施
7月	《关于进一步做好巨灾保险试点工作的通知》	河南省人民政府办公厅印发《关于进一步做好巨灾保险试点工作的通知》，要求加快推动建立河南省巨灾保险气象研究中心，提升巨灾风险识别评估预警能力。2023年至2024年，河南省将继续在郑州、安阳、新乡、鹤壁、周口、信阳市开展巨灾保险试点工作

续表

时间	文件名称	主要内容
9月5日	《关于2023年开展上海城市定制型普惠家庭综合保险试点工作的通知》	上海金融监管局、上海市住房和城乡建设管理委员会和上海市房屋管理局三部门联合印发《关于2023年开展上海城市定制型普惠家庭综合保险试点工作的通知》,强调:"沪家保"的发展应明确坚持普惠金融定位,定价分为89元、189元两档,为消费者提供的综合风险保障最高达到230万元;打造"投保+索赔+便民服务+灾害预防"一体化家庭综合保险服务新模式;在做好自费投保的同时,鼓励业主集体参保;持续加强政企联动力度,深入推进行业协同合作
9月6日	《关于全面推行食品安全责任保险工作的通知》	甘肃金融监管局联合省食品药品安全委员会办公室、省市场监督管理局印发《关于全面推行食品安全责任保险工作的通知》,鼓励开展"银行+保险+企业"三方合作试点,大力推广"保费低、保额高、保障范围广"的食品安全责任险,实行浮动费率,降低上一年按照规定做好食品安全管理且未发生食品安全事故的投保企业保险费率
9月26日	《绿色保险分类指引(2023年版)》	保险业协会发布《绿色保险分类指引(2023年版)》,这是首个全球面向覆盖绿色保险产品、保险资金绿色投资、保险公司绿色运营的行业自律规范。由正文和附件组成,正文共六章,旨在提高保险资金绿色投资规模,提升保险公司绿色运营水平,为经济社会发展全面绿色转型贡献保险业力量
9月	《关于加强车险费用管理的通知》	金融监管总局下发《关于加强车险费用管理的通知》,要求全面加强商业车险费用简单管理:一是全面加强车险费用内部管理,严格车险费用管理,加强中介业务管控;二是持续健全商车险费率市场化形成机制,引导附加费用率合理下调,科学设定商业车险手续费比例上限;三是全面加强商业车险费用监督管理,完善费率回溯和产品纠偏机制,对于费率实际执行情况与报批报备水平偏差较大、手续费比例超过报批报备上限等行为,监管部门可依法责令财险公司停止使用商业车险条款费率;持续强化商业车险手续费监管,禁止销售人员垫付

续表

时间	文件名称	主要内容
12月5日	《关于推动绿色保险高质量发展的指导意见（征求意见稿）》	金融监管总局财险监管司下发《关于推动绿色保险高质量发展的指导意见（征求意见稿）》，提出监管部门要优化绿色保险偿付能力计算规则，降低绿色保险业务资本占用。在负债端，要加强重点领域绿色保险保障，鼓励保险公司积极围绕服务经济社会发展全面绿色转型，提供有针对性的风险保障方案，不断推动绿色保险业务提质增效。在投资端，要完善绿色投资管理体系，强化保险资金支持绿色发展，加强绿色投资评估管理
12月12日	《财产保险重大灾害事故理赔服务规范（试行）》及《车险大灾理赔指引（台风暴雨洪涝灾害）（试行）》	保险业协会发布《财产保险重大灾害事故理赔服务规范（试行）》及《车险大灾理赔指引（台风暴雨洪涝灾害）（试行）》，是我国保险业首个大灾理赔方面的行业自律规范。其中提到，保险行业应在大灾理赔中强化与各方面的联动协同，形成工作合力。加强与政府部门的协同，主动争取政府指导和政策支持，做好与应急、农业、气象、水利等政府部门的沟通和信息共享
12月	《关于扎实做好车险行业自律工作的通知》	保险业协会向各地方保协、各经营车险的保险公司下发《关于扎实做好车险行业自律工作的通知》，其中提到：各经营车险的保险公司要切实履行依法合规经营主体责任，主动与监管部门、各地方保险行业协会做好沟通汇报，自觉遵守监管规定、自律规范，维护良好的市场竞争环境。大型保险公司要切实发挥头雁示范作用，带头维护良好的车险市场秩序。要进一步加强车险费用管理，科学设定商业车险手续费比例上限，强化手续费核算管控，及时做好费用入账，据实做好费用分摊，加强中介业务管控。要进一步优化考核机制，降低保费规模、业务增速、市场份额的考核权重，不断降低对盲目拼费用、比价格等粗放式竞争模式的依赖
6月8日	《关于加快推进上海国际再保险中心建设的实施细则》	在上海举行的第十四届陆家嘴论坛上，国家金融监督管理总局与上海市共同发布《关于加快推进上海国际再保险中心建设的实施细则》，正式启动上海再保险国际板。此"细则"围绕完善再保险市场基础设施体系和机构体系、深化再保险产品供给和创新能力、推动再保险高水平制度型对外开放、增强再保险人才吸引和培养机制建设等具体内容，制定22条政策举措

续表

时间	文件名称	主要内容
6月14日	《关于协同推动绿色金融助力京津冀高质量发展的通知》	北京银保监局、天津银保监局、河北银保监局发布《关于协同推动绿色金融助力京津冀高质量发展的通知》。其中提到：从现在起到2030年，努力实现京津冀银行业绿色信贷年均增速不低于各项贷款平均增速，绿色保险、绿色信托等业务规模稳健增长。要大力开展环境污染责任保险、绿色建筑质量保险，探索推进森林草原碳汇保险、重点行业节能减碳保险等新型绿色保险，为京津冀绿色产业和绿色经济保驾护航

中介和资管		
时间	文件名称	主要内容
3月	《关于开展保险机构销售人员互联网营销宣传合规性自查整改工作的通知》	银保监会办公厅下发《关于开展保险机构销售人员互联网营销宣传合规性自查整改工作的通知》，要求各保险机构自2023年4月3日起，开展为期3个月的自查整改工作，主要包括各级机构建立及落实相关管理制度和管理责任情况，排查销售人员在自媒体（包括但不限于微信朋友圈、微信公众号、微信视频号、抖音视频、快手视频、微博帖子小红书笔记、今日头条帖子等）发布违规或不当信息情况
9月28日	《保险销售行为管理办法》	金融监管总局发布《保险销售行为管理办法》，自2024年3月1日起施行。共6章50条，将保险销售行为分为保险销售前行为、保险销售中行为和保险销售后行为三个阶段，区分不同阶段特点，分别加以规制。其中提出，保险销售前，保险公司应当建立保险产品分级管理制度，保险销售不得进行虚假或者夸大表述；保险销售中，不得使用强制搭售、信息系统或者网页默认勾选等方式与投保人订立保险合同；保险销售后，应当设立便捷的退保渠道
11月	《个人保险代理人销售能力资质等级标准（人身保险方向）（讨论稿）》	保险业协会研究起草了《个人保险代理人销售能力资质等级标准（人身保险方向）（讨论稿）》，目前处于征求意见建议阶段。个人保险代理人拟划分四个等级，由低到高分别为四级（初级）、三级（中级）、二级（高级）、一级（特级）。四个级别的技能要求和相关知识要求依次递进，级别鉴定分为理论知识考试、技能考核以及综合评审，理论知识考试和技能考核均以笔试、机考等考试方式为主；综合评审通常采取审阅申报材料、答辩等方式进行全面评议和审查

续表

时间	文件名称	主要内容
3月3日	《保险资产管理公司开展资产证券化业务指引》	证监会指导证券交易所制定《保险资产管理公司开展资产证券化业务指引》，支持公司治理健全、内控管理规范、资产管理经验丰富的优质保险资产管理公司参与开展资产证券化（ABS）及不动产投资信托基金（REITs）业务，进一步丰富参与机构形态，着力推动多层次REITs市场高质量发展。下一步，证监会将会同银保监会等有关方面，鼓励符合条件的保险资产管理公司积极开展ABS及REITs业务
风险管控		
时间	文件名称	主要内容
1月3日	《关于修订印发2023年度保险公司财务报表格式的通知》	财政部官网发布《关于修订印发2023年度保险公司财务报表格式的通知》，规定执行新保险准则的保险公司应当按照企业会计准则和该通知要求编制财务报表，对不存在相应业务的报表项目可根据重要性原则并结合公司实际情况进行必要删减；对确需单独列示的内容可增加报表项目
1月9日	《银行保险监管统计管理办法》	银保监会发布《银行保险监管统计管理办法》。与银行保险监管统计领域现行管理办法和规制相比，对以下五方面内容予以重点规范：一是《办法》首次提出并明确监管统计工作归口管理要求，对监管统计管理机构和银行保险机构归口管理部门职责予以明确和界定；二是突出数据质量管理要求；三是强调数据安全保护，在职责范围、统计资料管理制度、监督检查中增加了涉及数据安全保护的监管内容；四是对接数据治理要求；五是重视数据价值实现
2月3日	《关于缴纳保险保障基金有关事项的通知》	银保监会办公厅向各保险公司、保险保障基金公司下发《关于缴纳保险保障基金有关事项的通知》，对保险保障基金的缴纳费率进行进一步调整和细化。基准费率方面，财产保险、短期健康保险、意外伤害保险按照业务收入的0.8%缴纳；人寿保险、长期健康保险、年金保险按照业务收入的0.3%缴纳；其中，投资连结保险按照业务收入的0.05%缴纳。风险差别费率以偿付能力风险综合评级结果为基础，评级为A（含AAA、AA、A）、B（含BBB、BB、B）、C、D的保险公司适用的费率分别为-0.02%、0%、0.02%、0.04%
2月9日	《金融控股公司关联交易管理办法》	央行发布《金融控股公司关联交易管理办法》并于3月1日起施行。界定了金融控股公司关联方以及金融控股集团的关联交易类型，明确禁止性行为，要求其设置关联交易限额；要求金融控股公司完善关联交易定价机制，建立健全关联交易管理、报告和披露制度，建立专项审计和内部问责机制

续表

时间	文件名称	主要内容
2月15日	《关于进一步加强财会监督工作的意见》	中办、国办印发《关于进一步加强财会监督工作的意见》，严厉打击财务会计违法违规行为。从严重查处影响恶劣的财务舞弊、会计造假案件，强化对相关责任人的追责问责。加强对国有企业、上市公司、金融企业等的财务、会计行为的监督，严肃查处财务数据造假、出具"阴阳报告"、内部监督失效等突出问题。加强对会计信息质量的监督，依法严厉打击伪造会计账簿、虚构经济业务、滥用会计准则等会计违法违规行为，持续提升会计信息质量
6月	《关于加强第三方合作中网络和数据安全管理的通知》	金融监管总局向银行业、保险业下发《关于加强第三方合作中网络和数据安全管理的通知》，要求银行、保险机构全面开展一次自查，摸清数字生态场景合作中的网络和数据安全风险底数，开展排查整改。银行保险机构在合同协议中要强化数据安全要求，对于存在违规行为或违反合同约定的，要追究有关外包合作单位的责任，在问题整改完成前，不能扩大合作范围内容
7月21日	《非银行金融机构行政许可事项实施办法（征求意见稿）》	金融监管总局发布《非银行金融机构行政许可事项实施办法（征求意见稿）》，重点包括调整部分事项准入条件；扩大对外开放部署，进一步放宽境外机构入股金融资产管理公司的准入条件，允许境外非金融机构作为金融资产管理公司出资人，取消境外金融机构作为金融资产管理公司出资人的总资产要求；推进简政放权，简化债券发行和部分人员任职资格审批程序；完善相关行政许可规定
7月28日	《银行保险机构操作风险管理办法（征求意见稿）》	为进一步完善银行保险机构操作风险监管规则，提升操作风险管理水平，金融监管总局发布《银行保险机构操作风险管理办法（征求意见稿）》，共六章五十条。其中提到：银行保险机构应当建立有效的操作风险管理考核评价机制，考核评价指标应当兼顾操作风险管理过程和结果，薪酬和激励约束机制应当有效反映考核评价结果，并按照金融监管总局的规定披露操作风险管理情况
8月4日	《银行保险机构涉刑案件风险防控管理办法（征求意见稿）》	金融监管总局就《银行保险机构涉刑案件风险防控管理办法（征求意见稿）》公开征求意见。其中提到：银行保险机构建立健全案件风险防控机制，构建起覆盖案件风险识别与排查处置、从业人员行为管理、领导干部监督、内部监督检查、追责问责、问题整改、举报处理、考核奖励、培训教育等环节的全链条防控体系。由董（理）事会承担案件风险防控最终责任，高级管理层承担案件风险防控执行责任，银行保险机构案件风险防控牵头部门应当配备与其机构业务规模、管理水平和案件风险状况相适应的案件风险防控专职人员

续表

时间	文件名称	主要内容
9月10日	《关于优化保险公司偿付能力监管标准的通知》	金融监管总局发布《关于优化保险公司偿付能力监管标准的通知》，明确差异化调节保险公司最低资本要求，引导保险公司回归本源的同时，支持资本市场平稳健康发展。总的来看，该政策一方面通过降低保险公司资本要求，松绑偿付能力；另一方面则响应政策，提升险资权益投资空间，引导更多资金投向资本市场。其中要求，总资产100亿元以上、2000亿元以下的财产险公司和再保险公司，以及总资产500亿元以上、5000亿元以下的人身险公司，最低资本按照95%计算偿付能力充足率；总资产100亿元以下的财产险公司和再保险公司，以及总资产500亿元以下的人身险公司，最低资本按照90%计算偿付能力充足率
9月28日	《关于保险保障基金有关税收政策的通知》	财政部、税务总局发布通知，对保险保障基金根据《保险保障基金管理办法》取得的下列收入，免征企业所得税：境内保险公司依法缴纳的保险保障基金；依法从撤销或破产保险公司清算财产中获得的受偿收入和向有关责任方追偿所得，以及依法从保险公司风险处置中获得的财产转让所得；接受捐赠收入；银行存款利息收入；购买政府债券、中央银行、中央企业和中央级金融机构发行债券的利息收入；国务院批准的其他资金运用取得的收入。通知执行至2027年12月31日
9月	《关于进一步规范金融产品广告代言活动的通知》	金融监管总局向各监管局、银行、保险公司等机构下发《关于进一步规范金融产品广告代言活动的通知》，明确金融机构开展金融产品广告代言活动，不得允许代言人及相关广告发布者介入或者变相介入金融产品的销售业务环节。此外，金融机构应当审慎开展金融产品广告代言活动，将广告代言活动纳入声誉风险管理体系
10月20日	《系统重要性保险公司评估办法》	央行、金融监管总局发布《系统重要性保险公司评估办法》，旨在建立系统重要性保险公司评估与识别机制。其中，明确了系统重要性保险公司的评估范围，即我国资产规模排名前10位的保险企业、集团都须纳入评估范围；明确了系统重要性保险企业的评估指标和权重，设立规模、关联度、资产变现、可替代性四大维度12项评估指标，关联度、资产变现比重最高；采用定量、定性相结合的方式进行评估，加权平均分1000分以上者，以及监管判定应该纳入者将被纳入评估名单

续表

时间	文件名称	主要内容
11月10日	《银行保险机构涉刑案件风险防控管理办法》	金融监管总局印发《银行保险机构涉刑案件风险防控管理办法》，明确银行保险机构应当建立健全案件风险防控机制，构建起覆盖案件风险排查与处置、从业人员行为管理、领导干部监督、内部监督检查、追责问责、问题整改、举报处理、考核奖励、培训教育等环节的全链条防控体系
12月6日	《全国社会保障基金境内投资管理办法（征求意见稿）》	财政部发布《全国社会保障基金境内投资管理办法（征求意见稿）》，向社会公开征求意见。其中提到：参考基本养老保险基金、企业年金基金投资，增加和调整全国社保基金投资范围，具体包括公司债、非金融企业债务融资工具、养老金产品等；考虑到全国社保基金规模较大，已形成投资规模效应，为进一步促进全国社保基金保值增值，考虑参考基本养老保险基金投资监管办法和实践、结合相关监管改革方向，适度下调管理费率、托管费率上限
12月11日	《行政处罚裁量权实施办法（征求意见稿）》	金融监管总局发布《行政处罚裁量权实施办法（征求意见稿）》。保险业处罚可分为不予处罚、减轻处罚、从轻处罚、适中处罚、从重处罚五个层次。具体而言，从轻罚款，在法定最低罚款金额以上、法定最高罚款金额40%以下处以罚款；适中罚款，在法定最高罚款金额40%以上、70%以下处以罚款；从重罚款，在法定最高罚款金额70%以上、不超过法定最高罚款金额幅度内处以罚款。违法行为在两年内未被发现的，不再给予行政处罚；涉及金融安全且有危害后果的，上述期限延长至5年

其　他

时间	文件名称	主要内容
2月23日	《关于金融支持横琴粤澳深度合作区建设的意见》和《关于金融支持前海深港现代服务业合作区全面深化改革开放的意见》	人行、银保监会、证监会、外汇局、广东省人民政府联合印发《关于金融支持横琴粤澳深度合作区建设的意见》和《关于金融支持前海深港现代服务业合作区全面深化改革开放的意见》，支持内地与澳门保险机构联合研发针对合作区居民的跨境商业医疗、养老等特色保险产品，支持在合作区开展跨境机动车保险业务；鼓励在合作区设立再保险公司、保险资管公司；加快在前海合作区设立粤港澳大湾区保险服务中心，扩大保险业开放等

续表

时间	文件名称	主要内容
3月16日	《党和国家机构改革方案》	《党和国家机构改革方案》全文公布。其中提到：组建中央金融委员会。加强党中央对金融工作的集中统一领导，负责金融稳定和发展的顶层设计、统筹协调、整体推进、督促落实，研究审议金融领域重大政策、重大问题等，作为党中央决策议事协调机构。设立中央金融委员会办公室，作为中央金融委员会的办事机构，列入党中央机构序列。不再保留国务院金融稳定发展委员会及其办事机构。将国务院金融稳定发展委员会办公室职责划入中央金融委员会办公室 组建中央金融工作委员会。统一领导金融系统党的工作，指导金融系统党的政治建设、思想建设、组织建设、作风建设、纪律建设等，作为党中央派出机关，同中央金融委员会办公室合署办公。将中央和国家机关工作委员会的金融系统党的建设职责划入中央金融工作委员会
4月13日	《精算师职业资格规定（征求意见稿）》《精算师职业资格考试实施办法（征求意见稿）》	银保监会、人社部发布《精算师职业资格规定（征求意见稿）》《精算师职业资格考试实施办法（征求意见稿）》，向社会公开征求意见，截止时间为2023年4月26日。其中，"资格规定"明确，我国精算师职业资格包括准精算师、正精算师两个级别
4月13日	《中国银保监会办公厅关于切实加强银行保险机构安全保卫工作的通知》	银保监会下发《中国银保监会办公厅关于切实加强银行保险机构安全保卫工作的通知》，要求各银保机构进一步加强安全保卫工作。银保机构主要负责同志要切实承担"第一责任人"责任；要确保基层网点安全防范责任人员匹配到位；要确保不漏掉一个问题、不放过一个隐患、不留存一个盲区；要持续健全为员工提供更好安全保护的制度机制，及时优化工作流程和弥补制度漏洞；要优化应急处置体系；对重大紧急情况要快速反应、有效处置、切实掌握工作主动权

续表

时间	文件名称	主要内容
6月9日	《关于调整保险公司总公司城乡居民大病保险名单的公告》	国家金融监督管理总局发布《关于调整保险公司总公司城乡居民大病保险名单的公告》。根据公告，共有22家保险公司具有大病保险经营资质，与2021年的名单相比，英大泰和人寿、泰康养老、都邦财险、国元农险4家公司被调出本次获得大病保险经营资质的公司有12家人身公司和10家财产险公司，分别是：人保健康、中国人寿、太平人寿、平安养老、太保寿险、阳光人寿、泰康人寿、新华人寿、光大永明人寿、东吴人寿、财信吉祥人寿、利安人寿；人保财险、国寿财险、太平财险、大地财险、太保产险、中华联合财险、阳光财险、永安财险、永诚财险、安诚财险
7月	《精算师职业资格规定》《精算师职业资格考试实施办法》	国家金融监督管理总局、人力资源社会保障部联合发布《精算师职业资格规定》《精算师职业资格考试实施办法》，自发布之日起施行，旨在打造具有中国特色的精算师职业资格管理和考试体系 其中规定：准精算师级别考试包括"概率论与数理统计""经济金融综合""精算数学""精算模型与数据分析""精算风险管理"5门科目。正精算师级别考试分为寿险、非寿险、健康险、社会保险与养老金计划、金融风险管理、资产管理、数据科学7个专业类别，每个专业类别包括1门公共科目、3门专业科目以及1门选考科目，以满足我国多领域对精算人才的需求
7月	《国家金融监督管理总局人力资源社会保障部关于印发精算师职业资格规定和精算师职业资格考试实施办法的通知》	根据《国家金融监督管理总局人力资源社会保障部关于印发精算师职业资格规定和精算师职业资格考试实施办法的通知》（金规〔2023〕3号）有关规定，2023年精算师职业资格考试于8月28日15：00至9月21日24：00进行报名；10月12日10：00起可登录"报名系统"打印准考证；10月21日（周六）至10月25日（周三）共9个城市同步举行考试
8月14日	《关于做好防汛救灾和灾后重建金融服务工作的通知》	金融监管总局发布《关于做好防汛救灾和灾后重建金融服务工作的通知》，鼓励保险资金积极参与灾后恢复重建，支持保险机构积极对接受灾地区经营主体灾后重建、生产恢复等方面的资金需求。引导保险资金通过保险资产管理产品、私募股权投资基金等方式为水利、基础设施、公共服务等重大项目提供长期资金支持

续表

时间	文件名称	主要内容
9月1日	《关于做好金融支持防汛抗洪救灾和灾后恢复重建工作的通知》	中国人民银行、金融监管总局印发《关于做好金融支持防汛抗洪救灾和灾后恢复重建工作的通知》。其中提出：加大重点领域信贷投放、提升灾后恢复重建信贷服务效率、积极发挥保险风险分散功能、多渠道拓展灾后重建资金来源、全面提升灾区金融保障功能。引导保险资金多种形式优先投入灾区优质企业和重大项目，建立多元化可持续的灾后重建资金保障机制
10月11日	《关于推进普惠金融高质量发展的实施意见》	国务院印发《关于推进普惠金融高质量发展的实施意见》，表示在未来五年基本建成高质量的普惠金融体系。其中，要持续深化金融供给侧结构性改革，健全多层次普惠金融机构组织体系，引导各类银行机构坚守定位、良性竞争，完善高质量普惠保险体系，提升资本市场服务普惠金融效能，有序推进数字普惠金融发展
10月30日	《关于引导保险资金长期稳健投资 加强国有商业保险公司长周期考核的通知》	财政部金融司发布《关于引导保险资金长期稳健投资 加强国有商业保险公司长周期考核的通知》，明确将国有商业保险公司经营效益类绩效评价指标的"净资产收益率"由当年度考核调整为"3年周期+当年度"相结合的考核方式。其中，3年周期指标和当年度指标权重各占50%，前者采用近3年净资产收益率几何平均数，后者采用当年净资产收益率
11月10日	《国家金融监督管理总局职能配置、内设机构和人员编制规定》	中国机构编制网正式公布《国家金融监督管理总局职能配置、内设机构和人员编制规定》：金融监管总局机关行政编制910名，设局长1名，副局长4名；司局级领导职数114名（含首席风险官、首席检查官、首席律师、首席会计师各1名，机关党委专职副书记1名，机关纪委书记1名）。合计27个职能部门，一个机关党委 与此同时，还根据金融监管总局实际需求，拆分部分职能新设立了六大机构，包括金融机构准入司、机构恢复处置司、稽查局、行政处罚局、内审司（党委巡视工作领导小组办公室）、党建工作局（党委宣传部）。其中，取消了保险中介监管部，主要职能并入财险司；成立资管机构监管司，主要职责是承担信托公司、理财公司、保险资产管理公司的非现场监测、风险分析和监管评价等工作，根据风险监管需要开展现场调查，采取监管措施，开展个案风险处置 此外，明确金融监管总局负责的15项职责，其中提到，依法对除证券业之外的金融业实行统一监督管理，强化机构监管、行为监管、功能监管、穿透式监管、持续监管，维护金融业合法、稳健运行；制定银行业机构、保险业机构、金融控股公司等有关监管制度

续表

时间	文件名称	主要内容
11月27日	《关于强化金融支持举措 助力民营经济发展壮大的通知》	央行、金融监管总局等八部门联合印发《关于强化金融支持举措 助力民营经济发展壮大的通知》，提出支持民营经济的25条具体举措。有关保险行业，其中提到，鼓励和引导商业银行、保险公司、各类养老金、公募基金等机构投资者积极科学配置民营企业债券；支持保险、信托等机构以及资管产品在依法合规、风险可控、商业自愿的前提下，投资民营企业重点建设项目和未上市企业股权；发挥首台（套）重大技术装备、重点新材料首批次应用保险补偿机制作用；稳步扩大出口信用保险覆盖面

附录二　慧保天下保险大会相关介绍

2023年4月25—26日,"从新出发·保险业高质量发展的逻辑重构与价值重塑——2023慧保天下保险大会"在深圳鹏瑞莱福士酒店举行,来自全国各地的600多名保险人与相关行业人士齐聚一堂,聆听70多位专业人士从不同角度出发,全面解答从高速度发展向高质量发展转型的保险业当下所面临的挑战和机遇。

这是一场严肃的、认真的、有诚意的行业聚会。为期两天的超长头脑风暴,内含八大版块内容,涵盖寿险、财险、中介、平台、科技、"保险+健康医疗""保险+养老服务"等各个领域;涉及转型逻辑、发展观念、产品策略、销售改革、打造业务新增长极、产业融合等热门话题;同时,汇聚监管领导、行业专家、保险领军人物及一线管理专家等各界人士,全方位探讨保险业"新"的问题,重新定位、全新出发,从而在新发展阶段实现高质量发展。

与会嘉宾普遍认为,保险业面临的形势与任务将是发展逻辑的重构,而绝非单纯业态方面的简单调整;将是行业价值体系的重塑,而绝非单纯业务模式的简单适应,推动保险行业"逻辑重构与价值重塑",真正实现"从新出发"已经成为当下行业最重要的命题。

下方二维码集合了本次大会所有演讲嘉宾发言实录,可扫描查看。

2023慧保天下保险大会内容合辑

慧保大会是"慧保天下"规格最高、规模最大的年度品牌活动,每年举办一场,至今已成功举办5届,成为保险业盛会。大会汇聚保险公司高管、中介"大咖"、保险科技领头人等一线高管,共议保险业创新与发展等话题。大会拥有百余位发言嘉宾资源及大量精准参会数据,成为保险领域最知名的会议活动品牌之一。

往届大会举办信息:

1. 保险新时代——2018慧保天下保险大会:2018年1月13日,北京·金融街威斯汀酒店;

2. 通往理性繁荣之路——2019慧保天下保险大会:2019年1月4—5日,北京·万达文华酒店;

3. 穿越周期,韧性前行——2020慧保天下保险大会:2020年1月3日,上海·丽思卡尔顿酒店;

4. 回归与分化,从迎风逐浪到静水流深的新五年——2021慧保天下保险大会暨第四届新浪金麒麟保险高峰论坛:2021年5月18—19日,北京·富力万丽酒店(与新浪财经合办);

5. 从新出发·保险业高质量发展的逻辑重构与价值重塑——2023慧保天下保险大会:2023年4月25—26日,深圳·鹏瑞莱佛士酒店(2022慧保天下大会因疫情原因推迟,合并在2023大会)。

下方二维码集合了历年慧保大会会议概况,可扫描查看。

慧保大会历届活动信息

"慧保天下"成立近八年以来,已形成慧保大会、燕梳思享会、慧保研习社、保险云端对话及定制活动等多种形式组成的垂直于保险行业的会议活动品牌。慧保大会借助"慧保天下"公众号整体资源优势及媒体矩阵平台,汇聚来自监管、保险公司、中介公司、保险科技企业等中高层,为保险从业人员传递保险业意见领袖的前沿观点,并提供思考保险业发展的专业互动平台。